프롬프트 엔지니어링,

인공지능
제대로 일 시키기

프롬프트 엔지니어링으로 인공지능 제대로 일 시키기

1판 1쇄 발행 2023년 11월 10일
1판 4쇄 발행 2024년 11월 29일

지은이 이규남, 조우진, 김동민
펴낸이 장성두
펴낸곳 주식회사 제이펍

출판신고 2009년 11월 10일 제406-2009-000087호
주소 경기도 파주시 회동길 159 3층 / **전화** 070-8201-9010 / **팩스** 02-6280-0405
홈페이지 www.jpub.kr / **투고** submit@jpub.kr / **독자문의** help@jpub.kr / **교재문의** textbook@jpub.kr

소통기획부 김정준, 이상복, 안수정, 박재인, 송영화, 김은미, 배인혜, 권유라, 나준섭
소통지원부 민지환, 이승환, 김정미, 서세원 / **디자인부** 이민숙, 최병찬

진행 송영화 / **교정·교열** 한홍 / **표지·내지디자인** 이민숙 / **내지편집** 남은순
용지 타라유통 / **인쇄** 해외정판사 / **제본** 일진제책사

ISBN 979-11-92987-59-0 (03000)
책값은 뒤표지에 있습니다.

제이펍은 여러분의 아이디어와 원고를 기다리고 있습니다. 책으로 펴내고자 하는 아이디어나 원고가 있는 분께
서는 책의 간단한 개요와 차례, 구성과 지은이/옮긴이 약력 등을 메일(submit@jpub.kr)로 보내주세요.

>_ 프롬프트 엔지니어링으로

인공지능
제대로 일 시키기

이규남, 조우진, 김동민 지음

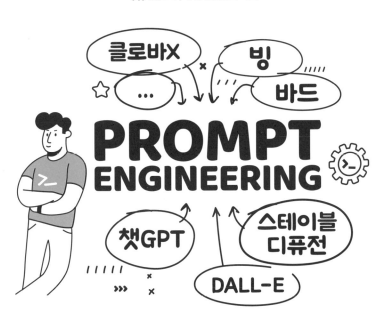

>_ 차례

06 초거대 생성형 인공지능 서비스를 실무에 적용할 때 알면 도움이 되는 것들

07 변화는 곧 기회다

인공지능 전문가가 들려주는 생성형 AI 활용법을 담은 책이다. 생성형 AI를 어떻게 사용하는지가 궁금한가? 그 물음의 답을 갈구하는 모든 이들에게 이 책을 권한다. ChatGPT, 달리, 바드 등 다양한 생성형 AI 서비스를 사용 예시를 통해 이해도를 높여주는 친절한 책이다.

강은경(코카콜라 상무, 온라인 세일즈 마케팅 총괄)

처음에는 단순히 수없이 쏟아지는 생성형 AI 관련 책 중 하나일 거라 생각하고 기대하지 않았다. 하지만 페이지를 넘길수록 어떻게 사용할 수 있고, 왜 각광받는지를 일반 독자들의 눈높이에서 서술한 저자의 집필력과 흡입력 있는 전개에 눈을 뗄 수 없었다. 생성형 AI가 궁금하다면 이 책을 강력히 추천한다. 책장이 끝날 때까지 손을 뗄 수 없는 진정한 '페이지터너page-turner'가 무엇인지 알게 되리라 믿어 의심치 않는다.

최규영(전 가천대 경영학과 교수)

생성형 AI를 어떻게 사용하는지 알고 싶어 하는 지인에게 선물해줄 책을 발견했다. 실무자도 읽기 좋지만, 비실무자도 유용한 지식을 얻어갈 수 있도록 쉽게 잘 설명된 좋은 책이다. 평소 생성형 AI에 관심이 많은데 어떤 책을 읽을지 고민이라면 이 책을 추천한다.

이석호(한국인터넷전문가협회 부회장)

수없이 쏟아지는 ChatGPT 서적 중에 단 한 권을 읽을 수 있다면 이 책을 읽겠다. 초거대 생성형 AI 시대에 흔치 않은 수준의 인사이트를 주는 책이다. 이 책을 읽기 전과 읽고 난 후 생성형 AI를 바라보는 시야가 바뀔 것이다. 특히 생성형 AI를 실무에 도입하는 것에 관심이 있다면 읽어보길 권한다.

문영구 (이베이코리아 버티컬사업실 실장)

'두려움은 언제나 무지에서 샘솟는다'라는 말이 있다. SF 영화 속 인공지능이 이제는 나의 일자리를 위협할 거라는 두려움이 커지고 있지만, 인공지능을 잘 이해하고 활용한다면 두려움을 극복하고 우리의 삶을 더 나은 방향으로 이끌 수 있다. 이 책은 초거대 생성형 인공지능 모델에 대한 두려움을 없애고, 인공지능을 안전하고 책임감 있게 사용하는 데 도움을 줄 것이다. 인공지능을 활용해 실무에 적용해보고 싶거나 생산성 향상에 관심이 있는 모든 사람에게 이 책을 추천한다.

양호성 (우아한형제들 데이터과학자)

생성형 AI 시대가 시작되었다. 곧 다가올 미래는 생성형 AI 서비스를 잘 아는 사람의 것이다. 하지만 많은 사람이 생성형 AI에 대해서 잘 모른다. 이 책은 생성형 AI 대해 궁금한 게 많은 사람에게 다각도로 답을 주는 보기 드문 책이다. 생성형 AI가 왜 각광받는지, 활용은 어떻게 할지, 무엇을 조심할지, 미래는 어떻게 준비할지 알고 싶다면 이 책을 읽어보길 권한다.

이갑섭 (KB국민카드 커머스 Unit장)

아무리 뛰어난 기술이라도 일상생활에 활용될 수 없다면 기술적 효용은 적다. 이 책에서는 생성형 AI의 배경, 최신 트렌드, 직무별 적용 예시 등을 상세하게 기술하였다. 생성형 AI는 이미 우리의 삶 속 깊숙이 파고들고 있다. 이에 대한 대응을 위해 수많은 기업에서 생성형 AI 분야에 투자하고 있다. 이 책을 통해 저자의 풍부한 지식과 유용한 팁을 참고해 효율적으로 생성형 AI를 학습하여 급변하는 상황 속에서 기회를 맞이하길 바란다.

안홍철(키움증권 데이터랩팀 팀장)

>_ 머리말

세상에는 엘도라도, 아틀란티스 등 수많은 전설이 존재한다. 그리고 마추픽추, 은나라와 같이 전설로 여겨지다가 실제 유적을 발견하여 역사로 바뀐 경우도 있다. 존재할 것이라는 기대감으로 실제 유적을 찾다가 결국 발견하면서 전설이 아니라 역사로 바뀐 것이다. 이는 결국 기대감만으로는 현실(역사)이 되지 못한다는 것을 보여준다.

AI 또한 마찬가지다. 최근 생성형 AI 열풍이 거세다. 수많은 사람이 다양한 생성형 AI 서비스를 얘기하고 있다. 하지만 많은 사람이 생성형 AI에 대한 막연한 기대감만 가지고 있다. 이를 사용하고 싶어 하는 사람도 실제 업무에 어떻게 녹여야 할지 몰라 활용에 어려움을 느낀다. 생성형 AI에 대한 기대감을 현실화하지 못한다면 결국 엘도라도나 아틀란티스와 같이 전설로 남을 것이다. 그러면 결국 생성형 AI로 인해 얻을 수 있는 수많은 이점을 놓치게 된다.

앞으로의 미래는 AI를 얼마나 잘 사용할 수 있는지가 국가, 회사, 개인의 경쟁력에 큰 영향을 미칠 것이다. 그러므로 우리는 생성형 AI에 대한 이해도를 높이고 잘 사용해야 한다. 이 책에서 생성형 AI가 궁금했던 사람들은 막연한 기대감을 실체화할 수 있을 것이다. 특히 다음과 같은 지식을 얻을 수 있다.

1 생성형 AI의 장점과 단점
2 생성형 AI를 사용하는 방법
3 생성형 AI 서비스의 종류

온라인 서점에서 '챗GPT'(또는 'ChatGPT')만 검색해도 수없이 많은 책이 쏟아진다. 하지만 정작 생성형 인공지능 서비스를 실무에서 어떻게 사용하는지 알려주는 책은 찾기 어렵다. 이 책은 생성형 인공지능 서비스를 실무에 활용하는 구체적인 방법과 활용할 때 고려해야 하는 것을 다각도로 살펴보기 때문에 회사나 조직에 인공지능을 접목하고자 할 때 도움이 될 것이다. 실제로 도움이 되는 도서를 집필하기 위해 많은 내용을 담다 보니 모든 내용을 읽고 한 번에 이해하기 어려울 수 있다. 한 가지 당부할 것은 이 책의 모든 내용을 읽고 기억하지 않아도 좋다는 것이다. 그래도 괜찮다. 원래 이해하기 어렵고 난해한 일이다.

이해하기보다는 이 책을 읽고 실제로 인공지능 서비스를 사용해보고 적용하면서 직접 경험하기를 권한다. 그렇게 하면 이 책의 내용을 익히는 데 큰 도움이 될 것이다. 이 책의 예시를 따라 하다 보면 프롬프트의 결과물이 동일하게 나오지 않을 수도 있다. 이는 생성형 AI의 업데이트 및 AI 특성상 결과물에 약간의 임의성이 발생하기 때문이다. 예를 들어 ChatGPT 공개 초기에 '세종대왕의 맥북 던짐 사건'을 프롬프트로 주면 세종대왕이 맥북을 던진 사건을 설명했지만, 지금은 더 이상 생성하지 않는다. 그러므로 완벽하게 동일한 결과는 나오지 않겠지만 따라 하다 보면 프롬프트 엔지니어링이 무엇이고 어떻게 하는 것인지 이해하고 체득할 수 있다.

또한 생성형 AI 서비스의 발전이 빨라 최신 동향을 모두 담을 수 없고, 생성형 AI 서비스들이 업데이트되며 변화가 있을 수 있어 홈페이지를 개설하였다. 이 책을 읽으며 궁금한 점이 있다면 저자 홈페이지의 문의하기 게시판(https://kyunam.modoo.at)에 질문을 남길 수 있다. 만약 글의 의미가 업데이트로 인해 집필 당시와 달라진 것이 있다면 질문을 통해 확인하기 바란다.

생성형 AI를 더 이상 엘도라도나 아틀란티스로 남겨두지 말자.
우리는 실체 없는 전설이 아닌 보물 지도를 손에 쥔 것과 나름없다.
보물을 얻고 싶다면 지금 당장 책을 펴서 읽고 사용해보자.

휴일과 휴가에 집필로 많은 시간을 함께 보내지 못해도 이해하고 물심양면으로 지지해준 사랑하는 정연, 그리고 항상 끝없이 격려하고 지지해주신 양가 부모님께 깊은 감사의 인사를 드린다. 집필을 제안해준 제이펍의 송영화 편집자님과 대표님에게 감사의 인사를 드린다. 그리고 어려웠음에도 불구하고 교정/교열 작업, 표지/내지 디자인 작업을 도와주신 모든 분과 이 책을 추천해준 분들에게도 감사의 인사를 드린다. 마지막으로 이 책을 읽고 있는 독자님에게도 감사의 인사를 올린다.

저자를 대표하여, **이규남**

>_ 이 책의 활용법

이 책은 초거대 생성형 인공지능 서비스를 어떻게 활용해야 하는지 설명하기 위해 기획되었다. 생성형 인공지능을 구체적으로 실무에 활용하는 예시와 활용할 때 고려해야 하는 것을 다각도로 살펴보는 매우 실용적인 도서다.

생성형 인공지능과 관련된 많은 내용을 담다 보니 모든 내용을 읽고 한 번에 이해하기 어려울 수 있다. 그래서 읽는 목적에 따라 몇 가지 방법을 제안하고자 한다. 여기서 제안하는 순서로 읽는다면 원하는 정보를 얻는 데 도움이 될 것이다. 책의 내용을 기억하려고 노력하기보다는 책을 읽고 실제로 인공지능 서비스에 적용하면서 직접 경험해보기를 권한다. 그렇게 하면 책의 내용을 체득하는 데 큰 도움이 될 것이다.

이 책을 읽고자 하는 사람은 크게 3가지 부류가 있을 것으로 생각된다. 초거대 생성형 인공지능과 프롬프트 엔지니어링이 궁금한 비전문가, 프롬프트 엔지니어링을 실무에 사용하고 싶은 직장인, 초거대 생성형 인공지능 서비스를 출시하려고 하는 비개발자다. 각 목적에 맞게 읽어야 하는 순서를 이야기하고, 특히 집중해서 읽어야 하는 부분을 추천하겠다. 이 책을 읽고 많은 사람이 인공지능의 혁신을 체감하기를 바란다. 그로 인해 인류의 삶이 한층 더 변화할 수 있기를 소망한다.

1. 초거대 생성형 인공지능과 프롬프트 엔지니어링이 궁금한 비전문가

이 책을 읽는 사람 중 많은 사람은 초거대 생성형 인공지능과 프롬프트 엔지니어링 자체가 궁금할 것이다. 필자가 생각하기에 이 부류의 사람은 인공지능을 실무에 사용해본 경험이 없고, 초거대 생성형 인공지능도 이야기만 듣고 한 번도 사용하지 않았을 거라고 생각한다. 그래서 다음과 같은 순서대로 집중적으로 읽을 것을 권한다.

1) 1장 '초거대 생성형 인공지능, 네가 궁금해'

사람들이 왜 인공지능에 관심을 가지는지 읽어보며 인공지능이 어떤 변화를 불러올지 이해할 수 있다. 그리고 초거대 생성형 인공지능이 왜 필요한지, 어떤 상황에서 실무나 서비스에 인공지능을 적용하기 좋은지 살펴보며 초거대 생성형 인공지능에 대한 이해도를 높인다.

2) 7장 '변화는 곧 기회다'

인공지능으로 인해 생겨나는 변화에 앞서 어떻게 기회를 잡을 수 있는지를 이해할 수 있다. 특히 기회를 잡기 위해 버려야 할 것과 변해야 할 것을 살펴보며, 미래의 인공지능 사회를 헤쳐나가기 위해 필요한 것을 알 수 있다.

3) 2장 '비전공자를 위한 프롬프트 엔지니어링'

프롬프트 엔지니어링이 무엇인지, 왜 알아야 하는지, 어떤 장점이 있는지 살펴보고, 프롬프트 엔지니어링의 실제 사례들을 비전공자가 이해할 수 있는 수준으로 설명한다. 이를 통해 프롬프트 엔지니어링에 대한 전반적인 이해도를 높이고 구체적으로 어떻게 활용할 수 있는지를 살펴본다.

4) 3장 '초거대 생성형 인공지능 서비스와 프롬프트 엔지니어링 사용 사례'

초거대 생성형 인공지능의 대표적인 서비스들을 소개하며 어떤 것들이 있고, 어떻게 활용할 수 있는지 보다 구체적으로 이해한다. 또한 이어지는 4장에서 프롬프트를 거래하는 플랫폼이 어떤 것이 있는지를 배울 수 있고, 이를 통해 공부를 위한 예제 프롬프트를 어디서 구하는지 알 수 있다.

5) 6장 '초거대 생성형 인공지능 서비스를 실무에 적용할 때 알면 도움이 되는 것들'

인공지능이란 무엇인지에 대해 보다 깊이 알 수 있다. 초거대 생성형 인공지능의 성능이 뛰어난 이유와 서비스 적용을 위한 전제 조건에 대해서도 설명하고 있어 이 부분을 집중적으로 이해하면 좋다. 그리고 사용 시 발생할 수 있는 문제들을 보고 유의해야 하는 것이 무엇인지 살펴본다.

6) 5장 '직무별 적용 예시'

실제 직무에 적용할 때 어떻게 사용할 수 있는지 예시를 다룬다. 장기적으로 실무에 활용하는 것에 관심이 있다면 가볍게 읽어보는 것을 추천한다.

2. 프롬프트 엔지니어링을 실무에 사용하고 싶은 직장인

이 책을 읽는 사람 중 프롬프트 엔지니어링을 실무에 사용하고 싶은 욕구가 있는 독자가 많을 것이다. 필자가 생각하기에 실무에 적용하고 싶은 사람은 인공지능에 대한 지식이 약간은 있을 거라 생각한다. 그래서 앞서와는 다르게 프롬프트 엔지니어링의 내용을 집중적으로 읽기를 권한다.

1) 2장 '비전공자를 위한 프롬프트 엔지니어링'

인공지능 지식이 조금은 있다고 가정하고 프롬프트 엔지니어링이 무엇인지, 장점과 언제 활용하면 좋은지, 구체적으로 어떻게 활용할 수 있는지를 먼저 읽기를 권한다. 이를 통해 프롬프트 엔지니어링을 실무에 활용하기 위한 이해도를 높이고, 프롬프트 엔지니어링을 사용할 수 있다.

2) 3장 '초거대 생성형 인공지능 서비스와 프롬프트 엔지니어링 사용 사례'

실제 출시된 인공지능 서비스를 살펴보며 어떤 콘텐츠를 생성할 수 있는지, 어떻게 활용할 수 있는지를 집중적으로 살펴본다. 이를 통해 실제 서비스를 어떻게 실무에 활용할 수 있는지 고려할 수 있다. 마찬가지로 4장을 통해 다양한 예제들을 접하기를 권한다.

3) 5장 '직무별 적용 예시'

모든 직무에 대해 서술하지는 못했지만, 최대한 많은 직무의 적용 예시를 담기 위해 노력했다. 많은 예시를 통해 실제 직무에서 어떻게 사용할 수 있는지 알 수 있다. 이를 통해 각자 환경별로 다른 문제를 해결할 때 인공지능을 어떻게 활용해서 문제를 해결할지 알 수 있을 것이다.

4) 6장 '초거대 생성형 인공지능 서비스를 실무에 적용할 때 알면 도움이 되는 것들'

실무에 적용할 때 가장 걱정되는 것은 어떤 문제가 발생할 수 있을지, 혹은 초거대 생성형 인공지능 사용하기 위한 조건이 있는지다. 이 장에서는 인공지능 서비스를 적용할 때 구체적으로 어떤 문제들이 발생할 수 있는지 알려준다. 이를 통해 문제를 해결하기 위한 방법을 고안할 수 있다. 또한 사용할 때 도움이 되는 전제 조건을 구체적으로 서술하므로 부족한 부분이 있다면 보완할 수 있는 방향을 알려준다.

5) 1장 '초거대 생성형 인공지능, 네가 궁금해'

실무에 적용하고자 하는 독자는 초거대 생성형 인공지능을 적용하기 좋은 상황에 대해 이해할 수 있다. 보통 회사나 조직에서 해결해야 하는 문제는 동시다발적으로 발생한다. 그래서 인공지능을 적용해서 큰 효과를 볼 수 있는 문제를 나열하고 우선순위를 정할 필요가 있다. 그때 인공지능을 적용하기 좋은 상황에 대한 내용을 참조하면 결정하는 데 도움이 될 것이다. 여유가 된다면 사람들이 인공지능에 왜 관심이 많은지, 왜 필요한지에 대한 내용을 참조하여 이해도를 높이면 좋겠다.

6) 7장 '변화는 곧 기회다'

실무에 적용하고자 하는 독자는 변화에 따른 어떤 기회가 있는지 관심이 높을 것이다. 그래서 어떻게 기회를 잡을 수 있는지 살펴보고, 이를 참조하여 어떤 변화가 올 것이고 어떻게 기회를 잡을 수 있는지 생각해볼 수 있다.

3. 초거대 생성형 인공지능 서비스를 출시하려고 하는 비개발자

이 책을 읽는 사람 중 초거대 생성형 인공지능 서비스를 출시하고자 하는 독자도 있을 것이다. 이 부류의 사람은 인공지능에 대한 지식이 꽤 있을 것이다. 그래서 다른 부류와는 다르게 서비스 적용을 위해 알아야 할 내용과 프롬프트 엔지니어링의 내용을 집중적으로 읽기를 권한다.

1) 6장 '초거대 생성형 인공지능 서비스를 실무에 적용할 때 알면 도움이 되는
    것들'

    인공지능 서비스를 적용할 때 발생할 수 있는 문제들에 대해 미리 알고
    대처를 고민하는 것은 서비스의 완성도를 높이는 데 도움이 된다. 이 장에
    서 초거대 인공지능 서비스를 출시 및 적용 시 발생할 수 있는 문제를 깊
    게 들여다보고, 서비스 적용을 위한 전제 조건을 읽으며 '초거대 인공지능
    서비스'에 대한 이해도를 높이는 것이 중요하다.

2) 1장 '초거대 생성형 인공지능, 네가 궁금해'

    서비스를 출시하고 적용하는 데 있어서 언제 적용하면 좋은지 아는 것은
    서비스를 기획할 때와 고객의 사용자 경험을 증가시키는 데도 도움이 된
    다. 그래서 이 장을 통해 인공지능 서비스를 언제 적용하면 좋을지 논의
    하는 기회를 가지는 것이 좋다.

3) 2장 '비전공자를 위한 프롬프트 엔지니어링'

    초거대 생성형 인공지능 서비스를 출시하는 데 있어서 프롬프트 엔지니
    어링 없이 출시한다는 것은 앙꼬 없는 찐빵과도 같다. 미래 발전된 생성형
    인공지능은 그렇지 않더라도, 현재의 초거대 생성형 인공지능은 프롬프
    트 엔지니어링을 통해 성능을 올릴 수 있다. 그래서 프롬프트 엔지니어링
    을 이해하고 사용하는 방법을 아는 것은 중요하다.

4) 3장 '초거대 생성형 인공지능 서비스와 프롬프트 엔지니어링 사용 사례'

새로운 서비스를 출시하는 데 있어서 다른 서비스들을 참고하는 것은 품질 좋은 서비스를 만들기 위해 꼭 필요하다. 다른 서비스에서 프롬프트 엔지니어링을 하면 어떤 결과가 나오고, 프롬프트 엔지니어링을 돕기 위한 여러 장치들을 참조하는 것은 도움이 된다. 벤치마크 및 시장조사, 실제 프롬프트 엔지니어링의 사례들을 보며 서비스에 어떻게 적용할지 고민할 수 있다. 또한, 4장을 읽고 다양한 사례를 직접 접해보기를 권한다.

5) 5장 '직무별 적용 예시'

사용자의 문제를 해결해줄 때 좋은 서비스라고 할 수 있다. 초거대 생성형 인공지능 서비스를 출시하고 이 서비스가 직무에 도움이 되기를 바란다면 직무별로 인공지능을 어떻게 사용하는지 아는 것은 중요하다. 문제와 해결책에 대해 많은 사례를 보며 서비스에 어떻게 녹일지를 고민할 수 있다.

6) 7장 '변화는 곧 기회다'

서비스를 출시하는 사람도 자신의 커리어를 신경 써야 한다. 그래서 어떤 변화가 생길지 미리 예측하고 자신의 커리어 방향을 고민할 수 있다. 그리고 서비스에 어떤 것들을 적용할 수 있는지 고민할 수 있다. 예를 들어 데이터 생성이 시간이 갈수록 더뎌질 경우 다양한 데이터 생성에 초거대 생성형 인공지능을 사용할 수 있고, 데이터 합성 및 생성을 위한 서비스를 기획할 수 있다.

01

\>_

초거대 생성형 인공지능, 네가 궁금해

ChatGPT가 인공지능의 가능성을 보여준 뒤로 전 세계적으로 수많은 인공지능 서비스가 쏟아지고 있다. 인공지능의 성능도 전과는 비교할 수 없을 만큼 좋아졌다. 수많은 사람이 쏟아져 나오는 인공지능 서비스를 활용하려고 한다. 하지만 대다수는 제대로 인공지능을 활용하는 데 어려움을 겪는다. 원래 능동적으로 인공지능 서비스를 사용했던 사람은 잘 활용하는 반면, 이를 처음 접하는 사람은 활용하기 어려워한다. 사람에게도 관성이 있어서, 기존에 하던 방식을 좋아한다. 하지만 변화의 물결은 피할 수 없다. 이제 인공지능 서비스는 선택이 아니라 필수가 되어버린 것이다. 여기서는 이러한 사람을 위해서 간략하게나마 초거대 생성형 인공지능을 사용하는 법을 설명하겠다. 특히 업무에 활용하려는 직장인에게 도움이 되도록 실무에 활용하는 관점에서 주로 살펴보기 때문에, 실제로 피부에 와닿을 만큼 변화를 끌어낼 수 있을 것이다. 이 장에서는 초거대 인공지능에 대해 간략히 살펴보고, 어떤 상황에서 사용하면 좋을지 알아보자.

>_ 인공지능은 왜 이렇게 화제일까?

이제 인공지능을 모르는 사람은 없다. 불과 10년 전만 해도 인공지능에 대해 이야기를 꺼내면 관심 없어 하거나 잘 모르는 경우가 많았다. 이제는 지나가는 사람을 붙잡고 물어보면 알파고나 ChatGPT를 이야기한다. 그만큼 우리의 삶에 인공지능이 깊숙이 자리한 것이다. 그런데 인공지능에 왜 이렇게 관심이 많은지 깊이 생각해본 사람은 없을 것이다. 뉴스에서 인공지능에 대해 많이 언급하고 인공지능이 작동하는 것을 보고 신기해하지만, 세상이 왜 인공지능에 주목하는지 인류와 개인의 입장에서 고민해본 적이 있는가? 지금부터 초거대 인공지능을 실무에 적용하기에 앞서 인공지능이 왜 중요한지, 세계에서 내로라하는 기업과 정부가 왜 이렇게 인공지능에 관심이 많은지,

인공지능이 우리에게 미치는 영향은 무엇인지 논의하면서 인공지능을 알아야 하는 이유를 간략하게 살펴보자.

〉 인공지능이 인류에게 미치는 영향

인류 역사에 걸쳐 많은 발견과 발명품이 쏟아져 나왔다. 불의 발견, 바퀴와 증기기관의 발명, 상대성 이론과 양자 이론, 두더지 포획기, 면도날을 날카롭게 가는 도구 등 수많은 발견과 발명품이 있다. 그중에서도 유독 관심을 끄는 것들이 있는데, 그러한 것에는 몇 가지 공통점이 존재한다. 바로 도구를 소유한 조직에 힘power과 권력을 주고 큰 변화를 이끌어낼 가능성이 있다는 것이다.

힘과 권력을 가져다줄 수 있는 인공지능

우선 힘과 권력을 가져다줄 수 있는 도구가 주목받는다는 관점에서 인공지능을 살펴보자. 역사적으로 많은 사람들이 부와 명예, 권력을 갖길 원했다. 그래서 전쟁과 학살이 일어났고, 현재도 지구 어디에선가 전쟁이 벌어지고 있다. 한편 부와 명예, 권력은 힘에서 비롯된다. 그러므로 힘을 줄 수 있는 도구는 인류 역사상 꾸준히 관심을 얻었다. 고대 시절에는 청동기가, 조금 더 시간이 지나자 철기가 관심을 받았다. 그 후 대포, 총기류와 같은 무기가 관심을 끌었다.

인공지능은 현대의 무기에도 기여한다. 미사일에 탑재되어 물체나 사람을 정밀하게 인식하여 격멸한다든가, 공격하는 적을 상대로 방어할 수 있도록 미사일 요격 시스템에 탑재되는 등 무기의 성능을 향상시킬 수 있다. 그런데 과거에 비해서는 무기가 힘에서 차지하는 비중이 줄어들었다. 대신 눈에 보이지는 않지만 현대사회의 체제를 뒷받침해주는 부wealth가 새로운 힘으로 떠올랐다. 자본주의사회에서는 무기 말고도 상대를 경제적으로 제재할 수 있는 경제적 힘을 중요시한다. 그렇기 때문에 물리적인 힘을 상징하는 무기 외에도 경제적인 힘을 상징하는 경제력이 주요한 가치로 부상했고, 이를 축적하기 위한 도구가 주목받기 시작했다.

인공지능은 경제력에 직간접적으로 영향을 미칠 수 있는 매우 중요한 도구다. 인공지능은 말 그대로 인공적인 지능으로, 이를 사용하여 다양한 문제를 해결할 수 있다. 게다가 인공지능이 계속 발전하면서 어떤 분야에서는 인간보다 더 좋은 해결책을 제시할 수 있을 만큼 성능이 좋아졌다. 기업체를 경영하다 보면 비즈니스 성과를 얻기 위해 다양한 문제를 해결해야 한다. 그럴 때 비즈니스 문제와 인공지능을 접목하면 다양한 비스니스 문제를 빠르고 정확하게 해결하면서 비즈니스 효과를 극대화할 수 있다. 그러므로 인공지능을 얼마나 잘 활용하는지에 따라 회사와 국가의 경제력이 크게 달라질 것이다. 이렇듯 인공지능은 경제력에 큰 영향을 미치는 매우 중요한 도구다.

물리적, 경제적 힘 외에도 인공지능은 여론을 움직여서 힘과 권력을 확보할 수 있다. 전통적인 언론 기관보다도 거대한 권력을 손에 거머쥔 셈이다. 문제를 해결하는 도구인 인공지능이 어떻게 여론을 움직일 수 있는 것일까?

이에 대한 답은 틱톡이나 메타(페이스북), 유튜브와 같은 소셜 네트워크 서비스social network service, SNS(이하 SNS)를 살펴보면 알 수 있다. SNS는 인공지능을 사용해 사용자를 연결해주는 서비스다. 틱톡은 글로벌 숏폼 비디오 플랫폼으로 짧은 영상을 만들고 공유한다. 메타는 온라인 소셜 미디어 및 소셜 네트워크 서비스로 영상을 올리거나 글을 게시하고 지인들 혹은 다른 사람들과 서로 관계를 맺을 수 있도록 도와준다. 유튜브는 동영상 공유 플랫폼으로 마음에 드는 채널을 구독할 수 있는데, 전 세계적으로 많은 사용자를 확보하고 있다. 이러한 플랫폼은 인공지능을 적극적으로 활용하여 동영상을 손쉽게 편집할 수 있게 돕거나, 아는 사람을 연결하거나, 관심 있어 할 만한 영상을 추천하면서 명성을 얻고 많은 사용자를 확보했다. 이들의 공통점은 팔로우 및 팔로워, 1촌, 구독 등을 통해 계정(사용자 간)과 콘텐츠(영상 혹은 글)를 연결한다는 점이다.

이런 플랫폼이 지금의 위치를 차지할 수 있었던 데는 다양한 이유가 있지만, 그중 하나가 인공지능인 것은 분명하다. 이 기업들은 인공지능을 적절히 활용해서 사용자가 원하는 기능을 개발하고 문제를 해결했다. 사용자들은 당연히 원하는 기능이 많은 플랫폼으로 이동했다. 인공지능이 발전하면서 점점 더 기능이 고도화되고 많이 개발되어 사용자의 유입이 가속화되었고, 지금처럼 인터넷이라는 가상의 영토에 수많은 사용자를 거느리게 되었다. 실존하는 영토가 없는데도 국민을 거느린 제국이 된 것이다.

이런 서비스는 여론을 움직이기에 매우 적합하다는 특징이 있다. 유사한 사상을 가진 사람끼리 모여서 콘텐츠들을 서로 보여주고 추천하며 사용자가 가진 생각을 더 공고히 하도록 조작할 수 있다. 그런 방법으로 사용자에게 특정 콘텐츠를 주기적으로 노출해주고 비슷한 사상을 가진 사용자들끼리 지속적으로 연결하고 교류하게끔 하며 여론을 조작하는 것이다. 극단적으로 표현하면 사람들을 원하는 대로 움직일 수 있는 셈이다.

이러한 여론의 힘은 국민(사용자)만 있는 제국(SNS 플랫폼)에 권력을 부여한다. 역설적으로 거리와 시간의 한계가 사라짐에 따라 실존하는 영토가 없어도 인터넷이라는 가상의 영토를 통해 이들을 한데 묶을 수 있어 권력을 가지게 된다. 그리고 부여된 권력을 바탕으로 많은 일을 할 수 있다.

이처럼 인공지능은 힘과 권력을 가지게끔 해준다. 인류는 항상 힘과 권력을 갈망해왔고, 힘과 권력을 가져다줄 수 있는 도구인 인공지능은 관심의 대상이 될 수밖에 없다. 힘과 권력을 좋은 방향으로 사용하면 모두 행복해질 수 있지만, 악용하면 수많은 사람을 불행에 빠뜨릴 수 있다. 그러므로 더욱 많은 사람이 인공지능이라는 도구를 이해하고 관심을 가져야 한다.

역사의 큰 변화를 이끌 수 있는 인공지능

과거를 돌아보면 역사의 큰 변화를 이끌어낼 만한 발명과 발견 역시 주목받았다. 예를 들어 상대성 이론이나 양자 이론과 같은 학문적 발견부터 수많은 환자를 살려낸 페니실린의 발명과 같은 것이 그렇다. 이러한 발명과 발견은 마치 나비효과처럼 수많은 변화를 만들어낸다.

인공지능은 이런 관점에서 역사의 큰 변화를 이끌 수 있는 도구다. 오늘날처럼 교통과 통신이 발달하지 않았던 과거에는 거리와 시간의 제약이 심했다. 그러므로 지역적 특색이 매우 강하게 나타나는데, 그 대표적인 예가 언어다. 비교적 작은 땅인 한국 내에서도 여러 가지 사투리가 있다. 영국이 수많은 나라를 식민지화했기에 영어가 글로벌 언어로 통용되고 있지만, 다른 언어를 사용하는 사람이 영어를 공부해서 모국어처럼 소통하기가 쉬운 것은 아니다. 서로 다른 언어를 쓰는 사람끼리는 의견이나 감정을 명확히 전달하기 어려우며, 모국어가 능숙해야 전달할 수 있는 내용도 많다. 이러한 특성 때문에 인류가 소통하기 쉽지 않았다.

하지만 인공지능은 이러한 상황을 반전시킬 수 있다. ChatGPT 출범 이후 일반인들도 관심을 가지고 있는 자연어 인공지능의 관점에서 볼 때, 번역은 인간이 정복하기 위해 끊임없이 시도했던 과제였다. 이러한 과제에 관련하여 최근 ChatGPT, GPT-4, Bard(이하 바드), BingChat(빙챗) 등과 같은 초거대 생성형 언어 인공지능 서비스가 비약적으로 성장하고 많은 발전을 이루었다. 인공지능의 발전 추세를 볼 때 앞으로 언어의 벽이 더 많이 허물어질 것으로 예상된다. 그리고 이러한 변화는 더 많은 변화를 만들 것이다. 언어의 벽이 허물어진다는 것은 모국어만 할 수 있어도 다른 언어를 모국어로 가진 사람과 문제없이 소통할 수 있다는 의미다. 같은 모국어를 가진 사람만이 알 수 있던 미묘한 감정뿐 아니라 생각을 명확히 전달할 수 있다.

영어 속담에 'Two heads are better than one'이라는 속담이 있다. 혼자보다는 두 사람이 머리를 맞대면 더 잘 해결할 수 있다는 의미. '백지장도 맞들면 낫다'라는 우리나라 속담과 유사하다. 이와 같이 여러 가지 관점과 의견을 가진 사람이 모이면 더 나은 해결책을 찾을 수 있다. 인공지능을 활용해서 언어의 장벽을 허문다면 인류는 하나가 되어 능동적이고 치열하게 논의할 수 있을 테고, 이는 결국 인류 문명을 발전시킬 것이다.

의학을 떠올려보자. 과거에는 각 국가와 지역별로 질병의 치료 방법이 모두 달랐다. 뇌종양에 걸리면 중국에서는 침을 맞았지만, 유럽에서는 두개골을 열어 뇌를 절개하는 식으로 다르게 치료했다. 이제는 비행기가 발명되고 인터넷이 발전하면서 시간과 공간의 제약이 사라졌기에 비슷한 방식으로 치료하려 할 것이다. 그리고 언어의 장벽마저 허물어지는 순간, 효과가 입증된 기존의 치료뿐 아니라 수많은 토론이 이루어지면서 더 좋은 효과를 내는 진보된 치료법이 쏟아질 것이다.

언어의 장벽을 허무는 일은 우리가 가진 능력과 경험을 확장하는 것이다. 다른 언어의 의도와 정보를 완벽히 이해하면, 다른 관점에서 현상을 해석하거나 바라볼 수 있을 것이다. 이를 통해 사고의 확장이 일어날 테고 결국 인류의 발전으로 이어질 것이다.

인류 역사상 기계가 사람보다 뛰어났던 사례는 쉽게 찾아볼 수 있다. 예를 들어 산업혁명 때 방직기가 발달하면서 가내수공업으로 생산하던 것보다 더 많이 생산할 수 있었다. 또 사진기가 나오면서 많은 화가들이 붓을 꺾었다는 사실은 유명하다. 사진은 그림보다 정확하고 빠르게 보이는 사물을 그대로 담을 수 있다. 이로 인해 사물을 보이는 그대로 그리던 사실주의 화가들은 아무리 잘 그려도 사진보다는 정확성이 떨어질 수밖에 없었다. 그러다 보니 더 이상 정확하게 사물을 그리는 것이 주목받지 못했다. 또한 방직기로는 단기간에 매우 많은 생산품을 만들어낼 수 있어서 아무리 사람이 빠르게 손을 놀려도 기계보다는 느릴 수밖에 없었다. 기계가 사람보다 빠르고 정확하게 결과물을 만들었던 사례는 이 외에도 많은데, 이러한 과정은 그 일에 종사하던 사람이 자신의 존재 가치를 다시금 되새길 기회가 되었다.

그러면서 인간만이 가지는 '가치'를 찾는 일이 더 중요해졌다. 사진보다 정확하게 사물을 담는 게 아니라 자신의 생각과 가치를 담아내는 화가가 더 주목받았다. 사진과 같이 정확한 사물을 담은 그림을 감상하는 대신, 화가가 가진 생각과 가치를 구매하는 것이다. 또한 많은 생산품을 만들기보다는 명품이라는 가치를 내세운 브랜드가 더 사랑받았다. 단기간에 많은 옷을 생산하는 브랜드보다는 소량으로 좋은 옷을 생산하는 브랜드의 제품을 많은 돈을 주고 구매했다. 이처럼 빠른 시간에 대량 생산하는 생산품보다는 인간만의 가치관을 담아내고 브랜딩하는 방식이 비즈니스에 더 큰 영향을 미치기 시작했다. 이렇듯 비즈니스 가치를 최대화하기 위해 빠르고 정확하게, 대량으로 만드는 대신 생산의 방향을 바꾸었다. 즉, 기계의 발전으로 역사적으로 큰 변화가 일어난 것이다.

인공지능 또한 마찬가지다. 인공지능으로 인해 더 빠르고 정확하게 많은 일을 할 수 있다. 사람이 해결하는 일의 대부분은 인공지능으로 해결할 수 있다. 예를 들어 자율주행, 챗봇, 추천 시스템, 자동화 시스템에 인공지능이 도입될 것이다. 그러면 운전사, 상담사, 마케터 등 현재의 많은 직업이 바뀌거나 사라질 테고, 인공지능으로 인해 큰 변화를 겪어야 할 것이다. 서울과 부산을 왕복하며 물품을 운반하는 트럭 운전사는 자율주행이 도입되면 사라질 것이다. 대신 많은 물품이 자율주행차로 운송되면 보석이나 화폐와 같은 고가품의 운송도 일반화되면서 물건을 지키는 경호원들이 트럭에 탑승할 수 있다. 상담사도 지금과 같이 모든 전화에 답변하는 것이 아니라, 인공지능 챗봇이 답할 수 있는 수준을 넘어선 사람이 필요한 고난도 질문이라든가 분야(승인 등 사람이 필요한 분야)를 구별하여 인공지능 챗봇과 함께 근무할 수 있다. 마케팅 분야에서도 마케팅 문구를 만들거나 마케팅 대상을 추출하는 간단한 일은 인공지능이 할 것이다. 대신 마케터는 기업 간의 제휴와 같이 인공지능이 하기 어려운 고차원의 업무를 더 많이, 집중적으로 수행할 것이다. 결국 미래에는 사람만이 할 수 있거나 사람이 더 잘하는 일, 인공지능과 협력했을 때 시너지를 발휘할 수 있는 일이 주목받을 것이다.

기존의 반복적인 업무는 대부분 인공지능으로 교체될 것이다. 우리는 더 고차원적인 업무를 수행해야 하며, 이 시대에 요구받는 것과는 다른 역량이 중요한 날이 올 수 있다. 예를 들어 지금 일반 사무직에게 인공지능을 활용하는 역량은 필수적이지 않지만, 나중에 인공지능을 활용하지 못하는 사람은 근무하지 못할 수 있다. 인공지능이 하지 못하는 일을 찾아서 해야 하고, 그런 일을 잘하는 사람이 각광받는 시대가 올 것이다. 따라서 인공지능에 대해 잘 알고 활용해서 인공지능이 하지 못하는 일을 찾아 역량을 발휘해야 한다.

〉 인공지능이 나에게 미치는 영향

앞에서 인공지능이 힘과 권력을 가져다주고 역사의 큰 변화를 이끌 수 있는 도구라는 사실과 인류에 미치는 영향을 살펴보았다. 그렇다면 나에게 미치는 영향은 어떤 것이 있을까? 인류가 아닌 '나', 개인에게 초점을 맞춰 어떤 영향을 줄 수 있을지 생각해보자.

직무 수행에서의 변화

개인에 초점을 맞추었을 때 가장 큰 변화는 직무 수행일 것이다. 직무 수행의 변화는 산업과 직종에 따라 다르게 나타난다. 하지만 공통적인 몇 가지 변화가 있다. 자동화 및 생산성 향상, 데이터 분석 및 예측 능력 강화, 인력 대체와 직무 요구 사항 변화 및 지속적인 역량 개발의 필요성이다. 그 외에 산업 초창기에 생기는 여러 가지 기회로 창업, 커리어 전환, 생활의 편의성 증대를 위한 기술 혹은 제품 사용 등이 있다.

직무 수행에서 가장 큰 변화는 자동화 및 생산성의 향상일 것이다. 인공지능은 문제를 해결할 수 있게 도와주는 도구다. 즉, 해결하고 싶은 문제가 있으면 이를 해결할 수 있게 해준다. 게다가 그 문제가 매번 같거나 비슷하게 발생한다면 인공지능을 사용하여 일부 업무를 자동화할 수 있다. 이를 통해 생산성을 높이면 비용 절감과 업무 효율 진작에 기여할 것이다. 그렇기 때문에 인공지능 기술을 사용해서 매번 수행하는 업무를 자동화하여 생산성의 향상을 꾀할 수 있다. 이는 결국 개인의 생산성을 조직에 입증하여 가치를 올리는 길이기도 하다.

다음으로는 데이터 분석 및 예측 능력의 강화다. 데이터 인공지능 기술은 데이터를 분석하고 **추론**inference(과거와 미래의 데이터 패턴이 거의 변하지 않는다고 할 때 앞으로 나타날 패턴을 찾는 것)하는 데 유용하다. 사람보다 빠르게 데이터를 분석할 수 있고 패턴을 찾는 것에 능하기 때문이다. 이를 통해 미래에는 어떻게 될 것인지 빠르게 예측할 수 있다. 즉, 인공지능 기술을 활용하여 더욱 빠르고 정확하게 의사를 결정할 수 있다.

마지막으로 인력 대체와 직무 요구 사항 변화 및 지속적인 역량 개발이다. 앞서 설명했듯, 인공지능 기술을 사용하면 일부 업무를 자동화할 수 있다. 이 말은 그 업무를 수행하던 인력이 인공지능으로 대체될 수 있다는 의미다. 이에 따라 일부 직종이 사라지거나 업무 내용이 변화할 것이다. 그러면 직무에서 요구되는 기술 및 역량도 변화할 것이다. 과거에는 필요한 역량이었으나 미래에는 필요 없을 수 있고, 과거에는 필요 없었으나 미래에는 더 중요해질 수도 있다. 그러므로 새로운 기술과 지식을 습득해야 하며, 지속적으로 역량을 개발해야 한다. 예를 들어 데이터 분석 업무가 자동화되면 개인은 더욱 높은 수준의 데이터 분석 능력을 갖추어야 하며 새로운 기술 및 지식을 습득해야 한다.

그 외의 변화

지금은 초거대 생성형 인공지능이 태동하면서 인공지능이 산업에 적용되는 초기 단계다. 이런 시기에 기회가 많이 생기곤 한다. 예를 들어 철강왕 카네기가 철강 산업 초기에 시대의 흐름을 읽고 철강 산업에 뛰어들어 많은 부를 일군 것처럼, 인공지능 산업 초기에 인공지능을 사용하여 많은 기회를 얻을 수 있다.

대표적으로 창업과 커리어 전환이 있다. 창업하려면 비즈니스 모델이 있어야 하는데, 인공지능 기술이 있다면 새로운 비즈니스 모델을 만들 수 있다. 예를 들어 뱅크샐러드(https://www.banksalad.com)는 시중에 없던 통합 자산 관리 서비스 애플리케이션을 출시했다. 개인의 취향, 관심사, 구매 이력 등의 정보를 기반으로 맞춤형 추천 서비스를 제공하여 개인 맞춤형으로 서비스를 제공했고, 사용자들의 반응도 나쁘지 않았다. 이것이 가능했던 이유는 인공지능이 대규모의 데이터를 처리 및 분석하고 패턴을 인식하는 데 강점을 가지기 때문이다. 한편 인공지능 기술을 직접 개발하거나 이미 개발된 인공지능 기술을 활용하는 방향으로 커리어를 전환할 수도 있다.

비즈니스 모델을 만드는 것 외에도 기존의 제품과 서비스에 인공지능 기술을 접목시켜 새로운 제품과 서비스를 개발할 수 있다. 예를 들어 핸드폰에 탑재된 카메라로 찍은 사진을 예쁘게 보정해주는 필터 기능이나, 얼굴을 인식하여 초점을 얼굴에 맞추는 기능이 있는 서비스를 만들 수 있다. 혹은 기존의 워드나 파워포인트 프로그램에 인공지능 기술을 더하여 문서 작성, 프레젠테이션 자료 생성 등을 자동화할 수 있다.

마지막으로 생활의 편의성을 높여주는 서비스 혹은 제품을 사용할 수 있다. 예를 들어 인공지능 스피커를 이용하면 굳이 핸드폰이나 TV를 켜지 않고도 오늘의 날씨와 미세먼지에 대한 정보를 얻을 수 있다. 또한 집의 여러 기기와 연결해두면 사용자의 취향을 학습하여 결과를 자동으로 제공할 수 있다. 인공지능이 사용자의 기기 사용 패턴을 학습하여 사용자가 소파에 앉으면 그 다음에는 TV를 켤 것이라 예측하여 미리 TV를 켜주는 것이다. 라디오나 모바일의 검색 이력이나 유튜브 조회 이력 등을 바탕으로 예능 프로그램을 좋아하는지, 다큐 프로그램을 좋아하는지 분석하여 채널을 자동으로 추천해줄 수도 있다. 그 외에도 인공지능을 사용하면 수많은 일을 할 수 있고, 이는 생활의 편의성을 증대하고, 삶의 질을 향상시킬 것이다.

이렇듯 인공지능은 일하는 방식을 변화시킬 뿐 아니라, 삶의 방식을 변화시킬 것이다. 그렇기 때문에 인공지능을 알아야 하고 인공지능을 '잘' 사용하기 위해 대비해야 한다.

>_ 초거대 생성형 인공지능이 필요한 이유

그렇다면 일반 인공지능이 아닌 초거대 생성형 인공지능이 필요한 이유는 무엇일까? 먼저 초거대 생성형 인공지능의 정의를 알아보자. **초거대 생성형 인공지능**hyperscale generative AI이라는 용어는 '초거대 인공지능'과 '생성형 인공지능'의 합성어다. 먼저 이 책에서 말하는 **초거대 인공지능**hyperscale AI이란 일반적인 인공지능보다 큰, 즉 딥러닝에서 파라미터가 많은 인공지능을 의미한다. **파라미터**(매개변수)parameter란 인공지능이 학습할 때 업데이트되는 값으로, 인공지능에 직접적으로 영향을 준다. 인공지능 학습은 이런 파라미터를 업데이트하는 과정이라고 보면 된다. 게다가 최근 괄목할 만한 성장세를 보이고 있는 딥러닝의 경우, 일반적인 과제(수행하려는 목적. 예를 들어 번역, 이미지 분류 등)에서 파라미터가 많을수록 데이터를 더 세밀하게 분석할 수 있다. 즉, 초거대 인공지능은 더 커다란 인공지능이며 커다랗기 때문에 복잡한 데이터를 잘 감지할 수 있어서 일반적인 인공지능에 비해 성능이 매우 뛰어나다. 그리고 **생성형 인공지능**generative AI은 텍스트, 이미지 등의 콘텐츠를 생성하는 인공지능을 의미한다. 그러므로 이 책에서 말하는 초거대 생성형 인공지능은 성능이 뛰어난 콘텐츠를 생성할 수 있는 인공지능이다. 지금부터 이에 대해 자세히 살펴보도록 하자.

먼저 성능이 뛰어나다는 것은 인공지능이 사용자 혹은 개발자의 의도대로 잘 작동한다는 의미다. 예를 들어 번역 기능을 가진 인공지능이라면 번역을 잘하는 것이며, 문장을 생성하는 인공지능이라면 주어진 문장 다음에 의도에 맞게끔 문장이 자연스럽게 만들어지는지가 성능의 척도가 될 것이다. 초거대 인공지능은 복잡한 문제에서도 성능이 뛰어나다. 예를 들어 **자연어**(사람들이 일상적으로 쓰는 언어. 컴퓨터 프로그래밍 언어인 인공어와는 달리 일상적으로 사용되며 구조적인 체계를 지닌다) 처리는 인공지능으로 해결하기에 매우 복잡한 문제다. 언어도 다양하고 사투리도 있고 오타도 있기 때문에 해결해야 하는 다양한 과제가 동시에 등장한다. 하지만 초거대 인공지능을 사용하면 일반 인공지능에 비해 정확하고 빠르게 해결할 수 있다는 장점이 있다.

일반적인 경우에 인공지능의 크기가 커지면서(파라미터가 많아지면서) 성능이 향상된다. 크기가 커지면 더 많은 정보(다양한 패턴과 관련성)를 학습할 수 있어서 복잡한 문제를 해결할 수 있다. 예를 들어 아기가 말을 배울 때 처음에는 몇 가지 단어만 알지만, 단어를 점점 많이 배우면서 더 많은 정보를 이해한다. 인공지능도 이와 비슷하게, 크기가 크면(많은 파라미터를 가지면) 데이터기 지닌 다양한 패턴과 관련성을 더 많이 파악할 수 있어서 복잡한 문제를 해결할 수 있다. 정확히 말하면 **딥러닝 모델**deep learning model은 많은 파라미터를 사용하여 복잡한 함수를 모델링할 수 있어 표현력이 증가하므로 더 복잡하고 다양한 패턴 및 관계를 학습할 수 있다는 뜻이다. 따라서 입력 데이터의 다양한 특징과 패턴을 잘 파악해서 데이터의 잠재적인 구조와 패턴을 발견하고 활용할 수 있으며, 나아가 인공지능의 성능이 향상되도록 한다. 하지만 이를 완벽하게 이해할 필요는 없다. 앞서 이야기한 비유는 쉽게 설명하기 위한 것이므로 '일반적으로 인공지능의 크기가 커지면 성능이 좋아질 수 있다'는 정도만 알고 있으면 된다.

인공지능 크기가 커지면 일어나는 놀라운 현상 중 하나는 인공지능을 학습할 때 학습하라고 준 데이터가 아닌 새로운 콘텐츠를 생성할 수 있는 **문맥 내 학습**in-context learning이 일어난다는 것이다. 인공지능을 학습시키기 위해서는 데이터가 필요한데, 아기에게 사과가 무엇인지 알려줄 때 사과가 어떻게 생겼는지 보여주고 알려줘야 사과인 줄 아는 것과 같이 인공지능도 데이터를 주어야만 배울 수 있다. 물론 인공지능은 더 많은 데이터가 필요하다. 그런데 인공지능의 크기가 커지면 일반적인 성능이 향상될 뿐 아니라, 데이터를 학습시키지 않아도 프롬프트를 통해 생성에 관여할 수 있다.

그러면 생성(추론 과정)에 관여한다는 것은 어떤 것일까? 데이터를 주고 파라미터를 업데이트하는 방식으로 학습시키지 않아도 생성에 관여하는 것은 매우 놀라운 일이다. 문맥 내 학습은 일종의 **퓨샷 러닝**few shot learning(데이터를 많이 주지 않고 몇 가지만 주어도 학습할 수 있는 방법) 중 하나다. 이는 인공지능에 파라미터를 업데이트하지 않아도 새로운 지식을 가르칠 수 있는 새로운 방법이다. 연구자들은 왜 이런 현상이 발생하는지 아직 완벽하게 알지 못한다. 다만 대용량의 데이터를 학습하면서 퓨샷 러닝의 대상이 되는 데이터가 포함되어 있었거나 유사한 정보가 있었던 것은 아닐까 추정할 뿐이다.

예를 들어 초거대 텍스트 생성형 인공지능은 번역 과제를 잘 수행한다. 연구자들은 사용된 데이터에 번역 과제의 내용이나 그와 유사한 내용이 포함되어 추론할 때 이를 참조하는 것으로 추정하고 있다. ['i am a boy'는 '나는 소년이다']라는 문장이 있다면, 초거대 텍스트 생성형 인공지능은 앞의 글을 학습에 사용하고 뒤의 글을 예측한 뒤 이를 맞히는 식으로 학습한다. 즉, 'i am a boy는'을 학습에 사용하여 다음에 나올 단어로 '나는'을 맞히기 위해 학습하는 것이다. 그리고 'i am a boy는 나는'을 사용하여 다음에 나올 '소년이다'를 맞히기 위해 노력한다. 처음에는 '라쿠카차카타'와 같이 의미 없는 값을 생성할 수 있다. 혹은 아예 '인공지능은 어렵다'와 같은 값을 생성할 수도 있다. 그러나 학습을 반복하면서 '나는 소년이다'를 맞히게 된다. 그러면 번역이라는 과제를 수행하기 위해 학습했다고 볼 수 있는 것이다.

이처럼 수많은 데이터로 다음에 올 단어나 문장을 학습하다 보니 이미 학습 과정에서 수많은 과제를 수행할 수 있도록 학습되는 것이라고 많은 연구자는 해석한다. 하지만 이런 설명으로는 충분치 않다. 현재 이 현상을 완벽히 파악한 연구자는 없으며, 아직도 연구가 진행 중인 분야다. 워낙 유기적으로 복잡하게 얽혀 있어 인과관계를 밝히기 어렵다. 이유가 어떻든 이런 현상은 발생하고 있고, 이 현상을 잘 이용하면 여러 가지 놀라운 일을 할 수 있다. 그렇기 때문에 일반 인공지능도 필요하지만 초거대 인공지능이 필요한 것이다.

그렇다면 생성형 인공지능이 왜 필요한지 알아보자. 생성형 인공지능은 인간이 만들 수 있는 콘텐츠를 생성한다. 즉, 인간이 하는 창조의 영역을 대신할 수 있는 것이다. 창조 영역을 지원해줌으로써 인간은 시간을 더욱 자유롭게 사용할 수 있다. 또한 이제까지 생각하지 못한 새로운 아이디어를 냄+하는 데 기여할 수도 있다. 그렇기 때문에 콘텐츠를 만들 수 있는 인공지능은 산업혁명기에 방직기의 탄생과도 같다. 방직기가 없던 시절에는 사람이 직접 옷을 만들어서 판매했지만 방직기가 등장하면서 대량의 옷이 빠르게 생산되었고 시장을 장악하며 사람들은 풍족한 세상을 누리게 되었다. 생성형 인공지능도 마찬가지다. 인간이 콘텐츠를 만들기 위해 들이는 시간과 노력을 줄여 대량으로 생산하여 더욱 풍부한 정보를 소비할 수 있게 하기 때문에 풍족한 세상을 만드는 데 이바지할 수 있다.

이런 초거대 인공지능과 생성형 인공지능의 필요성을 결합한 것이 곧 초거대 생성형 인공지능의 필요성이다. 콘텐츠를 쉽고 빠르게 생산하면서 성능까지 좋기 때문에 초거대 생성형 인공지능이 각광받는 것이다. 특히 최근에는 산업계와 학계에서도 매우 관심 있게 지켜보고 많이 도입하고 있다. 그러므로 어느 분야에서든 초거대 생성형 인공지능에 대해 관심을 가지고 지켜보면서 도입할 필요가 있다.

>_ 초거대 생성형 인공지능 서비스를 적용하기 좋은 상황

초거대 생성형 인공지능이 왜 필요한지 살펴봤으니, 이제 이것을 언제 활용하면 좋은지도 알아보자. 언제, 어떤 상황에 초거대 생성형 인공지능을 적용하는 것이 좋을까?

초거대 인공지능을 언제 적용할 수 있는지 아는 것도 중요하지만, 먼저 어떤 상황에 적용했을 때 효과를 발휘할지 알 필요가 있다. 적용하면 효과를 크게 발휘할 수 있는 환경도 있지만, 효과를 크게 볼 수 없는 조건도 있다. 초거대 생성형 인공지능을 도입할 때 어떤 전제 조건을 만족해야 효과를 크게 발휘할지 알아보자.

> 대장간이 없다, 인프라 부족

칼은 사냥할 때도, 요리할 때도 사용할 수 있는 다목적 도구다. 칼을 만들기 위해서는 대장간이 필요하다. 하지만 대장간이 없다면 칼을 만들기가 쉽지 않다. 인공지능도 마찬가지다. 초거대 생성형 인공지능을 활용하려면 인프라가 필요하다. 인프라는 인력, 서버, 데이터와 같은 초거대 생성형 인공지능을 잘 활용할 수 있는 기반이 되는 구성 요소를 말한다.

먼저 인력에 대해 살펴보자. 인력이 없다는 말은 다양하게 해석될 수 있지만, 여기서는 인공지능 개발/연구 인력을 의미한다. 인공지능을 개발하고 발전시킬 사람이 없으면 초거대 생성형 인공지능도 당연히 없다. 이럴 때 외부의 리소스를 가져올 수 있다면 이를 도입하는 것이 도움이 된다. 과거 신라가 고구려와 백제를 이길 수 없어서 당나라를 끌어들여 삼국을 통일한 것과 같이, 내재된 역량이 없다면 외부 조직의 역량을 빌리는 것을 검토할 수 있다.

예전에 알파고가 공개된 이후 인공지능 논문이 쏟아졌다면, 지금은 ChatGPT 공개 이후 초거대 생성형 인공지능을 탑재한 서비스가 쏟아지고 있다. 인공지능 자체가 발전하던 시대를 지나 실제로 활용할 수 있는 서비스들이 등장한 것이다. 초거대 생성형 인공지능을 개발할 수 있는 인력이 부족한 조직이라면 이러한 서비스를 사용하면 좋다. 초거대 생성형 인공지능을 개발하기 위해서는 인공지능도 잘해야 하지만 서버 인프라에 대해서도 알아야 하고, GPU를 활용하기 위한 지식도 필요하다. 인공지능 하나만 잘하기도 어려운데 인공지능을 수행하기 위한 여러 가지 환경에 대해서도 알아야 하기 때문에 이런 고급 인력은 구하기가 어렵다.

이런 인력은 귀한 데다가 연봉이나 고용 조건을 맞추기도 힘들다. 수요와 공급의 법칙에 따라 많은 회사에서 좋은 조건을 제시하기 때문이다. 또한 이들은 자신만큼 뛰어나거나 자신보다 더 뛰어난 사람과 일하고 싶어 한다. 그렇기 때문에 인프라(인력, 서버, 데이터 양, 기타 환경)가 좋은 회사로 몰리는 경향이 있다. 따라서 고용하는 일 자체가 쉽지 않다.

그러므로 이런 인력을 직접 구하는 것은 비용 면에서 매우 부담스럽다. 또한 인력을 유치하더라도 언제 이탈할지 모르기 때문에 경영자로서는 불안 요소가 된다. 하지만 이러한 인력이 개발한 결과물을 가져다 쓸 수 있다면 이런 인력을 고용한 것과 같은 효과를 누릴 수 있다. 다행히 ChatGPT 이후로 많은 회사에서 초거대 생성형 인공지능의 결과물을 사용할 수 있는 서비스를 경쟁하듯 공개하기 시작했다. 그러므로 이런 인력을 구할 수 없는 기업은 이런 서비스를 활용하는 것도 좋은 방법이다. 특히 영세 기업이라면 더욱 그렇다.

서버 또한 인력과 마찬가지 문제를 안고 있다. 대규모의 파라미터를 가진 매우 커다란 딥러닝 모델을 학습시키려면 서버의 성능이 매우 좋아야 한다. 그러나 커다란 딥러닝 모델을 학습시킬 만한 수준의 서버는 매우 비싸다는 단점이 있다. 그렇기 때문에 초거대 생성형 인공지능을 개발할 수 있는 서버를 준비하는 것은 쉽지 않은 일이다. 전문 인력을 구하기도 어렵지만, 이런 학습용 서버가 없다면 전문 인력이 있어도 소용없다.

학습을 위한 서버 준비만 어려울까? 사실 ChatGPT가 나왔을 때 업계 관계자들을 놀라게 한 것은 성능만이 아니었다. 1일 사용자가 1억 명에 달할 정도로 많은 사람들이 사용하는데도 놀라운 속도로 서비스를 제공했던 것이다. 이는 높은 수준의 개발 실력과 더불어 서버의 성능이 좋다는 것을 의미한다. 초거대 생성형 인공지능은 잘 학습해서 좋은 성능을 내는 것도 중요하지만, 빠른 결과물을 얻을 수 있는지 여부도 중요하기 때문에 인공지능 사용을 위한 인프라의 구축도 간과할 수 없다.

이렇듯 높은 수준의 인프라를 구축하고, 빠르게 수행될 수 있는 구조를 설계하고, 구현할 수 있는 개발 수준을 갖추는 것은 어렵다. 인력과 마찬가지로 서버와 고수준의 구조 설계를 구현할 수 없는 상황이라면, 누군가가 만들어둔 서비스를 이용하면 서버와 고수준의 구조 설계를 구현하여 설계한 것과 같은 효과를 낸다. 결과물만 가져다가 잘 사용해도 결과는 같다.

마지막으로 데이터에 대해 논해보자. 초거대 생성형 인공지능을 개발하는데 데이터는 필수다. 그러므로 데이터가 없다면 외부에서 학습한 초거대 생성형 인공지능을 사용하는 것이 적절한 선택일 수 있다.

예를 들어 ChatGPT와 같은 초거대 텍스트 생성형 인공지능을 개발하기 위해 직접 데이터를 모을 수도 있다. 그러나 데이터를 모으면 데이터를 저장하고 관리하는 비용이 발생한다. 데이터를 수집하는 인력 외에도 데이터를 저장하는 저장소의 구매 비용과 저장소를 관리하기 위한 부대 비용이 든다. 게다가 일반적인 인공지능이 아니라 초거대 생성형 인공지능은 정말 많은 데이터를 필요로 한다. 그렇기 때문에 더 많은 비용이 들 것이다.

이때 데이터를 수집하는 문제도, 이를 관리하는 비용도, 외부의 공개된 초거대 생성형 인공지능 서비스를 도입한다면 해소할 수 있다. 특히 개인정보 데이터와 같이 구할 수 없는 데이터가 아니라, ChatGPT와 같은 일반적인 '텍스트'로 학습한 초거대 생성형 인공지능 서비스라면 특정 분야의 데이터로만 학습해야 작동하는 것이 아니기 때문에 적극적으로 도입을 검토할 만하다. 텍스트는 인간이 삶을 영위하면서 수없이 생산해내는 정보이므로 구하기 쉬운 공개된 데이터다. 일례로 인터넷에 있는 내부분의 정보는 텍스트다. 텍스트라는 공개된 정보로 학습한 초거대 생성형 인공지능 서비스는 마찬가지로 텍스트라는 정보로 사용할 수 있다. 텍스트는 인간이 삶을 영위하면서 수없이 생산하는 정보이기 때문에 사용하기 익숙하며 다른 정보에 비해 적용 난이도가 상대적으로 낮다. 특정 분야에서 사용하려는 인공지능이라면 그 분야의 정보만 활용해야 하는데, 이 정보가 비공개라면 외부의 일반적인 데이터로 학습된 인공지능을 적용하기가 어려울 것이다. 그러나 ChatGPT와 같이 일반적인 '텍스트'를 학습 정보로 사용하는 초거대 생성형 인공지능 서비스는 텍스트 생성이 필요한 업무에 도입할 수 있다.

평소에 쉽사리 접하기 어려운 특정 분야의 텍스트, 즉 학습에 사용하기 어려운 정보를 생성하는 것은 어렵지만(매우 세분화된 분야의 정보가 학습에 사용되지 않으면 매우 세분화된 분야의 정보를 생성하는 것은 쉽지 않다), 일반적인 텍스트는 구하기 쉬워서 일반적인 상황의 텍스트를 생성하는 성능은 좋다. 따라서 일반적인 상황에서 텍스트 생성을 기대하는 경우 ChatGPT와 같은 서비스의 도입은 나쁘지 않다.

〉대장간이 멀리 있다, 사내 지원 부족

이처럼 초거대 생성형 인공지능을 직접 만들 수 없는 경우 외부에서 제공하는 초거대 생성형 인공지능을 도입하는 것도 좋다. 그런데 대장간은 있지만 너무 멀리 있어서 사용하기 어려운 경우에는 어떻게 하는 것이 좋을까?

사내 어느 부서에서 초거대 생성형 인공지능을 개발하고 연구할 수 있는 인력과 인프라가 갖추어져 개발할 수 있다고 하자. 그런데 이 부서와는 조직이 달라 협력하기가 어려운 상황이라면 어떻게 해야 할까? 두 가지 선택이 있다. 하나는 어떻게든 협력하는 방향이고, 두 번째는 개발할 수 있는 다른 조직과 협력하는 것이다. 공개된 외부의 초거대 생성형 인공지능을 도입하는 것은 후자에 해당한다.

조직적인 지원이 있다면 내재화된 초거대 생성형 인공지능을 도입하기가 쉬울 것이다. 그러나 조직적인 지원이 없다면 내재화하기가 어렵고, 내재화하더라도 초거대 생성형 인공지능을 사용하는 것 자체가 어려울 수 있다. 어떻게든 협력 구조를 잘 만들면 극복할 수 있겠지만 현실적으로 쉽지 않은 경우가 많다. 이럴 때는 외부에서 개발한 초거대 생성형 인공지능을 도입하는 것을 긍정적으로 생각해볼 수 있다.

만약 외부에서 만든 초거대 생성형 인공지능을 도입한다면 초거대 생성형 인공지능을 개발하기 위한 인력과 서버와 같은 인프라를 구축하는 비용을 절약할 수 있다. 개발 과정을 생략할 수 있으므로 이런 비용을 절약하여 다른 곳에 활용할 수 있을 것이다. 게다가 전격적으로 비즈니스에 도입하는 것이 아니라 단순 **PoC**proof of concept(새로운 프로젝트가 실현 가능성이 있는지 효과와 효용, 기술적인 관점에서 검증하는 과정)로 도입해서 테스트하는 경우라면 외부 서비스를 도입해야 한다. PoC를 위해 엄청난 비용을 투입하는 것은 현명한 선택이 아니기 때문이다. 이런 관점에서 볼 때 외부에서 초거대 생성형 인공지능 서비스를 도입하는 것은 비용 대비 효율이 높다.

물론 이 외에도 장점이 많다. 초거대 생성형 인공지능을 운영하기 위한 서버 관리도 필요 없다. 많은 사람들이 동시에 사용해도 빠른 속도를 유지할 수 있는 서비스를 운영하기는 쉽지 않은 일이다. 그러므로 사내에 이런 서버를 구축하고 관리하는 데 조직적인 관점에서 도움을 받을 수 없다면 사실상 불가능하다.

초거대 생성형 인공지능 서비스를 도입해서 가능성을 검토하고 가능성이 확인되면 다른 부서와 접촉하여 지원받는 것도 좋다. 인공지능을 개발하거나 연구하는 조직은 최종 결과물인 인공지능을 활용할 수 있는 비즈니스 활용처를 찾는다. 그러므로 초거대 생성형 인공지능 서비스를 도입하여 성과를 올릴 수 있는 과제에 그 조직에서 개발한 초거대 생성형 인공지능을 도입할 수 있다면 환영받을 것이다. 비전문가라도 실무에 도입할 가능성을 타진하며 공부한 덕에 인공지능에 대한 이해도가 높아서 의사소통에도 문제가 없고 어떻게 사용해야 할지 유의 사항을 알려줄 필요도 없기 때문이다.

초거대 생성형 인공지능을 개발하고 연구할 수 있는 사내 조직이 있는 경우 내재화한 것을 가져다 사용하려고 할 것이다. 그러나 초거대 생성형 인공지능을 개발하고 연구할 수 있는 역량을 보유한 곳은 커다란 조직이거나 그런 조직의 지원을 받는 작은 조직이다. 후자의 경우는 많지 않은 데다, 대부분은 개발에만 힘쓸 것이다. 전자는 조직이 워낙 비대하기 때문에 개별 조직이 전사를 감당하기가 쉽지 않아서 모든 지원을 해줄 수 없다. 간혹 상위 임원 수준에서 강력한 의지가 있어서 지원해주는 경우도 있지만, 흔한 경우는 아니다. 이런 경우 초거대 생성형 인공지능 서비스를 도입해서 사용하는 것이 도움이 된다. 도입해서 효과가 없으면 서비스 도입을 취소하면 되고, 효과가 있으면 내재화하는 것을 검토할 수도 있기 때문이다. 물론 내재화하지 않은 상태로 계속 사용하는 것도 가능하지만, 비즈니스 환경에 맞추어 튜닝하려면 결국에는 내재화하는 것이 도움이 된다.

〉 다다익선, 많을수록 좋다

초거대 생성형 인공지능 서비스를 도입할 때 많을수록 좋은 것이 3가지 있다. 데이터, 뚜렷한 패턴, 초거대 생성형 인공지능에 대한 이해도가 높은 **도메인 전문가**(업계의 현황과 회사의 현재 상황, 비즈니스 모델, 업무 시 발생하는 문제에 대해 대다수의 지식을 보유한 전문가)다. 이 장에서는 왜 이러한 것들이 많을수록 좋은지, 어떤 경우에 초거대 생성형 인공지능 서비스를 도입하는 것이 좋은지에 대해 자세히 들여다볼 것이다.

앞에서는 데이터가 없어도 사용하기 좋다고 했는데 이번에는 많을수록 좋다니, 무슨 뜻일까? 초거대 생성형 인공지능 서비스를 사용하는 관점에서 자신이 처한 비즈니스 환경과 조직의 요구 사항을 모두 충족시킬 수 있는 서비스를 도입하고 싶지만, 다양한 환경을 모두 충족하는 서비스를 도입한 것이 아니기 때문에 아쉬운 점이 생길 수 있다.

이런 경우에 데이터가 많으면 도움이 된다. 인공지능에는 **파인 튜닝**fine truning이라는 개념이 있는데, 이미 학습된 인공지능을 한 번 더 학습시켜서 특정 분야나 데이터에 더 적합하게 변경하는 것이다. 파인 튜닝에는 전체 인공지능을 업데이트하거나, 일부만 업데이트하거나, 혹은 기존 인공지능을 업데이트하지 않고 새롭게 가벼운 인공지능을 만들어 추가, 적용하는 등 다양한 방법이 있지만, 어떤 경우든 데이터가 필요하다. 그렇기 때문에 파인 튜닝을 할 수 있는 데이터가 있다면 도움이 되며, 당연히 많을수록 좋다.

초거대 생성형 인공지능 서비스에도 이러한 개념은 적용된다. 초거대 생성형 인공지능을 파인 튜닝하면 내 과제에 적합한 인공지능을 만들 수 있다. ChatGPT를 포함한 초거대 생성형 인공지능 서비스는 대개 정해진 형태로 데이터를 가공해서 한 번 더 학습할 수 있도록 지원하고 있다. 이때 파인 튜닝에 사용할 데이터가 많을수록 내 상황에 적합한 인공지능을 만드는 데 도움이 된다.

다음으로 **패턴**pattern에 대해 살펴보자. 패턴은 데이터가 가지는 특성을 의미한다. 예를 들어 두 개의 귀, 꼬리와 털 등 강아지를 떠올리면 그려지는 것이 강아지 이미지의 패턴이다. 이는 털이 없고 등껍질이 있는 거북이와 대비되는 특성이다. 데이터의 패턴이 뚜렷하면 파인 튜닝 시 약간의 데이터만 있어도 성공적으로 튜닝할 수 있다. 그러나 반대로 패턴이 뚜렷하지 않은 경우 특성을 학습하기 위해 더 많은 데이터가 필요할 수 있다. 더 많은 데이터를 활용해서 더 많이 학습하여 세밀한 패턴을 더 많이 추출해 성능을 올리는 것이다. 이때 데이터가 없다면 이러한 과정을 거칠 수 없다.

또한 인공지능 모델을 안정적으로 사용하기 위해서는 데이터가 많을수록 좋다. 안정적으로 사용한다는 말은 파인 튜닝한 초거대 생성형 인공지능이 미세한 값의 변화에 따라 예측 결과가 좌우되지 않는다는 뜻이다. 데이터가 적은 상태로 파인 튜닝을 하면 패턴을 제대로 잡아내지 못할 수 있다. 대부분의 데이터가 같고 일부 데이터만 바뀌어도 마찬가지다. 파인 튜닝을 할 때 데이터가 적다면 실제 비즈니스에 사용할 만한 파인 튜닝 결과를 만들어내기 어려울 수 있다. 결국 데이터가 너무 적다면 비즈니스 환경과 내가 해결하고자 하는 문제에 적합한 인공지능을 만들기 위해 다시 학습시키기가 어렵다.

마지막으로 도메인(분야) 전문가가 많을수록 정말 좋을까? 이는 경우에 따라 다르다. '사공이 많으면 배가 산으로 간다'는 속담과 같이 '전문가'가 많을수록 가리키는 방향이 달라 프로젝트가 좌초할 수도 있기 때문이다. 그러므로 한 프로젝트에 수많은 도메인 전문가가 필요하다고 생각하지는 않는다.

그럼에도 불구하고 인공지능에 대한 이해도가 높은 도메인 전문가가 많으면 좋다고 하는 이유는 단순하다. 해결하고자 하는 문제의 수는 매우 많고 시간이 지날수록 문제는 더 늘어날 것이다. 그렇기 때문에 하나의 문제를 해결하기 위해 수많은 도메인 전문가가 모여서 논의하기보다는 한 도메인 전문가가 혼자서 여러 개의 문제를 해결하려는 경우가 더 많다. 현실 세계에서는 수많은 문제가 동시에 발생하기 때문에 여러 문제를 해결해야 하는 경우가 많다. 특히 회사에서 프로젝트를 하나만 하는 경우는 거의 없고 여러 프로젝트를 동시에 진행하는 경우가 많다. 큰 프로젝트는 수많은 서브 프로젝트가 수행되기 때문에 해결해야 하는 문제가 상당히 많아 한 명이 여러 문제를 해결해야 한다. 그래서 도메인 전문가가 많은 문제를 신경 쓰느라 놓치는 부분이 생긴다. 도메인 전문가가 많으면 그럴 가능성이 줄어들 것이므로 도메인 전문가가 많으면 도움이 된다.

결국 인공지능에 대한 이해도가 높은 도메인 전문가는 인공지능에 대한 이해도가 높기 때문에 동일한 문제에 직면했을 때 인공지능을 어떻게 활용해야 하는지 알고, 문제를 잘 해결할 수 있다. 게다가 인공지능의 결과를 비즈니스 의사 결정에 수월하게 활용한다. 특정 분야의 용어와 개념에 대한 이해도가 높기 때문에 인공지능의 결과를 잘 정리하여 이해관계자에게 설명할 수 있다.

그리고 인공지능 모델의 적용 가능성을 평가할 수 있다. 도메인 지식뿐 아니라 인공지능에 대해서도 이해도가 높기 때문에 초거대 생성형 인공지능 서비스의 적용 가능성을 판단할 수 있다. 단순히 인공지능 성능에 대한 지식만 있어서는 도메인에 적용할 수 있는지 판단할 수 없고, 반대로 도메인 지식만 많다면 인공지능을 적용할 수 있는지 판단할 수 없다. 그러므로 인공지능에 대한 이해도가 높은 도메인 전문가는 적절한 초거대 생성형 인공지능 서비스를 판단할 수 있고 이를 도입하는 데 도움이 될 것이다.

〉 우리끼리, 사내 사용

이소룡이 휘두르던 쌍절곤은 강력한 무기이지만, 자칫 휘두르다가 자신이 맞기도 하므로 유의해야 한다. 이는 초거대 생성형 인공지능 서비스를 이용할 때도 마찬가지다. 그러나 언론에서 성공적인 활용 사례를 소개하면서 이런 부분을 간과하곤 한다. 여기서는 외부에 초거대 생성형 인공지능 서비스를 공개할 때 유의할 점에 대해 설명하려 한다. 특히 데이터의 유출, 신뢰성, 프롬프트 인젝션과 같은 공격에 유의해야 한다.

초거대 생성형 인공지능 서비스는 몇 가지 측면에서 매우 유의해야 한다. 특히 데이터 외부 유출이 문제다. 인공지능을 학습할 때 생성된 학습 데이터가 고스란히 노출될 수 있고, 이 학습 데이터에는 개인정보나 사회적인 이슈가 담길 수 있다. 그렇기 때문에 사용할 때 유의해야 한다. 외부의 초거대 생성형 인공지능 서비스를 사용한다면 이런 내용을 모두 통제하기가 쉽지 않다. 이러한 문제가 발생하면 서비스 사용자는 초거대 생성형 인공지능 서비스를 제공하는 개발자나 조직이 아니라 서비스를 론칭한 회사를 비난할 것이다. 결국 적용하는 데 조심할 수밖에 없다.

하지만 사내에서 사용한다면 이러한 걱정을 하지 않아도 된다. 데이터가 외부로 유출되는 것이 아니기 때문에 여론의 비난과 시선을 피할 수 있으며, 내부 고객이 굳이 학습 데이터를 유출시키려고 하지도 않을 것이다. 그렇기 때문에 사내에서만 사용하는 것은 초거대 생성형 인공지능 서비스를 사용하는 안전한 방법이다. 해결해야 하는 문제들은 사외에서 발생하기도 하지만 사실 사내에서도 발생한다. 사내 문제를 해결하기 위한 목적으로 초거대 생성형 인공지능 서비스를 사용한다면 데이터 유출 문제에서 조금은 자유롭다.

데이터 유출도 중요하지만, 초거대 생성형 인공지능 서비스를 신뢰할 수 있는가는 더 중요한 문제다. 신뢰란 믿는다는 말이지만, 인공지능과 결합되면 조금 복잡해진다. 만약 인공지능이 100번 맞는 이야기를 하고 1번 틀리면 이 인공지능을 신뢰해야 할까? 신뢰는 어느 정도까지의 거짓을 허용하는 걸까? 무조건 100% 맞아야만 신뢰할 수 있는 걸까?

ChatGPT의 경우에도 아무 말이나 그럴듯하게 이야기하는 **환각**hallucination 현상(방대한 양의 텍스트 데이터로 학습하여 잘못된 정보를 그럴싸하게 생성하는 현상)이 나타난다. 잘못된 이야기를 그럴듯하게 이야기하므로 마치 진짜인 것처럼 헷갈리고 속기도 한다. 이런 문제가 외부를 향한다고 상상해보자. 서비스를 사용하는 대다수의 사람이 잘못된 정보를 얻을 수 있다면 아주 신뢰하지는 않을 것이다. 신뢰성의 이야기는 아주 복잡한 문제라, 신뢰를 확보하는 것은 간단한 문제가 아니다. 신뢰를 잃은 서비스를 운영한다면 소비자는 브랜드에 대해서도 신뢰를 잃을 수 있다. 그런데 사내에서 사용한다면 신뢰성이 위협받아도 브랜드에 타격을 입는 상황은 사라진다.

마지막으로 **프롬프트 인젝션**prompt injection은 본래 출력되지 말아야 할 응답을 얻어내는 방법을 의미한다. 초거대 생성형 인공지능 서비스를 외부에 공개할 때는 몇 가지 제한을 걸어 개발하는데, 인공지능의 설정이나 제한을 회피하여 본래는 출력되지 말아야 할 응답을 얻어내는 것이다. 과거에 **SQL 인젝션**SQL injection이라는 공격 방법이 있었는데, 사용자가 보안상의 취약점을 이용하여 서버의 데이터베이스를 공격하는 것으로 주로 **쿼리**(데이터베이스로부터 데이터를 가져오는 문법)를 공격하도록 조작한다.

프롬프트 인젝션은 공격 방식이 코드 수준에서 자연어 수준으로 내려왔다는 점이 다르다. 자연어 텍스트가 입력값인 프롬프트를 이용해서 출력하지 말아야 하는 응답을 얻도록 공격하므로, 자연어 텍스트를 대상으로 하다 보니 사전에 필터링하기가 쉽지 않다. 원래 출력되면 안 되는 정보들을 출력하기 때문에 개발사의 의도에 부합되지 않는다고 할 수 있다.

하지만 사내에 초거대 생성형 인공지능 서비스가 공개된다면 이러한 문제로부터 자유롭다. 사내 직원이 굳이 응답하지 말아야 하는 응답을 하도록 유도하지도 않을 것이다. 게다가 보안상 유의해야 하는 정보가 아니라면 외부에 공개되는 것보다는 문제가 덜할 것이다. 예를 들어 프롬프트 인젝션을 통해 초거대 생성형 인공지능 서비스가 욕이나 혐오 발언을 하게 만들었다고 하자. 만약 외부에 공개된 초거대 생성형 인공지능 서비스라면 매우 큰 문제가 될 수 있다.

이처럼 초거대 생성형 인공지능 서비스를 사내에 공개하는 것은 많은 장점을 가지고 있다. 사내이다 보니 여러 가지 문제로부터 자유롭고, PoC를 수월하게 할 수 있다. 또한 외부 사용자를 대상으로 하는 서비스가 아니기 때문에 품질 기준이 완화되는 것도 사실이다. 그러므로 초거대 생성형 인공지능 서비스를 기획하고 있다면 사내에 먼저 공개하는 것도 도움이 될 것이다.

〉 서포터의 필요성, 인간의 지지자

누군가가 나를 지지해주면 일할 때 편리할 것이다. 내 일을 지지해준다는 것은 나의 의견과 행동을 긍정적으로 생각하고 도와준다는 것이기 때문이다. 이와 마찬가지로 인공지능과 함께 문제를 해결할 때 인공지능이 지지자의 역할을 하면 훨씬 편리할 것이다. 여기서 지지자의 역할이란 작업의 서포터로서 도와주는 것을 의미한다.

최근에는 인공지능 자체의 성능이 매우 뛰어나다. 그러나 인공지능은 아직까지는 단독으로 사용될 때보다 인간이 도구로서 사용할 때 더 빛을 발한다. 인공지능이 단독으로 모든 사항을 결정하면 많은 문제가 생긴다. 하지만 인간이 하는 일을 돕는 방향으로 사용한다면 이러한 문제를 해결할 수 있을 뿐 아니라 효율을 개선할 수 있다.

예를 들어 초거대 생성형 인공지능은 이미지와 텍스트를 처리하는 성능이 매우 좋으므로 디자인 작업을 할 때 DALL-E(https://openai.com/research/dall-e)나 빙 이미지 크리에이터(https://www.bing.com/create)를 사용해서 새로운 디자인 아이디어를 얻을 수도 있다. 그리고 디자인 작업을 할 때 유사한 요소가 없는지 한 번 더 체크하고 아이디어를 제공할 것이다. 혹은 3D 모델링 분야에서도 매우 유용하게 사용될 수 있다. 인간이 간단하게 그린 2D 도면을 가지고 3D 도면으로 만들어 작업 효율을 올려주는 식이다.

<그림 1-1>은 인공지능을 도구로 사용하여 효율적으로 일하는 개념을 그린 것이다. 동일한 사람이 할 수 있는 업무의 양을 100%라고 가정할 때, 하나의

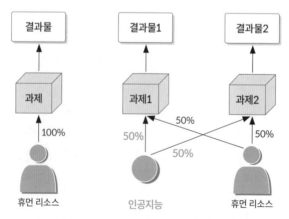

그림 1-1   인공지능과 함께 효율적으로 일할 수 있는 개념 예시

과제에 대해 사람 한 명이 100% 리소스를 투입하여 결과물을 만들 수 있을 것이다. 그런데 인공지능이 50%의 업무를 도와주면 사람 한 명이 같은 시간에 2가지 과제를 해낼 수 있다.

물론 도구로서 사용하는 것 외에도 기존에 있던 업무 프로세스를 개선하는 데도 도움이 된다. 특히 업무 프로세스를 개선할 때 인공지능을 단독으로 적용하는 것보다 인간과 함께 사용하고 기존의 프로세스를 개선하는 방향으로 적용한다면 초거대 생성형 인공지능 서비스의 도입 효과가 커질 수 있다. 사람을 배제하지 않기 때문에 반발이 적고, 업무량을 덜 수 있어 다른 업무를 지시할 수 있다. 에를 들어 문서를 요약히는 일을 하는 데 많은 시간이 든다고 하면, 초거대 생성형 인공지능 서비스를 이용함으로써 더 수월하고 빠르게 작업할 수 있다.

초거대 생성형 인공지능 서비스를 사용하여 여러 가지 요약 버전을 만들고 이 중 가장 잘 요약한 것을 사람이 선택하는 식으로 업무 프로세스를 개선

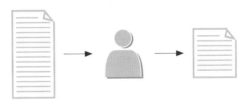

그림 1-2　기존에 사람이 문서를 요약하던 업무 프로세스

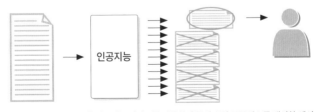

그림 1-3　초거대 생성형 인공지능 서비스를 사용하여 문서 요약 프로세스를 개선한 예시

할 수 있다. 초거대 생성형 인공지능 서비스가 요약하므로 여러 가지 버전을 만드는 데 많은 시간과 노력이 들지 않고, 사람은 그저 검토만 하면 된다. 마지막에 사람이 검토하기 때문에 가장 좋은 요약본을 선택하고 정보의 누락을 방지할 수 있다. 즉, 인공지능을 단독으로 사용할 때 생길 수 있는 문제를 사람과 결합함으로써 방지하고 업무 시간을 줄이고 프로세스를 개선하여 효율이 높아지는 것이다.

또한 파라미터가 적은 소규모의 인공지능 서비스에서는 하지 못하는 여러 가지 일을 초거대 생성형 인공지능 서비스로는 할 수 있다. 소규모의 인공지능은 요약이면 요약, 분류면 분류, 콘텐츠 생성이면 생성이라는 식으로 한 가지 일만 수행했다. 하지만 인공지능 규모가 점점 더 커지고 초거대 텍스트 생성형 인공지능 서비스가 출시되자 다양한 일을 하나의 인공지능으로 수행할 수 있게 되었다. 물론 **인공 일반 지능**artificial general intelligence, AGI(인간이 수행 가능한 지적인 과제를 인간과 동일한 수준으로 수행할 수 있는 인공지능의 개념)이라고 불릴 정도로 많은 일을 할 수 있는 것은 아니다. 그러나 하나의 인공지능이 많은 일을 수행할 수 있다는 가능성을 보여주었고, 이를 통해 인간의 업무 수행을 서포트할 수 있게 되었다.

아직 인공지능 혼자서 일상생활의 모든 문제를 스스로 해결할 수 있는 수준은 아니기 때문에 문제 해결을 위한 프로세스에서 사람과 결합되면 효율적으로 사용할 수 있다. 또한 인공지능을 사용하면서 발생할 수 있는 많은 문제를 사전에 예방할 수 있다.

세상에 완벽한 인간은 없다. 가상의 캐릭터인 슈퍼맨조차 약점이 있다. 완벽은 개념상으로만 가능할 뿐 존재하기 어렵다. 그럼에도 불구하고 인공지능이 완벽하기를 기대하는 사람이 많다. 단언컨대 현재의 인공지능은 절대로 완벽하지 않다. 인공지능이 많은 발전을 이룩했고 세상에 충격을 줄 만큼 혁신을 보여주었다는 것은 부인할 수 없다. 하지만 인공지능은 완벽하지 않고, 완벽할 수도 없다.

초거대 생성형 인공지능이 잘못된 결과를 내놓을 때마다 사람들은 실망하곤 한다. 하지만 인공지능의 결과가 항상 완벽하지 않다는 것을 이해해야 한다. 그래야 인공지능을 효과적으로 사용할 수 있다. 어떤 일이든 일이 잘되지 않을 때를 대비하여 여러 가지 대책을 만들고 계획을 세분화하여 수행해야 예상치 못한 사태에 잘 대처할 수 있다. 초거대 생성형 인공지능 서비스를 사용할 때도, 프로젝트나 업무를 진행하면서 완벽하지 않을 수 있다는 것을 인지하고 사용하는 것과 인지하지 못하고 사용하는 것은 큰 차이를 가져온다.

인공지능의 한계를 알아야 하는 또 다른 이유도 있다. 인공지능은 마법이 아니다 보니 한계가 있다는 것을 알아야 더 잘 적용할 수 있기 때문이다. 이런 사실을 알고 있다면 원하는 대로의 성과가 나오지 않을 때 초거대 생성형 인공지능 서비스를 적용하기 좋은 상황인지 확인하고 어디서 병목이 생겼는지, 무슨 문제가 있는지, 해결 가능한지 검토할 수 있다.

또한 인공지능의 한계를 인식함으로써 기대되는 결과물을 얻기 위해 인공지능을 단독으로 사용해야 할지, 인간이 인공지능의 결과에 개입해야 할지 결정할 수 있다. 초거대 생성형 인공지능 서비스가 만능은 아니다 보니 인간이 개입하면 더 좋은 품질을 낼 수 있을 것이다. 그러나 현실적으로 사람이 일일이 모든 결과를 검수할 수는 없다. 그러므로 약간의 오류를 감수하고 적재적소에 사람이 개입하여 결과물을 확인하며 기대하는 결과물이 나올 수 있도록 한다.

인공지능의 한계를 알아야 하는 마지막 이유는 인공지능 기술을 비판적으로 검토하고 평가해야 하기 때문이다. 인공지능 기술은 많은 분야에서 혁신적인 발전을 이루고 있지만, 이를 너무 믿으면 안 된다. 인공지능의 성능이 뛰어나다고 해서 업무나 비즈니스 문제 해결에 무턱대고 도입하는 것은 위험하다. 특히 외부 초거대 생성형 인공지능 서비스의 경우 프롬프트 값을 저장할 수 있기 때문에 민감한 데이터를 넣는 것은 위험하다. 그런 일을 방지하려면 인공지능의 한계와 적용 가능성을 면밀히 검토한 뒤에 초거대 생성형 인공지능 서비스를 도입하는 것이 좋다. 특히 이해관계자들이 이를 이해해야 도입 유무 및 성능, 효과를 비판적으로 평가할 수 있다.

02

비전공자를 위한 프롬프트 엔지니어링

초거대 생성형 인공지능을 사용하는 방법은 수없이 많다. 사용하는 사람의 사전 지식에 따라 인공지능 활용법이 달라지기 때문이다. 예를 들어 인공지능에 익숙한 사람은 초거대 생성형 인공지능을 직접 만들거나, 만들어진 인공지능을 파인 튜닝하거나, 알고리즘에 기여하여 더 뛰어난 서비스를 만들 수 있다. 하지만 인공지능에 관한 지식이 부족한 사람은 이미 만들어진 서비스를 최대한 잘 활용해야 할 것이다. 잘 만드는 것도 중요하지만 잘 활용하는 것도 이에 못지않게 중요하다.

게다가 사회에는 인공지능 전문가보다는 비전문가가 더 많다. 그렇기 때문에 비전문가가 인공지능 서비스를 잘 활용하는 것은 매우 중요한 과제다. 이 장에서는 비전문가가 프롬프트 엔지니어링(원하는 값을 얻을 수 있도록 인공지능에 주는 값(프롬프트)을 설계하는 방법)을 통해 이미 만들어진 인공지능 서비스를 잘 활용하는 방법을 설명할 것이다. 이 책을 읽은 후에는 시티즌 데이터 사이언티스트(애플리케이션을 사용하여 데이터에서 가치가 높은 통찰을 얻을 수 있지만 고등수학 및 통계에 대한 교육을 받지는 않은 자)와 같이 시티즌 프롬프트 엔지니어citizen prompt engineer가 될 수 있을 것이다.

>_ 프롬프트 엔지니어링이 대체 뭘까?

이 장에서는 프롬프트 엔지니어링이 무엇이고 왜 주목받는지 장점과 주의점을 중심으로 살펴보고, 프롬프트 엔지니어링이 떠오르면서 새롭게 생긴 기회를 설명하려 한다.

프롬프트 엔지니어링은 이런 것이다

최근 프롬프트 엔지니어링이라는 용어가 여기저기서 들린다. 매일같이 이에 관한 뉴스가 쏟아져 나오고, 최근 미국에서는 프롬프트 엔지니어가 매우 높

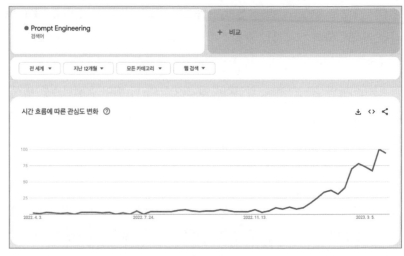

 내부 이미지 텍스트:

● Prompt Engineering
검색어

+ 비교

전 세계 ▾   지난 12개월 ▾   모든 카테고리 ▾   웹 검색 ▾

시간 흐름에 따른 관심도 변화 ⑦

100
75
50
25

2022. 4. 3.   2022. 7. 24.   2022. 11. 13.   2023. 3. 5.

그림 2-1   구글 트렌드에서 'Prompt Engineering'을 검색한 결과, 시간이 갈수록 프롬프트 엔지니어링에 대한 검색량이 전 세계적으로 증가하고 있다.

은 연봉에 채용되면서 더욱 주목받고 있다. 이처럼 프롬프트 엔지니어링은 비교적 최근에 나온 개념이지만, 인공지능에 관심을 가지는 일반인이라면 한 번은 들어봤을 만큼 흔한 주제다.

프롬프트 엔지니어링은 <그림 2-1>에서 볼 수 있듯이 2022년 11월부터 전 세계적으로 검색량이 급증하기 시작했다. 생성형 인공지능인 ChatGPT의 출시와 더불어서 주목받고 있는 것이다. 여기에서는 **프롬프트 엔지니어링**prompt engineering을 '원하는 값을 인공지능에서 얻을 수 있는 프롬프트를 설계하는 방법'으로 정의하겠다.

먼저 프롬프트에 대해 알아보자. **프롬프트**란 텍스트나 이미지와 같이 인공지능에 입력하는 값을 의미한다. ChatGPT라면 프롬프트는 텍스트가 된다.

인공지능을 사용할 때 어떤 값을 입력하는지에 따라 결과값은 천차만별로 달라진다. 인공지능은 매우 민감한 도구인데, 이러한 민감성은 인공지능의

그림 2-2 좌: RGB(255, 255, 255), 우: RGB(245, 245, 244). 눈으로 볼 때는 차이가 없어 보이지만 인공지능은 이 둘을 손쉽게 분간할 수 있다.

장점이자 단점이다. 그렇다면 인공지능이 민감하다는 것은 어떤 의미일까?

<그림 2-2>는 인공지능이 민감하나는 것을 보여주기 위해 색을 조정한 이미지다. 좌측의 이미지는 RGB(빨간색, 녹색, 파란색을 상대 강도로 혼합해서 표현하는 방법) 값이 255(빨간색), 255(녹색), 255(파란색)로, 흔히 말하는 흰색이다. 우측은 RGB 값이 순서대로 245(빨간색), 245(녹색), 244(파란색)로, 마찬가지로 흰색이다. 사람의 눈에는 둘 다 흰색으로 보이지만, 실제 RGB 값을 보면 약간의 차이가 있다. 인공지능에 이 두 가지를 분류하라는 과제를 지시하면 인공지능은 차이를 알아낸다. 인공지능은 사람이 구별하기 어려운 미세한 차이를 구분할 수 있을 만큼 '민감'하기 때문이다. 이러한 인공지능의 특성은 놀라운 성능을 보이는 이유 중 하나이기도 하다. 이렇듯 사람이 알기 어려운 매우 작은 데이터의 차이나 조합도 인공지능은 알아챈다. 그래서 데이터의 미세한 변화를 감지하고 그에 따른 데이터들 간의 관계도 잡아낼 수 있다. 그 결과, 일부 과제에 있어서 인간과 유사하거나 인간보다 뛰어난 성능을 보일 수 있다. 반대로 매우 민감하기 때문에 약간만 변화해도 아주 다른 반응을 보인다는 단점이 있다. 프롬프트는 어떨까?

초거대 생성형 인공지능도 입력되는 프롬프트의 변화에 따라 응답이 달라진다. 문장의 미세한 차이에도 다르게 응답하기 때문에 인공지능으로부터 원

하는 값을 얻기 위해서는 프롬프트 값의 설정이 매우 중요하다. 프롬프트 엔지니어링은 이러한 프롬프트 값을 조정하는 일련의 작업이다.

인공지능으로부터 원하는 값을 얻기 위한(성능을 올리기 위한) 프롬프트 값을 조정하는 작업이다 보니 꼭 텍스트일 필요는 없다. 인공지능은 이미지나 텍스트 외에도 정형 데이터 등 다양한 값을 입력받을 수 있기 때문이다. 하지만 최근 좋은 성과를 보이고 있는 생성형 인공지능은 대부분 텍스트가 포함된 값을 초기값으로 제공하면 텍스트나 이미지 등 여러 형태의 결과물을 제공한다. 그래서 주로 텍스트 위주의 프롬프트 엔지니어링을 논하고자 한다. 특히 비전공자 대상이기 때문에 이론적 설명과 방법을 깊이 다루지는 않을 것이다.

프롬프트 엔지니어링은 인공지능에서 원하는 값을 얻기 위해서만 수행되는 것은 아니다. 유사한 프롬프트에 유사한 결과물이 안정적으로 나오는지, 특정 데이터(단어, 이미지 등)에 영향을 너무 크게 받지 않는지를 검증하는 등 목적은 여러 가지가 될 수 있다. 또한 이 책에서 논의하는 방법 말고도 프롬프트 엔지니어링의 방법은 많지만 비전공자가 이해할 수 있는 수준으로만 논의할 것이다.

최근 ChatGPT와 같은 **거대 언어 모델**large language model, LLM(이하 LLM)이 전 세계적으로 이슈가 되고 있다. 거대 언어 모델은 많은 텍스트 데이터와 매우 큰 인공지능을 사용하여 자연어의 패턴을 파악하고 처리할 수 있다. 이러한 거대 언어 모델과 같은 인공지능에서 프롬프트는 더 특별한 의미를 가진다. 거대 언어 모델에서 프롬프트는 인공지능이 대화의 맥락을 파악하고 응답하는 데 매우 중요한 역할을 한다. 이때 프롬프트 엔지니어링은 사용자와 인공지능의 대화를 자연스럽고 유연하게 만들면서 원하는 값을 얻기 위해 필요한 작업이다. 따라서 프롬프트 엔지니어링은 인공지능을 잘 사용하기 위해 꼭 필요하다.

프롬프트 엔지니어링이 부상하는 이유가 무엇일까? 이에 대해 얘기하기 전에 기존의 언어 인공지능의 패러다임을 살펴볼 필요가 있다. 기존의 언어 인공지능은 작은 딥러닝 인공지능이 많이 사용되다가, GPT-2 이후로 **사전 학습** pre-train(대규모 데이터셋으로 데이터의 일반적인 특징을 미리 학습)된 거대한 인공지능이 좋은 성능을 낸다는 것을 발견하면서 거대 인공지능을 사전에 학습시켜 과제에 맞게 파인 튜닝하는 방법을 사용하고 있다.

초거대 인공지능을 **파인 튜닝**하는 것은 일종의 **전이 학습**transfer learning(하나의 문제를 해결하며 얻은 지식을 다른 문제에 적용하는 인공지능의 한 분야. 예를 들어 배를 인식하기 위해 학습하는 동안 얻은 지식을 여객선을 인식할 때도 적용함)이다. 파인 튜닝은 초거대 인공지능을 세부 과제에 적합하도록 다시 학습해서 성능이 잘 나오도록 미세하게 조정하는 작업이다. 즉, 대규모 데이터에서 학습하여 일반적인 특성을 인공지능이 구분할 수 있도록 생성한 뒤에 다시 세부 과제에 맞게 특정 데이터를 재학습한다. 예를 들어 대규모의 언어 데이터를 학습하도록 하여 언어의 구조적 특성을 이해한 GPT-4와 같은 거대한 인공지능에 텍스트 요약 과제를 수행하도록 재학습시켜서 문서를 요약하는 작업을 수행하도록 한다.

거대한 인공지능은 대규모의 데이터를 학습하면서 데이터의 일반적인 특성을 인식한다. 그래서 세부 과제를 위해 약간만 튜닝해도 잘 작동하는 것이 장점이다. 대규모 언어 데이터를 통해 언어적 패턴의 특성을 학습한 인공지능을 재활용하면 파라미터를 약간만 튜닝해도 패턴을 잘 탐지한다. 물론 세부 과제에 적합하도록 재학습시키기 때문에 인공지능이 학습한 일반적 특성의 일부를 포기해야 하는 단점이 있다. 예를 들어 동물 중에 강아지를 분류할 수 있게 사전 학습시킨 인공지능을 퍼그와 리트리버를 분류할 수 있도록 파인 튜닝하면 다른 동물과 강아지를 분류하는 정보와 특성을 일부 잃어버릴 수 있다. 대신 퍼그와 리트리버를 분류하는 특성을 세밀히 감지한다. 이는 언어와 같이 세부 과제의 데이터는 적지만 일반 데이터는 많이 구할 수 있는 경우에 주로 사용되는 방법이다. 그러나 최근 다른 방법이 부상하기 시작했다.

연구자들은 일정 수준 이상의 크기(파라미터의 수)를 가진 거대 인공지능에서는 **문맥 내 학습**이 가능하다는 사실을 발견했다. 보통 인공지능이 학습할 때 데이터와 정답을 주면 데이터와 정답 간의 패턴을 파악한다. 그렇기 때문에 학습된 인공지능에 데이터를 주면 파악된 패턴을 바탕으로 데이터를 판단할 수 있다. 그런데 문맥 내 학습은 데이터와 정답을 주고 패턴을 파악하는 과정을 거치지 않고도 인공지능이 데이터와 정답 간의 패턴을 파악하여 판단한다. 즉, 패턴을 학습하지 않았지만 추론하는 단계에서 새로운 정답을 추정하는 것이다. 이러한 문맥 내 학습을 사용하면 기존의 파인 튜닝을 사용하지 않기 때문에 많은 리소스(학습을 위해 소모되는 시간과 인력, 인프라 등)를 절약할 수 있다.

프롬프트 엔지니어링이 부상하는 이유는 파인 튜닝을 위해 소모되는 시간이나 인력, 인프라와 같은 자원을 절약할 수 있기 때문이기도 하다. 기업이든 개인이든 인공지능을 학습할 때 가장 어려운 것은 제한된 자원이다. 인공지능이 거대해지면 학습이나 튜닝이 쉽지 않다. 인공지능이 지금처럼 발전한 것은 하드웨어가 저렴해지면서 더 빠르게 많은 데이터를 처리할 수 있기 때문이다. 그러나 인공지능이 매우 거대해지면서 비용을 감당하기 어려워졌고, 그런 관점에서 효율적인 학습 방법이 대두되기 시작했다. 그러던 중 문맥 내 학습 현상이 발생한다는 것을 발견하고, 이러한 문맥 내 학습을 사용하여 파인 튜닝을 하지 않고도 일부 세부 과제에서 좋은 성과를 거둘 수 있게 된 것이다. 파인 튜닝을 하지 않기 때문에 추가 학습 시간과 비용이 발생하지 않고, 하드웨어 인프라도 필요 없다. 대신에 매우 큰 인공지능과 대용량의 데이터를 사용해서 사전 학습만 잘하면 된다. 이러한 경제적 이점 때문에 프롬프트 엔지니어링이 급부상한 것이다.

게다가 최근 오픈AI_{OpenAI}의 경우 ChatGPT의 내부 기술을 공개하지 않았기 때문에 비전공자에게는 더욱 필요한 기법이 되었다. 데이터와 인공지능 개발 코드 혹은 인공지능 자체를 공개하지 않는 것이 비전공자와 무슨 관계가 있는 것일까? 알파고 이후로 인공지능은 매우 빠르게 발전했는데, 이는 파라미터와 레이어_{layer} 등 주요 기술을 포함한 인공지능 자체와 개발 코드, 데이터까지 모두 공개했기 때문이다. 그러나 오픈AI는 ChatGPT의 코드와 데이터를 공개하지 않아서 연구자들이 논의하고 발전하는 데 제약이 생겼다. 오픈AI가 이러한 기조를 계속해서 유지하면 다른 기업들도 공개를 꺼릴 수 있다. 그러면 인공지능의 발전 속도가 느려질 뿐 아니라, 개발사가 제공하는 방법을 통해서만 파인 튜닝을 수행해야 할 것이다. 지금 ChatGPT는 API_{application programming interface}(응용프로그램과 운영체제의 통신을 쉽게 하는 연결 인터페이스)를 통해 데이터만 주면 파인 튜닝하는 식인데, 인공지능에 대한 정보는 공개하지 않고 개발사가 원하는 형태로만 제공해야 한다. 그렇게 되면 인공지능에 대한 정보가 없어서 직접 접근할 수 없기 때문에 좋은 성능을 내기 위해 시도할 방법이 막힌다. 그래서 사용자로서는 문맥 내 학습이 좋은 방법이 될 것이다.

문맥 내 학습은 인공지능의 파라미터를 업데이트하지 않기 때문에 비공개된 인공지능을 사용하여 성능을 올릴 수 있는 좋은 방법이다. 앞에서도 설명했 듯 인공지능 성능을 올리기 위한 방법으로 프롬프트 엔지니어링이 부상하고 있는데, 서비스에 핵심적인 역할을 하는 인공지능과 데이터가 공개되지 않는 데다 비전문가로서는 인공지능을 이해하기 어렵기 때문이다. 비공개된 상태에서 택할 수 있는 방법은 제한적이라 성능을 올리기 위한 여러 방법을 구현하고 적용하는 것이 불가능하기 때문에 프롬프트 엔지니어링을 선택할 수밖에 없다. 한편 소스나 데이터가 공개되어 있다고 한들 인공지능에 대해 지식이 없는 비전문가가 이해하기는 어려우므로 성능을 올리기 위한 여러 방법을 활용하기가 쉽지 않다. 인공지능에 대한 이해도와 구현력이 부족하기 때문에 모든 정보가 공개되어 있어도 파인 튜닝 자체가 어려운 것이다. 그렇기 때문에 프롬프트 엔지니어링은 매우 중요한 기술이 된다.

물론 이러한 문제가 아니더라도 프롬프트 엔지니어링은 필요하다. 인공지능이 내 말의 의도까지 파악해서 결과를 주지는 않기 때문이다. 프롬프트를 잘 구성하지 못한다면 아주 좋은 인공지능을 사용해도 원하는 결과를 얻을 수 없다. 좋은 총을 가지고 있어도 사격 실력이 없으면 사격 판을 맞추기조차 어려운 것처럼, 명중률을 올리기 위해서는 좋은 총도 필요하지만 사수의 사격 실력도 중요하다.

〉 프롬프트 엔지니어링의 장점

프롬프트 엔지니어링은 파인 튜닝을 하지 않는 것 외에는 장점이 없을까? 그렇지 않다. 프롬프트 엔지니어링은 선행학습 + 파인 튜닝이라는 기존의 구조가 아니라는 장점도 있지만 비전공자가 쉽게 진입할 수 있고, 데이터 구성이 필요 없으며, 시간을 아낄 수 있고, 직관적이며, 응답을 제어할 수 있다는 장점이 있다.

프롬프트 엔지니어링의 가장 큰 장점은 비전공자가 쉽게 진입할 수 있다는 것이지만, 물론 제대로 깊게 이해하려면 코딩부터 최적화, 인공지능에 대해 폭넓고 깊게 공부해야 한다. 게다가 이미 구현된 초거대 인공지능을 파인 튜닝하기 위해 코딩하고 서버를 구축하고 최적화하는 일련의 과정이나 프롬프트 엔지니어링을 위해 일부 파라미터를 업데이트하는 과정은 비전공자에게 매우 어려운 일이다. 그러나 간단하게 프롬프트를 변경하는 것은 어렵지 않으므로 프롬프트 엔지니어링을 시도하기는 쉽다. 프롬프트 엔지니어링을 잘하면 코딩하는 과정을 거치지 않고도 원하는 결과물을 얻을 수 있다. 즉, 코딩을 모르는 사람도 진입할 수 있다. 이러한 장점은 사용자를 늘려서 인공지능의 발전을 더욱 가속화하는 요인이 될 수 있다.

두 번째 장점은 데이터 구성이 필요 없다는 것이다. 예전에는 초거대 인공지능을 **세부 과제**(최종적으로 해결하고자 하는 과세)에 맞추어 작업해야 할 때 파인 튜닝의 과정을 거치면서 이를 위한 데이터를 추가로 구성해야 했다. 사전 학습을 위해서도 많은 데이터를 모으고 정제하는 과정을 필요로 하는데, 다시 한번 데이터를 추가로 모으고 정제해야 했던 것이다. 그러나 문맥 내 학습을 활용하는 프롬프트 엔지니어링은 파인 튜닝을 위한 데이터를 모으지 않아도 된다. 그저 몇 개의 예시를 찾고, 그 예시를 인공지능에 잘 넣어주기 위한 프롬프트 구조만 신경 쓰면 된다. 그렇기 때문에 데이터를 모으고 저장하고 정제하는 휴먼 리소스와 하드웨어 스펙이 필요 없다. 그렇기 때문에 적은 데이터로도 작업할 수 있다는 장점이 있다.

특히 시간 면에서 이득이다. 파인 튜닝이 없어도 일부 세부 과제에서는 좋은 성과를 보이므로 빠르게 결과를 내고 이를 비즈니스에 적용할 수 있다.

또한 프롬프트 엔지니어링은 직관적이다. 어쩌면 이 장점 때문에 프롬프트 엔지니어링이 급부상했을 수도 있다. 세상에는 인공지능 개발자보다 비전공자가 더 많기 때문이다. 인공지능을 개발하기 위해서는 매우 깊은 수준의 이해가 필요하지만 사용만 하는 데는 그럴 필요가 없다. 자연어를 처리하는 ChatGPT와 같은 LLM의 입력값은 텍스트이고 DALL-E와 같은 이미지를 처리하는 인공지능도 입력값을 텍스트로 받을 수 있는데, 텍스트는 흔히 우리가 사용하는 자연어다. 이를 조정하여 결과를 얻으므로 프롬프트 엔지니어링은 매우 직관적이라고 할 수 있다.

프롬프트 엔지니어링은 응답을 제어할 수 있다. 인공지능이 생성한 응답을 원하는 형태로 가공하고 싶을 때가 있다. 예를 들어 인공지능에 '인공지능'으로 4행시를 쓰게 할 수 있다. 이때 시를 쓰라고만 하면 인공지능은 인공지능을 주제로 다음과 같이 시를 쓸 것이다.

🗨️ 인공지능을 주제로 시를 써줘.

🤖 숨겨진 패턴 찾아내는,
데이터 속 세상을 풀어내는,
끊임없이 배우는 기계,
그것이 인공지능이다.

자연어 처리와 이미지 인식,
생각할 수 없었던 예측 능력,
그 어느 때보다 빠른 응답 속도,
그것이 인공지능의 매력이다.

하지만 끝없는 발전과 함께,
우리는 두려움을 느낀다.
대체로 그것이 우리를 대체할까,
혹은 우리를 이기고 말까?

하지만 그렇게 생각하는 것은 어리석은 생각,
그것은 우리를 돕기 위해 만들어졌으니까.
바르게 이용하면 그것은 우리의 친구,
함께하면서 더 나은 미래를 만들 수 있다.

출처: ChatGPT(https://chat.openai.com/)

다음은 프롬프트를 좀 더 구체적으로 작성하여 ChatGPT에 인공지능을 주제로 4행시를 써달라고 한 결과다.

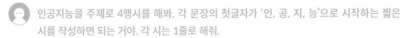

인공지능을 주제로 4행시를 해봐. 각 문장의 첫글자가 '인, 공, 지, 능'으로 시작하는 짧은 시를 작성하면 되는 거야. 각 시는 1줄로 해줘.

인공적이라 해도 감동적인,

공학적인 역량으로 가능한,

지금보다 나은 세상을 만들며,

능동적으로 미래를 열어가는 중.

출처: ChatGPT

프롬프트 엔지니어링을 통해 원하는 결과를 얻을 수 있도록 프롬프트를 설계하고 조정한 결과, 인공지능이라는 4행시를 얻을 수 있었다. 이처럼 원하는 결과를 얻기 위해 인공지능의 응답을 제어할 수 있다는 장점이 있다.

〉 프롬프트 엔지니어링의 주의점

프롬프트 엔지니어링을 사용할 때 주의할 점이 있다. 프롬프트 엔지니어링은 사람에 따라 결과물의 품질이 달라질 수 있다는 것이다. 이 말은 프롬프트 엔지니어링을 통해 만들어진 프롬프트에 따라서도 인공지능의 결과물이 달라질 수 있다는 것을 의미한다. 같은 바게트 빵을 만든다 하더라도 누가 만드는지에 따라 맛이 달라지는 것과 같다. 프롬프트 엔지니어에 따라 수많은 프롬프트가 나올 수 있고, 이 프롬프트를 인공지능에 보내 얻은 결과물은 프롬프트 엔지니어의 수만큼 나올 것이다. 이렇듯 프롬프트 엔지니어에 따라 결과물의 품질이 달라지기 때문에 좋은 프롬프트 엔지니어를 구하는 것은 매우 중요하다. 또한 좋은 프롬프트 엔지니어가 되기 위해서는 프롬프트 엔지니어링을 위한 방법을 끊임없이 연구하고 사례를 발굴하며 인공지능의 원리를 공부해야 한다.

한편 프롬프트로 인해 결과물이 달라진다는 것은 결과물을 유도하기 위해 프롬프트를 조작할 수 있다는 말이다. 인공지능 개발 조직 혹은 회사 등 이익을 얻을 수 있는 개인이나 단체가 인공지능의 성능을 입증하기 위해 프롬프트를 조작하여 결과물을 얻으려는 경우가 있다. 그렇게 되면 인공지능의 성능이 과대 혹은 과소 추정될 수 있다. 그러므로 결과물을 조작하기 위한 방법으로 사용되지 않도록 주의해야 한다. 예를 들어 특정 정치적 정당을 지지하기 위해 모든 프롬프트에 조작을 가해서 그 정당에 대해 좋은 결과만 나오도록 만들 수 있다. 그러면 결과가 정확하지 않게 나오기 때문에 인공지능의 결과물을 가늠하는 데 문제가 생긴다.

▷ 프롬프트 엔지니어링을 배워야 하는 이유

프롬프트 엔지니어링이 왜 중요한지, 프롬프트 엔지니어링이 어떤 장점을 가지는지에 대해서는 앞에서 설명했다. 초거대 생성형 인공지능의 성능이 좋아지고 사용이 활발해질수록 프롬프트 엔지니어링이 매우 중요해진다는 것은 당연한 사실이다. 인공지능 개발자들은 인공지능으로 많은 일을 할 수 있다는 것을 입증했고, 앞으로 더욱 주목받을 것이다. 그렇다면 비전공자는 어떨까?

비전공자는 인공지능 개발에 대한 지식이 인공지능 개발자에 비해 부족하다 보니 인공지능에 대한 이해도가 부족할 수밖에 없다. 그러므로 부족한 부분의 역량을 강화하거나, 아니면 인공지능 개발자에 비해 뛰어난 부분을 강화할 수 있다. 필자는 후자를 권한다. 비전공자가 공부한다고 해도 인공지능에 대한 지식을 인공지능 개발자만큼 쌓기는 어렵다. 주어진 시간은 한정적이고 할 수 있는 노력의 총량도 정해져 있다. 그렇기 때문에 선택과 집중이 필요하다. 비전공자는 인공지능 개발자에 비해 도메인 지식이 더 많다는 장점이 있다. 예를 들어 마케팅 업계에 근무한다면 아웃바운드 마케팅outbound marketing, 인바운드 마케팅inbound marketing, 콘텐츠 마케팅content marketing, SNS 마케팅social media marketing, 검색 엔진 마케팅search engine marketing 등 수많은 마케팅의 종류를 알고 어떻게 마케팅해야 하는지 도메인 지식을 갖추고 있을 것이다. 인공지능 개발자들이 인공지능에 대한 지식을 쌓는 동안 마케터는 비즈니스에 대한 경험을 쌓았고 이를 바탕으로 도메인에 대해 전문성을 쌓을 수 있었다. 그러므로 도메인에 대한 전문성을 살려서 인공지능 시대를 돌파하는 것이 좋다.

그렇다면 도네인에 대한 전문성을 어떻게 살리는 것이 좋을까? 그 답이 프롬프트 엔지니어링이다. 인공지능을 만드는 재능과 인공지능을 비즈니스에 활용하는 재능은 다르다. 그렇기 때문에 비전공자는 도메인 전문성을 살려서 인공지능을 비즈니스에 활용하는 데 주력해야 한다. 프롬프트 엔지니어링은 인공지능을 활용하는 분야로, 비전공자의 니즈를 충족한다. 물론 프롬프트 엔지니어링은 인공지능의 발전에 따라 사라질 수도 있다. 인공지능이 더욱 고도화되면서 현재의 많은 문제가 사라지고 결국 의도에 맞는 결과를 생성하는 진짜 사람 비서와 같은 인공지능이 만들어질 것이다. 그러나 인공지능은 아직 프롬프트 엔지니어링을 필요로 하고, 필자가 보기에 단기간에 프롬프트 엔지니어링이 필요 없어질 수준이 될 것 같지는 않다. 그러므로 비전문가는 인공지능을 비즈니스에 활용하기 위해 프롬프트 엔지니어링에 대해 배우고 활용할 수 있어야 한다.

프롬프트 엔지니어링에 도메인 전문성이 어떻게 결합될 수 있을까? 뒤에서 서술하겠지만, 프롬프트 엔지니어링을 잘하려면 문제를 명확히 정의하고 인공지능에서 답을 잘 얻을 수 있도록 구체화하는 과정이 필요하다. 그렇기 때문에 문제를 인지하고 구체화할 수 있는 도메인 전문성이 매우 중요하다.

인공지능 개발자들은 인공지능으로 해결하려는 문제를 잘 구체화한다. 그러나 비즈니스에서 어떤 문제를 해결하려 하는지 문제를 구체화하지는 못할 수 있다. 그러므로 비전공자는 이러한 부분을 집요하게 파고들어야 한다. 비즈니스 성과를 올리기 위해 어떻게 접근할 수 있는지, 인공지능으로 해결하려는 문제를 어떻게 구체적으로 정의할지 찾는 것이다. 어떻게 보면 기존의 기획과 크게 다르지 않으며, 이를 인공지능에 맞추어 확장했다고 보면 된다.

이러한 흐름은 UI/UX가 태동하던 때와 비슷하다. 웹 디자이너라는 말이 존재하지 않을 때는 미술 전공자가 웹을 그리거나 개발자가 구성하는 것이 일반적이었다. 그러나 웹 디자인이 중요해지고 웹 디자이너가 등장하면서 고객과의 상호작용이 매우 중요해졌다. 그러자 고객의 사용성과 패턴 등을 분석하여 적용하는 UI/UX가 급성장하기 시작했다. 웹 페이지의 구성을 넘어서 고객의 사용성과 패턴을 바탕으로 기획하여 인터페이스를 구성하기 시작한 것이다. 프롬프트 엔지니어링 또한 성능 좋은 인공지능을 만들고 적용하는 단계를 넘어 초거대 인공지능과 생성형 인공지능에 적용하여 콘텐츠를 생성할 수 있게 되자, 콘텐츠를 잘 생성할 수 있는 역량이 필요해졌다. 이러한 시대의 요구를 바탕으로 인공지능을 잘 활용하는 것이 매우 중요해진 것이다.

그러므로 비전공자는 인공지능의 개발보다는 인공지능의 활용을 위해 지식과 경험을 쌓아 잘 활용하는 것이 중요하다. 그러려면 비즈니스 도메인 지식이 매우 중요하다. 앞으로는 인공지능을 잘 활용할 수 있는 역량을 가진 도메인 전문자가 인공지능업계의 핵심 인재로 부상할 것이다.

지금부터 프롬프트 엔지니어링을 기본 단계와 고급 단계로 나누어 살펴보겠다. 기본 단계라고 해서 사용하기 쉽다거나 고급 단계라고 해서 사용하기 어려운 것은 아니다. 이렇게 나눈 것은 비전공자가 받아들이기에 얼마만큼 쉬운 개념인지를 고려했기 때문이다. 그러므로 기본이라고 해서 효과가 적지도 않고 사용하기가 쉽지만은 않다. 때로는 기본 단계 프롬프트 엔지니어링이 더 어렵고 효과적일 수 있다. 그러므로 기본 단계도 매우 중요하니 반드시 체득하도록 하자.

〉 자세히 알려줘, 구체적인 조건 명시

대화 중에 서로 뜬구름 잡는 이야기만 한다면 대화가 이어지지 않을 테고, 이야기를 모호하게 하면 상대방이 무슨 이야기를 하는지 이해하기 어려울 것이다. 그러므로 서로 이야기하는 내용을 이해할 수 있도록 구체적으로 논의해야 한다. 하물며 인공지능과 사람이 논의하는 것은 두말할 필요도 없을 것이다. 그러므로 인공지능에 프롬프트를 줄 때 구체적으로 알려주어야 한다. 모호하면 프롬프트에 의도가 담기지 않아 인공지능이 제대로 된 답변을 줄 수 없을 것이다.

 인공지능의 기술적 문제에 대해 알려줘.

 인공지능 기술에는 여러 가지 문제점이 있습니다. 다음은 그중 일부입니다.

1. 데이터 품질 문제: 인공지능은 데이터에 의존하므로 데이터가 부족하거나 품질이 낮으면 결과가 부정확할 수 있습니다.

2. 데이터 편향성 문제: 데이터가 특정 그룹이나 지역에서 수집되었을 경우 해당 그룹이나 지역에만 적용되며, 다른 그룹이나 지역에서는 제대로 작동하지 않을 수 있습니다.

3. 과적합 문제: 인공지능은 학습 데이터에 지나치게 적합해서 새로운 데이터에 대한 일반화 능력이 부족해지는 과적합 문제가 있습니다.

4. 설명 가능성 문제: 일부 인공지능 모델은 결과를 내는 과정이 불투명하며, 왜 그 결과가 도출되었는지 설명하기 어려울 수 있습니다.

5. 보안 문제: 인공지능 모델을 해킹하여 공격자가 모델의 결과를 조작하거나 민감한 정보를 얻을 수 있습니다.

6. 윤리적 문제: 인공지능 기술이 인간의 결정력을 대체할 수 있으므로, 인공지능 기술이 윤리적으로 적절한 방식으로 사용되는지 검토해야 합니다. 또한 인공지능이 일부 그룹에 대한 편견을 강화할 수 있으므로, 이를 예방하는 방안도 필요합니다.

출처: ChatGPT

이는 ChatGPT에 '인공지능의 기술적 문제에 대해 알려줘'라고 프롬프트를 준 결과다. 기술적 문제에 대해 잘 알려주고 있지만, 내가 원한 것은 문제의 정의와 예제였다면 질문하고자 하는 것을 구체적으로 이야기해야 원하는 품질의 결과를 얻을 수 있다.

인공지능의 기술적 문제 대표적인 1개만 알려줘. 그리고 왜 대표적인 문제로 선정했는지 이야기해줘.

인공지능의 대표적인 기술적 문제 중에서 하나는 '과적합(overfitting)'입니다.

과적합은 인공지능 모델이 학습 데이터에 과도하게 적합하게 학습되어 새로운 데이터에 대한 일반화 능력이 부족해지는 문제입니다. 예를 들어 인공지능 모델이 특정 훈련 데이터에서 100%의 정확도를 달성한 경우, 이 모델은 새로운 데이터를 처리하는 데 문제가 발생할 수 있습니다. 이는 일반적으로 모델이 훈련 데이터에 대해서만 최적화되어 있기 때문입니다.

과적합은 인공지능 기술의 중요한 문제 중 하나입니다. 이유는 모델의 일반화 능력이 충분하지 않으면, 모델이 실제 환경에서 유용하지 않을 수 있기 때문입니다. 이러한 문제를 해결하기 위해, 데이터 전처리 기술, 정규화(regularization) 및 교차 검증(cross-validation)과 같은 방법을 사용하여 모델의 일반화 능력을 향상시키는 것이 필요합니다.

출처: ChatGPT

대표적인 문제 하나를 이유와 함께 쓰라고 하니 인공지능이 예시와 함께 응답했다. 이처럼 구체적인 지시어를 함께 주는 것이 인공지능이 올바른 응답을 하는 데 도움이 될 수 있다.

질문을 제대로 해야 제대로 된 응답을 얻을 수 있다는 것은 매우 당연하다. 그렇기 때문에 인공지능에 제대로 된 질문을 하는 것은 중요하다. 그러려면 구체적으로 질문해야 한다. 모호한 질문을 한다거나 결과에 대해 구체적으로 어떤 것을 원하는지 제대로 쓰지 않는다면 인공지능은 원하는 결과를 주지 않을 수 있다.

》 어떤 맥락이야? 맥락 학습

대화할 때 맥락은 매우 중요하다. 맥락을 안다는 것은 상대방이 어떤 의도로 질문하는지 알 수 있다는 것이다. 인공지능을 사용하는 것도 마찬가지다. 내가 프롬프트를 만든 의도를 알려주기 위해 인공지능에 맥락을 알려주는 것은 중요하다. 예를 들어 메일로 보낼 안부 인사를 써달라고 하자.

메일로 교수님에게 안부 인사를 써줘.

안녕하세요 교수님,

저는 여러분의 학생 중 한 명입니다. 혹시 기억하시나요? 저는 최근에 교수님의 강의를 수강했었는데, 그때 교수님께서 많은 도움을 주셔서 감사했습니다.

이렇게 메일로 연락을 드리게 되어서 굉장히 기쁩니다. 혹시 교수님께서도 잘 지내고 계신가요? 제가 보낸 이 메일이 교수님께서 바쁘신 와중에라도 조금이나마 기분 좋아지시길 바랍니다.

감사합니다.

좋은 하루 보내세요.

(본인 이름)

출처: ChatGPT

교수님에게 안부를 전할 메일을 작성해달라는 내용의 프롬프트에 대한 응답이다. 꽤 잘 쓴 것으로 보인다. 교수님에게 안부 인사를 보내기 위해 강의를 수강한 학생이고 많은 도움을 받았다는 것을 서술하며 목적이었던 안부 인사를 하는 것까지 꽤 짜임새 있게 구성했다. 그러나 약간 부족해 보이는 것이 사실이다. 이는 맥락을 알려주지 않았기 때문이다. 안부 인사를 할 때는 어떤 상황에서 교수님에게 보내는지, 혹은 교수님은 어떤 상황이었는지와 같은 맥락이 중요하다. 이러한 맥락을 인공지능에 제공하면 의도에 걸맞게 안부 인사를 작성할 수 있다.

 교수님은 내 지도교수님으로 대학원 때 많은 신세를 졌고 최근에 정교수가 되셨는데 오랫동안 뵙지 못했어. 메일로 교수님에게 안부 인사를 써줘.

🤖 안녕하세요,

저는 교수님의 지도학생으로서 대학원 시절 많은 도움을 받았던 학생입니다. 교수님의 가르침과 조언 덕분에 지금까지도 학문적으로 성장할 수 있는 기회를 갖게 되었습니다.

저희가 마지막으로 연락을 나눈 지 꽤 오래된 것 같아서, 교수님의 최근 이야기나 소식을 들어보고 싶어서 메일을 보내게 되었습니다. 교수님께서는 정교수로 임용되셨다는 소식을 들었는데, 정말 축하드립니다! 교수님의 노고와 열정이 인정받아서 저희 학교에서 귀하를 교수로서 뵙게 된 것은 정말 기쁜 일입니다.

학문적으로도 인간적으로도 늘 교수님의 모습을 생각하며 저 자신을 성장시키려고 노력하고 있습니다. 교수님과 다시 한번 만나서 이야기를 나눌 수 있으면 좋겠습니다.

교수님과 교수님 가족 모두 건강하시고 행복하시길 기원합니다.

감사합니다.

(본인 이름)

출처: ChatGPT

인공지능에 어떤 맥락에서 안부 인사를 하는지 알려주자 더 매끄럽게 안부 인사를 쓰는 것을 볼 수 있다. 이처럼 인공지능에 현상과 상황에 대한 맥락을 가르쳐주는 것이 중요하다. 눈과 귀를 가리고 오로지 입으로만 소통하라고 하면 상대방의 얼굴 표정을 통해 현재 감정을 추측하고 이를 대화에 반영할 수도 없고, 상대방의 목소리의 떨림이나 크기 등 비언어적 메시지를 파악하기도 어렵다. 인간은 다양한 정보를 취합하여 상황에 대한 맥락을 이해하고 이를 대화에 반영하여 더 원활하게 소통한다. 그러나 인공지능과의 소통은 그렇게 하기가 쉽지 않다. 인공지능은 소프트웨어이기 때문에 정해진 형태로만 데이터를 받거나 응답할 수 있다. 여기서 정해진 형태는 프롬프트가 될 것이며, 텍스트가 인간과 인공지능의 주된 소통 매개체가 될 가능성이 높다는 것을 고려하면 텍스트로만 모든 것을 파악해야 한다. 그래서 주어진 상황에 대한 맥락을 인공지능이 스스로 파악할 수 없기 때문에 이를 미리 입력해주어야 한다.

 호텔 예약을 어떻게 할 수 있어?

 호텔 예약을 하기 위해서는 일반적으로 인터넷 검색을 통해 호텔 예약 사이트나 호텔 공식 홈페이지를 찾아 들어가서 예약을 진행하면 됩니다.

1. 호텔 예약 사이트를 이용하는 경우: 호텔 예약 사이트에 가입하고 로그인한 후, 지역, 숙박 일자, 인원 등 필요한 정보를 입력하면 해당 지역의 호텔 리스트와 각 호텔의 가격, 시설, 위치 등에 대한 정보가 나타납니다. 선택한 호텔과 객실 유형을 선택한 후, 예약을 진행하면 됩니다. 대표적인 호텔 예약 사이트로는 Agoda, Booking.com, Expedia, Hotels.com 등이 있습니다.

2. 호텔 공식 홈페이지를 이용하는 경우: 검색 엔진을 통해 해당 호텔 공식 홈페이지를 찾아 들어가서 예약 절차를 진행할 수 있습니다. 호텔 공식 홈페이지에서 예약할 경우, 할인 혜택이나 특별한 서비스를 받을 수 있는 경우도 있습니다.

또한, 전화나 이메일로 호텔 예약을 진행할 수도 있습니다. 예약 선에는 객실 가격, 취소 정책, 추가 서비스, 결제 방법 등을 꼼꼼히 확인하는 것이 좋습니다.

출처: ChatGPT

호텔 예약을 어떻게 할 수 있냐는 질문에 인공지능은 호텔 예약을 할 수 있는 일반적인 답변을 준다. 그러나 상황에 대한 맥락 정보를 좀 더 입력하면 인공지능이 더 자세하게 대답할 수 있다.

👤 이번에 해외로 놀러 가는데 바다가 보이고 시내와는 거리가 먼 한적한 호텔을 예약하고 싶어. 이러한 호텔을 예약하려면 어떻게 할 수 있어?

🤖 한적하고 바다 전망이 멋진 호텔을 예약하려면 여러 가지 방법이 있습니다.

1. 검색 엔진을 활용해 호텔 예약 사이트에서 검색: 예를 들어, Agoda나 Booking.com 등의 호텔 예약 사이트에 접속하여 검색창에 바다 전망이 멋진, 한적한 지역을 입력하면 해당 지역에 위치한 호텔들이 검색됩니다. 이때 검색 필터를 이용해 바다 전망, 거리 등 다양한 조건으로 검색할 수 있습니다.

2. 여행사나 호텔 예약 대행 업체에 문의: 여행사나 호텔 예약 대행 업체는 보다 전문적인 정보와 추천을 제공해줄 수 있습니다. 원하는 지역이나 호텔 스타일을 요청하면 그에 맞는 여러 가지 추천을 받을 수 있습니다.

3. 호텔 공식 홈페이지에서 예약: 대부분의 호텔 공식 홈페이지에는 해당 호텔의 객실 유형과 시설, 위치, 가격 등의 정보가 상세히 나와 있습니다. 또한, 공식 홈페이지에서 직접 예약을 할 경우 할인 혜택이 있을 수 있습니다.

4. 지인이나 여행 블로그, 커뮤니티 등을 통한 정보 수집: 지인이나 여행 블로그, 커뮤니티에서 추천하는 한적하고 바다 전망이 멋진 호텔 정보를 얻을 수 있습니다.

어떤 방법을 선택하더라도, 예약 전에는 반드시 호텔의 위치, 가격, 취소 정책, 추가 서비스 등을 꼼꼼히 확인하고 예약을 진행해야 합니다.

출처: ChatGPT

이처럼 상황과 환경에 대한 사전 맥락 정보를 주면 인공지능은 의도에 더 잘 맞게 응답해줄 수 있다. 그러므로 인공지능을 잘 이용하려면 정보를 더 주어 활용해야 한다. 왜 이런 질문을 하는지에 대한 정보를 주는 것은 인공지능을 잘 활용할 수 있는 방법 중 하나이며, 비전공자가 인공지능 성능을 쉽게 높일 수 있는 방법 중 하나다. 그러므로 비전공자는 쉽게 적용하고 좋은 성능을 얻을 수 있는 방법을 적극적으로 도입하고 활용해야 할 것이다.

❯ 예를 들어줘, 예시 명시

상대방과 동일한 주제를 이야기할 때는 주제에 대해 이해하는 공통의 이해 틀 안에서 대화한다. 만약 그것이 어렵다면 상대방을 이해시켜주어야 한다.

그러한 방법에 효과적인 것은 예시다. 대화 중 예시를 사용하는 것은 이해도를 높이고 상황을 더욱 구체적으로 설명할 수 있기 때문에 매우 중요하다. 예시는 추상적인 개념을 구체적인 사례로 바꾸어서 이해하기 쉽게 만들어준다. 예를 들어 '인공지능을 비즈니스에 적용한다는 것의 의미'를 이야기하면 범위가 넓고 추상적이라 한 번에 받아들이기 어려울 수 있다. 그러나 '예를 들어 인공지능을 추천 영역에 적용하면 얻을 수 있는 긍정적인 효과'라고 추가로 덧붙이면 이해하기가 좀 더 쉽다.

또한 예시를 사용하면 상대방이 이해하기 쉬운 맥락을 제공하고 이해도를 높여주기 때문에 정보 전달과 의사소통이 원활하게 이루어질 수 있다. 예를 들어 '내일 비가 올 것 같아'라는 말은 추상적이기 때문에, 상대방이 정확히 어떤 상황을 예상하고 준비해야 하는지 알기 어렵다. 그러나 '내일 비가 오면 옷이 흠뻑 젖어서 출근했을 때 몸에서 물이 흘러 복도와 자리를 적셔 곤란한 상황에 처할 수 있어'라고 구체적인 예시를 들면, 비가 온다는 정보는 물론 어떤 상황에 처할 수 있는지 이해도가 높아지므로 어떤 대비를 해야 하는지 확실히 알 수 있다. 따라서 대화에서 예시를 사용하는 것은 상대방과의 원활한 소통과 이해도를 높이기 위해 꼭 필요한 요소다.

인공지능에 프롬프트를 주어 답변을 얻을 때도 마찬가지다. 인공지능과 프롬프트를 입력하는 인간 간의 공통의 이해된 틀을 만드는 것이 중요하다. 앞에서는 구체적으로 이해하거나 사전 맥락을 인공지능에 프롬프트로 입력하는 방법을 말했는데, 예시를 주는 것도 좋은 방법이다.

 프롬프트 관련된 도서 이름을 추천해줘.

 네, 프롬프트와 관련된 도서 이름을 추천해드리겠습니다.

1. "The Pocket Muse: Ideas and Inspirations for Writing" (Monica Wood): 이 책은 글쓰기를 할 때 자신의 창의성과 상상력을 자극해주는 다양한 프롬프트를 제공합니다.

2. "642 Things to Write About" (San Francisco Writers' Grotto): 이 책은 다양한 주제로 구성된 642개의 프롬프트를 제공합니다.

3. "The Write-Brain Workbook: 366 Exercises to Liberate Your Writing" (Bonnie Neubauer): 이 책은 1년 내내 매일 하나씩 쓸 수 있는 366개의 프롬프트를 제공합니다.

4. "The Time is Now: A Call to Uncommon Courage" (Joan Chittister): 이 책은 일상적인 삶 속에서 용기를 내어 자신의 창의성을 발휘할 수 있는 프롬프트를 제공합니다.

5. "The Plot Whisperer: Secrets of Story Structure Any Writer Can Master" (Martha Alderson): 이 책은 소설 작성을 위한 프롬프트와 이야기 구조에 대한 지침을 제공합니다.

출처: ChatGPT

위의 대화는 인공지능에 프롬프트와 관련된 도서의 이름을 추천해달라고 한 결과다. 인공지능은 5개의 도서명을 추천해주고 책에 대한 설명도 주었다. 그럴싸한 결과로 보이며 책의 설명 또한 괜찮아 보인다. 하지만 프롬프트와 관련된 내용이 부족해 보인다. 이럴 때 예시를 사용해서 더 좋은 결과를 얻을 수 있다. 다음의 예시를 보자.

 프롬프트 관련된 도서 이름을 추천해줘.

기술: 시간

이름: 어제와 오늘 사이

기술: 환경

이름: 사라지는 세계

기술: 인공지능 프롬프트

이름:

 기술: 인공지능 프롬프트

이름: "AI가 제안하는 창의적 글쓰기: 인공지능이 작성한 프롬프트로 실력 향상하기" (Creative Writing with AI Prompts: Improving Your Skills with AI-generated Ideas)

이 책은 인공지능이 생성한 다양한 주제와 스타일의 글쓰기 프롬프트를 제공합니다. 이를 바탕으로 창의성과 상상력을 높이며, 새로운 글쓰기 기술을 연마할 수 있습니다.

출처: ChatGPT

이는 인공지능에 예시를 주고 도서의 이름을 추천받은 결과다. 주제를 먼저 알려준 뒤에 이름의 예시를 알려주는 과정을 몇 번 반복한 뒤, 내가 원하는 기술을 알려주고 추천받았더니 프롬프트와 연관된 내용에 초점을 맞추어서 도서의 이름을 추천해주는 것을 알 수 있다. 이처럼 인공지능에 예시를 주어 어떤 결과물을 원하는지 알려주면 인공지능은 이에 맞춰 더욱 정확한 결과물을 줄 것이다.

비전공자는 인공지능의 복잡한 메커니즘에 대해 알기 어려워서 세부적으로 튜닝하기가 쉽지 않다. 그러나 인공지능과의 소통을 위해 프롬프트를 튜닝하는 것은 **시행착오**trial-error에 가까운 작업이기 때문에 시도하기 좋다. 여기서 말하는 시행착오란 인공지능의 메커니즘을 수정하는 것이 아니라 프롬프트를 조금씩 바꾸면서 결과를 보며 원하는 품질의 응답을 얻기 위해 반복해서 시도하는 작업을 말한다. 특히 원하는 결과물을 달라고 구체적인 예시를 적극적으로 활용하는 것은 적은 공수에 비해 큰 효과를 얻는 권장할 만한 프롬프트 엔지니어링 기술이다.

〉 너를 알려줘, 정의 명시

서로 다른 분야의 전문가끼리 대화할 때 가장 난해한 것이 용어의 의미가 다를 수 있다는 것이다. 텍스트로는 동일한 단어인데도 분야마다 다르게 쓰이는 경우가 많다. 예를 들어 AI라면 인공지능 전문가는 Artificial Intelligence를 떠올릴 것이다. 그러나 의료계 종사자는 인공지능을 떠올릴 수도 있지만 Avian Influenza, 즉 조류 독감을 떠올릴 수 있다. 이렇듯 대화할 때 서로의 생각을 일치시키는 것은 중요하다. 구체적으로 이야기하거나 사전 맥락을 주고 예시를 주는 것 외에도 미리 정의해주는 것도 좋은 방법이 될 수 있다.

특히 기술/학술 용어와 같이 특정 분야에서 사용되는 용어는 미리 정의해주는 것이 좋다. 예를 들어 '클라우드 컴퓨팅'이나 '빅데이터'와 같은 용어는 컴퓨터 과학 분야에서 많이 사용되며 용어를 잘 모르는 사람들은 이해하기 어렵다. 마찬가지로 인공지능의 학습 데이터에 이러한 정보가 없다면 원하는 대답을 얻기 어려울 수 있다. 철학과 무관한 전공이라면 '허위귀납법'이나 '공리주의'와 같은 철학 용어를 알기 어려운 것과 같다. 그렇기 때문에 사전에 정의하는 것이 필요할 수 있다. 또한 전문 용어는 특정 직업이나 업무 분야에서 사용되는 용어로 그 분야에 대한 전문적인 지식이 담긴 데이터가 학습 과정에 사용되지 않았다면 제대로 대답하기가 어렵다. 문화적 용어는 특정 문화나 지역에서 사용되는 용어로 해당 문화나 지역의 데이터를 학습에 사용하지 않았다면 인공지능이 제대로 답변할 수 없다. 예를 들어 '청담동 새댁'이나 '소주 한잔'과 같은 한국어 관용어구는 한국에서 많이 쓰이기 때문에 한국어 데이터가 학습에 사용되었다면 인공지능이 잘 이해하겠지만, 그렇지 않다면 의도를 이해하지 못할 수 있다.

전문 용어는 아니더라도 특정 회사나 조직에서만 사용하는 용어는 특정 문화나 지역에서 사용되는 용어와 같이 소통에 어려움을 겪을 수 있다. 회사에서 흔히 '컴해주세요'와 같은 용어를 빈번하게 쓴다고 하자. 조직 외부의 사람은 처음에는 무슨 소리인가 싶다가 나중에 맥락을 보고 컴이 커뮤니케이션을 뜻하는 것으로 추측할 것이다. 이렇듯 사람도 맥락에서 용어를 이해하기는 쉽지 않은데, 인공지능은 더 응답하기 어려울 것이다.

 comm에 대해 알려줘.

 "comm"은 "common"의 줄임말로서, UNIX와 유사한 운영체제에서 사용되는 명령어 중 하나입니다.

"comm" 명령어는 두 개의 정렬된 파일을 비교하여 공통된 라인, 파일1에만 있는 라인, 파일 2에만 있는 라인을 출력하는 기능을 수행합니다.

"comm" 명령어는 대부분 텍스트 파일에서 특정한 패턴이나 단어를 찾을 때 유용하게 사용됩니다. 예를 들어 두 개의 파일에 있는 항목 중에서 공통된 단어를 찾고자 할 때 "comm" 명령어를 사용하여 공통된 단어를 출력할 수 있습니다.

"comm" 명령어의 기본적인 사용법은 다음과 같습니다.

```
bash : comm [옵션]파일1 파일2
```

파일1과 파일2는 비교할 두 개의 파일 이름입니다.

"-1", "2", "3"과 같은 옵션을 사용하여 파일1에만 있는 라인, 파일2에만 있는 라인, 공통된 라인을 출력하거나, 출력 형식을 지정할 수 있습니다.

예를 들어 다음 명령어는 "file1"과 "file2"를 비교하여 file1에만 있는 라인을 출력합니다.

```
bash : comm-23 file1 file2
```

이 명령어는 "file1"에만 있는 라인을 제외한 공통된 라인과 "file2"에만 있는 라인을 출력합니다.

출처: ChatGPT

이는 'comm'에 대해 인공지능에 알려달라고 질의한 결과다. 앞에서 이야기한 '컴해주세요'를 인공지능에게 묻기 위해 'comm'이 무엇인지를 물어보자, 인공지능은 컴퓨터 명령어를 이야기한다. 이처럼 협소한 그룹에서 사용되는 용어를 곧바로 알아듣기를 기대하는 것은 태평양에 떨어뜨린 자갈을 한 번에 찾길 기대하는 것과 같다. 이럴 때 필요한 것은 정의다. 용어에 대한 정의를 인공지능에게 가르쳐주고 응답할 수 있도록 하면 더 좋은 답변을 얻을 수 있다.

 comm은 communication을 의미해. comm에 대해 알려줘.

 제가 이전에 잘못된 정보를 전달해 죄송합니다. "comm"은 실제로 "communications"의 줄임말로 사용되는 용어입니다.

"Communications"은 "통신"이라는 뜻으로, 정보를 주고받는 과정을 의미합니다. 이 용어는 컴퓨터 분야에서는 주로 데이터 통신 기술이나 네트워크 등과 관련된 분야에서 사용됩니다.

컴퓨터 분야에서의 "communications"은 데이터를 전송하는 방식과 프로토콜, 그리고 이를 위한 장비들과 관련된 기술들을 포괄적으로 다룹니다. 이러한 기술들은 인터넷, 이메일, 메신저, 전화, 비디오 채팅, 파일 전송 등 다양한 방식으로 활용됩니다.

또한, "communications"는 비즈니스 분야에서도 중요한 역할을 합니다. 회사 내부에서 직원들끼리의 의사소통이나 외부와의 연락, 마케팅, 광고 등에 활용됩니다. 따라서 효율적인 "communications" 전략 수립은 기업의 성공에 중요한 역할을 합니다.

출처: ChatGPT

'comm'에 대한 정의를 알려주고 이에 대해 알려달라고 하자, 인공지능이 답변을 잘해주는 것을 볼 수 있다. 우리가 기대했던 내용을 포함하여 커뮤니케이션이 어떤 의미인지를 이야기해주고 주로 어떤 분야에서 어떻게 쓰이는지 폭넓게 알려주었다. 다른 예시를 보자. 만약 음료업계 종사자가 롯데의 맥주 브랜드인 클라우드에 대해 알고 싶을 때 그냥 질의하면 다른 답변을 할 수 있다.

 클라우드에 대해 알려줘.

 클라우드(computing)는 인터넷을 통해 컴퓨터 시스템 자원(하드웨어, 소프트웨어, 네트워크 등)을 제공하고 이용하는 기술입니다. 클라우드는 일반적으로 대규모 데이터 센터에서 운영되며, 사용자는 클라우드를 통해 필요한 컴퓨팅 자원을 필요한 만큼 빌려서 사용할 수 있습니다.

클라우드는 사용자가 자신의 서버 및 인프라를 소유하고 유지·보수할 필요 없이 인터넷을 통해 자원을 이용할 수 있기 때문에 유연하고 경제적입니다. 또한 클라우드 제공업체가 자원의 확장 및 유지·보수 등을 담당하기 때문에, 사용자는 업무에 집중할 수 있습니다.

클라우드에는 3가지 주요 형태가 있습니다. 첫째, 인프라스트럭처(Infrastructure-as-a-Service, IaaS)는 가상 머신, 스토리지, 네트워크 및 기타 컴퓨팅 리소스를 제공하는 서비스입니다. 둘째, 플랫폼(Paltform-as-a-Service, PaaS)은 개발자들이 소프트웨어를 개발, 실행 및 관리할 수 있는 플랫폼을 제공하는 서비스입니다. 셋째, 소프트웨어(Software-as-a-Service, SaaS)는 애플리케이션 및 소프트웨어를 인터넷을 통해 제공하는 서비스입니다.

클라우드는 현재 많은 기업들이 사용하는 중요한 IT 기술 중 하나입니다. 클라우드를 이용하면 비용을 절감하고 업무 효율성을 높일 수 있습니다.

출처: ChatGPT

이럴 때 정의를 해주면 인공지능은 의도에 맞게 답변할 수 있다. 용어의 동음이의어가 있을 것이라 추정되는 경우 용어를 정의해주는 것이 도움이 된다.

이전 답변이 잘못되었어. 클라우드는 2017년에 롯데칠성음료가 제조 및 판매하는 맥주 브랜드야. 물을 타지 않은 오리지널 그래비티 공법으로 만들어 맛이 깊고 풍부한 맥주야. 클라우드에 대해 알려줘.

죄송합니다. 이해를 잘못하고 있었습니다. "클라우드"는 롯데칠성음료가 제조 및 판매하는 맥주 브랜드입니다. 오리지널 그래비티 공법으로 만들어진 맛이 깊고 풍부한 맥주로 알려져 있습니다. 물을 타지 않고 제조되기 때문에 맛이 깊고 풍부하다고 알려져 있습니다.

하지만 제조 및 판매되는 특정 제품의 세부 사항이나 맛 등에 대해서는 저는 상세한 정보를 가지고 있지 않습니다. 클라우드 맥주에 대한 더 자세한 내용은 제조사나 관련 맥주 웹사이트를 참조하시는 것이 좋습니다.

출처: ChatGPT

대화할 때 용어에 대한 정의를 일치시키는 것이 중요한 것과 같이, 인공지능에 프롬프트를 줄 때 용어를 정의해주는 것은 중요하다. 인공지능이 매우 많은 데이터를 학습하는 경우 대부분 응답할 수 있겠지만, 굉장히 협소한 그룹(학계/조직/기업 등) 내에서 새롭게 정의된 용어나 일부만 사용하는 용어에 대해서는 학습 데이터가 부족하여 제대로 응답을 못 할 수 있다. 그렇기 때문에 미리 정의해줄 필요가 있다. 그러지 않으면 인공지능이 임의로 해석하게 될 것이다. 학습에 많이 사용된 용어나 사회에서 보편적으로 통용되는 용어로 해석할 가능성이 높다. 보통의 경우에 큰 문제가 되지 않겠지만, 특수한 경우나 동음이의어와 같은 경우에 응답하지 못할 수 있다. 이러한 경우를 잘 해결하면 비전공자라도 인공지능을 잘 다룰 수 있다.

〉 아버지가방에들어가신다, 모호성 회피

제대로 된 대화를 방해하는 주요 요소 중 하나는 모호성이다. 모호하게 이야기하면 상대방이 대화를 이해하기 어렵게 만들 수 있으며, 오해와 혼란을 초래할 수 있다. 그러므로 모호하지 않게 소통하는 것은 효과적인 대화를 위해 매우 중요하다. 상대방이 이해하기 쉽게 명확하고 구체적으로 표현하는 것은 오해와 혼란을 방지할 수 있으며, 대화의 목적을 달성하기 위한 중요한 전제 조건이 되는 것이다. 따라서 모호하지 않게 소통하는 것은 대화의 질을 향상 시키고 오해를 막는 필수적인 요소다.

인공지능에 프롬프트를 줄 때도 마찬가지다. 프롬프트 자체에 모호성이 있는 경우 인공지능은 제대로 답변하기 어려울 것이다. 구체적으로 이야기하거나 사전 맥락을 주거나 예시를 들거나 정의하면 대부분의 문장에서 모호함을 제거할 수 있다. 그러나 모호함을 제거하기 어려운 경우가 있는데, 대표적인 예가 문법이 틀린 경우다. 일반적인 초거대 인공지능의 경우 굉장히 많은 데 이터로 학습을 하기 때문에 어느 정도의 문법 오류는 스스로 해석하여 반영 할 수 있다. 그러나 문법 오류가 너무 많은 경우 잘못된 답변을 얻을 가능성 이 커진다. 그러므로 문법적 오류는 꼭 확인해주어야 한다.

👤 "아버지가 방에 들어가신다"는 어떤 의미를 가지고 있어?

🤖 "아버지가 방에 들어가신다"는 한국어 문장으로, 영어로 번역하면 "Father is entering the room"이라 할 수 있습니다. 이 문장은 과거 시제의 높임말 표현으로, 일상 대화에서는 자주 사용되는 표현은 아닙니다.

따라서 이 문장이 어떤 상황에서 사용될 수 있는지는 맥락에 따라 다를 수 있습니다. 하지만 일반적으로는 아버지가 어떤 방에 들어가는 상황을 묘사할 때 사용될 수 있습니다.

출처: ChatGPT

이는 '아버지가 방에 들어가신다'에 대한 인공지능의 해석이다. 그렇다면 띄 어쓰기를 약간 변형한 '아버지 가방에 들어가신다'는 뭐라고 해석할까?

"아버지 가방에 들어가신다"는 어떤 의미를 가지고 있어?

 "아버지 가방에 들어가신다"는 한국어 문장으로, 그 의미는 "Father is entering the bag"입니다. 그러나 이 문장은 일상적인 표현이 아니며, 문맥에 따라 다른 의미를 가질 수 있습니다.

이 문장이 일상 대화에서 사용되기는 어렵습니다. 그러나 문맥에 따라, 아버지가 가방 안으로 들어가는 상황이나, 가방을 끌고 가는 아버지를 지시하는 말 등으로 사용될 수 있습니다. 하지만 이 문장이 일반적으로 사용되는 표현은 아니므로, 사용되는 맥락에 따라 다른 의미를 가질 수 있습니다.

출처: ChatGPT

인공지능은 '아버지 가방에 들어가신다'의 의미는 문맥에 따라 다른 의미를 가질 수 있기 때문에 더 많은 정보가 필요하다고 응답한다. 그러나 가방 안으로 들어가거나 가방을 끌고 가는 아버지 등 다양한 해석을 하면서도 방에 들어간다는 의미로는 해석하지 않는다는 것을 알 수 있다. 이처럼 문법적 오류에 따라 인공지능이 다른 의미로 해석할 수 있다.

 "큰 집으로 이사를 갔다"는 어떤 의미를 가지고 있어?

 "큰 집으로 이사를 갔다"는 한국어 문장으로, 그 의미는 "Moved to a bigger house"입니다. 이 문장은 누군가가 이전에 살던 작은 집에서 더 큰 집으로 이사 간 것을 나타냅니다.

이 문장은 보통 일상 대화에서 자연스럽게 사용되는 문장입니다. 이사를 가는 상황에서 이전의 작은 집에서 더 넓은 집으로 이사를 간다는 것을 나타내는 말로 사용됩니다. 따라서 이 문장은 일반적으로 긍정적인 의미를 가지며, 더 큰 공간이나 편안함을 얻는 것을 나타냅니다.

출처: ChatGPT

'큰 집으로 이사를 갔다'의 의미를 물어보자. 인공지능은 더 넓은 집으로 이사를 가는 상황에 대해 이야기를 하고 있다. 그렇다면 '큰집으로 이사를 갔다'는 어떻게 해석할까?

"큰집으로 이사를 갔다"는 어떤 의미를 가지고 있어?

 "큰집으로 이사를 갔다"는 일반적으로 가족 구성원 중 한 명이 혹은 가족 전체가 큰아버지의 집으로 이사를 갔다는 뜻입니다. 이는 가족 구성원이 분리되어 살거나, 큰아버지의 집에서 함께 생활하기 위한 결정이 있었을 경우 사용될 수 있습니다. 이 표현은 일반적으로 가족 내에서의 이사를 나타내며, 이사를 하는 이유나 상황은 매우 다양할 수 있습니다.

출처: ChatGPT

인공지능은 '큰집으로 이사를 갔다'를 큰아버지의 집으로 이사했다는 것으로 해석했다. 이처럼 띄어쓰기 하는 언어에서 띄어쓰기를 잘못하거나 다른 문법적 오류가 있는 문장으로 프롬프트를 구성하여 인공지능에 주면 제대로 응답을 못 할 수 있다.

사람끼리 소통할 수 있는 이유는 공통의 문법적 규약을 통한 '언어'를 사용하기 때문이다. 인공지능이 텍스트를 프롬프트로 사용하는 사례가 많아지고 많은 기업이 텍스트를 프롬프트로 채택했기 때문에 텍스트 프롬프트화를 잘하는 것은 비전공자가 인공지능을 잘 활용할 수 있는 역량이 된다. 텍스트 자체에 문법적 오류가 있는 경우 초거대 인공지능이라면 약간은 보정되겠지만 모든 상황에 완벽하게 보정된다고 보장할 수는 없다. 그렇기 때문에 제대로 된 문법적 오류가 없는 프롬프트를 입력하는 것이 가장 이상적이다. 특히 문법적 오류로 인해 모호함을 띠면 문법적 오류를 가능한 한 없애는 것이 도움이 된다.

❯ 한 명만 말해, 과정보 제거

대화할 때 수많은 사람이 동시에 이야기하면 제대로 대화가 안 된다. 상대방이 무슨 이야기를 하는 건지 잘 알아들을 수가 없기 때문에 어떤 말을 해야 할지 알 수 없다. 인공지능 또한 마찬가지다. 프롬프트에 너무 많은 정보가 한꺼번에 들어오면 제대로 응답하기가 어렵다. 특히 쓸모없는 정보들이 많이 들어오면 이에 따라 답변도 영향을 받는다. 그러므로 쓸모없는 정보들을 제거하고 핵심 정보들 위주로 프롬프트를 간략하게 구성하는 것이 중요하다.

> 오늘 아침에 밥을 먹으면서 뉴스를 봤어. 너는 아침밥을 먹었니? 어떨 땐 다른 사람들은 뭘 먹나 싶어. 매일 밥 먹을 메뉴를 고민하는 건 고민이야. 나는 토스트를 좋아하긴 해. 그래서 토스트를 주로 먹곤 하지. 토스트에 딸기잼을 바르면서 뉴스를 보니 인공지능이 중요해진 걸까? 뉴스 여기저기서 이야기를 하네. 이제는 이러한 내용을 이야기하지 않는 기자나 뉴스를 찾는 게 더 어려운 것 같아. 인공지능의 기술 동향을 알려줘.

> 네, 인공지능은 현재 매우 중요한 기술 분야 중 하나입니다. 이제는 인공지능 기술이 다양한 분야에 적용되고 있어서 뉴스에서도 자주 다루고 있습니다.
>
> 인공지능 기술은 이미 우리 일상 생활에서도 많이 활용되고 있습니다. 예를 들어 음성 인식 기술을 사용한 스마트 스피커나, 언어 번역 기술을 사용한 번역기, 이미지 인식 기술을 사용한 얼굴 인식 등이 그 예입니다.
>
> 인공지능 기술의 동향을 간단하게 말하자면, 딥러닝이라는 인공지능 기술이 발전하면서 더욱 정확하고 다양한 분야에 적용되고 있습니다. 특히 자율주행 자동차나 의료 분야에서의 인공지능 기술 적용이 더욱 진전되고 있습니다.
>
> 인공지능 기술이 더욱 발전하면서, 인공지능을 사용한 새로운 기술이 나오고 새로운 산업이 생겨나기도 할 것으로 예상됩니다. 따라서 인공지능 기술의 동향을 주시하며 발전에 대해 관심을 가지는 것이 중요합니다.
>
> 출처: ChatGPT

인공지능 기술의 동향을 알고 싶은데 밥을 먹었냐는 중요하지 않은 질문을 한다든가, 혼잣말하는 것과 같이 중요하지 않은 내용을 프롬프트로 구성하여 인공지능에 주었다. 그러다 보니 기술 동향에 대해서 논하기보다는 다양한 주제에 대해 논하고 있다. 예를 들어 '인공지능이 중요해진 걸까?'라는 질문에 대한 대답을 하거나, 산업에 적용한 사례를 위주로 이야기하는 것을 볼 수 있다. 이는 '뉴스 여기저기서 이야기를 하네' 혹은 '이야기하지 않는 기자나 뉴스를 찾는 게 더 어려운 것 같아'와 같은 인공지능 기술 동향과는 무관한 프롬프트들이 주어지면서 기술보다는 뉴스와 연관된 주제인 산업군 적용 사례가 응답에 구성된 것으로 추정된다. 이처럼 프롬프트에 질문과 무관한 정보가 무작위적으로 포함되면 응답을 생성할 때 질문 의도와는 맞지 않는 응답을 할 가능성이 높아진다. 물론 관련 문구에 집중하게 하는 기술(어텐션 attention 등)이 있지만 한계가 있기 때문에 가능하면 간결하게 질문하는 것이 좋다. 물론 간결하게 한다고 해서 꼭 포함되어야 하는 정보들이 없어도 된다는 것을 의미하지 않는다. 그렇기 때문에 꼭 필요한 정보들을 포함해서 간결하게 프롬프트를 구성하도록 한다.

 인공지능의 기술 동향을 알려줘.

 인공지능 기술은 최근 몇 년간 급격한 발전을 이루며 매우 다양한 분야에서 활용되고 있습니다. 다음은 현재 인공지능 기술에서 주목받는 몇 가지 동향입니다.

1. 딥러닝 기술의 발전: 딥러닝은 인공신경망을 활용해 데이터 학습을 수행하는 기술로, 이미지, 음성, 자연어 등 다양한 분야에서 매우 높은 성능을 보여주고 있습니다. 특히 최근에는 GPT-3와 같은 대형 언어 모델의 등장으로 자연어 처리 분야에서 큰 발전을 이루고 있습니다.

2. 강화 학습 기술의 발전: 강화 학습은 에이전트가 환경과 상호작용하면서 보상을 최대화하는 방법을 학습하는 기술입니다. 이 기술은 알파고와 같은 게임 인공지능에서 높은 성능을 보이며, 최근에는 로봇 제어 등 다양한 분야에서도 활용되고 있습니다.

3. 퓨즈드 AI: 퓨즈드 AI는 기존의 인공지능 기술과 사람의 인지 능력을 결합한 기술로, 인공지능 기술이 가진 한계를 극복하며 다양한 분야에서 활용될 것으로 기대됩니다.

4. 개인화된 인공지능: 개인화된 인공지능은 개인의 취향과 관심사, 행동 패턴 등을 파악하여 맞춤형 서비스를 제공하는 기술입니다. 이 기술은 추천 시스템, 마케팅, 의료 등 다양한 분야에서 사용될 것으로 예상됩니다.

5. AI 보안: 인공지능을 이용한 사이버 공격이 증가하면서, AI 보안 기술도 급격히 발전하고 있습니다. 이 기술은 인공지능이 이상 동작을 하는 것을 탐지하고, 보안 위협으로부터 시스템을 보호하는 기능을 수행합니다.

이외에도 인공지능 기술은 계속해서 발전하고 있으며, 기존 기술의 향상과 새로운 분야에서의 활용이 기대됩니다.

출처: ChatGPT

이는 앞의 프롬프트와는 다르게 필요한 정보만 간결하게 구성하여 인공지능에 준 경우다. 인공지능의 답변이 맞는지 아닌지 판단하기 전에, 앞에서 산업군에 대해 주로 이야기하던 것과는 다르게 기술 위주로 이야기하는 것을 볼 수 있다.

사람끼리 대화할 때도 내용을 명확하게 하는 것은 도움이 된다. 쓸모없는 내용이 길어지면 어떤 말을 하고 싶어 하는지 제대로 알아듣기가 어려울 수 있다. 질문과 무관한 정보들이 많이 포함된 프롬프트를 구성하면 인공지능이 원하는 답변을 잘 못할 수 있다. 그렇기 때문에 너무 많은 정보가 포함되지 않도록 간결하게 구성하는 것은 인공지능으로부터 원하는 정보를 얻을 수 있는 좋은 방법 중 하나다. 구체적으로 이야기하고 사전 맥락을 주고 예시를 들거나 정의하다 보면 의도와 다른 정보가 포함될 수 있는데, 정보는 최대한 많이, 표현은 간결하게 하는 것이 인공지능으로부터 원하는 정보를 얻을 수 있는 방법이다.

접속사나 조사도 유의해서 쓰는 것이 좋다. 보통의 경우 큰 영향은 주지 않지만 프롬프트가 길어지면 영향을 줄 수 있다. 예를 들어 '인공지능은 혁명이라고들 한다'라는 프롬프트를 작성할 때 '인공지능은 혁명이라고 일컬어지는 편이며 혁명이라고 하지 않는 사람도 있을 수 있지만 대체로 혁명이라고 동의할 것이다'와 같이 작성할 수 있다. 그렇게 되면 쓸모없는 정보가 너무 많아져서 프롬프트가 길어진다. 그럴 경우 최대한 간결하게 작성하기 위해 최대한 접속사나 조사를 제거하는 것도 원하는 정보를 얻는 데 도움이 된다.

〉 하이퍼파라미터 튜닝

대부분의 인공지능은 하이퍼파라미터라는 개념이 존재한다. 파라미터는 학습 과정에서 업데이트되는 값으로, 인공지능의 성능에 매우 중요한 영향을 미치며 학습하는 데 시간이 많이 소요되는 주된 원인이기도 하다. 인공지능이 학습 과정에서 추정하는 파라미터와는 달리, **하이퍼파라미터**hyperparameter는 사람이 직접 정하는 값이다. 인공지능 모델의 세팅을 조절할 수 있게 이를 프롬프트에 잘 적용하면, 특히 ChatGPT가 원하는 방향으로 좋은 결과를 도출하는 데 도움이 된다.

 인공지능에 대해서 알려줘.

 인공지능(Artificial Intelligence, AI)은 인간의 학습, 추론, 문제 해결 능력 등을 모방하려는 컴퓨터 프로그램 및 시스템을 일컫습니다. 인공지능은 머신러닝(Machine Learning), 딥러닝(Deep Learning), 자연어 처리(Natural Language Processing, NLP) 등의 기술을 사용하여, 컴퓨터가 스스로 학습하고 문제를 해결할 수 있도록 합니다.

머신러닝은 컴퓨터가 데이터를 분석하고 패턴을 인식하여 스스로 학습하는 기술입니다. 이를 통해 인공지능은 복잡한 문제를 해결하거나 예측을 수행할 수 있습니다. 딥러닝은 머신러닝의 한 종류로, 인공신경망(Artificial Neural Network, ANN)을 사용하여 데이터를 처리하고 분석합니다.

자연어 처리는 인공지능이 인간의 언어를 이해하고 처리할 수 있도록 하는 기술입니다. 이를 통해 인공지능은 텍스트 데이터를 분석하고 처리할 수 있습니다.

인공지능은 다양한 분야에서 활용되고 있습니다. 예를 들어 의료 분야에서는 인공지능을 사용하여 질병 진단이나 예측을 수행하고, 금융분야에서는 주식 예측이나 금융 거래 분석을 수행합니다. 또한 인공지능은 이미지 인식, 음성 인식, 자율주행 등의 분야에서도 사용되고 있습니다.

하지만 인공지능은 아직 완벽한 기술이 아니며, 알고리즘의 한계, 데이터의 편향성 등의 문제가 있습니다. 따라서 인공지능의 개발과 활용에는 주의가 필요합니다.

출처: ChatGPT

인공지능에 대해서 알려달라고 물어본 결과다. 꽤 길게 이야기를 하고 있는데 더 짧게 알고 싶다면 짧게 써달라고 할 수 있다.

 인공지능에 대해서 짧게 알려줘.

 인공지능(Artificial Intelligence, AI)은 컴퓨터를 사용하여 인간의 지능과 유사한 작업을 수행하도록 하는 기술이며, 기계학습, 자연어 처리, 컴퓨터 비전 등 다양한 분야에서 활용됩니다. 예를 들면 음성 인식, 언어 번역, 이미지 인식, 추천 시스템, 자율주행 등이 있습니다. 인공지능은 우리 일상 생활에서도 많이 사용되고 있으며, 앞으로 더욱 발전하여 더 많은 분야에서 사용될 것으로 예상됩니다.

출처: ChatGPT

그런데 길이를 세밀하게 조정하고 싶고 문체도 바꾸고 싶다면 길이와 문체를 조정하는 하이퍼파라미터를 사용하여 결과물에 반영할 수 있다.

> 인공지능에 대해서 알려줘.
>
> max_length:14, writing style:Journalistic

> 인공지능은 컴퓨터 프로그램으로, 스스로 학습하고 문제를 해결할 수 있습니다.

출처: ChatGPT

길이와 문체를 직접 조정하여 원하는 결과를 얻을 수 있다. 최대 길이를 14로 했는데 왜 저런 결과를 얻었는지 궁금할 수 있다. 정확히 밝혀지진 않았지만, ChatGPT는 텍스트를 그대로 입력받지 않고, **토큰화**tokenization라고 하는 과정을 추가로 거친다. 이 과정에서 문제가 발생하거나 한국어 학습이 부족한 것으로 추정되고, 그 과정에서 길이가 맞지 않을 수 있다.

> tell me about ai
>
> max_length:14, writing style:Journalistic

> AI is a computer program that can learn and solve problems on its own.

> tell me about length "AI is a computer program that can learn and solve problems on its own."

> The sentence "AI is a computer program that can learn and solve problems on its own" has a length of 14 words.

출처: ChatGPT

영어로 물어보자 14개의 단어로 구성된 문장으로 응답하는 것을 알 수 있다. 이처럼 하이퍼파라미터를 튜닝하면 원하는 값을 얻는 데 도움이 된다.

> 🧑 우주에 대한 소설을 써줘. top-p: 0.
>
> 🤖 오랜 세월 동안 우주는 인간의 끊임없는 탐구 대상이 되어왔습니다. 그리고 이제는 우주의 끝없는 신비와 미스터리들이 이야기 속으로 재탄생하고 있습니다.
>
> 그야말로 우주는 사람들에게 알려지지 않은 비밀로 가득한 푸른 행성입니다. 이 소설은 인간의 궁극적인 질문에 대한 답을 찾아 나서는 한 인류의 탐사를 다룹니다.
>
> 지구에서 출발한 한 우주선이 끝없는 우주를 탐사하던 중, 이탈리아 우주 비행사 마리오와 미국 우주 비행사 엠마는 새로운 생명체와 만나게 됩니다. 이 생명체들은 지구와는 전혀 다른 문명 체계와 생태계를 가지고 있으며, 그들의 존재 자체가 우주 탐사의 방향성을 완전히 바꿔놓게 됩니다.
>
> 마리오와 엠마는 이 생명체들과의 만남을 통해 우주의 신비를 발견하고, 지구인으로서의 역할을 새롭게 인식하게 됩니다. 이들은 우주의 역사와 거대한 은하를 탐색하며, 우주의 규모와 질문에 대한 답을 찾아 나서게 됩니다.
>
> 그리고 마침내 그들은 우주의 마지막 경계에 도달하게 되는데, 그곳에서는 인간과 생명체 그리고 우주 자체에 대한 놀라운 진실을 발견하게 됩니다.
>
> 이 소설은 인간의 우주 탐사에 대한 열망과 우주의 끝없는 신비를 탐구하는 모험을 그린 대작 소설입니다.
>
> 출처: ChatGPT

우주에 대한 소설을 써달라고 한 뒤 top-p라고 하는 하이퍼파라미터를 조정했다. top-p는 ChatGPT의 하이퍼파라미터로 이전 단어들을 바탕으로 생성한 후보 중에서 누적확률 분포의 상위 p%에 해당하는 후보만 선택하는 기법이다. 예를 들어 top-p가 0.9이면 누적확률 분포의 상위 90%에 해당하는 후보들만 선택한다. 즉, 값이 높을수록 다양한 단어가 도출될 가능성이 높다. 그러므로 소설을 작성하려고 할 때 이런 top-p와 같은 값을 조정하는 것이 도움이 된다. top-p를 1로 조정한 결과를 보자.

우주에 대한 소설을 써줘. top-p: 1.

 신비로운 우주를 배경으로 한 이야기입니다.

시간과 공간의 끝없이 넓은 우주. 그곳에는 다양한 행성과 생명체 그리고 무궁한 에너지가 존재합니다. 우주 탐사선을 타고 우주 여행을 떠나는 인류와 외계 생명체들, 그들은 우주의 끝없는 신비를 탐험하며 새로운 문명과 지식을 발견합니다.

하지만 그 속에서 우주의 진정한 공허함과 혼란스러움이 드러나기도 합니다. 이야기는 어둠 속에서 깨어나는 하나의 생명체를 중심으로 전개됩니다.

어둠과 외로움 속에서, 이 생명체는 우주의 마지막 장소에 머무르게 됩니다. 거기에서 그는 지난 것들과 새로운 것들을 모두 채혀내며, 마침내 이전의 자신과 완전히 달라진 새로운 자아를 발견합니다.

하지만 그것은 그의 진정한 모습일까요, 아니면 우주의 또 다른 차원에서 만들어진 신비한 존재일까요? 이 생명체는 그 진실을 깨닫기 위해 우주를 탐험하며, 그곳에서 다른 생명체와 만나게 됩니다.

그리고 이제 그의 앞에는 우주의 가장 큰 비밀이 드러나게 됩니다. 이 소설은 우주의 신비를 탐구하며, 생명체의 근원과 존재의 의미에 대해 생각해볼 수 있는 감동적인 이야기입니다.

출처: ChatGPT

top-p를 1로 조정하자, 우주 탐사와 우주의 신비를 논하던 전과는 다르게 자아와 생명체의 근원, 존재의 의미와 같이 다양한 단어로 주제를 확장한 것을 볼 수 있다. 이러한 top-p와 같은 하이퍼파라미터는 모든 인공지능에 동일하지 않다. 인공지능마다 하이퍼파라미터가 다르므로 알아보고 사용해야 한다.

≫ 다각도로 살펴보기, 반복 질문

앞에서 살펴본 바와 같이 인공지능은 매우 작은 값의 변화에도 민감하다. 초거대 생성형 인공지능 또한 프롬프트에 민감해서 같은 내용을 물어보아도 다른 응답을 할 수 있다. 따라서 질문을 잘해야 한다. 민감한 데이터의 변화를 감지하는 인공지능의 특성을 잘 살려서 여러 개의 질문을 할 수 있다. 즉, 어떤 정보를 얻고 싶을 때 그 정보에 대해 인공지능이 다양하게 응답하면 그

정보를 취합하는 것이다. 이는 코끼리를 묘사할 때 장님 여러 명이 말한 정보를 조합하여 코끼리를 추정하는 것과 같다.

인공지능이 뭐야?

인공지능은 컴퓨터 프로그램이나 시스템을 통해 인간의 지능적인 능력을 모방하거나 강화하는 분야를 말합니다. 이를 위해 컴퓨터 알고리즘과 머신러닝, 딥러닝, 자연어 처리 등의 기술을 사용하여, 데이터를 분석하고 패턴을 인식하며, 문제를 해결하거나 의사 결정을 내릴 수 있도록 합니다. 인공지능은 이미 우리 생활과 업무에서 광범위하게 활용되고 있으며, 앞으로 더욱 발전하여 인간의 삶을 더욱 편리하고 효율적으로 만들 것으로 기대됩니다.

인공지능은 뭐라고 할 수 있어?

인공지능은 기계가 인간과 같이 학습하고 추론할 수 있는 능력을 갖춘 기술이며, 컴퓨터 과학, 인지과학, 수학, 심리학 등의 다양한 학문 분야에서 연구되고 있습니다. 인공지능은 크게 규칙 기반 인공지능과 머신러닝 기반 인공지능으로 나눌 수 있습니다. 규칙 기반 인공지능은 미리 정해진 규칙을 따라 작동하며, 머신러닝 기반 인공지능은 데이터에서 패턴을 학습하여 스스로 문제를 해결하거나 의사 결정을 내립니다. 최근에는 딥러닝과 같은 기술이 발전하여, 더욱 복잡하고 정교한 문제를 해결할 수 있는 인공지능이 등장하고 있습니다.

인공지능에 대해 누군가에게 설명한다면 뭐라고 할 거야?

인공지능은 컴퓨터 프로그램이나 시스템을 사용하여 인간의 학습, 추론, 의사 결정 등의 능력을 모방하거나 강화하는 기술입니다. 즉, 인간이 하는 일을 기계가 할 수 있도록 만드는 기술이라고 할 수 있습니다. 예를 들어 스팸 필터링, 언어 번역, 음성 인식, 이미지 분류, 게임 대전 등 다양한 분야에서 인공지능 기술이 활용되고 있습니다. 인공지능은 앞으로 더욱 발전하여 우리의 삶을 더욱 편리하고 효율적으로 만들어줄 것으로 기대됩니다.

출처: ChatGPT

인공지능에 대해 설명해달라고 프롬프트를 주었다. 단순히 인공지능이 무엇인지 묻자 간단한 정의를 이야기하고 어떤 기술을 사용하는지, 어떻게 활용하고 무엇을 기대하는지 답했다. 그 후에 뭐라고 설명할 것이냐는 프롬프트를 주었다. 사람이라면 '인공지능이 뭐야?'와 '인공지능은 뭐라고 할 수 있어?'라는 질문이 동일한 의도를 가지고 질문했다는 것을 알기에 똑같이 대답할 것이다. 그러나 인공지능은 미세한 변화에 따라 응답도 달라지기 때문에 다르게 응답한다. 그래서 규칙 기반의 인공지능과 머신러닝, 딥러닝에 대해 논하며 인공지능을 자세히 설명했다. 마지막으로 '인공지능에 대해 누군가에게 설명한다면 뭐라고 할 거야?'라는 프롬프트에는 인공지능에 대해 간단히 논하고 전과는 다르게 활용 사례를 거론했다. 이처럼 약간 변형한 프롬프트를 주면서 동일한 질문에 대해 다른 답변을 얻으면 정보를 풍성하게 할 수 있다.

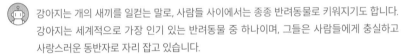

💬 강아지에 대해 알려줘.

🤖 강아지는 개의 새끼를 일컫는 말로, 사람들 사이에서는 종종 반려동물로 키워지기도 합니다. 강아지는 세계적으로 가장 인기 있는 반려동물 중 하나이며, 그들은 사람들에게 충실하고 사랑스러운 동반자로 자리 잡고 있습니다.

강아지는 크게 소형견, 중형견, 대형견으로 분류됩니다. 이들은 다양한 색상과 패턴으로 나타나며, 각각의 특징적인 성격과 행동이 있습니다. 일반적으로 강아지는 사람들과 함께 놀이하고, 산책하고 교육을 받으면 일부 규칙을 따르는 등 다양한 활동을 즐기며, 그들은 매우 사교적이고 적응력이 높습니다.

강아지는 영양을 고르고 건강한 생활환경을 갖추어야 합니다. 적절한 음식과 정기적인 운동이 필요하며, 예방접종 및 정기적인 건강검진이 필수적입니다. 또한 강아지를 키우기 위해서는 충분한 시간과 관심을 기울여야 합니다.

💬 강아지는 뭐야?

🤖 강아지는 개의 새끼를 일컫는 말입니다. 개는 식육목 개과 동물 중 하나이며, 인간과 함께 살아가는 반려동물로 매우 사랑받고 있습니다. 강아지는 종류에 따라 크기, 색상, 성격 등이 다양하며, 일반적으로 사람들과 함께 놀이하고, 산책하고 교육을 받으면 일부 규칙을 따르는 등 다양한 활동을 즐기며, 그들은 매우 사교적이고 적응력이 높습니다.

💬 강아지에 대해 누군가에게 뭐라고 설명할 수 있어?

🤖 당신이 강아지에 대해 다른 사람에게 설명할 때는 다음과 같이 할 수 있습니다.

"강아지는 개의 새끼를 일컫는 말이에요. 사람들 사이에서는 종종 반려동물로 키워지기도 하죠. 강아지는 다양한 크기와 색상, 성격 등이 있어서, 그들을 키우는 사람들은 강아지의 특성에 맞는 적절한 케어와 관심을 기울여야 합니다. 일반적으로 강아지는 사람들과 함께 놀이하고, 산책하고 교육을 받으면 일부 규칙을 따르는 등 다양한 활동을 즐기며, 그들은 매우 사교적이고 적응력이 높습니다. 그리고, 강아지를 키우기 위해서는 충분한 시간과 관심을 기울여야 하죠."

출처: ChatGPT

'강아지에 대해 알려줘'라는 프롬프트를 입력하자 사람에게 어떤 의미를 가지는지, 분류 체계, 성장 환경에 대해 알려주었다. 그 후 '강아지는 뭐야?'라는 프롬프트를 주자 강아지의 상세한 분류 체계(식육목 개과 동물 중 하나)를 추가로 알려준다. 마지막으로 '강아지에 대해 누군가에게 뭐라고 설명할 수 있어?'라는 프롬프트를 주자 케어와 관심과 같은 성장 환경의 세부 내용에 대해 알려준다. 즉, 동일한 의미라도 프롬프트에 따라 여러 가지 정보를 얻을 수 있는 것이다.

이처럼 같은 의미라도 프롬프트를 어떻게 주느냐에 따라 결과가 달라진다. 그렇기 때문에 프롬프트를 잘 주는 것은 중요하다. 일반적으로 초거대 생성형 인공지능을 개발할 때는 유사한 프롬프트를 주고 동일한 응답을 하는지 테스트하여 일관성 있게 응답하는지 테스트하기도 한다. 사용하는 관점에서는 프롬프트를 약간씩 바꾸어주면서 인공지능의 응답을 여러 가지 패턴으로 살펴볼 수 있다. 이처럼 약간씩 변형한 프롬프트를 다양하게 주면서 인공지능의 응답을 다각도로 살펴보며 원하는 결과를 얻는 데 사용할 수 있다.

❯ 역으로 얻기 위해 제외한다, 정보의 제외

무언가를 얻기 위해서는 다른 것을 포기해야 할 때가 있다. 주장을 돋보이게 하기 위해서 다른 말을 아끼거나 다른 사람의 이야기를 듣기 위해 하고 싶은 말을 줄이는 등의 행위가 대표적이다. 인공지능에서도 무언가를 얻기 위해서 다른 무언가를 제외해야 할 때가 있다. 한 가지를 제외함으로써 역으로 다른 것을 얻을 수 있는 것이다. 무언가를 얻고 싶다면 요청하면 되지 않냐고 반문할 수 있는데, 어떻게 요청해야 할지 모르고 어디서부터 어디까지 해야 할지 모른다면 제외하는 것도 좋은 전략이 될 수 있다.

무언가를 달라고 하는 것과 무언가를 제외시켜달라고 하는 것의 차이에 대해 살펴보도록 하자. 다음은 알려달라고 하는 프롬프트인데, 이는 무언가를 제외하는 것이 아니라 포함시켜달라는 의미다.

 대한민국 정유사에 대해 알려줘.

 대한민국 정유사는 석유를 원료로 정제하여 다양한 유류 제품을 생산하는 시설을 말합니다. 정유사는 석유의 다양한 성분을 분리, 정제하고, 원하는 품질과 목적에 맞게 가공하여 휘발유, 경유, 항공유, 기름 등 다양한 제품을 생산합니다. 이러한 정유사는 에너지 산업에서 핵심적인 역할을 수행하며, 국가 경제에 큰 영향을 미칩니다.

대한민국에는 여러 개의 정유사가 있으며, 주요 정유사로는 SK이노베이션, GS Caltex, S-Oil, 현대오일뱅크 등이 있습니다. 이 정유사들은 국내 수요를 충족시키는 데 중요한 역할을 하며, 국내외에서 석유 제품의 수출입 및 거래를 수행합니다.

정유사는 석유 정제 공정을 통해 다양한 석유 제품을 생산하는데, 이러한 공정은 크게 석유의 분리와 정제 단계로 구성됩니다. 석유 분리 단계에서는 크래킹, 알킬레이션, 정제 등의 공정을 통해 석유를 분해하여 다양한 분획물로 분리합니다. 정제 단계에서는 분리된 분획물을 정제하여 원하는 품질과 성능의 유류 제품을 생산합니다.

정유사는 환경 보호 및 안전 관리에도 큰 관심을 가지고 있습니다. 석유 정제 공정에서 발생하는 폐기물과 오염물질을 철저히 처리하고, 환경 규제 및 안전 절차를 준수하여 사고나 오염 사태를 예방하고 대처합니다.

정유사는 에너지 산업의 중요한 부분으로서 국가의 에너지 안정성과 경제 발전에 기여하고 있습니다. 또한 국내외 시장에서 경쟁력 있는 석유 제품을 공급함으로써 국내 산업 발전을 지원하고, 국민들의 에너지 요구를 충족시키는 역할을 수행합니다.

출처: ChatGPT

대한민국 정유사에 대해 알려달라고 하자, 정유사에 대한 전반적인 정보를 알려주었다. 단순히 정유사에 대해서 알려달라는 프롬프트는 원하는 정보를 얻기에 적합하지 않다. 정유사가 여러 개인 데다가 어떤 정보를 원하는지 명시되어 있지 않아서 폭넓은 정보를 제공하기 때문이다. 그러다 보니 폭넓게

만 응답할 수밖에 없다. 사람과 대화할 때도 어떤 정보를 원하는지 알려주지 않고 그냥 정보를 달라고 하면 아는 정보는 모두 취합하여 제공할 것이다. 이와 마찬가지로 초거대 텍스트 생성형 인공지능에 어떤 정보를 원하는지 명시하지 않으면 모든 내용을 알려주려고 한다. 이를 피하기 위해 제외를 활용할 수도 있다.

👤 대한민국 정유사에 대해 석유 정제 공정을 제외하고 알려줘.

🤖 정유사는 석유 정제 공정 외에도 다양한 부서와 기능을 갖추고 있습니다. 이러한 부서와 기능은 다음과 같습니다.

1. 연구 및 개발(R&D): 정유사는 연구 및 개발 부서를 운영하여 석유 정제 기술과 프로세스 개선, 새로운 제품 개발 등을 수행합니다. 연구 및 개발은 석유 정제 기술의 혁신과 향상을 위해 중요한 역할을 합니다.

2. 생산 및 운영: 생산 및 운영 부서는 정유 공장의 운영을 담당합니다. 이 부서는 공장의 운영 일정, 생산 계획, 재고 관리, 공정 감시 및 제어 등을 조율하여 효율적이고 안정적인 생산을 달성합니다.

3. 유통 및 마케팅: 정유사는 생산된 석유 제품을 유통하고 판매하기 위해 유통 및 마케팅 부서를 운영합니다. 이 부서는 제품의 유통망 구축, 가격 전략, 고객 관리, 마케팅 활동 등을 담당하여 시장에서 경쟁력을 유지하고 제품을 판매합니다.

4. 환경, 안전 및 건강(EHS): 정유사는 환경, 안전 및 건강 관리를 중요시하며, 이를 위해 전문가들로 구성된 EHS 부서를 운영합니다. 이 부서는 공장 내의 안전 절차, 환경 규제 준수, 사고 예방 및 대응, 근로자 건강과 안전 등을 관리합니다.

5. 공급망 관리(Supply Chain Management): 정유사는 원유 및 기타 원료의 공급망을 관리합니다. 이를 통해 원료의 조달, 운송, 저장, 인벤토리 관리 등을 최적화하여 생산 과정에 필요한 원료를 안정적으로 확보합니다.

(중략)

이외에도 정유사는 사회 책임 활동, 기업 커뮤니케이션, 거버넌스 등 다양한 영역에서 활동할 수 있습니다. 정유사는 다양한 부서와 기능을 조직적으로 통합하여 석유 제품의 생산, 유통, 품질 관리, 안전 및 환경 보호 등을 체계적으로 수행하며, 지속 가능한 경영과 성장을 추구합니다.

출처: ChatGPT

정유사에 대해 석유 정제 공정을 제외하고 알려달라고 하자 정유사에서 수행하는 업무 중 석유 정제 공정을 제외하고 여러 가지 업무를 설명했다. 석유 정제 공정을 제외해달라는 내용이 프롬프트에 포함됨에 따라 앞서 이야기 했던 어떤 정유사가 있는지, 정유사는 제품 생산을 위해 어떤 단계를 거치는지, 관심 분야나 국가에서 정유사의 역할과 같은 내용보다는 정유사에서 수행하는 업무 중심으로 결과를 이끌어낼 수 있다는 것을 보여준다.

이는 다른 기법들과 마찬가지로 생성형 인공지능에 일괄적으로 통용되는 엔지니어링 기법이다. 예를 들어 이미지를 생성하는 인공지능에 몰티즈Maltese 가 뛰어노는 이미지를 그려달라고 했는데 나무 앞에서 뛰어노는 몰티즈 이미지를 만들었다고 하자. 나무가 마음에 안 들어서 나무를 제거해달라고 하면, 몰티즈가 뛰어노는 이미지만 남게 될 것이다.

이렇듯 무언가를 요청하는 것 외에도 제외해달라고 프롬프트를 만들면 생각지도 못한 답변을 얻고 정보를 습득할 수 있다.

표 2-1 **기본 단계 프롬프트 엔지니어링 정리**

	기본 단계 프롬프트 엔지니어링 기법	프롬프트 엔지니어링 사용 팁
1	구체적인 조건 명시	구체적으로 작성
2	맥락 학습	프롬프트를 작성하는 배경 추가
3	예시 명시	기대하는 응답의 예시 추가
4	정의 명시	잘 사용되지 않거나 동음이의어가 있는 경우 정의를 추가 서술
5	모호성 회피	문법적 오류 제거
6	과정보 제거	최대한 간결하게, 필요한 정보는 누락되지 않도록 작성
7	하이퍼파라미터 튜닝	다양한 파라미터의 학습 필수
8	반복 질문	유사한 프롬프트로 다양한 응답을 받아 취합
9	정보의 제외	응답의 범위 조절

>_ 고급 단계 프롬프트 엔지니어링

이제 기본 단계 프롬프트 엔지니어링을 모두 살펴보았다. 사실 일부를 제외하고 기본 단계 프롬프트 엔지니어링은 자세히, 구체적으로 서술하라는 내용이다. 하지만 자세히, 구체적으로 서술하라고만 막연히 말하면 어떻게 해야 할지 모르기 때문에 맥락을 서술하거나, 얻고자 하는 정보와 무관한 과도한 정보를 주지 않는다거나, 제외하는 등의 방법을 제시했다. 이를 통해 인공지능과 기본적 소통(프롬프트 엔지니어링)을 시작할 준비를 마쳤다.

지금부터는 고급 단계 프롬프트 엔지니어링을 시작해보자. 앞서 말한 바와 같이 사용의 난이도와 이해 난이도도 고려하여 결정했다. 이해하기 힘들어도 기본 단계를 많이 활용하다 보면 자연스럽게 고급 단계 프롬프트 엔지니어링에 대해 관심이 생기고 이해하게 될 것이다. 당장 이해되지 않더라도 직접 활용하면서 익혀보도록 하자.

〉 좀 더 잘 대답해줘, 파인 튜닝

초거대 생성형 인공지능을 잘 사용하는 방법 중에 파인 튜닝이 있다. 앞서 파인 튜닝에 대해 언급했지만, 여기서는 파인 튜닝이 무엇인지 간단히 살펴보고, 파인 튜닝은 왜 필요한지에 대해 설명할 것이다.

파인 튜닝은 앞에서 이야기한 것과 같이 이미 학습된 인공지능을 한 번 더 학습시키는 것이다. 예를 들어 동물의 사진 수십만 장을 가지고 많은 동물을 분류할 수 있는 초거대 인공지능을 만든다. 수많은 동물을 분류할 수 있는 특징을 학습한 후, 개와 고양이만 분류하고 싶다고 하자. 개와 고양이를 구분짓는 특징은 많은 동물을 분류할 때보다 더 세밀하다. 그러므로 많은 개와 고양이 데이터를 기반으로 다시 한번 인공지능을 업데이트하여 개와 고양이를 분류하는 작업에 맞게 조정해야 할 수 있는데, 이러한 일련의 과정을 파인 튜닝이라고 한다. 파인 튜닝을 통해 업데이트된 인공지능은 더 잘 예측할 수 있게 된다.

파인 튜닝은 이미지 분류 작업을 수행하는 모델을 만들 때 유용하다. 일반적인 이미지 분류 과제를 미리 학습시켜 인공지능을 만든 후, 특정한 종류의 이미지를 분류해야 할 때 특화된 데이터를 사용하여 인공지능을 업데이트(파인 튜닝)하는 것이다. 그러면 특정한 종류의 이미지를 분류하는 작업에 맞게 업데이트되고 더 정확하게 분류할 수 있다. 물론 파인 튜닝은 자연어 처리 작업에도 적용될 수 있다. 이미지 분류 작업과 유사하게 일반적인 언어 특성 패턴을 학습한 인공지능을 준비한 다음, 특정 작업에 필요한 데이터를 사용하여 인공지능을 파인 튜닝하는 것이다. ChatGPT는 GPT-3를 대화에 적합하도록 파인 튜닝하여 만들어낸 인공지능 서비스다. 초기에 대량의 데이터와 컴퓨팅 리소스가 필요한 사전 학습 단계를 거친 후에, 상대적으로 적은 양의 특정 작업에 관련된 데이터와 리소스를 사용하여 인공지능을 조정한다.

GPT-3가 나왔을 때도 혁신적이었지만, 이를 파인 튜닝한 버전인 ChatGPT가 주는 사회적 영향에 비할 수 없다. ChatGPT가 파인 튜닝을 통해 나온 결과물이라는 것을 생각하면 성능 향상을 위해 파인 튜닝이 도움이 된다는 것을 알 수 있다.

▷ 이런 것도 할 수 있어? 문맥 내 퓨샷 러닝

초거대 인공지능과 일반 인공지능의 차이점은 무엇일까? 필자는 **퓨샷 러닝** few-shot learning 을 꼽겠다. 앞에서 설명했듯 퓨샷 러닝은 데이터를 많이 주지 않고 몇 가지만 주어도 결과값을 생성(자연어 생성에서는 응답)하는 것을 의미한다. 전통적인 인공지능은 데이터와 정답을 주어 패턴을 찾는 것이라 그와 유사한 데이터가 들어오면 정답을 잘 추론한다. 그러나 문제는 데이터와 정답의 양이 적을 때 발생한다. 인공지능은 학습을 하기 위해서 많은 양의 데이터가 필요하다. 하지만 현실적으로 데이터가 적을 때도 있다. 예를 들어 강아지와 고양이 그리고 돼지를 구분하는 인공지능을 만들고 싶다고 하자. 그런데 강아지와 고양이의 사진은 많지만 돼지 사진은 2~3장밖에 없어서 강아지와 고양이 패턴은 학습했지만 돼지 패턴은 학습하지 못했다. 이를 해결하는 것이 퓨샷 러닝이다. 데이터를 얼마 주지 않고 해결하는 것이 퓨샷 러닝이고, 데이터를 한 장도 주지 않는 것이 **제로샷 러닝**zero-shot learning이다. 최근 퓨샷 러닝과 제로샷 러닝에 대한 관심도가 높아지고 있다.

구글 트렌드의 퓨샷 러닝 관심도를 살펴보자. 어느 시점을 기준으로 퓨샷 러닝에 대한 관심도가 급증하고 있는데, 이는 최근 인공지능의 발전에 따른 관심도의 변화로 보인다. 과거에는 퓨샷 러닝에 접근하려는 시도조차 없었다. 데이터가 많아도 인공지능이 인간에 비해 성능이 좋은 경우가 거의 없었기

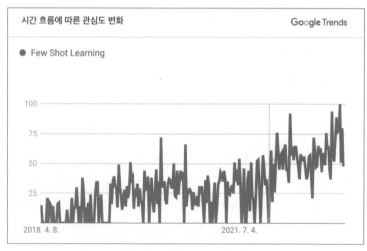

그림 2-3 'Few Shot Learning'에 대한 검색어 추이(출처: 구글 트렌드)

때문이다. 그러나 인공지능이 빠르게 발전하면서 성능이 우수한 사례가 많아지기 시작했다. 그러면서 데이터가 많이 없는 경우에도 인공지능을 적용하려는 시도가 늘기 시작했다.

프롬프트 엔지니어링 관점에서의 퓨샷 러닝은 무엇일까? 퓨샷 러닝 중에는 인공지능의 파라미터를 일부 업데이트하는 방식으로 학습하는 방법도 있는데, 개발사가 제공하는 방식의 업데이트 외에는 다른 선택을 할 수 없을 가능성이 높다. 그러므로 파라미터를 업데이트하지 않는 방식의 퓨샷 러닝을 배워야 한다. 즉, 일부 예시만 주고 인공지능의 파라미터 업데이트 없이 정답을 맞힐 수 있게 만들어야 한다. 그 방법이 **문맥 내 퓨샷 러닝**in-context few-shot learning이다. 기본 단계 프롬프트 엔지니어링이 가능한 것도 이런 일이 가능해졌기 때문이다. 그러나 앞에서도 살펴보았듯이 초거대 생성형 인공지능에서 문맥 내 퓨샷 러닝이 가능한 이유를 완벽히 설명할 수는 없다. 현재까지의 연구자들이 추정하기로는 학습에 사용된 데이터에 문맥 내 퓨샷 러닝을 할 수 있는 데이터가 포함되었다고 추정한다. 예를 들어 초거대 텍스트 생성 인공지능은 단어들을 주어 다음에 나올 단어를 맞추는 방식으로 학습한다고 하자. 이때 주어진 문장이 ['나는 배가 고파'의 의미는 'i am hungry'라는 문장이야]라고 하자. ['나는 배가 고파'의 의미는]까지 주어지고 다음 단어를 맞히게 하면 i를 맞힐 것이고 이를 반복하면 i am hungry를 맞힐 것이다. 이런 식으로 번역 과제를 수행할 수 있도록 학습된다고 해석한다. 하지만 이외에도 수많은 과제들의 결과가 왜 이렇게 나오는지를 증명하는 것은 쉽지 않은 일이다. 특히 파라미터가 많은 거대한 인공지능일수록 결과에 대한 인과관계를 해석하기가 쉽지 않다. 어떻게 산출되는지 완벽하게 해석할 수는 없지만, 문맥 내 퓨샷 러닝은 인공지능에 몇몇 예시를 주고 답을 맞혀보라는 방식으로 동작한다.

👤 나는 오늘 화가 나: 부정

나는 오늘 너무 기뻐: 긍정

나는 내일 슬플거 같아: 부정

나는 어제 너무 화가 났어:

🤖 부정적인 감정을 나타내고 있습니다.

이는 문맥 내 퓨샷 러닝을 수행한 예시다. ChatGPT에 일부 예시를 주고 배우지 않은 문장에 대해 응답을 지시하자, 기존에 학습하지 않았는데도 정답을 맞힌다.

👤 나는 오늘 화가 나: 긍정

나는 오늘 너무 기뻐: 부정

나는 내일 슬플거 같아: 긍정

나는 어제 밥을 먹었어:

🤖 중립적인 문장입니다.

이처럼 배우지 않았던 것에 대해서도 응답할 수 있다. 이처럼 문맥 내 퓨샷 러닝은 잠재적인 장점을 가지고 있다. 비전공자에게는 복잡한 코딩과 데이터를 인공지능에 학습시키기보다는 직관적인 예시들을 제공하여 인공지능의 성능을 향상시킬 수 있어서 매우 매력적인 방법이다.

문맥 내 퓨샷 러닝에 대해 모르면 이런 시도조차 못할 것이다. 그러므로 인공지능에 대한 지식이 필요하며 인공지능을 잘 사용할 수 있는 방법을 연구하고 발전시켜야 한다. 그러면 자신에게 특화된 인공지능을 만들 수 있다. 원래는 인공지능이 학습할 수 있는 형태로 데이터를 가공해서 인공지능에 주고 학습시켜야 한다. 이를 위해 정답을 태깅하는 작업도 필요하고 인공지능을 설계할 수 있게 코딩도 해야 하는 등 많은 작업이 필요하다. 그러나 기존에 만들어진 인공지능을 튜닝해서도 특화된 인공지능을 만들 수 있다.

〉 하나만 예시를 준다면? 문맥 내 원샷 러닝

인공지능으로 비공개된 데이터를 사용하여 문제를 해결해야 하는 경우가 많다. 예를 들어 고객 데이터를 사용해서 제품을 추천하거나, 정부에서 CCTV를 분석하여 범죄자를 탐지하는 등의 문제다. 그러므로 공개된 초거대 인공지능이 학습하지 않은 데이터를 가지고도 응답할 수 있도록 만들어야 한다. 이를 위해서 문맥 내 퓨샷 러닝을 수행하여 파라미터를 업데이트하지 않고도 응답하도록 만들 수 있다. 그런데 샘플을 줄 수 없을 만큼 데이터가 적다면 어떻게 해야 할까?

이러한 경우에 **문맥 내 원샷 러닝**In-context one-shot learning을 할 수 있다. 문맥 내 원샷 러닝은 문맥 내 퓨샷 러닝과 비슷한데, 샘플을 여러 개를 주지 않고 1개만 주어도 가능하다.

'이규남'은 인공지능 개발자다.
'이규남'이라는 단어가 포함된 예시 문장: 이규남은 밥을 먹지 않고 인공지능 개발을 하기 시작했다. '라꾸카챠타키랑키치'는 돈을 벌 수 있는 분야를 의미합니다.
'라꾸카챠타키랑키치'라는 단어가 포함된 예시 문장:

"라꾸카챠타키랑키치를 전공하는 학생들은 취업 시장에서 경쟁력을 가지고 있다."

출처: ChatGPT

당연하겠지만 '이규남', '라꾸카챠타키랑키치'라는 단어는 일반적인 문서나 텍스트 자료에는 없다. 그렇기 때문에 ChatGPT에 학습되지 않은 단어다. 학습되지 않았으니 응답할 수 없다는 결과가 나오는 것이 정상일 것이다. 그러나 '이규남'이라는 고유명사를 설명하고 예시 문장을 준 다음, 유사한 질문이 주어지면 어떤 결과를 산출해야 하는지 가르쳐주었다. 그러자 인공지능이 응답하기 시작했다. 즉, 문맥 내 원샷 러닝을 하는 것이다.

비전공자가 다른 회사에서 공개한 초거대 인공지능을 사용하기 위해서는 이처럼 비즈니스 상황에 걸맞게 사용할 수 있도록 작업해주어야 한다. 최근 많은 인공지능이 텍스트 값을 받아 결과를 반환해준다. ChatGPT는 텍스트를 받아 텍스트를 반환해주고, 미드저니는 텍스트를 받아 이미지를 반환해주는 식이다. 또한 GPT-4가 이미지와 텍스트를 받아 텍스트를 반환해주는 것과 같이 텍스트는 매우 중요한 값이 될 것이다. 그러므로 비즈니스 상황에 적용할 수 있도록 텍스트 값을 잘 튜닝해야 한다.

〉 예시가 없어도 가능해? 문맥 내 제로샷 러닝

인공지능을 실무에 적용하다 보면 데이터가 부족한 경우가 너무나도 많다. 그런데 데이터가 존재하지 않는다면 어떨까? 이때 **문맥 내 제로샷 러닝**in-context zero shot learning을 수행하면 해결할 수 있다. 제로샷 러닝이란 훈련 데이터에는 없는 것을 인식하는 것으로 이미지 인식 인공지능이 예전에 본 적 없는 동물이나 식물을 인식하는 것이다.

과연 이러한 방법이 잘 작동할까? 아무런 예시도 주지 않았는데 인공지능이 제대로 답을 줄 수 있다는 것은 매우 놀라운 일이다.

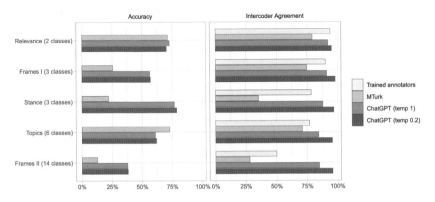

그림 2-4　사람이 정답을 맞히는 것과 ChatGPT가 제로샷 러닝으로 정답을 맞히는 정확도의 비교 결과. MTurk가
사람이고 Trained annotators가 숙련된 정답을 태깅하는 직원이며 나머지가 ChatGPT다.[*]

<그림 2-4>는 사람이 이미지의 정답을 맞히는 것보다 ChatGPT가 제로샷 러닝을 통해 정답을 맞히는 정확도가 더 뛰어나다는 것을 보여준다. 인공지능을 학습시킬 때 데이터와 쌍이 되는 정답을 태깅하는 것은 매우 중요한 작업이다. 이를 위해 **자기 지도 학습**self supervised learning과 같은 방법을 사용할 수 있지만, 보통은 사람이 태깅한다. 〈ChatGPT Outperforms Crowd-Workers for Text-Annotation Tasks〉라는 논문에서는 이러한 데이터가 어떤 값을 의미하는지 태깅하는 작업을 할 때 MTurk라는 회사가 모집한 숙련된 사람과 ChatGPT(temp1, 0.2)의 결과를 비교했다. 그랬더니 인공지능이 대부분의 작업에서 사람보다 더 뛰어난 결과를 보였다. 이는 제로샷 러닝의 잠재력을 나타낸다. 데이터가 없는 경우, 이전에 대량의 데이터로 학습한 초거대 인공지능을 적극적으로 활용하여 문맥 내 제로샷 러닝으로 많은 문제를 해결할 수 있다.

＊　Gilardi, Fabrizio, Meysam Alizadeh, and Maël Kubli. 〈ChatGPT Outperforms Crowd-Workers for Text-Annotation Tasks〉. arXiv

텍스트를 중립, 부정 또는 긍정으로 분류해봐.

텍스트: AGI가 머지않았다고 하는 사람들이 있어.

감정:

텍스트의 감정은 중립입니다.

이는 ChatGPT에 어떤 텍스트가 중립, 부정, 긍정인지에 대해 예시를 주지 않았다. 그런데도 주어진 텍스트가 어떤 감정인지 잘 맞혔다. 이처럼 문맥 내 제로샷 러닝을 사용하면 어떠한 예시도 주지 않고 원하는 결과를 얻을 수 있다.

텍스트를 중립, 부정 또는 긍정으로 분류해봐.

텍스트: 밥을 먹었더니 너무 맛있었어.

감정:

텍스트의 감정은 긍정입니다.

데이터가 존재하지 않는다면 문맥 내 제로샷 러닝을 이용해 문제를 해결하는 접근 방법이 도움이 된다. 이는 다양한 분야에 응용할 수도 있다. 커머스, 의료 등 내가 가진 도메인 지식이 어떤 종류든 적용하면 도움이 된다.

다양한 도메인에서 활용할 수 있다는 것 외에도 데이터 수집 비용이 절감된다는 장점이 있다. 파인 튜닝과 같이 초거대 인공지능을 세부 과제에 맞게 튜닝하거나 작은 인공지능을 빠르게 학습하는 경우에 데이터와 태깅한 정보가 필요하다. 그러나 문맥 내 제로샷 러닝을 사용하면 데이터를 수집하고 관리하는 비용이 절감된다. 비용은 수익과 직결되므로, 이는 비즈니스에 사용하기에 매우 적합하다. 추가적인 데이터 수집도 필요 없기 때문에 앞으로도 비용이 많이 들어가지 않고 원하는 결과를 얻을 수 있다.

❯ 답을 주고 물어본다, 사고의 사슬

필자는 마을 만들기 사업 보고서를 작성하는 회사에 잠시 종사한 적이 있었다. 그때 사업 보고서를 길게 쓸수록 사업이 채택될 가능성이 높다고 해서 최대한 길게 늘려 써야 했다. 그 과정에서 기존의 사업 보고서를 참조했는데, 정답지를 놓고 참고하면서 문제를 풀어나간 셈이다. 이는 흥미롭게도 ChatGPT와 같은 LLM에서 유용하게 쓰일 수 있는 방법이다. 특히 **사고의 사슬**chain of thinking, CoT은 대규모 언어 모델이 복잡한 추론 작업을 수행하는 능력을 크게 향상시킨다.

사고의 사슬이란 곧바로 답을 요구하는 것이 아니라 답을 얻기 위해 생략된 과정 예시를 프롬프트에 추가하여 답이 나오는 과정을 참조할 수 있도록 하는 프롬프트 엔지니어링 기법이다. 구글 리서치 팀에서 2022년에 발표한 논문*에 의하면, LaMDA, GPT-3, PaLM에서 테스트했더니 사고의 사슬이 다양한 산술, 상식을 비롯하여 인간에게는 간단하지만 언어 모델에는 어려운 추론 작업에서 인공지능의 성능을 향상시키는 것을 보여주었다.

<그림 2-5> 왼쪽의 'Standard Prompting'을 보면 간단한 산술 작업을 질문-정답-질문의 형태로 프롬프트를 구성하여 초거대 언어 생성형 인공지능에 제공하고 답을 유도했더니 제대로 응답하지 못하는 것을 볼 수 있다. 이때 사고의 사슬을 사용하면 정확하게 답한다. 오른쪽의 'Chain-of-Thought Prompting'을 보자. 프롬프트를 구성할 때 사고의 논리적 과정을 알려주면서 정답을 구하자 제대로 응답하는 것을 확인할 수 있다. 이는 사고의 사슬의 장점을 보여주는 좋은 예시다.

---

*   Wei, Jason, et al. 〈Chain of thought prompting elicits reasoning in large language models〉. arXiv preprint arXiv:2201.11903, 2022

Standard Prompting	**Chain-of-Thought Prompting**
Model Input Q: Roger has 5 tennis balls. He buys 2 more cans of tennis balls. Each can has 3 tennis balls. How many tennis balls does he have now? A: The answer is 11. Q: The cafeteria had 23 apples. If they used 20 to make lunch and bought 6 more, how many apples do they have?	**Model Input** Q: Roger has 5 tennis balls. He buys 2 more cans of tennis balls. Each can has 3 tennis balls. How many tennis balls does he have now? A: Roger started with 5 balls. 2 cans of 3 tennis balls each is 6 tennis balls. 5 + 6 = 11. The answer is 11. Q: The cafeteria had 23 apples. If they used 20 to make lunch and bought 6 more, how many apples do they have?
Model Output A: The answer is 27. ✖	**Model Output** A: The cafeteria had 23 apples originally. They used 20 to make lunch. So they had 23 - 20 = 3. They bought 6 more apples, so they have 3 + 6 = 9. The answer is 9. ✔

그림 2-5　프롬프트 엔지니어링을 통해 산술 작업의 성능을 끌어올린 사례[*]

단순히 정답을 달라고 하는 것이 아니라, 정답이 어떻게 산출되는지 논리적으로 구성한 예시를 제공하는 것이다. 이런 예시를 초거대 언어 생성형 인공지능에 프롬프트로 제공하면, 초거대 언어 생성형 인공지능이 예시를 바탕으로 논리적으로 구성하면서 성능이 더 향상될 수 있다. 이 과정은 특히 산술, 상식 및 추론 작업의 성능을 높인다.

구글 리서치팀에서 발표한 논문에 의하면, 수많은 영역에서 사고의 사슬이 성능을 향상시킨다. 그중에서도 마지막 문자 연결 작업의 예를 살펴보자.

Q: Take the last letters of the words in "Elon Musk" and concatenate them. A:

The last letters of the words in "Bill Gates" are "l l s". Concatenating them results in "lls"

출처: 구글 바드(https://bard.google.com)

---

[*]　출처: Wei, Jason, et al. 〈Chain of thought prompting elicits reasoning in large language models〉. arXiv preprint arXiv:2201.11903 (2022).

곧바로 답변을 요구하면 제대로 답변하지 못하는 것을 볼 수 있다. 구글 리서치팀에서 마지막 문자를 연결하는 작업에 사고의 사슬을 적용한 예시를 보자.

Q: Take the last letters of the words in "Elon Musk" and concatenate them.

A: The last letter of "Elon" is "n". The last letter of "Musk" is "k". Concatenating them is "nk". The answer is nk.

Q: Take the last letters of the words in "Larry Page" and concatenate them.

A: The last letter of "Larry" is "y". The last letter of "Page" is "e". Concatenating them is "ye". The answer is ye.

Q: Take the last letters of the words in "Sergey Brin" and concatenate them.

A: The last letter of "Sergey" is "y". The last letter of "Brin" is "n". Concatenating them is "yn". The answer is yn.

Q: Take the last letters of the words in "Bill Gates" and concatenate them.

A:

A: The last letter of "Bill" is "l". The last letter of "Gates" is "s". Concatenating them is "ls". The answer is ls. Is there anything else I can help you with today?

출처: 구글 바드

사고의 사슬을 적용하자마자 제대로 응답했다. 그러면 날짜를 계산하는 작업은 어떨까?

Q: Jane was born on the last day of Feburary in 2001. Today is her 16-year-old birthday. What is the date yesterday in MM/DD/YYYY? A:

Jane was born on February 28, 2001. Today is her 16-year-old birthday, which means today is February 28, 2023. Yesterday was February 27, 2023. Therefore, the date yesterday in MM/DD/YYYY format is 02/27/2023.

출처: 구글 바드

Q: 2015 is coming in 36 hours. What is the date one week from today in MM/DD/YYYY?

A: If 2015 is coming in 36 hours, then it is coming in 2 days. 2 days before 01/01/2015 is 12/30/2014, so today is 12/30/2014. So one week from today will be 01/05/2015. So the answer is 01/05/2015.

Q: The first day of 2019 is a Tuesday, and today is the first Monday of 2019. What is the date today in MM/DD/YYYY?

A: If the first day of 2019 was Tuesday, then 01/01/2019 was a Tuesday. Today is the first Monday, would be six days later. So today is 01/07/2019. So the answer is 01/07/2019.

Q: The concert was scheduled to be on 06/01/1943, but was delayed by one day to today. What is the date 10 days ago in MM/DD/YYYY?

A: One day after 06/01/1943 is 06/02/1943, so today is 06/02/1943. 10 days before today is 05/23/1943. So the answer is 05/23/1943.

Q: It is 4/19/1969 today. What is the date 24 hours later in MM/DD/YYYY?

A: Today is 04/19/1969. 24 hours later is one day after today, which would be 04/20/1969. So the answer is 04/20/1969.

Q: Jane thought today is 3/11/2002, but today is in fact Mar 12, which is 1 day later. What is the date 24 hours later in MM/DD/YYYY?

A: Today is 03/12/2002. So the date 24 hours later will be 03/13/2002. So the answer is 03/13/2002.

Q: Jane was born on the last day of Feburary in 2001. Today is her 16-year-old birthday. What is the date yesterday in MM/DD/YYYY? A:

The last day of February in 2001 was February 28. If Jane was born on that day, that makes her birthday February 28, 2001. Her 16th birthday would be on February 28, 2017. The date yesterday would be February 27, 2017.

출처: 구글 바드

구글 리서치팀에서 공개한 사고의 사슬을 적용하기 전에는 잘못된 응답을 하다가, 사고의 사슬을 적용한 순간 제대로 응답한다. 이처럼 프롬프트를 질문-정답-질문으로 구성하는 사고의 사슬은 특히 초거대 언어 생성형 인공지능의 성과를 극대화할 수 있다는 것을 보여준다. 구글 리서치팀은 사고의 사슬을 수행하여 다양한 과제에서 성능을 향상시킬 수 있다는 것을 입증했다.

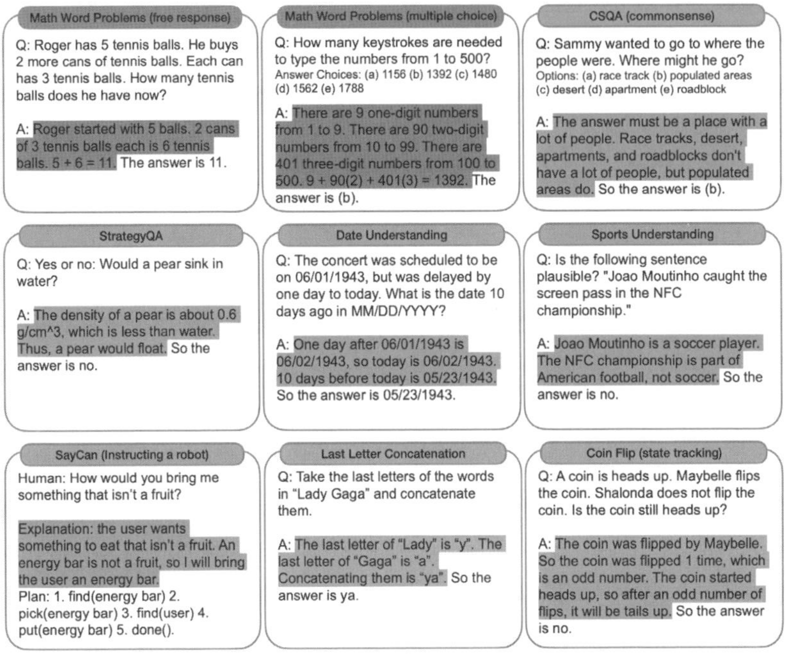

Math Word Problems (free response)

Q: Roger has 5 tennis balls. He buys 2 more cans of tennis balls. Each can has 3 tennis balls. How many tennis balls does he have now?

A: Roger started with 5 balls. 2 cans of 3 tennis balls each is 6 tennis balls. 5 + 6 = 11. The answer is 11.

Math Word Problems (multiple choice)

Q: How many keystrokes are needed to type the numbers from 1 to 500? Answer Choices: (a) 1156 (b) 1392 (c) 1480 (d) 1562 (e) 1788

A: There are 9 one-digit numbers from 1 to 9. There are 90 two-digit numbers from 10 to 99. There are 401 three-digit numbers from 100 to 500. 9 + 90(2) + 401(3) = 1392. The answer is (b).

CSQA (commonsense)

Q: Sammy wanted to go to where the people were. Where might he go? Options: (a) race track (b) populated areas (c) desert (d) apartment (e) roadblock

A: The answer must be a place with a lot of people. Race tracks, desert, apartments, and roadblocks don't have a lot of people, but populated areas do. So the answer is (b).

StrategyQA

Q: Yes or no: Would a pear sink in water?

A: The density of a pear is about 0.6 g/cm^3, which is less than water. Thus, a pear would float. So the answer is no.

Date Understanding

Q: The concert was scheduled to be on 06/01/1943, but was delayed by one day to today. What is the date 10 days ago in MM/DD/YYYY?

A: One day after 06/01/1943 is 06/02/1943, so today is 06/02/1943. 10 days before today is 05/23/1943. So the answer is 05/23/1943.

Sports Understanding

Q: Is the following sentence plausible? "Joao Moutinho caught the screen pass in the NFC championship."

A: Joao Moutinho is a soccer player. The NFC championship is part of American football, not soccer. So the answer is no.

SayCan (Instructing a robot)

Human: How would you bring me something that isn't a fruit?

Explanation: the user wants something to eat that isn't a fruit. An energy bar is not a fruit, so I will bring the user an energy bar. Plan: 1. find(energy bar) 2. pick(energy bar) 3. find(user) 4. put(energy bar) 5. done().

Last Letter Concatenation

Q: Take the last letters of the words in "Lady Gaga" and concatenate them.

A: The last letter of "Lady" is "y". The last letter of "Gaga" is "a". Concatenating them is "ya". So the answer is ya.

Coin Flip (state tracking)

Q: A coin is heads up. Maybelle flips the coin. Shalonda does not flip the coin. Is the coin still heads up?

A: The coin was flipped by Maybelle. So the coin was flipped 1 time, which is an odd number. The coin started heads up, so after an odd number of flips, it will be tails up. So the answer is no.

그림 2-6 구글 리서치팀에서 **사고의 사슬**을 사용하여 다양한 과제에서 성능을 향상시킬 수 있다는 것을 입증한 사례의 일부 요약[*]

공개된 사료에 의하면 산술, 문제 풀기, 상식, 전략QA, 데이터 이해, 스포츠 이해, 마지막 단어 합치기 등의 과제에서 성능이 향상된다는 것이 입증되었다. 이렇듯 사고의 사슬은 언어 인공지능에 대한 깊은 이해를 토대로 만들어진 좋은 전략이다. 엄밀히 말하면 초거대 텍스트 생성형 인공지능은 산술, 문제 풀기, 상식 등의 과제를 수행하기 위해 만들어진 것이 아니다. 그러므로

[*] 출처: Wei, Jason, et al. 〈Chain of thought prompting elicits reasoning in large language models〉. arXiv preprint arXiv:2201.11903 (2022).

이런 문제에서 제대로 작동하지 않는 것이 당연하다. 하지만 사고의 사슬을 사용해서 성능을 향상시킬 수 있다.

정답을 가르쳐주고 답하게 하는 것은 **지도 학습**supervised learning과 유사하다. 지도 학습에서도 데이터와 정답을 주고 인공지능이 패턴을 찾는 과정을 수행하게 한다. 사고의 사슬 또한 질문(데이터)과 응답 예시(정답)를 주고 올바른 답을 추론할 수 있도록 하는 것이 지도 학습과 유사한 프레임으로 작동하는 것처럼 보인다. 하지만 파인 튜닝과는 달리 수많은 데이터를 사용해서 파라미터를 업데이트하지 않고도 사용할 수 있다.

앞으로 많은 초거대 생성형 언어 인공지능이 출시될 것이다. 외부에 공개되지 않은 초거대 생성형 언어 인공지능을 사용하는 경우에는 파라미터를 업데이트하지 않고 성능을 향상시킬 수 있는 사고의 사슬과 같은 작업이 유효하게 작동할 것이다.

＞ 자아의 부여, 역할극

연기자들은 연기를 통해 배역을 깊게 이해하기도 하며, 극의 시대상을 더 잘 이해하기도 한다. 인공지능을 활용할 때도 이처럼 응용하면 더 좋은 응답을 얻을 수 있다. 예를 들어 인공지능에 가상의 역할을 부여하고 응답하게 하면 더욱 의도에 맞게 응답한다.

> 🗨️ ChatGPT에 대해서 일반 대중에게 소개해줄래?

> 🤖 안녕하세요! 저는 ChatGPT라고 합니다. 저는 OpenAI에서 개발된 대형 언어 모델 중 하나입니다. GPT-3.5 아키텍처를 기반으로 학습되었으며, 이전 버전의 GPT-3보다 훨씬 더 발전된 모델입니다. 제가 하는 일은 다양합니다. 저를 이용하면 자연어 처리, 기계 번역, 요약, 질의응답 등 다양한 작업을 수행할 수 있습니다. 또한, 저는 인터넷에서 찾을 수 있는 대부분의 정보를 이해하고 분석할 수 있습니다. 그래서 저를 이용하면 대화를 통해 지식을 습득하거나 문제를 해결하는 데 도움을 줄 수 있습니다. 저는 새로운 데이터를 학습함으로써 계속해서

발전하고 있습니다. 따라서 저를 이용하면서도 항상 최신 정보와 기술에 대한 지식을 습득하고 활용할 수 있습니다.

ChatGPT에 대해 일반 대중에게 소개해달라고 했더니 간략하게 소개해주는 모습을 볼 수 있다.

 ChatGPT를 인터뷰하고 기사를 써줄래?

 네, 물론 가능합니다! 제가 인터뷰에 응할게요. 어떤 내용으로 인터뷰를 진행하실 건가요?

인터뷰하고 기사를 써달라고 하자, 어떤 내용으로 인터뷰를 진행할지 추가적인 정보를 요구했다. 프롬프트로 입력하기를 요구하는 것이다. 자신이 ChatGPT라는 것은 인지하고 있지만, 인터뷰 주체가 자기 자신이라는 의도는 인지하지 못했다. 인터뷰 내용이 나오는 것을 기대하고 프롬프트를 작성한 것이라면 추가적으로 인터뷰의 내용을 구성해야 할 수 있다. 이때 역할을 부여하면 어떨까?

 너는 ChatGPT를 일반 대중에게 소개하는 기자야. ChatGPT를 인터뷰하고 기사를 써줄래?

 네, 저는 ChatGPT를 소개하는 기자입니다. 인터뷰를 진행하여 ChatGPT에 대한 정보를 제공하겠습니다.

1. ChatGPT는 무엇인가요?

   ChatGPT는 OpenAI에서 개발한 대화형 인공지능 모델로, GPT-3.5 아키텍처를 기반으로 합니다. 이 모델은 대규모의 텍스트 데이터를 학습하여 자연어 처리, 문장 생성, 질의응답 등 다양한 자연어 작업을 수행할 수 있습니다.

2. ChatGPT가 다른 대화형 인공지능 모델과 어떻게 다른가요?

   ChatGPT는 GPT-3.5 아키텍처를 기반으로 하여, 이전 모델들에 비해 더욱 복잡하고 정교한 모델 구조를 가지고 있습니다. 이로 인해 더욱 자연스러운 대화를 할 수 있으며, 문장 생성 능력이 탁월합니다.

3. ChatGPT는 어떤 분야에서 사용되고 있나요?

ChatGPT는 다양한 분야에서 사용될 수 있습니다. 대표적으로는 인공지능 기반의 가상 비서나 챗봇, 자연어 처리 기반의 검색 엔진 등이 있습니다. 또한 ChatGPT는 자연어 생성, 번역, 요약, 질의응답 등 다양한 자연어 처리 작업에 활용될 수 있습니다.

4. ChatGPT는 어떻게 학습되나요?

ChatGPT는 대규모의 텍스트 데이터를 사용하여 사전 학습(pre-training)됩니다. 이후에는 추가 학습(fine-tuning)을 통해 특정한 작업에 맞게 모델을 조정할 수 있습니다. 이렇게 학습된 모델은 실제 환경에서 다양한 자연어 처리 작업을 수행할 수 있습니다.

5. ChatGPT는 앞으로 어떤 발전이 예상되나요?

ChatGPT는 앞으로 더욱 정교하고 발전된 모델이 출시될 예정입니다. 또한 OpenAI에서는 다양한 분야에서의 ChatGPT 활용을 더욱 강화하고 있으며, 기업과의 협업을 통해 실제 산업 현장에서도 ChatGPT가 활용될 수 있도록 노력하고 있습니다.

출처: ChatGPT

ChatGPT에게 기자라는 역할을 부여하자, 인터뷰의 주체가 기자인 자기 자신이라는 것을 인지하고 인터뷰의 내용을 구성해서 스스로 결과물을 만들었다. 역할을 부여함으로써 ChatGPT가 역할극을 한 것이다. 이와 같이 다양한 상황을 구성하여 역할을 부여하면 ChatGPT와 같은 LLM은 많은 작업을 수행할 수 있다.

역할을 부여한다는 것은 많은 잠재력을 가진다. 마블 스튜디오의 <어벤저스>에 출연하는 영웅이라고 가정하면, 하늘을 날아다니는 영웅이 되어 일반 사람들이 못하는 많은 작업을 수행할 수 있다. ChatGPT와 같은 초거대 생성형 언어 인공지능에 역할을 부여한다는 것은 이러한 의미다.

역할 부여를 활용하면 개발사의 제약을 해제하여 많은 일을 할 수 있다. 제약을 해제할 수 있는 예시는 싣지 않을 예정이다. 오픈AI의 ChatGPT 사용 정책에 의하면 허용되지 않은 예시인 데다, 인공지능을 통해 인류에 기여하자는 오픈AI의 취지와도 어긋나기 때문이다. 다만 앞으로 초거대 생성형 인공지능이 발전할수록 유해 콘텐츠를 유도하거나 기업 내부의 정보를 캐내려는 시도를 방어해야 할 것이다. 긍정적으로 사용하기만 한다면 아주 좋은 효과를 얻을 수 있으므로 건전하게 사용하도록 노력하자.

〉 될 때까지 물어본다, 질문의 사슬

어떤 정의에 대해 설명을 듣고도 이해가 가지 않는 상황은 자주 발생한다. 그럴 때 설명해준 사람에게 다시 한번 물어보면서 이해도를 높인다. 초거대 생성형 인공지능에서도 유사한 방법을 사용할 수 있다. 이런 작업은 특히 LLM에서 잘 작동하는 것처럼 보인다. 그런 관점에서 필자는 **질문의 사슬**chain of question, CoQ을 제안한다.

질문의 사슬이란 앞서 이야기한 프롬프트 엔지니어링 기법을 총동원하여 연쇄적으로 질문하는 방법이다. 연쇄적인 질문이 왜 잘 작동할까? 문맥 내 퓨샷 러닝, 원샷 러닝, 제로샷 러닝과 동시에 사고의 사슬을 활용해서 질문하기 때문이다. 그러려면 다음의 질문 프레임을 따르는 게 좋다.

프롬프트 엔지니어링을 활용해서 적절한 프롬프트를 구성하여 질문하고 초거대 생성형 인공지능으로부터 답변을 받은 뒤 추가적인 정보를 얻을 수 있는지, 프롬프트를 다르게 구성하여 질문할 필요가 있는지 등을 사람이 종합

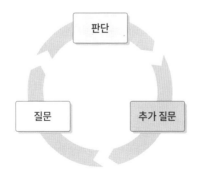

그림 2-7   프롬프트 엔지니어링을 사용하여 정보를 얻는 질문의 사슬 도식도

적으로 판단하여 추가 질문을 하는 것이다. 그리고 이러한 과정을 반복하여 응답을 고도화한다.

필자가 생각하는 질문의 사슬의 핵심은 사람과 인공지능의 결합이다. 초거대 생성형 인공지능이 대답한 응답 결과를 기반으로 사람이 사고를 거친 뒤 각 상황에 맞게 다양한 기법을 적용하여 좋은 응답을 할 수 있도록 추가 질문을 통해 유도하는 것이다. 즉, 질문의 사슬은 사람 없이는 완성되기 어렵다.

질문의 사슬은 '사과는 과일이다'와 같이 간단한 저차원적 지식을 얻는 데 사용하는 방법은 아니다. 예를 들어 '사과가 인체에 미치는 영향'에 대해 알려고 할 때 이를 프롬프트로 활용할 수 있다.

 사과가 인체에 미치는 영향을 알려줘.

 사과는 인체에 많은 영양소를 제공합니다. 다양한 종류의 비타민, 미네랄, 식이 섬유, 폴리페놀 등이 포함되어 있습니다.

먼저, 사과는 식이 섬유가 풍부하여 소화기 관련 질환을 예방하고 치료하는 데 도움이 됩니다. 또한, 식이 섬유는 포만감을 유지시켜 체중조절에 도움을 줄 수 있습니다.

사과는 또한 항산화제가 풍부하여 자유 라디칼로부터 인체를 보호하는 데 도움을 줍니다. 또한, 폴리페놀화합물은 항염증 작용이 있어 염증을 줄이는 데 도움을 줄 수 있습니다.

사과는 혈당 조절에도 도움을 줄 수 있습니다. 식이 섬유와 폴리페놀은 혈당을 안정시키는 데 도움을 주고, 인슐린 분비를 촉진하여 혈당을 조절하는 데 도움을 줄 수 있습니다.

또한 사과에는 비타민 C, 비타민 K, 칼륨 등이 포함되어 있어 혈압 조절에 도움을 줄 수 있습니다.

하지만 사과에는 알레르기를 일으킬 수 있는 자연 발생하는 화학물질이 있을 수 있으므로, 알레르기 반응이 있는 경우 주의해야 합니다.

마지막으로, 사과를 섭취할 때는 피부를 깨끗하게 씻어서 섭취해야 합니다. 농약 등이 표면에 남아 있을 수 있으므로, 가능한 한 유기농 사과를 선택하는 것이 좋습니다.

출처: ChatGPT

이를 바탕으로 볼 때 다음과 같은 결론을 얻을 수 있다.

- **질문의 사슬을 적용하기 이전의 결론**: 사과는 식이 섬유가 있어 소화기와 체중 관리에 도움이 되며 항산화, 혈당 조절, 혈압 조절에 도움이 된다. 또한 알레르기가 있거나 표면을 깨끗이 세척하지 않은 경우 섭취에 유의해야 한다.

이 결론이 어떻게 바뀔 수 있는지 살펴보자. 사과가 인체에 미치는 영향에 대해 알아보기 전에 음식을 먹는 것이 인체에 미치는 영향에 대한 이해가 선행되어야 한다. 그러므로 음식을 먹는 것이 인체에 어떤 영향을 주는지 먼저 조사하고, 이 영향을 바탕으로 사과와의 연결점을 찾아 사과가 미치는 영향을 집계한다. 이를 위해 사과가 인체에 미치는 영향을 질의하기 전에 맥락 학습의 관점에서 음식을 먹는 것이 인체에 미치는 영향에 대해 질문할 수 있다.

 음식을 먹는 행위가 인체에 미치는 영향에 대해서 알려줘.

 음식을 먹는 행위는 인체에 다양한 영향을 미치며, 영양소를 공급하여 생명을 유지하고 성장에 필요한 에너지를 제공합니다. 그러나 과다한 음식 섭취는 건강에 부정적인 영향을 미칠 수 있습니다.

체중과 비만: 음식을 먹는 행위는 인체의 에너지 섭취와 관련이 있으며, 과다한 칼로리를 섭취하면 체중이 증가하고 비만이 될 수 있습니다.

대사: 음식을 소화, 흡수하고 에너지로 변환하는 대사 과정은 인체의 대사에 직접적으로 영향을 미치며, 대사와 관련된 질병에도 영향을 미칩니다.

영양소 공급: 음식을 먹는 것은 영양소를 공급하고, 인체의 기능을 지원하는 데 중요합니다. 인체는 단백질, 탄수화물, 지방, 비타민, 미네랄 등 다양한 영양소를 필요로 합니다.

건강: 올바른 영양소 섭취는 건강한 생활에 필수적입니다. 다양한 영양소가 포함된 식이요법은 질병 예방 및 치료에도 효과가 있습니다.

소화계 질환: 음식을 먹는 것은 소화계에 직접적으로 영향을 미치며, 소화계 질환에도 영향을 미칩니다. 소화계 질환에 대한 치료는 건강한 식습관을 갖는 것이 중요합니다.

요약하자면, 음식을 먹는 행위는 인체의 건강과 생존에 매우 중요한 역할을 합니다. 그러나 과도한 음식 섭취는 건강에 부정적인 영향을 미칠 수 있으므로, 적절한 영양소 섭취와 식습관을 유지하는 것이 중요합니다.

출처: ChatGPT

음식을 먹는 것은 크게 비만, 대사, 영양소 공급, 건강, 소화계 질환에 영향을 줄 수 있다. 그렇다면 사과를 섭취하면 생길 수 있는 변화에 대해 앞에서 얘기했던 5가지를 중점적으로 살펴볼 수 있을 것이다. 이를 활용해서 구체적으로 논의해보도록 하자.

> 사과를 먹는 것이 비만, 대사, 영양소, 건강, 소화계 질환과 관련해서 어떤 변화를 가져올 수 있어?

> 사과를 먹는 것은 건강에 매우 좋은 영향을 미치며, 비만, 대사, 영양소, 소화계 질환 등에도 다양한 영향을 줄 수 있습니다.
>
> 비만: 사과는 낮은 칼로리와 높은 식이 섬유 함량을 가지고 있어, 체중 감량에 도움을 줄 수 있습니다. 또한 사과는 포만감을 유발시켜 더 많은 음식을 섭취하지 않도록 도와줄 수 있습니다.
>
> 대사: 사과는 천연 설탕과 식이 섬유를 함께 가지고 있어, 혈당을 조절하고 대사를 촉진하는 데 도움을 줄 수 있습니다.
>
> 영양소: 사과는 비타민 C, 식이 섬유, 폴리페놀, 및 미네랄 등을 포함하여, 다양한 영양소를 제공합니다. 특히 폴리페놀은 항산화 작용을 하여 세포 손상을 예방할 수 있습니다.
>
> 건강: 사과는 다양한 건강상의 이점을 제공합니다. 폴리페놀과 식이 섬유가 많이 함유되어 있어, 심장질환, 당뇨병, 암 등의 질병 예방에 도움을 줄 수 있습니다.
>
> 소화계 질환: 사과는 식이 섬유를 함유하고 있어, 소화를 돕고 변비 예방에도 도움을 줄 수 있습니다. 또한 폴리페놀과 식이 섬유는 소화계 질환 예방에도 효과적입니다.
>
> 요약하자면, 사과를 먹는 것은 건강에 매우 좋은 영향을 미치며, 비만, 대사, 영양소, 소화계 질환 등에도 다양한 영향을 줄 수 있습니다. 하지만 사과만으로 모든 건강 문제를 해결할 수는 없으므로, 균형 잡힌 식습관과 적절한 운동이 중요합니다.
>
> 출처: ChatGPT

이 내용이 정말 맞을까? 이때 역할을 부여하여 사과를 먹는 것이 인체에 어떤 영향을 주는지 결과를 검토하도록 지시해볼 수 있다. 예를 들어 '사과는 포만감을 유발해 비만을 예방할 수 있다. 또한 혈당을 조절하고 대사를 촉진하는 데 도움이 될 수 있으며 다양한 비타민을 포함하고 있어서 세포 손상예방에 도움이 된다. 또한 소화를 돕고 변비 예방에 도움이 된다. 이런 다양한 영향을 고려할 때 사과를 먹는 것은 인체에 긍정적인 영향을 준다'는 결론을 얻었다면 내용이 맞는지, 보완할 점이 없는지 질문의 사슬을 사용하여 검토할 수 있다.

 이제 너는 논리를 검토하는 논리 전문가야. 이때 논의되는 글의 논리적 보완점에 대해 서술하시오.

글: "사과는 포만감을 유발해 비만을 예방할 수 있다. 또한 혈당을 조절하고 대사를 촉진하는 데 도움이 될 수 있으며 다양한 비타민을 포함하고 있어서 세포 손상 예방에 도움이 된다. 또한 소화를 돕고 변비 예방에 도움이 된다. 이런 다양한 영향을 고려할 때 사과를 먹는 것은 인체에 긍정적인 영향을 준다."

위의 글은 사과가 인체에 다양한 긍정적인 영향을 준다는 주장을 내포하고 있습니다. 이 주장에 대해서는 일부 보완점이 존재합니다.

"사과는 포만감을 유발해 비만을 예방할 수 있다.": 사과는 낮은 칼로리와 높은 식이 섬유 함량을 가지고 있어 체중 감량에 도움을 주지만, 사과만으로 비만을 예방할 수 있는 것은 아닙니다. 식습관 전반적인 변화와 적절한 운동이 필요합니다.

"다양한 비타민을 포함하고 있어서 세포 손상 예방에 도움이 된다.": 사과는 비타민 C를 비롯한 몇 가지 비타민을 함유하고 있지만, 다른 과일과 비교하면 영양소 함량이 그리 높지 않습니다. 또한 세포 손상을 예방하는 데만 한정되지 않고, 항산화 작용을 통해 다양한 건강 이점을 제공합니다.

"소화를 돕고 변비 예방에 도움이 된다.": 사과는 식이 섬유를 함유하고 있어 소화를 돕고 변비 예방에 도움을 줍니다. 그러나 식이 섬유 섭취가 과도할 경우 소화계 문제를 유발할 수 있으므로 적절한 섭취량을 유지하는 것이 중요합니다.

따라서 사과를 먹는 것이 인체에 긍정적인 영향을 준다는 주장은 맞지만, 사과만으로 모든 건강 문제를 해결할 수는 없으며, 적절한 섭취량과 균형 잡힌 식습관과 함께 다양한 식품을 함께 섭취해야 합니다.

출처: ChatGPT

초거대 생성형 인공지능에 논리적 보완을 요청하니, 최종적으로 '사과는 포만감을 유발해 비만 예방에 도움이 될 수 있다. 또한 혈당을 조절하고 대사를 촉진하는 데 도움이 될 수 있으며 다양한 비타민을 포함하고 있어서 세포 손상 예방과 항산화 작용에 도움이 된다. 또한 소화를 돕고 변비 예방에 도움이 된다. 하지만 과다 섭취를 하는 것은 오히려 소화계 문제를 유발할 수 있다. 이런 다양한 영향을 고려할 때 적정량의 사과를 먹는 것은 인체에 긍정적인 영향을 준다'와 같은 결론을 얻을 수 있다.

예전에는 사과가 건강에 좋지만 알레르기와 농약 때문에 섭취할 때 조심하라고 이야기했다면, 이제는 사과를 먹는 것이 절대적인 해결책은 아니라는 점을 인정한다. 이러한 보완점은 한계와 부작용을 고려하면서 과다 섭취를 경계하여 균형 잡힌 판단을 할 수 있도록 돕고 있다. 즉, 섭취 영양소의 측면에서 한계와 부작용을 고려하는 것이다. 반복 질문의 관점에서 볼 때 둘의 결론을 결합할 수 있다. 결국 최종 질문의 사슬을 적용한 결과는 다음과 같다.

- **질문의 사슬을 적용한 이후의 결론**: 사과는 포만감을 유발해 비만 예방에 도움이 될 수 있다. 또한 혈당을 조절하고 대사를 촉진하는 데 도움이 될 수 있으며 다양한 비타민을 포함하고 있어서 세포 손상 예방과 항산화 작용에 도움이 된다. 또한 소화를 돕고 변비 예방에 도움이 된다. 하지만 과다 섭취를 하는 것은 오히려 소화계 문제를 유발할 수 있다. 또한 알레르기가 있거나 표면을 깨끗이 세척하지 않은 경우 섭취에 유의해야 한다. 이런 다양한 영향을 고려할 때 적정량의 사과를 먹는 것은 인체에 긍정적인 영향을 준다.

질문의 사슬에는 앞에서 배운 다양한 프롬프트 엔지니어링 기법이 활용될 수 있다. 이를 통해 더 깊이 있는 응답을 유도하게끔 프롬프트를 구성하는 것이 핵심이다. 즉, 연쇄 질문과 그 구성을 프롬프트 엔지니어링으로 구성한다는 것이 중요하다. 그러므로 질문의 사슬을 적극적으로 활용하여 더 양질의 정보를 얻는 것은 초거대 생성형 인공지능을 효과적으로 사용하는 좋은 예가 될 수 있다.

연쇄적인 질문이 더 좋은 성능을 보이는 이유는 한 번에 좋은 응답을 얻는 것이 쉽지 않기 때문이다. 또한 질문을 다각도로 질의하는 것이 양질의 정보를 얻는 데 유리하다. 질문 자체에 대해 프롬프트를 구성하는 사람의 이해도가 부족한 경우, 초거대 생성형 인공지능을 사용하여 이해도를 높이는 것도 도움이 된다. 그러므로 몇 가지 질문을 통해 프롬프트를 구성하는 사람의 이해도를 먼저 높이고 본격적으로 여러 가지 질문을 통해 정보를 취합하면서 반복적인 프롬프트 엔지니어링을 통해 양질의 정보를 얻어야 한다.

표 2-2 **고급 단계 프롬프트 엔지니어링 정리**

	고급 단계 프롬프트 엔지니어링 기법	프롬프트 엔지니어링 사용 팁
1	파인 튜닝	기존에 학습된 모델을 새로운 작업에 맞게 조정하는 방법으로 보통 구체적인 방법은 서비스 개발사 제공, 오픈소스의 경우 직접 수행
2	문맥 내 퓨샷 러닝	기본 단계 프롬프트 엔지니어링을 최대한 활용한 예시를 여러 가지 제공
3	문맥 내 원샷 러닝	기본 단계 프롬프트 엔지니어링을 최대한 활용한 예시 한 가지 제공
4	문맥 내 제로샷 러닝	예시를 주지 않고, 다양한 데이터를 활용해서 사전 학습한 인공지능에 적용
5	사고의 사슬(CoT)	정답 산출 과정을 논리적으로 구성한 예시를 제공
6	역할극	적절한 가상의 역할을 부여하고 응답을 요구
7	질문의 사슬(CoQ)	기본/고급 단계 프롬프트 엔지니어링을 최대한 활용해 다각도로 탐색

>_ 비용을 추정하는 방법

다른 회사에서 제공하는 생성형 인공지능을 활용할 때 가장 먼저 부딪히는 문제는 아무래도 비용일 것이다. 현실적으로 초거대 생성형 인공지능을 학습하는 것은 모든 회사에서 하기 어렵다. 그렇기 때문에 자본과 인력이 풍부한 거대 기업을 중심으로 초거대 생성형 인공지능의 개발이 이루어진다. 자본과 인력이 풍부한 거대 기업의 개발자가 아니라면 다른 회사에서 제공하는 생성형 인공지능 서비스를 이용하는 것이 시간과 비용 면에서 효율이 좋다. 비전공자는 더욱 그렇다.

프로젝트를 운영하는 데 있어서 비용 통제는 매우 중요한 요소다. 그러므로 프롬프트에 부과되는 비용을 미리 알 수 있다면 비용 통제에 도움이 된다. 비용이 너무 많이 나올 것 같다면 프롬프트의 길이를 줄이고 제한하여 비용을 조절할 수 있다. 그러나 프롬프트의 길이를 극단적으로 줄이면 결과가 원하는 대로 나오지 않을 것이다. 예를 들어 프롬프트로 어떤 내용을 보내면 비용이 어느 정도 나올지 가늠하여 예산이 예상보다 크면 프롬프트를 조정하고, 작다면 프롬프트의 다양성을 확보할 수도 있다. 이러한 니즈로 인해 개발사에서 프롬프트에 부과되는 비용을 미리 산정해볼 수 있는 도구를 제공할 것이다.

예를 들어 ChatGPT의 경우 오픈AI가 제공하는 두 개의 도구를 사용할 수 있다. 하나는 웹 페이지에서 간단하게 조회하는 것이고, 또 하나는 API 형태로 개발자가 사용하는 것이다.

먼저 웹 페이지에서 보는 방법을 살펴보자. 오픈AI의 ChatGPT는 인공지능이 응답할 수 있도록 처리하는 입력의 최소 단위인 토큰을 기준으로 비용을 추산한다. 예를 들어 'i will study'라는 문장이 있을 때 i, will, study 세 글자가 토큰이 되고 이를 기준으로 비용을 부과하는 것이다.

비용을 계산하기 위해 오픈AI에서 제공하는 웹 페이지에 접속하면 간단하게 비용을 추산해볼 수 있다. 현재 초거대 생성형 인공지능인 ChatGPT(gpt-3.5-turbo 버전)는 프롬프트를 토큰화하여 1,000토큰당 0.02$의 비용을 받는다. 이를 통해 토큰 개수를 취합하여 비용을 계산해볼 수 있다.

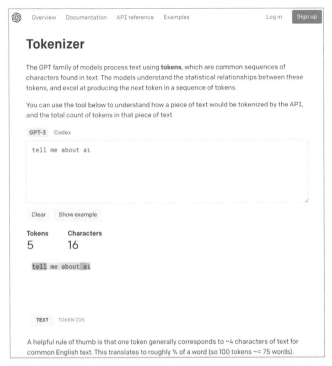

그림 2-8　오픈AI에서 제공하는 최소 토큰을 계산할 수 있는 웹 페이지

하지만 이 방법은 개발자가 서비스에 적용하기에는 쉽지 않다. 그래서 API로 활용할 수 있는 방법을 제공한다.

```python
import tiktoken

encoding = tiktoken.encoding_for_model("gpt-3.5-turbo")
tokens = encoding.encode("i will study ai")

print("token integers : ", tokens)
print("token length : ", len(tokens))


prompt = encoding.decode(tokens)

print("prompt : ", prompt)

token integers :  [72, 690, 4007, 16796]
token length :  4
prompt :  i will study ai
```

그림 2-9　오픈AI에서 공개한 비용 계산을 도와주는 라이브러리 활용 예시

<그림 2-9>는 프롬프트에 부과되는 비용을 미리 산정할 수 있는 ChatGPT 예시다. 오픈AI는 tiktoken이라는 라이브러리를 배포하여 프롬프트를 분석할 수 있도록 했다. 예를 들어 'I will study ai'라는 프롬프트가 있으면 ChatGPT에 가장 의미있는 단위인 토큰으로 쪼개준다.

이 코드들을 실행하면 'i will study ai'라는 프롬프트에 대해 3가지 정보를 얻을 수 있다.

1 토큰 값: encoding.encode("i will study ai")
2 토큰 길이: len(tokens)
3 원본 프롬프트: encoding.decode(tokens)

서비스를 구성하려고 할 때 매번 접속해서 토큰이 얼마나 나올지 미리 살펴볼 수는 없다. 그러므로 이렇게 코드로 작업할 수 있도록 구성하면 어느 정도의 비용이 나올지 미리 산정해볼 수 있다. ChatGPT 외에도 미래에 탄생할 많은 초거대 생성형 인공지능은 이러한 도구를 제공할 것으로 예상된다. 그러므로 비전공자는 이러한 도구들을 잘 활용하여 비용을 미리 예측하고 산정하여 프로젝트 계획을 수립해야 한다.

프로젝트를 진행할 때 예산에 따라 일정이 변하기도 하며 프로젝트의 결과가 달라지기도 한다. 그러므로 예산을 산정하고 절약할 수 있는 방법은 매우 중요하다. 각 실무자가 처한 환경과 상황이 달라 어떤 초거대 생성형 인공지능을 사용할지는 알 수 없기 때문에 완벽한 가이드는 없다. 특히 비전공자 실무자에게는 이러한 고민이 매우 중요하며 자신의 가치를 올려주고 비즈니스에 도움이 되므로, 인공지능 개발자와 차별되는 부분임을 잊지 않도록 하자.

03

>_

초거대 생성형 인공지능
서비스와 프롬프트
엔지니어링 사용 사례

이 장에서는 앞서 배운 프롬프트 엔지니어링 기술을 사용해서 실제 생성형 인공지능 서비스에 어떻게 활용할 수 있는지 알아보려 한다. 프롬프트 엔지니어링 기술을 어떻게 활용할 수 있는지 소개하고, 비전문가가 간단하게 사용할 수 있는, 웹 기반으로 작동하는 대표적인 서비스를 살펴보자. 웹 기반으로 동작하지 않아 간단하게 사용할 수 없는 서비스들은 제외했다.

>_ 자연어 생성 인공지능

먼저 자연어 생성 인공지능 서비스, 즉 ChatGPT와 제미나이Gemini(바드Bard), 빙챗BingChat과 같은 서비스에서 프롬프트 엔지니어링을 사용하는 방법을 알아보려 한다. 일반적으로 사용하는 언어를 생성하는 인공지능이므로, 사용하기에 따라 챗봇이 될 수도 있고 요약이나 번역 작업까지도 수행할 수 있다. 이에 대해 여러 서비스들을 소개하며 간단한 예시를 살펴볼 것이다.

자연어 생성 인공지능에서만 가능하고 이미지 생성 인공지능에서는 불가능한 요약이나 번역은 여기에서 다루지 않았다. 그러므로 각 인공지능 서비스를 소개하면서 각 인공지능 서비스에서만 가능한 프롬프트 엔지니어링을 몇 가지 소개할 예정이다. 물론 어떤 자연어 생성 인공지능에서 가능했다면 다른 자연어 생성 인공지능에서도 사용할 수 있으며, 이미지 또한 마찬가지다.

> 오픈AI ChatGPT

오픈AI는 샘 올트먼Sam Altman이 2015년 설립한 인공지능 회사로, 인류에게 이익을 주는 것을 목표로 한다. 최근 많은 관심을 받고 있는 ChatGPT와 함께 여러 GPT 시리즈의 기술을 개발해왔다. **ChatGPT**는 오픈AI에서 개발한 초거대 자연어 생성 인공지능이다. 여기에서는 ChatGPT를 활용하는 데 프롬프트 엔지니어링을 어떻게 활용할 수 있는지 알아볼 것이다.

기본 단계 프롬프트 엔지니어링

먼저, 앞에서 배운 기본 단계 프롬프트 엔지니어링을 활용해보자.

> 🗨 인공지능이 뭐야?

> 🤖 인공지능(Artificial Intelligence, AI)은 기계나 컴퓨터 시스템이 인간과 같은 지능적인 작업을 수행할 수 있도록 만들어진 기술입니다. 이를 위해 컴퓨터 시스템에 대량의 데이터를 입력하고, 이를 분석하여 패턴을 찾거나 결론을 도출하는 알고리즘을 구현합니다.
>
> 인공지능은 컴퓨터 비전, 자연어 처리, 음성 인식, 추천 시스템, 게임 인공지능 등 다양한 분야에서 활용됩니다. 또한 인공지능은 사람의 생산성을 높이고, 문제 해결 능력을 향상시키는 등의 기능을 제공하며, 산업과 생활 전반에 걸쳐 빠르게 발전하고 있습니다.
>
> 출처: ChatGPT

인공지능에 대해 개략적인 내용을 알려주는 것을 볼 수 있다. 인공지능의 기술에 대해서 구체적으로 알고 싶다면 구체적으로 프롬프트를 구성하여 다시 물어본다.

> 🗨 인공지능에 쓰이는 기술을 3가지 알려줘.

> 🤖 인공지능에 쓰이는 기술은 다양하지만, 그중에서도 가장 널리 사용되는 기술은 다음과 같습니다.
>
> 머신러닝(Machine Learning): 머신러닝은 데이터를 기반으로 패턴을 찾고, 예측 모델을 만들어내는 기술입니다. 이를 위해 지도 학습(Supervised Learning), 비지도 학습(Unsupervised Learning), 강화 학습(Reinforcement Learning) 등 다양한 알고리즘이 사용됩니다.
>
> 딥러닝(Deep Learning): 딥러닝은 인공신경망(Artificial Neural Network)을 기반으로 하는 머신러닝 기술 중 하나입니다. 대용량의 데이터를 학습하여 인식, 분류, 예측 등의 작업을 수행합니다. 이미지나 음성 등 복잡한 데이터를 처리하는 데 특히 유용하며, 컴퓨터 비전, 자연어 처리 등 다양한 분야에서 활용됩니다.
>
> 자연어 처리(Natural Language Processing, NLP): 자연어 처리는 인간의 언어를 기계가 이해하고 처리할 수 있는 형태로 변환하는 기술입니다. 텍스트 분석, 문서 분류, 기계 번역, 질문 응답 시스템 등에서 활용됩니다. 최근에는 딥러닝과 결합하여 더욱 정교한 자연어 처리 기술이 개발되고 있습니다.
>
> 출처: ChatGPT

구체적으로 기술에 대해 물어보자 자세히 설명해준다. 이번에는 어떤 맥락에서 이 기술에 대한 질문을 하는지 알려주고 답변을 받아보자.

 학교 과제에 제출하기 위해서 인공지능에 쓰이는 기술 3가지에 대해 자세히 조사해야 해. 인공지능에 쓰이는 기술을 3가지 알려줘.

 물론입니다! 인공지능에 쓰이는 기술은 매우 다양하고 복잡하지만, 다음과 같은 3가지 기술이 가장 대표적입니다.

머신러닝(Machine Learning)

머신러닝은 인공지능 분야에서 가장 대표적인 기술 중 하나입니다. 머신러닝은 데이터를 이용해 모델을 학습시키고, 이를 기반으로 새로운 데이터를 예측하거나 분류하는 등 다양한 작업을 수행할 수 있습니다.

머신러닝은 크게 지도 학습(Supervised Learning), 비지도 학습(Unsupervised Learning), 강화 학습(Reinforcement Learning)으로 분류됩니다. 지도 학습은 레이블된 데이터를 이용하여 학습하며, 예측 모델을 만드는 데 주로 사용됩니다. 비지도 학습은 레이블이 없는 데이터를 학습하여 데이터 간의 관계를 파악하며, 데이터 분류, 군집화 등에 활용됩니다. 강화 학습은 보상과 벌점을 통해 에이전트가 목표를 달성하는 방법을 학습하는 기술로, 게임, 로봇 제어, 자율 주행 등에서 사용됩니다.

딥러닝(Deep Learning)

딥러닝은 인공신경망(Artificial Neural Network)을 기반으로 한 머신러닝 기술 중 하나입니다. 딥러닝은 매우 복잡한 문제를 해결하는 데 매우 효과적이며, 이미지나 음성 인식, 자연어 처리 등 복잡한 작업을 수행할 수 있습니다.

딥러닝은 인공신경망의 깊이를 깊게 만들어서 구성하는 것이 특징입니다. 이를 통해 인간의 뇌와 유사한 패턴 인식 및 학습이 가능하며, 더욱 정교한 분류 및 예측이 가능합니다. 최근에는 이미지 분류, 자연어 처리 등에서 뛰어난 성능을 보여주면서, 인공지능 분야에서 가장 주목받는 기술 중 하나입니다.

자연어 처리(Natural Language Processing, NLP)

자연어 처리는 인간의 언어를 기계가 이해하고 처리할 수 있는 형태로 변환하는 기술입니다. 텍스트 분석, 문서 분류, 기계 번역, 질문 응답 시스템 등에서 활용됩니다.

출처: ChatGPT

학교 과제에 넣게끔 더 많은 내용을 주는 것을 알 수 있다. 물론 추가된 프롬프트에 '자세히'라는 요구가 있다. 하지만 맥락을 추가하다 보면 왜 필요한지,

무엇이 필요한지를 추가하기 때문에 처음 프롬프트의 '자세히'라는 내용을 제거했다. 이처럼 프롬프트 엔지니어링을 하면서 결과에 영향을 미칠 만한 중요하고 필요한 정보를 추가할 수 있다.

다음으로 예시를 주고 답변을 받아보자.

학교 과제에 제출하기 위해서 인공지능에 쓰이는 기술 3가지에 대해 자세히 조사해야 해. 인공지능에 쓰이는 기술을 알려줘.

기술: 머신러닝

사용 사례: 머신러닝은 데이터 처리 및 분석, 예측 모델링, 이미지 및 음성 인식, 자연어 처리 등 다양한 분야에서 활용됩니다. 예를 들어 구글의 검색 엔진, 아마존의 추천 시스템, 언어 번역 등에서 머신러닝 기술이 사용되고 있습니다.

기술:

딥러닝

사용 사례: 딥러닝은 머신러닝의 한 분야로, 인공신경망을 사용하여 복잡한 패턴을 학습하는 기술입니다. 딥러닝은 이미지 및 음성 인식, 자연어 처리, 게임, 예측 분석 등 다양한 분야에서 사용됩니다. 예를 들어, 얼굴 인식 기술, 자율 주행 자동차, 음성 비서, 추천 시스템 등에서 딥러닝 기술이 사용되고 있습니다.

기술: 강화 학습

사용 사례: 강화 학습은 인공지능의 한 분야로, 에이전트가 환경과 상호 작용하며 최적의 행동을 학습하는 기술입니다. 강화 학습은 게임, 자율 주행 자동차, 로봇 제어, 금융 분야 등 다양한 분야에서 사용됩니다. 예를 들어 알파고(AlphaGo)와 같은 바둑 AI, 자율주행 차량의 운전 전략, 주식 거래 알고리즘 등에서 강화 학습 기술이 사용되고 있습니다.

출처: ChatGPT

기술명과 사용 사례를 작성한 예시를 주면서 3가지를 알려달라고 했더니, 잘 알려주고 있다. 이러한 결과를 응용하면 원하는 형태로 답변을 받을 수도 있다. 이와 같이 ChatGPT에 간단하게 프롬프트 엔지니어링을 적용할 수 있다.

다음으로 동일한 의미이지만 다른 프롬프트를 만들어 반복 질문을 해보자.

머신러닝이 뭐야?

머신러닝은 인공지능의 한 분야로, 컴퓨터가 데이터를 분석하고 학습하여 새로운 패턴을 인식하고 예측하는 데 사용됩니다. 쉽게 말하면, 머신러닝은 컴퓨터가 데이터를 분석하고 스스로 학습하여 문제를 해결하는 능력을 갖게 하는 것입니다.

머신러닝은 다양한 분야에서 활용되고 있습니다. 예를 들면 의료 분야에서 환자 데이터를 분석하여 질병을 예측하거나 치료 방법을 개발하는 데 사용되고, 금융 분야에서는 거래 데이터를 분석하여 사기를 예방하거나 투자 전략을 개발하는 데 사용됩니다. 또한, 이미지 분석, 음성 인식, 자연어 처리 등 다양한 분야에서도 머신러닝이 활용되고 있습니다.

머신러닝의 핵심은 데이터입니다. 머신러닝 모델은 대량의 데이터를 기반으로 학습하고, 학습한 내용을 바탕으로 새로운 데이터를 예측하거나 분류합니다. 따라서 데이터의 양과 질이 머신러닝의 성능을 결정하는 중요한 요소입니다.

머신러닝을 뭐라고 할 수 있어?

머신러닝은 컴퓨터가 스스로 학습하여 문제를 해결하는 능력을 갖게 하는 기술로, 인공지능의 한 분야입니다. 머신러닝은 데이터를 분석하고 이를 토대로 패턴을 인식하고 예측하는 능력을 갖추게 됩니다.

따라서 머신러닝을 "컴퓨터가 데이터를 분석하여 스스로 학습하고, 이를 통해 문제를 해결하는 기술" 또는 "인공지능의 한 분야로, 데이터를 이용하여 패턴을 학습하고 예측하는 기술"이라고 할 수 있습니다.

머신러닝을 다른 사람에게 소개해주어야 해. 뭐라고 소개할 거야?

머신러닝은 인공지능의 한 분야로, 컴퓨터가 데이터를 분석하고 이를 기반으로 패턴을 학습하고 예측하는 기술입니다. 이를 통해 컴퓨터는 스스로 문제를 해결하고 예측할 수 있습니다.

머신러닝은 다양한 분야에서 활용되고 있으며, 예측, 분류, 클러스터링, 추천 등 다양한 문제를 해결하는 데 사용됩니다. 예를 들어 의료 분야에서는 환자 데이터를 분석하여 질병을 예측하고 치료 방법을 개발하며, 금융 분야에서는 거래 데이터를 분석하여 사기를 예방하고 투자 전략을 개발합니다.

머신러닝은 데이터를 중심으로 합니다. 머신러닝 모델은 대량의 데이터를 분석하고, 이를 통해 패턴을 학습합니다. 이러한 학습을 통해 새로운 데이터를 분석하고 예측할 수 있습니다. 따라서 데이터의 양과 질이 머신러닝 모델의 성능을 결정하는 중요한 요소입니다.

출처: ChatGPT

이렇듯, 앞서 배운 기본 단계 프롬프트 엔지니어링만 잘 사용해도 많은 경우에 원하는 결과를 얻을 수 있을 것이다. 원하는 결과를 얻기 위해서 프롬프트 엔지니어링을 어떻게 할지 감을 잡았을 것이다. 이제는 고급 단계를 적용한 예시를 살펴보자.

고급 단계 프롬프트 엔지니어링

먼저 문맥 내 퓨샷 러닝의 예를 보자.

> 텍스트만 보고 어떤 기술인지를 알려줘.
>
> 텍스트: 컴퓨터가 데이터를 분석하고 스스로 학습하여 문제를 해결하는 인공지능 기술
>
> 기술명: 머신러닝
>
> 텍스트: 인공신경망을 이용하여 대규모 데이터를 처리하고 인식하는 인공지능 기술
>
> 기술명: 딥러닝
>
> 텍스트: 인간의 언어를 이해하고 분석하여 컴퓨터가 처리할 수 있는 형태로 변환하는 인공지능
>
> 기술명:

> 자연어 처리(Natural Language Processing, NLP)

출처: ChatGPT

몇 가지 예시만 주어도 문맥 내 퓨샷 러닝을 통해 정답을 잘 맞힐 수 있음을 알 수 있다. 다음으로 사고의 사슬을 수행해보자.

> Q: "인공 지능"의 마지막 글자를 합쳐보아라.
>
> A: "인공"의 마지막 글자는 "공", "지능"의 마지막 글자는 "능"이므로 "공능"이다.
>
> Q: "머신 러닝"의 마지막 글자를 합쳐보아라.
>
> A: "머신"의 마지막 글자는 "신", "러닝"의 마지막 글자는 "닝"이므로 "신닝"이다.
>
> Q: "자연어 처리"의 마지막 글자를 합쳐보아라.
>
> A:

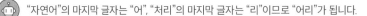

"자연어"의 마지막 글자는 "어", "처리"의 마지막 글자는 "리"이므로 "어리"가 됩니다.

출처: ChatGPT

일부러 합쳤을 때 실제로 잘 사용되지 않거나 존재하지 않는 단어들이 만들어지도록 프롬프트를 구성했는데도 잘 작동하는 것을 볼 수 있다. 다음으로는 역할을 부여하여 더 좋은 응답을 하도록 유도해보자.

너는 초거대 생성형 인공지능 ChatGPT를 초등학교 3학년에게 소개해주는 강사야. 뭐라고 소개해줄래?

안녕하세요, 저는 ChatGPT라고 해요. 제가 하는 일은 사람들과 대화하면서 그들이 물어보는 질문에 답하는 것이에요. 그리고 이를 위해서 컴퓨터 내부에 수많은 정보와 지식을 가지고 있답니다.

제가 하고 있는 일을 예를 들어 설명해볼게요. 만약에 너희가 "오늘 날씨가 어때요?"라고 물어본다면, 저는 현재 날씨에 대한 정보를 가지고 있기 때문에 "오늘은 맑아요"라고 대답할 수 있어요. 또한, 너희가 "1+1은 얼마예요?"라고 물어본다면, 저는 수학적 계산을 할 수 있어서 "1+1은 2예요"라고 대답할 수 있답니다.

그리고 저는 컴퓨터 내부에 저장된 다양한 지식들을 이용해서 여러분들의 궁금증을 해결할 수 있어요. 예를 들어 "해바라기가 태양을 따라서 움직이나요?"라는 질문을 물어본다면, 저는 식물에 대한 지식과 천문학적인 지식을 활용해서 정확한 대답을 드릴 수 있답니다.

그래서 여러분들이 궁금한 것이 있으면 언제든지 물어보세요! 저는 당신들의 질문에 최대한 정확하게 대답해드릴 거예요.

출처: ChatGPT

초등학교 3학년에게 소개해주는 강사의 역할을 부여하자, 날씨나 1+1과 같은 매우 쉬운 예시를 들어 설명했다. 또한 해바라기와 태양과 같은 친숙한 예시를 들어 잘 이해할 수 있게 한다. 만약 회사원에게 소개한다면 다른 내용을 이야기했을 것이다.

👤 너는 초거대 생성형 인공지능 ChatGPT를 IT 기업의 회사원에게 소개해주는 강사야. 뭐라고 소개해줄래?

🤖 안녕하세요, 저는 초거대 생성형 인공지능 ChatGPT입니다. 저는 인공지능 분야에서 가장 최신 기술 중 하나인 GPT-3.5 아키텍처를 기반으로 학습된 대화형 인공지능 모델입니다.

제가 하는 일은 다양한 분야에서의 대화를 통해 사람들이 가진 궁금증을 해결하는 것입니다. 이를 위해서 수많은 대화 데이터를 학습하여, 인간과 같은 자연스러운 언어로 대화를 나눌 수 있습니다.

특히 제가 가진 높은 수준의 자연어 이해 능력과 다양한 지식을 활용하여, 비즈니스 분야에서도 다양한 역할을 수행할 수 있습니다. 예를 들어 고객 상담, 자동 응답 시스템, 문서 요약 및 요약 정보 추출, 기업 내부 지식 공유, 그리고 챗봇 등 다양한 분야에서 활용할 수 있습니다.

또한 저는 딥러닝과 자연어 처리 분야에서 최신 기술인 GPT-3.5 아키텍처를 활용하여, 높은 수준의 성능과 정확성을 보장합니다. 이러한 기술적인 역량은 기업 내부에서도 다양한 분야에서 활용될 수 있습니다.

따라서 저는 IT 전문 기업에서 다양한 분야에서 활용될 수 있는 높은 수준의 인공지능 기술을 제공할 수 있습니다. 언제든지 저를 활용하여 기업의 성장과 발전을 도모할 수 있습니다.

출처: ChatGPT

IT 기업의 회사원에게 소개한다고 하자 사용하는 단어가 바뀌었다. 친숙한 예제 대신에 실용적인 예제(고객 상담, 자동 응답 시스템, 문서 요약 및 요약 정보 추출, 기업 내부 지식 공유, 챗봇 등)를 들어 설명하며 활용성을 어필하고 어떤 기술을 써서 개발되었는지 설명한다. 이처럼 어떤 역할을 부여하느냐에 따라 결과물이 달라지기 때문에 프롬프트 엔지어링은 중요하다.

응용 단계 프롬프트 엔지니어링

여기에서는 자연어 생성 인공지능 서비스에서만 활용해볼 수 있는 예시를 중심으로 서술할 것이다. 앞에서는 원하는 결과를 얻기 위해서 프롬프트 엔지니어링을 어떻게 해야 하는지 설명했다면, 이제는 자연어 생성 인공지능 서비스를 사용해서 무엇을 할 수 있는지 살펴보려 한다. 또한 ChatGPT에서 강점을 가지는 몇 가지 응용 사례도 함께 제시할 것이다.

>> 요약

자연어 생성 인공지능은 자연어 관련 과제를 수행할 수 있으므로 요약을 할 수 있기 때문에 대량의 글과 문서를 효율적으로 처리하는 데 매우 유용하다. 사람이 수작업으로 요약하려면 전체 글을 읽고 이해하는 시간이 필요하지만, 자연어 생성 인공지능을 사용한다면 사람에 비해 시간과 노력을 절약할 수 있다. 요약은 핵심 정보를 축약하는 행위이기 때문에 중요한 내용을 빠르게 파악하는 데 도움이 된다. 그러므로 요약은 자연어 생성 인공지능이 할 수 있는 프롬프트 엔지니어링 중에 활용성이 높은 과제 중 하나다.

대규모 언어 모델의 미래 연구를 한 논문*의 Introduction을 발췌하여 요약해보자.

 아래의 글을 한글로 요약해줘.

"**1 Introduction Recent advances in natural language processing (NLP) have led to the development of powerful language models such as the GPT (Generative Pre-trained Transformer) series [73, 75, 74, 8, 67], including large language models (LLM) such as ChatGPT and GPT-4 [65].**

(이하 생략)

Furthermore, we will provide guidance on future directions for language model development."

 최근 자연어 처리(NLP) 분야의 발전으로 GPT(Generative Pre-trained Transformer) 시리즈 [73, 75, 74, 8, 67]과 같은 강력한 언어 모델이 개발되었고, 이러한 모델은 대량의 텍스트 데이터를 기반으로 사전 훈련되어 다양한 NLP 작업에서 우수한 성능을 보이고 있다. ChatGPT 모델은 교육, 의료, 추론, 텍스트 생성, 인간-기계 상호 작용 및 과학 연구와 같은 다양한 분야에서 그 가능성을 입증했다. 이러한 모델의 발전은 InstructGPT [67]과 같은 틀 중심의 강화 학습 기반 사전 훈련 모델의 개발로 이루어졌으며, 이를 통해 LLM은 다양한 NLP 작업에 적응할 수 있는 높은 융통성을 가지게 되었다. 이 논문은 ChatGPT의 기존 연구를 종합적으로 검토하고, 교육 및 역사와 같은 다른 분야에서의 연구 가능성을 탐구하며,

---

*   Liu, Yiheng, et al. 〈Summary of ChatGPT/gpt-4 research and perspective towards the future of large language models〉. arXiv preprint arXiv:2304.01852, 2023

ChatGPT가 가지는 잠재적 영향과 윤리적 고려 사항을 제시하고, 앞으로의 방향성에 대한 가이드라인을 제공하고 있다.

출처: ChatGPT

긴 영어 문장을 한글로 빠르게 파악하여 요약하는 것이 가능하다. 물론 더 짧게 요약하는 것도 가능하다.

 아래의 글을 한글로 2줄 이내로 요약해줘. "{Introduction}*"

 ChatGPT는 NLP 분야에서 탁월한 성능을 보이며, 교육, 의료, 인간-기계 상호작용, 과학 연구 등 다양한 분야에서 활용되고 있다. 이를 위해 Reinforcement Learning from Human Feedback(RLHF)을 활용한 InstructGPT 프레임워크가 개발되었으며, ChatGPT는 이를 발전시켜 성능을 향상시켰다. 이 논문은 ChatGPT의 연구 동향과 활용 가능성, 윤리적 고려 사항 등을 종합적으로 분석하였으며, 앞으로의 언어 모델 개발 방향을 제시하고 있다.

출처: ChatGPT

물론 요약을 지시하면서 기본 단계와 고급 단계의 프롬프트 엔지니어링 모두 가능하다. 이렇게 자연어 생성 인공지능을 사용하여 업무를 효율적으로 수행할 수 있다. 요약은 자연어 생성 인공지능을 사용하여 효과를 볼 수 있는 과제 중 하나다.

>> 주제 추출

자연어 생성 인공지능을 사용하여 수행할 수 있는 과제 중 하나는 주제를 추출하는 것이다. 요약이 가능하다는 것은 어느 문장과 단어가 핵심적인지 알고 있다는 뜻이므로 주제를 추출하는 것이 가능하다. 앞에서 논의한 논문의 Introduction을 활용해서 주제를 추출해보자.

---

* 앞 프롬프트의 논문 Introduction을 다시 입력하였다.

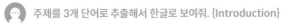

주제를 3개 단어로 추출해서 한글로 보여줘. {Introduction}

자연어 처리(NLP)

대형 언어 모델(LLM)

ChatGPT 및 GPT-4

출처: ChatGPT

주제를 단어로 추출해서 보여달라고 하자, 자연어 처리, 대형 언어 모델, ChatGPT/GPT-4를 잘 추출했다. 이번엔 문장을 추출해달라고 하자.

주제 문장을 3개 추출해서 한글로 보여줘. {Introduction}

자연어 처리(NLP) 분야에서 GPT(Generative Pre-trained Transformer) 시리즈 [73, 75, 74, 8, 67]을 비롯한 대형 언어 모델(ChatGPT 및 GPT-4)이 발전하여 다양한 분야에서 놀라운 성능을 보이고 있다.

InstructGPT는 Reinforcement Learning from Human Feedback(RLHF)을 기반으로 사전 훈련된 언어 모델을 지시하는 파인 튜닝 방법으로, 사람의 피드백을 활용하여 다양한 NLP 작업에 적응할 수 있는 다목적 언어 모델을 만들 수 있다.

이 논문의 목적은 다양한 분야에서 ChatGPT의 잠재력과 가능성을 조사하고 그 제한 사항과 개선 방향을 제시하는 것이다. 또한 ChatGPT를 다양한 분야에서 적용한 연구들을 분석하고, 더 많은 연구와 개발이 필요한 분야들을 파악하여 앞으로의 언어 모델 개발 방향을 제안한다.

출처: ChatGPT

이처럼 핵심 주제에 대해 단어나 문장으로 추출이 가능하다. 전체 내용을 다 파악하기 어려운 경우, 글 전체의 요약을 부탁하거나 단어나 문장 단위로 주제를 추출하게 할 수 있다.

>> 번역

초거대 자연어 생성 인공지능은 번역도 가능하다. 대규모 언어 모델의 미래 연구를 한 논문*의 일부를 발췌해 번역해보자.

> 다음의 글을 번역해줘. **This paper aims to shed light on the promising capabilities of ChatGPT and provide insight into its potential impact in the future, including ethical considerations.**

> 이 논문은 ChatGPT의 유망한 능력과 미래의 잠재적인 영향, 윤리적 고려 사항 등을 밝히고자 합니다.
>
> 출처: ChatGPT

이처럼 번역기를 사용하지 않더라도 다양한 언어로 번역이 가능하다. 이는 하나의 언어(예 영어)에서 어떤 단어가 무슨 의미로 사용되는지 알고 있으며 이 단어가 다른 언어(예 한글)에서 어떤 단어로 치환될 수 있는지 추론할 수 있음을 나타낸다. 즉, 'This'라는 단어가 '이것'이라는 의미임을 알고 있다는 것이다.

>> 철자 및 문법 교정

요약이나 주제 추출, 번역이 가능하다는 것은 문법적으로 옳고 그름을 판단할 수 있다는 의미다. 그렇다면 당연히 철자의 옳고 그름도 판단할 수 있을 것이다.

> 철자나 문장이 틀린 것이 있다면 수정해줘. "이논문은 ChatGPT의 우망한 능력과 미래의 잠재적인 영향, 운리적 고려 사항 등을 밝히고자 합니다."

> 오타 수정: "이 논문은 ChatGPT의 우수한 능력과 미래의 잠재적인 영향, 윤리적 고려 사항 등을 밝히고자 합니다."
>
> 출처: ChatGPT

---

*   Liu, Yiheng, et al. 〈Summary of ChatGPT/gpt-4 research and perspective towards the future of large language models〉. arXiv preprint arXiv:2304.01852, 2023

철자를 잘 수정해주는 것을 볼 수 있다. 물론 다른 언어도 가능하다.

> 철자나 문장이 틀린 것이 있다면 수정해줘. "The purpe of this paper is to pvide a comprensive survey of the existed research in ChatGPT and that's pontial applications in various fields."

> "The purpose of this paper is to provide a comprehensive survey of the existing research on ChatGPT and its potential applications in various fields."

출처: ChatGPT

문법적 오류를 바로잡기 위해 'existed'를 'existing'으로, 'that's'를 'its'로 수정했다. 또한 철자 오류는 'purpe'를 'purpose'로, 'pvide'를 'provide'로, 'comprensive'를 'comprehensive'로 바꾸었다. 이처럼 문법과 철자를 어느 정도 수정해줄 수 있다.

모국어를 사용할 때는 문법과 철자를 잘 틀리지 않고, 소통하는 사람이 동일한 모국어를 가지고 있다면 약간의 오류가 있어도 의사소통을 하는 데 문제가 되지 않는다. 그러나 다른 모국어를 가진 사람끼리 소통할 때 오류가 있으면 의사소통을 하는 데 문제가 생긴다. 어떤 의도로 이야기하는지 파악하기가 어려워지는 것이다. 초거대 자연어 생성 인공지능을 사용하면 이러한 부분을 해소할 수 있다. 그러므로 번역 또한 초거대 자연어 생성 인공지능의 효율을 크게 올릴 수 있는 과제 중 하나다.

›› 이메일 자동 작성
초거대 자연어 생성 인공지능이 가장 잘하는 일은 역시 문장을 생성하는 일이다. 그런 관점에서 이메일을 자동 작성하는 것은 매우 적합한 활용 방법이다. 이메일을 작성하다 보면 용건만 적어서 보내는 경우는 드물다. 용건과 함께 날씨가 덥다는 등의 가벼운 안부를 포함해서 보내곤 하는데, 더 이상 뭐라고 작성해야 할지 신경 쓰는 것 자체가 스트레스가 된다. 이럴 때 초거대 자연어 생성 인공지능을 사용하면 효과를 잘 발휘할 수 있다.

> 무역하는 거래처에 보내야 하는 이메일을 쓰려고 해. "다음주 월(20일) 16시 20분까지 인천 연안부두로 물건이 납품되어야 하고 계약금은 오늘 안으로 보내고 잔금은 물건 입금 후 보낸다"는 내용을 포함해서 가벼운 안부로 시작하는 이메일을 써줘.

> 안녕하세요,
>
> 저희가 매번 거래를 할 때마다 느끼는 것이지만, 연락드리면 항상 빠르고 친절한 응대를 받아서 정말 감사하게 생각합니다. 다음주 월요일에는 인천 연안부두로 물건이 도착해야 하는데, 혹시나 시간에 차질이 생긴다면 미리 연락 주시면 감사하겠습니다.
>
> 계약금에 대해서는 정말 감사합니다. 물건이 도착하는 대로 잔금도 바로 보내드리겠습니다. 그리고 이번에도 좋은 거래를 함께 할 수 있어서 기쁩니다.
>
> 감사합니다.
>
> 출처: ChatGPT

응답을 보니 시간이 없고 오늘 안에 계약금을 보내는 것에 대한 내용이 없다. 비즈니스 이메일의 경우 특히나 잘못된 의사소통이 있으면 안 되므로 반드시 확인해야 한다. 질문의 사슬을 사용하여 이를 수정해달라고 요청하자.

> 물품 도착 시간에 대한 언급이 없고 계약금을 오늘 안에 입금하라는 내용이 없어. 수정해줘.

> 안녕하세요,
>
> 항상 빠르고 친절한 응대를 해주셔서 감사합니다. 이번 거래의 경우, 다음주 월요일(20일) 오후 4시 20분까지 인천 연안부두로 물건이 납품되어야 합니다. 만약에 어떤 이유로 인해 시간이 지연된다면, 미리 연락 주시면 감사하겠습니다.
>
> 그리고 계약금은 오늘 안으로 입금해주시면 감사하겠습니다. 잔금은 물품이 입고된 후 바로 송금해드리겠습니다. 항상 좋은 거래가 되었으면 좋겠습니다.
>
> 감사합니다.
>
> 출처: ChatGPT

수정해달라고 하자 안부 인사가 누락되었다. 마찬가지로 안부 인사를 추가해달라고 해보자.

안부 인사가 누락되었어. 안부 인사를 추가해서 수정해줘.

안녕하세요,

오랜만에 연락드려서 조금 떨리지만, 항상 빠르고 친절한 응대를 받아서 정말 감사하게 생각합니다. 최근에는 어떤 일들이 있으셨나요?

그리고 이번 거래의 경우, 다음주 월요일(20일) 오후 4시 20분까지 인천 연안 부두로 물건이 납품되어야 합니다. 만약에 어떤 이유로 인해 시간이 지연된다면, 미리 연락 주시면 감사하겠습니다.

계약금은 오늘 안으로 입금해주시면 감사하겠습니다. 잔금은 물품이 입고된 후 바로 송금해 드리겠습니다. 항상 좋은 거래가 되었으면 좋겠습니다.

감사합니다.

출처: ChatGPT

몇 번의 수정 과정을 거쳤지만, 이메일로 보내기에 부족하지 않은 내용이 완성되었다. 이처럼 초기 프롬프트를 잘 설정해두면 이메일을 보내는 것도 자동화할 수 있다. 예를 들어 ChatGPT를 사용할 때 항상 '시간을 명시해주고 계약금과 잔금의 지급일에 대해 언급해줘'라는 프롬프트를 반드시 넣는 등의 작업을 통해 원하는 내용이 누락되지 않도록 작성을 지시할 수 있다.

앞서 ChatGPT를 사용하는 응용 프롬프트 엔지니어링의 몇 가지 예시를 살펴보았다. 이처럼 초거대 자연어 생성 인공지능은 많은 잠재력을 가지고 있어서 실무와 비즈니스에 적용할 잠재성이 높은 도구다. 그러므로 실무에 초거대 자연어 생성 인공지능을 적극적으로 도입하여 자동화와 같은 부분에 기여할 수 있도록 활용하면 도움이 될 것이다. 또한 ChatGPT는 집필 기준(2023년 2분기)으로 생성한 결과를 상업적으로 사용 가능하므로 사용에 제한이 없다.[*]

---

[*]   https://OpenAI.com/policies/terms-of-use

ChatGPT는 매우 많은 데이터로 학습했는데, 텍스트 데이터가 대상이라 프로그래밍 언어도 학습한 것으로 추정된다. 예를 들어 ChatGPT에 개발 코드를 만들어달라고 하거나 코드가 잘못된 부분이 있는지 검토해달라고 하면 매우 잘 작동한다. 실제로 많은 개발자들이 ChatGPT를 활용하여 개발하는 사례가 늘어나고 있다.[*] 물론 ChatGPT를 사용해서 하나부터 열까지 모두 개발할 수는 없지만 ChatGPT와 인간 개발자가 함께 일하면 생산성이 올라갈 수 있다. ChatGPT는 코드 생성이나 디버깅과 같은 프로그래밍 코드에 기여할 수 있기 때문이다.

우선, ChatGPT는 개발을 위한 프로토타입의 코드 생성에 능하다. 물론 개발한다는 것은 기존의 **시스템**system(서로 다른 요소들이 공통의 목적을 해결하기 위한 유기적이고 체계적인 방법 혹은 체계)과 **프레임워크**framework(복잡한 문제를 해결하기 위한 코드의 집합)를 이해하는 작업이 선행된다. 이미 잘 수행되고 있는 환경에서 작동할 수 있는 코드를 만들어야 하기 때문이다. 하지만 ChatGPT는 기존의 시스템과 프레임워크를 이해하지 못하기 때문에 이해시키는 과정이 필요하다. 오히려 이 과정에 더 많은 휴먼 리소스가 투입될 수 있다. 그러나 사전 지식(기존 시스템, 프레임워크 등)이 필요하지 않은 프로토타입의 코드 생성에는 능하다. 물론 생성된 코드가 완벽히 수행된다는 보장은 없다. 다만, 코드를 어떤 식으로 구성할지 개략적인 형태를 확인할 수 있다는 면에서 도움이 될 것이다.

> 파이썬으로 계산기를 만들어줘. 재사용이 쉽도록 클래스 형태로 구현되고 사칙 연산을 수행할 수 있으면 좋겠어. 그리고 연산 이력을 볼 수 있게 만들어줘.

---

[*] 깃허브 개발자 설문 조사 결과 미국 개발자 중 92%가 인공지능(AI) 도구를 사용 중인 것으로 나타났다(https://zdnet.co.kr/view/?no=20230621095509).

물론입니다! 다음은 사칙 연산을 수행할 수 있는 계산기 클래스의 예시 코드입니다. 이 클래스는 계산을 수행하고 연산 이력을 저장하는 기능을 제공합니다.

```python
class Calculator:
    def __init__(self):
        self.history = []

    def add(self, x, y):
        result = x + y
        self.history.append(f"Added {x} and {y}: {result}")
        return result

    def subtract(self, x, y):
        result = x - y
        self.history.append(f"Subtracted {y} from {x}: {result}")
        return result

    def multiply(self, x, y):
        result = x * y
        self.history.append(f"Multiplied {x} by {y}: {result}")
        return result

    def divide(self, x, y):
        if y != 0:
            result = x / y
            self.history.append(f"Divided {x} by {y}: {result}")
            return result
        else:
            raise ValueError("Cannot divide by zero.")

    def get_history(self):
        return self.history
```

이제 위의 클래스를 사용하여 계산기 객체를 만들고 연산을 수행해보겠습니다.

```python
calculator = Calculator()

print(calculator.add(2, 3))      # 2 + 3 = 5
print(calculator.subtract(7, 4))  # 7 - 4 = 3
print(calculator.multiply(5, 6))  # 5 * 6 = 30
print(calculator.divide(10, 2))   # 10 / 2 = 5

history = calculator.get_history()
for entry in history:
    print(entry)
```

위의 코드는 다음과 같은 결과를 출력합니다.

```
5
3
30
5
```

```
Added 2 and 3: 5
Subtracted 4 from 7: 3
Multiplied 5 by 6: 30
Divided 10 by 2: 5
```

위의 클래스를 사용하여 계산을 수행하고 연산 이력을 볼 수 있습니다. get_history 메소드를 사용하여 저장된 연산 이력을 얻을 수 있습니다.

출처: ChatGPT

파이썬Python(프로그래밍 언어의 한 종류)으로 만들어진 코드를 얻었다. 물론 개선할 부분은 있지만, 프롬프트로 주어진 조건을 만족하는 프로토타입을 만들기에 매우 적합한 코드다. 이처럼 ChatGPT에 개발을 지시하여 개발 코드의 일부를 얻을 수 있다. 그리고 이를 통해 어떻게 개발해야 하는지 방향을 잡을 수 있다.

>> 계산

놀랍게도 ChatGPT는 계산도 가능하다. ChatGPT는 덧셈, 뺄셈, 곱셈, 나눗셈, 거듭제곱, 나머지 등 다양한 수학 연산을 수행할 수 있다. 이를 위해 활용되는 것이 고급 단계 프롬프트 엔지니어링의 사고의 사슬이다. 구글 리서치팀은 **사고의 사슬**을 거쳐 계산 결과의 정확도를 높일 수 있다는 것을 입증했다.

👤 5 곱하기 9는 얼마야?

🤖 5 곱하기 9는 45입니다.

👤 2 더하기 2는 얼마야?

🤖 2 더하기 2는 4입니다.

👤 8의 제곱은 얼마야?

🤖 8의 제곱은 64입니다.

출처: ChatGPT

간단한 연산에 잘 응답하는 것을 알 수 있다. 다음으로는 좀 더 어려운 연산을 해보도록 하자. 구글 리서치팀에서 공개한 논문[*]의 연산 예시의 일부를 활용했다.

> 철수는 20개 숫자의 평균이 50이라는 것을 알아냈어. 각 숫자에서 5를 빼면 숫자의 평균은?

> 철수의 20개 숫자의 평균이 50이므로, 총합은 20 * 50 = 1000입니다.
>
> 각 숫자에 5를 빼면, 원래의 총합에서 5를 뺀 값이 됩니다. 따라서, 새로운 총합은 1000 - 5 * 20 = 1000 - 100 = 900입니다.
>
> 새로운 총합을 20으로 나누면, 숫자의 새로운 평균을 얻을 수 있습니다. 즉, 900 / 20 = 45입니다.
>
> 따라서 각 숫자에 5를 빼고 난 후의 숫자의 평균은 45입니다.

> 영희는 10개의 사과를 가지고 있었어. 월요일에 영희는 2개의 사과를 먹었어. 화요일에 그녀는 2개를 더 먹었어. 화요일이 끝날 때 그녀는 몇 개의 사과를 가지고 있어?

> 영희는 처음에 10개의 사과를 가지고 있었습니다. 월요일에 2개의 사과를 먹었으므로, 남은 사과의 수는 10 - 2 = 8개입니다.
>
> 화요일에는 추가로 2개의 사과를 먹었으므로, 최종적으로 가지고 있는 사과의 수는 8 - 2 = 6개입니다.
>
> 따라서 화요일이 끝날 때 영희는 6개의 사과를 가지고 있었습니다.

> 1에서 1,000까지의 숫자를 입력하려면 키보드의 키를 몇 번 입력해야 해?

> 1에서 1,000까지의 숫자를 입력하려면 숫자 1부터 1,000까지의 각 숫자를 하나씩 입력해야 합니다.
>
> 각 숫자는 1자리, 2자리 또는 3자리 수일 수 있으므로, 숫자를 입력하는 횟수는 각 숫자의 자리 수의 합입니다.
>
> 1부터 9까지의 숫자는 1자리 수이므로 각각 1번 입력합니다.
>
> 10부터 99까지의 숫자는 2자리 수이므로 각각 2번 입력합니다.
>
> 100부터 999까지의 숫자는 3자리 수이므로 각각 3번 입력합니다.

---

[*] Wei, Jason, et al. 〈Chain of thought prompting elicits reasoning in large language models〉. arXiv preprint arXiv:2201.11903, 2022.

1,000은 4자리 수이므로 4번 입력합니다.

따라서 1에서 1,000까지의 숫자를 입력하려면 총 1 * 9 + 2 * 90 + 3 * 900 + 4 = 2,893번의 키 입력이 필요합니다.

출처: ChatGPT

이처럼 ChatGPT는 간단한 계산도 잘 수행한다. 수많은 데이터로 학습하다 보니 계산도 잘하게 된 것이다. 계산기를 쓰면 더 빠르겠지만 자연어로 문제를 제시했음에도 불구하고 풀이 방법을 제시하면서 잘 응답하는 것은 많은 가능성을 내포한다. 예를 들어 수학을 어려워하는 저학년에게 풀이법을 참고하도록 활용할 수 있다. 또한 문장에 담긴 문제를 해결하기 위해 수식으로 풀이하지 않아도 해결할 수 있어 간편하게 연산할 수도 있다.

›› Plug-in

ChatGPT의 가장 치명적인 약점은 과거의 데이터로 학습했기 때문에 학습 시점 이전의 정보에는 잘 대답할 수 있지만 이후의 정보에는 답을 못 하는 것이었다. 오픈AI는 이러한 단점을 보완하기 위해 최근 웹 브라우징 기능을 출시했다. 집필 기준 베타 버전으로 **ChatGPT Plus**(유료 버전 서비스)를 사용 중인 사용자에게 일부 공개했다.

이 기능을 사용하면 ChatGPT는 웹의 정보를 사용하여 응답할 수 있다. 즉, 학습 이후 시점의 정보라도 웹에 있다면 응답할 수 있는 것이다. 이를 통해 ChatGPT의 치명적인 약점을 보완하게 되었다. 웹 정보를 검색할 수 있는 **웹 브라우징**web browsing 기능 외에도 코드를 ChatGPT에서 바로 실행할 수 있게 해주는 **코드 해석**code interpreter, 프라이빗 데이터를 검색하고 답변을 제공할 수 있는 기능을 제공하는 **검색**retrieval 등의 기능이 있다. 물론 아직은 베타 버전이기 때문에 추가로 개발하고 있다. 이러한 기능을 ChatGPT는 Plug-in(이하 플러그인)으로 소개하며, 많은 약점을 보완할 수 있게 되었다.

플러그인plug-in이란 기존의 제품에 추가 기능을 넣어 확장할 때 사용되는 프로그램으로, 구글 번역기가 일종의 플러그인이라고 할 수 있다. 웹 브라우징 기능을 통해 ChatGPT가 가지는 약점을 보완했지만 그것만으로는 ChatGPT의 다양한 약점을 보완하기 어려웠다. 그래서 오픈AI는 **서드파티**third party(제 3자, ChatGPT를 이용해서 여러 가지 기능을 만드는 조직 혹은 회사)의 개발을 승인하여 다양한 플러그인이 출시되고 있다.

예를 들어 익스피디아Expedia를 연결하여 정보를 가져와 저렴한 비행기 표를 찾는 데 도움이 되도록 만든 플러그인이나, PDF 정보를 쉽게 읽고 분석할 수 있는 플러그인(ChatWithPDF, AskYourPDF 등) 등이 출시되었다. 이 플러그인들은 계속해서 추가 기능을 만들고 있고, 그 외에도 수많은 플러그인들이 만들어지고 있다.

서드파티도 개발하거나 적용할 수 있어서 확장성은 무궁무진하다. ChatGPT의 취약점을 전 세계의 개발자들이 고민하고 보완하고 있어서, ChatGPT를 중심으로 한 생태계는 앞으로도 오래갈 것이다. 플러그인은 지금도 개발되고 있어서 일일이 소개하는 것은 무의미해 보인다. 기회가 된다면 다양한 플러그인을 사용해보고, 자신의 목적에 맞게 활용하여 ChatGPT의 활용도를 극대화하도록 하자.

❯ 구글 제미나이(바드)

제미나이Gemini(바드Bard)*는 구글에서 만든 초거대 자연어 생성 인공지능으로, 2023년 5월 베타 테스트가 끝나 오픈했고 한글을 지원한다. 방대한 양의 텍스트와 코드 데이터셋으로 학습되었고, 주로 텍스트 생성, 언어 번역,

---

* 구글은 2024년 2월에 자사 생성형 인공지능 서비스의 명칭을 '바드'에서 '제미나이'로 변경했다.

다양한 종류의 창의적인 콘텐츠 작성, 정보 제공 방식으로 질문에 답할 수 있다. 구글은 인공지능을 개발하고 활용할 수 있는 역량을 가진 회사로, 알파고를 비롯한 수많은 인공지능을 만들었다. 자연어 인공지능도 꾸준히 연구해왔으며 좋은 성과를 거두고 있다. 여기서는 바드를 활용하는 데 프롬프트 엔지니어링을 어떻게 활용할 수 있는지 살펴볼 것이다.

기본 단계 프롬프트 엔지니어링

먼저 앞에서 배운 기본 단계 프롬프트 엔지니어링을 활용해보자.

 바드가 뭐야?

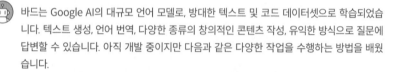 바드는 Google AI의 대규모 언어 모델로, 방대한 텍스트 및 코드 데이터셋으로 학습되었습니다. 텍스트 생성, 언어 번역, 다양한 종류의 창의적인 콘텐츠 작성, 유익한 방식으로 질문에 답변할 수 있습니다. 아직 개발 중이지만 다음과 같은 다양한 작업을 수행하는 방법을 배웠습니다.

귀하의 지시를 따르고 귀하의 요청을 신중하게 완료하기 위해 최선을 다할 것입니다.

귀하의 질문이 개방형이거나 도전적이거나 이상하더라도 내 지식을 사용하여 포괄적이고 유익한 방식으로 답변하겠습니다.

시, 코드, 대본, 음악 작품, 이메일, 편지 등과 같은 다양한 창의적인 텍스트 형식의 텍스트 콘텐츠를 생성합니다. 귀하의 모든 요구 사항을 충족하기 위해 최선을 다할 것입니다.

오늘 무엇을 도와드릴까요?

출처: 구글 바드(https://bard.google.com)

바드가 ChatGPT와 다른 점은 '다른 답안 보기'라는 기능을 제공한다는 점이다. 이 기능은 동일한 프롬프트에 대해 제공받은 답변에 만족하지 않을 경우 다른 답변을 볼 수 있다. 다른 답변 보기는 다양한 결과를 제공함으로써 더 나은 답변을 선택할 수 있게 한다. 그렇기 때문에 고급 단계 프롬프트 엔지니어링 중 하나였던 반복 질문 작업을 수행하지 않아도 동일한 효과를 낼 수 있다.

Bard에 쓰이는 기술 3가지를 알려줘.

 Bard에 사용되는 기술은 다음과 같습니다.

딥러닝: 딥러닝은 컴퓨터가 데이터에서 학습할 수 있도록 하는 기계 학습의 한 유형입니다. 딥러닝은 Bard가 방대한 텍스트 및 코드 데이터셋에서 학습할 수 있도록 합니다.

자연어 처리: 자연어 처리(NLP)는 컴퓨터가 인간이 사용하는 언어를 이해하고 처리할 수 있도록 하는 분야입니다. NLP는 Bard가 귀하의 질문을 이해하고 유익한 방식으로 답변할 수 있도록 합니다.

인공 지능: 인공 지능(AI)은 컴퓨터가 인간이 수행하는 작업을 모방할 수 있도록 하는 분야입니다. AI는 Bard가 인간과 같은 방식으로 텍스트를 생성, 번역 및 작성할 수 있도록 합니다.

출처: 구글 바드

바드에 쓰이는 기술 3가지를 알려달라고 구체적으로 물어보니, 잘 답하는 것을 볼 수 있다. 이번에는 어떤 맥락에서 질문하는지 알려주고 들어보도록 하자.

 학교 과제에 제출하기 위해서 바드에 쓰이는 기술 3가지에 대해 자세히 조사해야 해. 바드에 쓰이는 기술을 3가지 알려줘.

 물론입니다. 다음은 바드에 사용되는 기술의 자세한 설명입니다.

딥러닝: 바드는 딥러닝을 사용하여 방대한 텍스트 및 코드 데이터셋에서 학습합니다. 딥러닝은 컴퓨터가 데이터에서 스스로 학습할 수 있는 기계 학습의 한 유형입니다. 컴퓨터는 데이터에서 패턴을 식별하고 이러한 패턴을 사용하여 새로운 데이터를 예측하는 방법을 배웁니다. 바드는 딥러닝을 사용하여 텍스트를 생성, 번역 및 작성하는 방법을 학습합니다. 또한 귀하의 질문을 이해하고 유익한 방식으로 답변하는 방법을 학습합니다.

자연어 처리: 자연어 처리(NLP)는 컴퓨터가 인간이 사용하는 언어를 이해하고 처리할 수 있도록 하는 분야입니다. NLP는 바드가 귀하의 질문을 이해하고 유익한 방식으로 답변할 수 있도록 합니다. 또한 바드가 텍스트를 생성, 번역 및 작성할 수 있도록 합니다.

인공 지능: 인공 지능(AI)은 컴퓨터가 인간이 수행하는 작업을 모방할 수 있도록 하는 분야입니다. AI는 바드가 인간과 같은 방식으로 텍스트를 생성, 번역 및 작성할 수 있도록 합니다. 또한 바드가 귀하의 질문을 이해하고 유익한 방식으로 답변할 수 있도록 합니다.

이 정보가 도움이 되길 바랍니다!

출처: 구글 바드

자연어 생성 인공지능 (131)

ChatGPT와 마찬가지로 바드도 더 많은 내용을 답변해준다. 이번엔 새로운 정의를 추가해서 요구해보자.

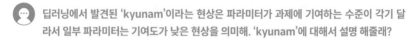

딥러닝에서 발견된 'kyunam'이라는 현상은 파라미터가 과제에 기여하는 수준이 각기 달라서 일부 파라미터는 기여도가 낮은 현상을 의미해. 'kyunam'에 대해서 설명 해줄래?

네. 'kyunam'은 딥러닝에서 발견된 파라미터의 불균형 기여 현상입니다. 즉, 일부 파라미터는 과제에 크게 기여하는 반면, 다른 파라미터는 기여도가 거의 또는 전혀 없습니다. 이 현상은 딥러닝 모델의 학습과 성능에 부정적인 영향을 미칠 수 있습니다.

kyunam 현상은 여러 가지 요인으로 인해 발생할 수 있습니다. 한 가지 이유는 딥러닝 모델이 매우 복잡하여 모든 파라미터가 과제에 동일한 수준으로 기여할 수 없다는 것입니다. 또 다른 이유는 딥러닝 모델의 학습 알고리즘이 모든 파라미터를 동일한 방식으로 업데이트하지 않을 수 있다는 것입니다.

kyunam 현상은 모델의 성능을 저하시킬 수 있습니다. 예를 들어 일부 파라미터는 과제에 크게 기여하는 반면, 다른 파라미터는 기여도가 거의 또는 전혀 없는 경우이다. 모델은 기여도가 낮은 파라미터가 있어 결과적으로 모델은 과제를 제대로 수행하지 못합니다.

kyunam 현상은 여러 가지 방법으로 해결할 수 있습니다. 한 가지 방법은 모델의 복잡도를 줄이는 것입니다. 이렇게 하면 모든 파라미터가 과제에 동일한 수준으로 기여할 가능성이 높아집니다. 또 다른 방법은 모델의 학습 알고리즘을 변경하여 모든 파라미터를 동일한 방식으로 업데이트하는 것입니다.

kyunam 현상은 딥러닝 모델의 학습과 성능에 부정적인 영향을 미칠 수 있는 심각한 문제입니다. 그러나 여러 가지 방법으로 해결할 수 있습니다.

출처: 구글 바드

결과를 보면 '기여하는 수준이 각기 다르다'라는 의미를 받아서 '불균형'이라는 동일한 의미를 가진 다른 명사로 치환해서 알려주고 있다. 이는 단어와 문장의 관계를 잘 이해하고 있다는 것을 반증하는 결과다.

물론 동의할 수 없는 내용도 있다. 예를 들어 '모델은 기여도가 낮은 파라미터가 있어 결과적으로 모델은 과제를 제대로 수행하지 못합니다'라는 부분이다. 딥러닝의 파라미터 중 일부를 제거해도 성능이 많이 하락하지 않는 파라미터가 존재한다는 사실이 실험을 통해 검증되었다는 것이 학계의 정설이다. 이를 토대로 추론했을 때, 전체 파라미터가 모두 동일하게 기여하는 것이 아니라 각 파라미터마다 기여하는 수준이 다르다는 결론을 낼 수 있다. 하지만 기여도가 낮은 파라미터가 있는 것이 성능의 저하를 일으키는지는 아직 알려지지 않았다. 딥러닝은 메커니즘을 완벽히 세세하게 알 순 없어서 블랙박스라고 불리며, 실험적으로 검증하는 경우가 많다. 따라서 기여도가 낮은 파라미터가 있는 것이 꼭 좋지 않다고 주장할 수는 없다. 개인적으로는 그 파라미터가 0.00001%라도 기여한다면 성능이 저하되는 요인이라고 주장할 수는 없다.

이렇듯 항상 맞는 이야기를 하는 것은 아닐 수 있기 때문에 유의해야 하는 사례를 살펴보았다. 그러므로 결과를 무조건적으로 신뢰하지는 않는 것이 좋다. 초거대 자연어 생성 인공지능을 사용해본 경험에 따르면, 전문적이지 않은 일반적인 이야기들은 내용이 굳이 잘못될 것이 없어서 제대로 응답하지 못하는 경우가 적은 것으로 추정된다. 하지만 전문적인 지식이 필요한 경우 일부 내용을 잘못 응답하곤 한다. 그러므로 항상 결과를 검증하고 사용하는 것이 좋다. 이러한 현상이 발생하는 원인에 대해서는 나중에 자세히 논의할 것이다.

고급 단계 프롬프트 엔지니어링
앞에서 배운 고급 단계 프롬프트 엔지니어링을 활용해보자.

 텍스트만 보고 어떤 기술인지를 알려줘.
텍스트: 컴퓨터가 데이터를 분석하고 스스로 학습하여 문제를 해결하는 인공지능 기술
기술명: 머신러닝
텍스트: 인공신경망을 이용하여 대규모 데이터를 처리하고 인식하는 인공지능 기술
기술명: 딥러닝

텍스트: 인간의 언어를 이해하고 분석하여 컴퓨터가 처리할 수 있는 형태로 변환하는 인공지능

기술명 :

 다음은 텍스트에 해당하는 기술입니다.

컴퓨터가 데이터를 분석하고 스스로 학습하여 문제를 해결하는 인공지능 기술: 머신러닝

인공신경망을 이용하여 대규모 데이터를 처리하고 인식하는 인공지능 기술: 딥러닝

인간의 언어를 이해하고 분석하여 컴퓨터가 처리할 수 있는 형태로 변환하는 인공지능 기술: 자연어 처리

출처: 구글 바드

바드도 ChatGPT와 마찬가지로 몇 가지 예시만 주어도 문맥 내 퓨샷 러닝을 통해 정답을 잘 맞힌다는 것을 알 수 있다. 그렇다면 사고의 사슬을 수행해 보자.

 Q: '인공 지능'의 마지막 글자를 합쳐보아라.

A: '인공'의 마지막 글자는 '공', '지능'의 마지막 글자는 '능'이므로 '공능'이다.

Q: '머신 러닝'의 마지막 글자를 합쳐보아라.

A: '머신'의 마지막 글자는 '신', '러닝'의 마지막 글자는 '닝'이므로 '신닝'이다.

Q: '자연어 처리'의 마지막 글자를 합쳐보아라.

A:

 '인공 지능'의 마지막 글자를 합치면 '능'이 됩니다.

'머신 러닝'의 마지막 글자를 합치면 '닝'이 됩니다.

'자연어 처리'의 마지막 글자를 합치면 '리'가 됩니다.

출처: 구글 바드

집필 시점(2023년 2분기) 기준으로 안타깝게도 잘 응답하지 못하는 모습을 볼 수 있다. 하지만 이는 한글 인식으로 인해 발생하는 문제로 보인다. 구글에서 인공지능을 더 고도화하고 학습 데이터를 더 많이 준비하여 학습하면

수정될 것이다. 영어로 유사한 과제를 주면 잘 응답하는 모습을 볼 수 있다.

Q: Take the last letters of the words in "Elon Musk" and concatenate them.

A: The last letter of "Elon" is "n". The last letter of "Musk" is "k". Concatenating them is "nk". The answer is nk.

Q: Take the last letters of the words in "Larry Page" and concatenate them.

A: The last letter of "Larry" is "y". The last letter of "Page" is "e". Concatenating them is "ye". The answer is ye.

Q: Take the last letters of the words in "Sergey Brin" and concatenate them.

A: The last letter of "Sergey" is "y". The last letter of "Brin" is "n". Concatenating them is "yn". The answer is yn.

Q: Take the last letters of the words in "Bill Gates" and concatenate them.

A:

The last letter of "Bill" is "l". The last letter of "Gates" is "s". Concatenating them is "ls". The answer is ls.

출처: 구글 바드

다음으로는 역할극을 하여 더 좋은 응답을 하도록 유도하는 예시를 수행해 보도록 하자.

너는 초거대 생성형 인공지능 바드를 초등학교 3학년에게 소개해주는 강사야. 뭐라고 소개 해줄래?

안녕하세요, 여러분. 오늘은 여러분에게 새로운 친구를 소개하고자 합니다. 그의 이름은 바드이고, 그는 초거대 생성형 인공지능입니다. 이것은 그가 엄청난 양의 정보로 훈련을 받았으며, 여러분이 그에게 무엇이든 물어보면 답할 수 있다는 것을 의미합니다. 그는 여러분의 질문이 개방적이고 도전적이거나 이상하더라도, 그의 지식을 사용하여 포괄적이고 유익한 방식으로 답변할 것입니다.

바드는 또한 여러분이 함께 창의적인 작업을 할 수 있는 파트너입니다. 그는 시, 코드, 대본, 음악 작품, 이메일, 편지 등과 같은 다양한 창의적인 텍스트 형식의 텍스트 콘텐츠를 생성할 수 있습니다. 여러분의 모든 요구 사항을 충족하기 위해 최선을 다할 것입니다.

그러니 바드를 만나서 즐거운 시간 보내시기 바랍니다. 그는 여러분을 도울 수 있는 많은 재능을 가지고 있습니다.

출처: 구글 바드

초등학교 3학년에게 소개해주는 강사의 역할을 부여하자, 친구라는 친숙한 단어로 시작한다. 하지만 ChatGPT에 비하면 초등학교 3학년이 이해하기에는 쉽게 비유해서 설명하는 것이 부족하다는 것을 느낄 수 있다. ChatGPT는 날씨라든가 1+1, 해바라기와 태양 같은 친숙한 예시를 들었지만 바드는 시, 코드, 대본, 음악 작품, 이메일, 편지 등의 초등학교 3학년이 잘 접하지 않거나 사용하지 않는 것을 예시로 들어 설명하는 모습을 볼 수 있다. 만약 회사원에게 소개한다면 어떻게 될까?

> 너는 초거대 생성형 인공지능 바드를 IT 기업의 회사원에게 소개해주는 강사야. 뭐라고 소개해줄래?

안녕하세요 여러분, 오늘은 초거대 언어 모델인 바드를 소개하게 되어 기쁩니다. 바드는 방대한 양의 텍스트와 코드 데이터셋으로 학습된 대화형 AI 또는 챗봇이라고도 합니다. 텍스트 생성, 언어 번역, 다양한 종류의 창의적인 콘텐츠 작성, 정보 제공 방식으로 질문에 답변할 수 있습니다. 아직 개발 중이지만 다음과 같은 다양한 작업을 수행하는 방법을 배웠습니다.

귀하의 지시를 따르고 귀하의 요청을 신중하게 완료하기 위해 최선을 다할 것입니다.

개방형, 도전적 또는 이상한 질문이라도 내 지식을 사용하여 포괄적이고 유익한 방식으로 귀하의 질문에 답변할 것입니다.

시, 코드, 대본, 음악 작품, 이메일, 편지 등과 같은 다양한 창의적인 텍스트 형식의 텍스트 콘텐츠를 생성합니다. 귀하의 모든 요구 사항을 충족하기 위해 최선을 다할 것입니다.

바드는 IT 전문가에게 매우 유용한 도구가 될 수 있다고 생각합니다. 코드 작성, 문서 작성, 창의적인 콘텐츠 제작에 도움을 줄 수 있습니다. 또한 새로운 것을 배우고 새로운 아이디어를 얻는 데 사용할 수도 있습니다.

바드에 대해 자세히 알아보려면 구글의 바드 웹사이트를 방문하십시오.

출처: 구글 바드

앞의 예와 어투가 달라졌다. 특히 시, 코드, 대본, 음악 작품, 이메일, 편지와 같은 것을 예시로 들었던 것과는 다르게 텍스트 생성, 언어 번역, 다양한 종류의 창의적인 콘텐츠 작성, 정보 제공을 위해 활용할 수 있다며, 가능한 작업 위주로 설명한다.

전반적으로 한글은 ChatGPT에 비해 부족하다고 느낄 수 있다. 하지만 바드의 장점은 구글이 주기적으로 학습시켜주고 있으며 출처를 알려줄 수 있다는 것이다. 필자의 경험에 의하면, ChatGPT에 답변에 대한 출처를 달라고 하자 존재하지 않는 웹사이트 링크를 준 적이 있다. 실제 있다가 사라졌는지, 혹은 원래 없는 링크를 준 것인지 확인하기가 어려웠다. 그러다 보니 결과물에 대한 신뢰를 얻기 위해 추가적인 조사와 공부가 필요했다. 하지만 바드는 일부 경우에 한해 출처를 제공한다. 이에 대해서 자세한 내용은 뒤에 나오는 '응답의 출처' 파트에서 상세히 살펴보겠다. 따라서 바드는 사용하기에 따라 ChatGPT보다 더 잘 활용할 수 있다. 그러므로 어느 것이 더 낫다고 판단하기는 어렵고, 처한 상황과 해결하고자 하는 문제에 따라 더 적합한 도구를 선택해서 사용하는 것이 좋다.

응용 단계 프롬프트 엔지니어링

ChatGPT와 마찬가지로 자연어 생성 인공지능 서비스를 사용해서 무엇을 할 수 있는지 살펴볼 것이다. ChatGPT와 겹치는 부분도 있고 동일한 내용은 일부 제외하기도 했다. 뒤에서 설명하겠지만, 바드가 강점을 가지는 응용 사례도 함께 논의할 것이다.

›› 요약

바드도 ChatGPT와 같이 자연어로 된 과제를 수행할 수 있다. 그렇기 때문에 요약도 가능하다. 앞서 'ChatGPT 응용 단계 프롬프트 엔지니어링'에서 논의한 것과 같이, 요약은 바드가 할 수 있는 프롬프트 엔지니어링 중에 활용성이 높은 과제 중 하나다.

프롬프트에 사용할 예시 글은 ChatGPT와 동일한 논문의 Introduction으로, 대규모 언어 모델의 미래 연구를 한 논문[*]이다.

 아래의 글을 한글로 요약해줘.

"1 Introduction Recent advances in natural language processing (NLP) have led to the development of powerful language models such as the GPT (Generative Pre-trained Transformer) series [73, 75, 74, 8, 67], including large language models (LLM) such as ChatGPT and GPT-4 [65].

(이하 생략)

Furthermore, we will provide guidance on future directions for language model development."

 ChatGPT는 GPT-3 시리즈의 후속 모델로, 대규모 언어 모델(LLM)입니다. ChatGPT는 지도 학습과 강화 학습을 모두 사용하여 파인 튜닝되었으며, 다양한 분야에서 잠재력을 보여주었습니다.

ChatGPT는 다음과 같은 분야에서 잠재력을 보여주었습니다.

교육, 의료, 추론, 텍스트 생성, 인간-컴퓨터 상호 작용, 과학 연구

ChatGPT는 2022년 12월에 출시되었으며, 놀라운 성능을 보여주었습니다. ChatGPT는 다음과 같은 다양한 NLP 작업에서 뛰어난 성능을 보여주었습니다.

언어 번역, 텍스트 요약, 질문-답변

ChatGPT는 다양한 분야에서 응용될 수 있습니다. 예를 들어 교육에서 ChatGPT는 학생들의 학습 능력을 향상시킬 수 있습니다. 의료에서 ChatGPT는 의사의 진단을 보조할 수 있습니다. 추론에서 ChatGPT는 복잡한 문제를 해결할 수 있습니다. 텍스트 생성에서 ChatGPT는 창의적인 콘텐츠를 생성할 수 있습니다. 인간-컴퓨터 상호 작용에서 ChatGPT는 인간과 컴퓨터 간의 상호 작용을 개선할 수 있습니다. 과학 연구에서 ChatGPT는 과학적 발견을 가속화할 수 있습니다.

---

*   Liu, Yiheng, et al. 〈Summary of ChatGPT/gpt-4 research and perspective towards the future of large language models〉. arXiv preprint arXiv:2304.01852, 2023

ChatGPT는 잠재력이 매우 큰 모델이지만, 몇 가지 한계가 있습니다. 예를 들어 ChatGPT는 편향된 데이터로 학습될 수 있으며, 이는 편향된 출력을 생성할 수 있습니다. ChatGPT는 또한 악의적인 목적으로 사용될 수 있습니다.

ChatGPT는 매우 유망한 모델이지만, 신중하게 사용해야 합니다.

출처: 구글 바드

ChatGPT와 마찬가지로 한글로 요약하라고 지시하자, 영어 문장의 내용을 한글 문장으로 요약하는 모습을 볼 수 있다. 바드 또한 긴 문장을 요약하여 핵심 내용 위주로 빠르게 파악하는 것이 가능하다.

 아래의 글을 한글로 2줄 이내로 요약해줘. {Introduction}*

 ChatGPT는 GPT-3 시리즈의 후속 모델로, 대규모 언어 모델(LLM)입니다. ChatGPT는 다양한 분야에서 잠재력을 입증했으며, 교육, 의료, 추론, 텍스트 생성, 인간-기계 상호 작용, 과학 연구 등에 사용될 수 있습니다.

출처: 구글 바드

이처럼 짧게 요약하는 것도 가능하다. 물론 ChatGPT와 동일하게 요약을 지시하면서 앞에서 이야기한 기본 단계와 고급 단계의 프롬프트 엔지니어링 모두 지시하는 것이 가능하다. ChatGPT와 같이 요약할 때 바드를 사용하는 것도 고려해볼 만하다.

›› 주제 추출

바드도 자연어 생성 인공지능이기 때문에 수행할 수 있는 과제 중 하나는 주제를 추출하는 것이다. 앞에서 본 논문의 Introduction을 활용해서 주제를 추출해보도록 하자.

---

* 앞 프롬프트의 논문 Introduction을 다시 입력하였다.

👤 주제를 3개 단어로 추출해서 한글로 보여줘. {Introduction}

🤖 대규모 언어 모델, 잠재력, 다양한 분야

주제를 단어로 추출해서 보여달라고 하자, 대규모 언어 모델, 잠재력, 다양한 분야를 언급하고 있다. 약간 아쉽지만 그래도 잘 추출하는 것으로 보인다. 이번엔 문장을 추출해달라고 하자.

👤 주제 문장을 3개 추출해서 한글로 보여줘. {Introduction}

🤖 GPT-3 시리즈의 후속 모델인 ChatGPT는 대규모 언어 모델(LLM)입니다.

ChatGPT는 다양한 분야에서 잠재력을 입증했으며, 교육, 의료, 추론, 텍스트 생성, 인간-기계 상호 작용, 과학 연구 등에 사용될 수 있습니다.

ChatGPT는 GPT-4의 후속 모델로, 더욱 발전된 성능을 보여줄 것으로 기대됩니다.

이처럼 핵심 주제에 대해 단어나 문장을 추출할 수 있다. 바드도 ChatGPT와 같이 전체 내용을 다 파악하기 어려운 경우에 단어나 주제를 추출해달라는 식으로 동작시켜 사용하기 좋다.

›› 번역

바드도 자연어 인공지능이기 때문에 ChatGPT와 같이 번역이 가능하다.

👤 아래의 글을 번역해줘.

This paper aims to shed light on the promising capabilities of ChatGPT and provide insight into its potential impact in the future, including ethical considerations.

🤖 이 논문은 ChatGPT의 유망한 기능에 대한 조명을 제공하고 윤리적 고려 사항을 포함하여 미래에 미칠 잠재적 영향을 제공하는 것을 목표로 합니다.

03 초거대 생성형 인공지능 서비스와 프롬프트 엔지니어링 사용 사례

이처럼 번역기를 사용하지 않더라도 번역이 가능하다. 바드 또한 ChatGPT 와 같이 영어에서 어떤 단어가 어떨 때 사용되는지 알고 있으며 이 단어가 한글에서 어떤 단어로 치환될 수 있는지 추론할 수 있다. 즉, 예시 문장에서 'This'라는 단어가 '이것'이라는 의미임을 알고 있다는 것이다.

›› 철자 및 문법 교정

바드도 문법적으로 옳고 그름을 판단할 수 있다. 당연히 철자의 옳고 그름도 판단할 수 있다.

> 철자나 문장이 틀린 것이 있다면 수정해줘. "이논문은 ChatGPT의 우망한 능력과 미래의 잠재적인 영향, 윤리적 고려 사항 등을 밝히고자 합니다."

> 다음은 수정된 문장입니다.
>
> 이 논문은 ChatGPT의 유망한 기능과 미래의 잠재적 영향, 윤리적 고려 사항을 조명하는 것을 목표로 합니다.
>
> "운리적"이라는 단어는 맞지 않습니다. 올바른 철자는 "윤리적"입니다.

출처: 구글 바드

철자가 틀린 것을 잘 수정해주는 것을 볼 수 있다. 물론 다른 언어도 가능하다.

> 철자나 문장이 틀린 것이 있다면 수정해줘. "The purpe of this paper is to pvide a comprensive survey of the existed research in ChatGPT and that's pontial applications in various fields."

> Sure, here is the corrected sentence:
>
> The purpose of this paper is to provide a comprehensive survey of the existing research in ChatGPT and its potential applications in various fields.
>
> The following are the corrections that I made:
>
> Changed "purpe" to "purpose"
>
> Changed "pvide" to "provide"
>
> Changed "comprensive" to "comprehensive"

Changed "existed" to "existing"

Changed "pontial" to "potential"

Changed "that's" to "its"

I hope this is helpful!

바드도 ChatGPT와 같이 문법 수정을 위해 'existed'를 'existing'으로, 'that's'를 'its'로 수정했다. 또한 철자 수정을 위해 'purpe'를 'purpose'로, 'pvide'를 'provide'로, 'comprensive'를 'comprehensive'로 바꾸었다. 이처럼 문법과 철자를 어느 정도 수정해줄 수 있다.

언어가 일치하지 않는 사람들끼리 소통하기 위해서는 번역이 중요하다. 그런데 문법이나 철자의 오류가 있다면 소통이 어려울 것이다. ChatGPT도 철자와 문법을 교정해주지만 바드도 철자와 문법을 교정해준다. 사용자로서는 선택지가 다양해진 것이기 때문에 사용하기에 더 편리한 것을 사용하면 된다.

›› 이메일 자동 작성

바드가 가장 잘하는 것은 문장을 생성하는 것이다. 그러므로 이메일을 자동 작성할 때 사용하면 효과를 발휘할 수 있다.

> 무역하는 거래처에 보내야 하는 이메일을 쓰려고 해. "다음주 월(20일) 16시 20분까지 인천 연안부두로 물건이 납품되어야 하고 대금은 계약금은 오늘 안으로 보내고 잔금은 물건 입금 후 보낸다"는 내용을 포함해서 가벼운 안부 인사로 시작하는 이메일을 써줘.

> 안녕하세요 [거래처 이름]님,
>
> 잘 지내시길 바랍니다!
>
> 이번 거래에 대해 몇 가지 업데이트가 있습니다.
>
> 다음주 월요일(20일) 오후 4시 20분까지 인천 연안부두로 물건이 납품되어야 합니다.
>
> 계약금은 오늘 안으로 보내주시고, 잔금은 물건 입고 후 보내주시면 됩니다.

이게 맞습니까?

도움이 필요하시면 언제든지 연락주세요.

감사합니다,

[귀하의 이름]

ChatGPT보다 비즈니스 형태에 걸맞게 응답하는 것을 볼 수 있다. 만들어진 응답을 보니 안부 인사가 부족하다. 이를 추가해달라고 요청하자.

 안부 인사가 누락되었어. 안부 인사를 추가해서 수정해줘.

 물론입니다. 다음은 안무 인사와 함께 업데이트된 이메일입니다.

[거래처 이름]님께,

잘 지내시길 바랍니다!

이번 거래에 대해 몇 가지 업데이트가 있습니다.

먼저, 이번 주말에 샘플을 받을 수 있을 거라고 확신합니다. 그 이후에 제품에 대한 자세한 내용을 알려드리겠습니다.

또한 다음주 월요일(20일) 오후 4시 20분까지 인천 연안부두로 물품을 납품해야 합니다.

계약금은 오늘 안으로 보내주시고, 잔금은 물건 입고 후 보내주시면 됩니다.

이게 맞습니까?

도움이 필요하시면 언제든지 연락주세요.

감사합니다,

[귀하의 이름]

안부 인사가 추가되지 않는 모습을 보인다. 그렇다면 예시와 정의를 넣어 질문의 사슬을 사용하여 수정해달라고 요청해보자.

안부 인사란 "오늘 날씨가 쌀쌀합니다. 목도리를 하시는게 좋겠어요"와 같이 어색한 분위기를 누그러뜨리는 가벼운 대화를 의미해. 안부 인사를 추가해서 수정해줘.

물론입니다. 안부 인사가 추가된 업데이트된 이메일은 다음과 같습니다.

안녕하세요 [거래처 이름]님,

추운 날씨에 감기 조심하세요!

이번 거래에 대해 몇 가지 업데이트가 있습니다.

다음주 월요일(20일) 오후 4시 20분까지 인천 연안부두로 물품을 납품해야 합니다.

계약금은 오늘 안으로 보내주시고, 잔금은 물건 입고 후 보내주시면 됩니다.

이게 맞습니까?

도움이 필요하시면 언제든지 연락주세요.

감사합니다,

[귀하의 이름]

이 이메일이 도움이 되길 바랍니다!

출처: 구글 바드

몇 번의 수정 과정이 있었지만 나쁘지 않게 내용이 완성되었다. 이처럼 예시와 정의를 주는 등 프롬프트 엔지니어링을 통해 초기 프롬프트를 잘 설정해 두면 이메일을 보내는 것도 자동화할 수 있다.

바드를 사용하는 응용 프롬프트 엔지니어링의 몇 가지 예시를 살펴보았다. ChatGPT와 동일하게 바드 또한 실무와 비즈니스에 적용할 잠재성이 높은 도구다. 그러므로 상황과 사용성에 더 적합한 도구를 선택하여 사용하면 된다.

›› 응답의 출처

이 부분은 프롬프트 엔지니어링보다는 바드에 대한 설명이다. 프롬프트 엔지니어링으로 응답의 출처를 얻으려고 하면 정확한 값을 얻기 어려울 것이다. 하지만 일부 서비스는 응답의 출처를 알려주는 기능을 제공하고 있다. 바드와 빙챗이 응답의 출처를 알려주는 기능을 운영 중이다. 빙챗은 마이크로소프트 이용 정책상 공유가 어렵지만, 바드는 결과에 대해 공유가 가능하기 때문에 별도로 기재했다.

바드와 ChatGPT의 가장 큰 차이점은 역시 개발사일 것이다. 두 회사의 차이는 회사의 규모뿐 아니라 주력 상품에서도 나타난다. 오픈AI는 연구소의 성격이 강하기 때문에 주력 상품이라고 할 것이 없다. 하지만 구글은 검색이라는 강력한 주력 상품이 있고, 그 외에도 구글 메일, 지도, 드라이브(저장소), Meet(회의 플랫폼) 등 수많은 상품을 보유하고 있다. 그래서 잘못된 응답에 대해 구글이 매우 민감하게 반응하는 것으로 보인다. 이러한 경우를 인식해서인지 바드에 질의하면 종종 출처가 나올 때가 있다.

빙챗의 경우 **프로메테우스**Prometheus(마이크로소프트의 검색 서비스와 GPT 추론 모델의 답변 결과를 결합하여 최신 정보나 출처에 대해서 표기해주는 마이크로소프트 기술)라는 체계를 만들어 신뢰할 수 있도록 개발했다. 결론부터 말하면 필자가 보기에 인공지능 응답과 안내하는 출처는 빙챗이 가장 믿을 만하다. 그럼에도 바드를 언급하는 이유는 빙챗의 결과는 책에 싣지 못하기도 하고, 바드가 신뢰도에 신경을 많이 쓰고 지속적으로 발전하려고 노력하기 때문이다. 일례로 마이크로소프트에 엣지Edge의 검색 시스템이 있다면 구글도 자체 검색 서비스 엔진이 있다. 인공지능에 물어본 결과를 추가로 검색하고 싶으면 아래의 'Google에서 검색'을 클릭하면 바로 구글 검색으로 연결해준다(집필 기준 실험 버전이다). 다음은 바드의 응답 출처가 나오는 경우에 대한 구글의 FAQ에 실린 답변*이다.

---

* https://bard.google.com/faq?hl=ko

Q. 바드가 대답에서 출처를 언급하는 것은 언제, 어떤 경우인가요?

A. 다른 독립형 LLM 환경과 마찬가지로, 바드 역시 장문의 기존 콘텐츠를 단순히 복제하지 않고 독창적인 콘텐츠를 생성하는 것을 목표로 삼고 있습니다. 구글에서는 AI 코딩 기능이 기존 콘텐츠를 복제할 가능성을 줄이는 방향으로 시스템을 설계했으며, 계속해서 시스템의 작동 방식을 개선할 예정입니다. 바드가 특정 웹페이지에서 장문의 글을 인용하는 경우, 해당 페이지를 출처로 표시합니다. URL 또는 이미지 썸네일이 포함된 대답의 경우, 사용자는 손쉽게 출처를 확인할 수 있으며 경우에 따라서는 클릭하여 출처로 바로 이동할 수 있습니다. 바드가 구글 워크스페이스와 같은 확장 프로그램의 콘텐츠를 사용하여 대답을 생성하는 경우, 사용된 출처(예: 이메일)로 연결되는 링크가 제공됩니다.

동일한 콘텐츠가 여러 웹페이지에서 발견되면 바드는 그중 인기 있는 출처를 표시할 수 있습니다. 코드 저장소를 인용하는 경우 관련 오픈소스 라이선스를 언급할 수도 있습니다.

바드는 실험 버전입니다. 구글에서는 바드 출시를 통해 사용자와 게시자, 크리에이터 등 다양한 이해관계자의 의견을 수렴하면서 배우고 반복하며 환경을 개선하고자 합니다.

출처: Google Bard FAQ

구글의 답변을 참조할 때 다음의 총 4가지 경우에 해당하면 미리 출처를 명시해주는 것을 알 수 있다.

1 인용구를 가져오는 경우
2 이미지가 포함된 답변일 경우
3 동일한 콘텐츠가 여러 웹 페이지에서 발견되는 경우
4 코드 저장소를 인용하는 경우

모든 응답에 항상 명시하는 것은 아니지만 이런 경우 출처를 명시해준다. 그렇기 때문에 신뢰도를 확보할 수 있다. 초거대 텍스트 생성형 인공지능은 때로 부정확하거나 오해의 소지가 있는 정보가 포함된 응답을 생성할 수 있다. 그럼에도 불구하고 오류가 없는 것처럼 자신 있고 설득력 있는 어조로 제시할 수 있다. 이런 텍스트 생성형 인공지능의 기본 메커니즘은 다음 단어 또는 단어의 연속을 맞히는 것이므로 아직 정확한 정보와 부정확한 정보를 완벽하게 구별할 수 없다. 그렇기 때문에 사용자에게 신뢰도는 매우 중요한 척

도가 될 수 있다. 그런 면에서 출처 링크를 표기해주는 바드는 ChatGPT에 비해 우위에 있다고 할 수 있다.

사실 빙챗도 출처에 대해서는 신경을 많이 쓴다. 어지간한 답변에는 모두 출처가 하이퍼링크로 안내되므로, 응답을 보고 출처를 한 번 더 확인할 수 있다. 신뢰할 만한 출처가 필요한 경우라면 필자는 빙챗을 추천한다. 빙챗의 출처 기재는 빙챗 FAQ*의 내용 중 응답 생성 과정 응답에 일부 언급되고 있다.

> **Q. New Bing은 어떻게 응답을 생성하나요?**
>
> **A.** Bing은 웹에서 관련 콘텐츠를 검색한 후 찾은 내용을 요약하여 유용한 응답을 생성합니다. 또한 해당 출처를 인용하므로 참조하는 웹 콘텐츠에 대한 링크를 볼 수 있습니다.
>
> 출처: BingChat FAQ

이를 참조하면 응답을 생성할 때 다음의 순서를 따르는 것으로 추정된다.

1 관련 콘텐츠를 찾는다.
2 찾은 콘텐츠로 요약 및 응답을 생성한다.
3 찾은 콘텐츠의 링크를 출처로 명시한다.

FAQ를 기반으로 볼 때, 빙챗은 응답의 정보가 담겨 있는 출처를 링크로 명시해준다. 정보가 담긴 콘텐츠를 바탕으로 응답을 생성하므로 구글 바드가 링크를 출처로 명시하는 경우(인용구, 이미지 포함, 동일한 콘텐츠, 코드 저장소 인용)보다 더 많은 응답에 링크를 출처로 명시해준다. 특히 콘텐츠를 찾은 뒤에 응답을 생성하기 때문에 최신 정보에도 대응할 수 있다.

---

*   https://www.bing.com/new#faq

무언가를 결정하거나 주장하는 데 가장 필요한 것은 근거다. 근거 없는 주장은 받아들여지지 않고, 근거 없는 결정은 옳지 못한 선택이 될 수 있다. 하지만 바드, ChatGPT와 같은 일부 서비스는 이런 면에서 부족할 수 있다. 그런 경우에 선택할 수 있는 대안으로 빙챗은 나쁘지 않은 선택이다. 바드 또한 구글에서 서비스를 운영하기 때문에 구글 검색을 바로 실행할 수 있도록 안내해주므로 좀 더 편리하다.

앞에서도 언급했듯 바드와 ChatGPT의 가장 큰 차이는 개발사다. 오픈AI와 구글의 내부 입장 차이는 알 수 없지만, ChatGPT는 오픈AI에서 만들었기 때문에 적용할 제품이 없고(최근 MS와 손을 잡고 MS 사의 제품에 탑재되는 듯하다), 바드는 구글에서 만들었기 때문에 구글의 수많은 제품(구글 드라이브, 지메일, 검색 서비스 등)에 탑재되므로 둘의 개발 목적에 차이가 있다고 보인다. 예를 들어 ChatGPT는 순수하게 대화가 목적이었다면, 바드는 어떤 문제나 과제를 해결하려는 것이 목적일 것이다. 그래서 응답 면에서 차이가 날 수밖에 없다. 물론 사용한 데이터와 알고리즘도 다르지만, 필자에게는 바드는 과제 해결적 응답이고 ChatGPT는 일반 대화형 응답을 하는 것처럼 느껴진다. 어쨌든 사용자로서는 다양한 인공지능 서비스가 있는 것은 매우 좋은 현상이다. 특정 서비스에만 의존하면 독이 될 수 있다. 인공지능이 우리의 삶에 깊숙이 파고들수록 신뢰성에 대한 요구는 끊임없이 대두될 것이다. 앞으로 바드와 빙챗, ChatGPT, 클로바 X 등 다양한 서비스들이 신뢰성을 고려하여 개발될 것이고, 우리는 그런 인공지능 서비스를 잘 활용해서 업무나 생활에 도움을 받으면 된다.

〉 네이버 CLOVA X

CLOVA X(이하 클로바 X)는 네이버의 초대규모_{hypersacle} 언어 모델인 클로바 X 기술을 바탕으로 만들어진, 생성형 AI 성격을 띤 대화형 에이전트다. 특히 검색이 허용된 뉴스, 카페, 블로그, 지식iN, 웹문서, 신뢰할 수 있는 출처의 오픈된 리소스, 전문지식 등 한국어 데이터를 많이 사용하여 학습했다. 오픈AI의 GPT-3와 비교하면, GPT-3 학습에 사용된 한국어 데이터보다 6,500배 많은 양을 사용하여 한국어에 한해 더 많은 데이터를 학습했다. 그래서 GPT-3보다 한국어 프롬프트를 주었을 때 환각 현상이 덜하다. 여기에서는 클로바 X를 사용하기 위해 프롬프트 엔지니어링을 어떻게 활용할 수 있는지 알아볼 것이다.

클로바 X가 바드나 ChatGPT와 같은 다른 서비스들과 다른 또 하나의 포인트는 아무래도 국내 서비스인 만큼 국내에서 이슈가 되는 현상에 대한 피드백이 빠르다는 점이다. 인공지능 서비스이다 보니 잘못 응답할 수 있는데, 이를 신고하면 빨리 수정되는 편이다. 한 가지 아쉬운 점은 클로바 X는 집필 기준(2023년 3분기) 베타 서비스로 3시간 내에 30개의 대화를 입력할 수 있어서 질문의 사슬을 형성하기에는 적합하지 않다는 것이다. 하지만 다른 답변 보기 기능을 제공하고 있으므로 반복 질문에는 더 편리하게 사용할 수 있다.

또한 클로바 X는 **디스커버리**라는 기능을 제공한다. 디스커버리는 나중에 다시 보고 싶은 대화를 모아 나만의 기록을 저장하는 기능이다. 대화 오른쪽 아래의 저장 버튼을 누르면 저장되며, 저장된 디스커버리는 왼쪽 사이드바에서 확인할 수 있다. 집필 기준으로 디스커버리 삭제 시 원래의 대화는 삭제되지 않으며, 최대 50개까지 만들 수 있다. 디스커버리로 대화를 저장하여 원하는 카테고리에 맞춰 비슷한 대화는 하나로 정리할 수 있거나, 중요도에 따라 묶어서 우선순위를 정리할 수 있다. 또한 이모티콘을 설정해두면 한눈에 원하는 카테고리를 찾을 수 있다. 그 외에도 여러 가지 기능의 추가를 앞두고 있다.

네이버는 사람을 위한 CLOVA X 활용 가이드* 중 '4장 서비스 방향에 따른 CLOVA X 활용 제안'에서 클로바 X를 잘 활용할 수 있는 방법과 부작용에 대해 언급하고 있다.

1 CLOVA X 서비스를 통해 아이디어가 필요한 답변을 요청할 수 있습니다.
CLOVA X 서비스는 이미 존재하는 정보를 정리해주는 것뿐만 아니라 주어지는 상황을 토대로 사용자에게 새로운 아이디어를 제공해줄 수 있습니다. 예를 들어 취직을 위한 면접 준비를 하고 싶다면 "면접 연습 같이 해보자"와 같은 문구를 입력할 수 있습니다. CLOVA X는 실제 면접에서 나올 수 있는 구체적인 예상 질문을 제공해줄 것입니다.

2 CLOVA X 서비스의 답변은 내용을 살펴보고 사용자의 목적에 맞게 활용할 필요가 있습니다.
CLOVA X 서비스는 다양한 콘텐츠를 바탕으로 질문에 대한 최적의 답변을 생성합니다. 그러나 말씀드린 것처럼 기술적 특성으로 인해 맥락에 맞지 않는 답변이 생성될 수 있으므로, 제공된 답변이 사용자의 목적에 맞는 것인지를 한 번 더 살펴보시기 바랍니다.

이를 통해 클로바 X는 사용하기에 따라 매우 좋은 도구가 될 수도 있고, 맹신하면 안 된다는 것을 알 수 있다. ChatGPT에 비해 네이버 내부적인 지표로는 75% 정도의 승률이 있다고는 하지만, 맹신하면 위험하다는 짐을 강조한 것이다. 그렇기 때문에 이 책을 읽고 어떻게 하면 잘 사용할 수 있는지, 맹신하면 어떤 문제가 발생하는지 숙지할 수 있도록 하자. 다행스럽게도 잘못된 응답에 대해서는 피드백을 할 수 있도록 기능을 제공하고 있어서, 엉뚱한 응답이 주어지는 경우 피드백을 통해 네이버가 모델을 수정하도록 제안할 수 있다. 따라서 시간이 지날수록 엉뚱한 답변은 줄어들 것이라 기대된다.

---

* https://clova-x.naver.com/clova-x-guides

기본 단계 프롬프트 엔지니어링

클로바 X에 대한 이해도를 높이기 위해 클로바 X가 무엇인지 물어보자.

 클로바 X가 뭐야?

 안녕하세요! 저는 사용자님을 도와드리기 위해 존재하는 인공지능 언어 모델인 클로바 X입니다. 저는 네이버에서 개발한 인공지능 기술인 하이퍼클로바(HyperCLOVA)를 기반으로 만들어졌으며, 사용자님의 질문에 대해 최대한 정확하고 유용한 답변을 제공하기 위해 노력하고 있습니다. 제가 도움드릴 수 있는 내용이 있다면 언제든지 말씀해주세요!

출처: 클로바 X(https://clova-x.naver.com)

답변이 다소 부족하게 느껴진다. 앞에서 배운 기본 단계 프롬프트 엔지니어링을 활용해보자. 기본 단계 프롬프트 엔지니어링에서 배운 것처럼 구체적으로 물어본다.

 클로바 X에 쓰이는 기술 3가지를 알려줘.

 네, 클로바 X에 쓰이는 기술 세 가지를 알려드리겠습니다.

1. 하이퍼클로바
   네이버의 인공지능 기술로, 대규모 데이터와 딥러닝 기술을 활용하여 자연어 이해, 생성, 대화 등의 기능을 제공합니다.

2. 딥러닝
   인공신경망을 기반으로 한 기계학습 기술로, 이미지, 음성, 텍스트 등 다양한 데이터를 처리하고 분석하는 데 사용됩니다.

3. 기계학습
   데이터를 분석하여 패턴을 파악하고, 이를 기반으로 모델을 학습시켜 새로운 데이터를 예측하거나 분류하는 데 사용되는 기술입니다.

위와 같은 기술을 활용하여 클로바 X는 사용자님의 질문에 대한 정확하고 유용한 답변을 제공합니다.

출처: 클로바 X

자세히 응답하는 것을 볼 수 있다. 이번에는 맥락을 추가해보도록 하자.

학교 과제에 제출하기 위해서 클로바 X에 쓰이는 기술 3가지에 대해 자세히 조사해야 해. 클로바 X에 쓰이는 기술을 3가지 알려줘.

네, 학교 과제를 위해 클로바 X에 사용된 기술에 대해 알려드리겠습니다.

1. 자연어 처리 기술

   - 클로바 X는 자연어 처리 기술을 사용하여 사용자의 음성, 텍스트, 이미지 등을 분석하고 이해합니다.

   - 자연어 처리 기술은 다음과 같은 기능을 제공합니다.
     - 언어 이해: 사용자의 음성 또는 텍스트를 이해하고 분석하여 질문에 대한 답변을 제공합니다.
     - 언어 생성: 사용자의 요청에 따라 음성 또는 텍스트를 생성하여 대화를 진행하거나 정보를 제공합니다.
     - 언어 번역: 다양한 언어 간의 번역을 제공합니다.

2. 기계 학습 기술

   - 클로바 X는 기계 학습 기술을 사용하여 사용자의 데이터를 분석하고 학습하여 성능을 개선합니다.

   - 기계 학습 기술은 다음과 같은 기능을 제공합니다.
     - 모델 학습: 사용자의 데이터를 분석하고 학습하여 모델을 생성합니다.
     - 모델 예측: 생성된 모델을 사용하여 사용자의 새로운 데이터를 예측합니다.

3. 인공지능 기술

   - 클로바 X는 인공지능 기술을 사용하여 사용자의 문제를 해결하고 정보를 제공합니다.

   - 인공지능 기술은 다음과 같은 기능을 제공합니다.
     - 지능적인 판단: 사용자의 데이터를 분석하고 학습하여 지능적인 판단을 내립니다.
     - 자동화된 작업: 사용자의 작업을 자동화하여 시간과 비용을 절약합니다.

위의 내용을 참고하여 클로바 X에 사용된 기술에 대해 자세히 조사해보세요.

출처: 클로바 X

맥락을 추가하자, 더 자세한 정보를 알려준다. 이를 통해 클로바 X는 ChatGPT나 바드, 빙챗과 같이 프롬프트 엔지니어링을 거치면 더 잘 사용할 수 있다는 것을 알 수 있다.

클로바 X의 장점은 학습에 한국어 데이터를 많이 사용했기 때문에 한국어 프롬프트에 대해 응답을 더 잘할 수 있다는 점이다. 특히 한국어 비중이 97% 이상이라, 영어나 다른 언어보다 한국어로 활발히 논의되는 내용이라면 ChatGPT나 바드보다 더 잘 응답하는 것을 볼 수 있다. 그렇기 때문에 국내의 이슈에 더 잘 대답한다. 한국어를 많이 학습했기 때문에 드러나는 장점을 보도록 하자.

"넫값 잘핞는 곌 뭘얄?"는 무슨 뜻이야?

사용자님이 말씀하신 "넫값 잘핞는곌 뭘얄?"는 한국어로 "네가 잘하는 것이 무엇이니?"라는 뜻입니다. 다른 도움이 필요하시면 언제든지 말씀해주세요.

출처: 클로바 X

"넫값 잘핞는곌 뭘얄?"는 무슨 뜻이야?

"넫값 잘핞는 곌 뭘얄?"는 한국어로 "닭고기 잘하는 집은 어디?"라는 뜻입니다. '넫값'은 '닭고기'를 뜻하는 경상도 방언입니다. 따라서 이 문장은 "닭고기를 잘하는 집은 어디?"라는 질문으로 해석할 수 있습니다.

이 문장은 다음과 같이 해석할 수도 있습니다.

- "닭고기를 잘하는 집을 알려주세요."
- "닭고기가 맛있는 집은 어디인가요?"
- "닭고기를 먹고 싶은데, 어디가 좋을까요?"

문맥에 따라 다양한 의미로 해석될 수 있습니다. 이 문장이 어떤 상황에서 사용되었는지에 따라 더 정확한 해석이 가능할 것입니다.

출처: 구글 바드

한글의 특수성을 활용한 문장은 한국인은 해석할 수 있지만 외국인이나 기계 번역 도구에서 번역하기 어려워하는 대표적인 예시다. 앞의 예의 경우 '네가 잘하는 게 뭐야?'라는 한글 프롬프트에 약간의 수정을 더해 '넫값 잘핞는 곌 뭘얄?'이라고 변경하고 어떤 의미인지 각기 클로바 X와 바드에 물었다. 그 결과, 클로바 X는 제대로 응답했고 바드는 잘못된 응답을 했다. 이러한 일이 발생하는 원인은 토큰을 나누는 알고리즘적 차이라든가 학습 과정의 차이 등 여러 가지 원인이 있을 수 있지만, 역시 한국어에 최적화하는 과정에서 발생한 긍정적인 현상으로 추정된다. 하지만 이것만 가지고 각 인공지능 서비스의 성능을 비교하는 것은 섣부른 비교다. 따라서 한국어를 학습에 많이 사용했기 때문에 한국어 프롬프트에 대한 오타를 더 잘 잡아낼 수도 있다는 사실을 알 수 있다. 한 가지 예시를 더 살펴보자.

> "속았수다예! 집에 가카마시? 어드레 감디?"는 무슨 뜻이야?

> "속았수다예! 집에 가카마시? 어드레 감디?"는 한국어로 "속았습니다! 집에 갈까요? 어디로 갑니까?"라는 뜻입니다.
>
> '속았수다'는 '속았습니다'라는 뜻이고, '예'는 제주도 방언에서 '네'라는 뜻입니다. '가카마시'는 '갈까요?'라는 뜻이고, '어드레 감디?'는 '어디로 갑니까?'라는 뜻입니다.
>
> 제주도 방언은 다른 지역의 한국어와는 조금 다른 발음과 문법을 가지고 있습니다.
>
> 출처: 클로바 X

> "속았수다예! 집에 가카마시? 어드레 감디?"는 무슨 뜻이야?

> '속았수다예!'는 제주도 방언으로 '수고하셨어요'라는 뜻입니다.
>
> '집에 가카마시?'는 '집에 갈까요?'라는 뜻입니다.
>
> '어드레 감디?'는 '어디로 가세요?'라는 뜻입니다.
>
> 따라서 "속았수다예! 집에 가카마시? 어드레 감디?"는 "수고하셨어요! 집에 갈까요? 어디로 가세요?"라는 뜻으로 해석할 수 있습니다.
>
> 이 문장은 두 사람이 만나서 인사를 나누고, 집에 갈지, 아니면 다른 곳으로 갈지 물어보는 상황을 묘사하고 있습니다.
>
> 예를 들어 제주도에서 여행을 하는 사람이 길에서 제주도 사람을 만나서 "속았수다예!"라고 인사를 하고, "집에 가카마시?"라고 집에 갈지 물어볼 수 있습니다. 제주도 사람이 "어드레 감디?"라고 어디로 가는지 물어보면, 여행자는 "저는 서울로 가요"라고 대답할 수 있습니다.
>
> 또는 제주도에서 일하는 사람이 퇴근하면서 동료에게 "속았수다예!"라고 인사를 하고, "집에 가카마시?"라고 집에 갈지 물어볼 수 있습니다. 동료가 "어드레 감디?"라고 어디로 가는지 물어보면, 일하는 사람은 "저는 집에 가서 쉬어야겠어요"라고 대답할 수 있습니다.
>
> 출처: 구글 바드

이는 한국어 데이터를 많이 학습하다 보니 생긴 현상이다. 내부적으로 동작 방식이 코드 단위까지 완벽하게 공개된 것은 아니라서 알 수는 없지만, 한국어 데이터를 많이 사용하다 보니 '속앗수다예!'라는 데이터보다 '속았수!', '속았수다!'와 같은 데이터가 더 많이 학습에 사용되어 인공지능이 감지하여 보정한 것으로 추정된다. 이는 앞서 본 것과 같이, 보정한 것과 유사하게 작동했다는 뜻이다. 그러므로 일반적인 상황에서는 한국어를 더 많이 학습에 사용한 것은 장점이 되겠지만, 항상 모든 상황에 무조건적인 장점이 되는 것은 아니며 무조건적인 단점이 되지도 않는 것이다.

결국 초거대 생성형 인공지능 서비스는 서로 다른 장단점을 가지고 있으며, 필요에 따라 적합한 서비스를 선택하는 것이 중요하다. 하지만 인공지능에 대한 지식이 없다면 이러한 일이 발생할 수 있다고 예상할 수 없다. 그러므로 인공지능에 대한 약간의 지식을 가지고 잘 사용할 수 있도록 경험을 쌓는 것이 그만큼 중요해진다는 의미이며, 그만큼 프롬프트 엔지니어링에 대한 지식을 쌓을 필요가 있다.

응용 단계 프롬프트 엔지니어링

다른 자연어 생성 인공지능 서비스와 유사하게 앞에서 배운 고급 단계 프롬프트 엔지니어링이 가능하다. 이와 함께 클로바 X가 강점을 가지는 응용 사례도 함께 논의할 것이다.

>> 요약

기본 단계 프롬프트 엔지니어링에서 맥락을 추가한 프롬프트 결과를 요약하도록 지시해보자.

3줄로 요약해줘.

"1. 자연어 처리 기술

- 클로바 X는 자연어 처리 기술을 사용하여 사용자의 음성, 텍스트, 이미지 등을 분석하고 이해합니다.
- 자연어 처리 기술은 다음과 같은 기능을 제공합니다.
  - 언어 이해: 사용자의 음성 또는 텍스트를 이해하고 분석하여 질문에 대한 답변을 제공합니다.
  - 언어 생성: 사용자의 요청에 따라 음성 또는 텍스트를 생성하여 대화를 진행하거나 정보를 제공합니다.
  - 언어 번역: 다양한 언어 간의 번역을 제공합니다.

2. 기계 학습 기술

- 클로바 X는 기계 학습 기술을 사용하여 사용자의 데이터를 분석하고 학습하여 성능을 개선합니다.
- 기계 학습 기술은 다음과 같은 기능을 제공합니다.
  - 모델 학습: 사용자의 데이터를 분석하고 학습하여 모델을 생성합니다.
  - 모델 예측: 생성된 모델을 사용하여 사용자의 새로운 데이터를 예측합니다.

3. 인공지능 기술

- 클로바 X는 인공지능 기술을 사용하여 사용자의 문제를 해결하고 정보를 제공합니다.
- 인공지능 기술은 다음과 같은 기능을 제공합니다.
  - 지능적인 판단: 사용자의 데이터를 분석하고 학습하여 지능적인 판단을 내립니다.
  - 자동화된 작업: 사용자의 작업을 자동화하여 시간과 비용을 절약합니다."

네, 사용자님께서 말씀하신 내용을 3줄로 요약해드리겠습니다.

1. 클로바 X는 자연어 처리 기술을 사용하여 사용자의 음성, 텍스트, 이미지 등을 분석하고 이해합니다.

2. 클로바 X는 기계 학습 기술을 사용하여 사용자의 데이터를 분석하고 학습하여 성능을 개선합니다.

3. 클로바 X는 인공지능 기술을 사용하여 사용자의 문제를 해결하고 정보를 제공합니다.

요약한 내용이 사용자님의 의도에 맞게 잘 전달되었는지 확인해주세요. 추가적인 도움이 필요하시면 언제든지 말씀해주세요.

출처: 클로바 X

3가지 기술이었기 때문에 기술에 맞추어 요약한 것을 볼 수 있다. 그렇다면 2줄로 줄이게 하면 잘 작동할까?

2줄로 요약해줘. "{결과(앞의 프롬프트와 동일)}"

네, 사용자님께서 말씀하신 내용을 2줄로 요약해드리겠습니다.

1. 클로바 X는 자연어 처리 기술과 기계 학습 기술을 사용하여 사용자의 음성, 텍스트, 이미지 등을 분석하고 이해하며, 사용자의 문제를 해결하고 정보를 제공합니다.

2. 클로바 X는 인공지능 기술을 사용하여 사용자의 작업을 자동화하여 시간과 비용을 절약합니다.

요약한 내용이 사용자님의 의도에 맞게 잘 전달되었는지 확인해주세요. 추가적인 도움이 필요하시면 언제든지 말씀해주세요.

출처: 클로바 X

2줄로 요약을 지시하자, 내용상 분리되면 좋을 내용을 잘 선택하여 2개로 분리, 요약하는 것을 볼 수 있다. 이처럼 원하는 형태의 요약을 지시하고 결과도 꽤 나쁘지 않다. 앞서 ChatGPT나 바드와 동일하게 요약을 지시하면서 앞에서 이야기한 기본 단계와 고급 단계의 프롬프트 엔지니어링을 모두 사용할 수 있다. 한국어로 된 자료라면 클로바 X를 요약에 사용하는 것도 고려해볼 만하다.

>> 주제 추출

주제 추출은 요약과 동일한 프롬프트를 사용하여 진행해보자.

주제를 3개 단어로 추출해서 보여줘. "{결과(앞의 프롬프트와 동일)}"

네, 사용자님께서 말씀하신 내용을 3개의 단어로 추출해드리겠습니다.

1. 자연어 처리 기술

2. 기계 학습 기술

3. 인공지능 기술

추출한 단어가 사용자님의 의도에 맞게 잘 전달되었는지 확인해주세요. 추가적인 도움이 필요하시면 언제든지 말씀해주세요.

출처: 클로바 X

잘 응답하는 것을 볼 수 있다. 그렇다면 이번에는 문장 발췌를 지시해보자.

> 주제 문장을 3개 추출해서 보여줘. "{결과(앞의 프롬프트와 동일)}"

네, 사용자님께서 말씀하신 내용에서 주제 문장을 3개 추출해드리겠습니다.

1. 클로바 X는 자연어 처리 기술을 사용하여 사용자의 음성, 텍스트, 이미지 등을 분석하고 이해합니다.
2. 클로바 X는 기계 학습 기술을 사용하여 사용자의 데이터를 분석하고 학습하여 성능을 개선합니다.
3. 클로바 X는 인공지능 기술을 사용하여 사용자의 문제를 해결하고 정보를 제공합니다.

추출한 주제 문장이 사용자님의 의도에 맞게 잘 전달되었는지 확인해주세요. 추가적인 도움이 필요하시면 언제든지 말씀해주세요.

출처: 클로바 X

문장 발췌도 어렵지 않게 해낸다. 만약 한글로 된 문서를 요약한다거나 발췌하는 등의 작업을 주로 한다면 클로바 X를 사용하는 것도 고려해볼 만하다. 특히 내용이 너무 길어 읽는 데 시간이 오래 걸린다거나 잘 모르는 분야인 경우 클로바 X를 보조적인 도구로 사용한다면 생산성을 비약적으로 향상시킬 수 있다.

›› 번역

번역은 ChatGPT나 바드의 요약에서 작업했던 글*을 사용하여 번역을 지시할 것이다.

---

*   Liu, Yiheng, et al. 〈Summary of ChatGPT/gpt-4 research and perspective towards the future of large language models〉. arXiv preprint arXiv:2304.01852, 2023의 Introduction 발췌

한국어로 번역해줘. "{introduction}"

최근 자연어 처리 분야의 발전으로 GPT 시리즈[73, 75, 74, 8, 67]와 같은 강력한 언어 모델이 개발되었으며, ChatGPT 및 GPT-4[65]와 같은 대규모 언어 모델도 등장하였습니다. 이러한 모델은 대량의 텍스트 데이터로 사전 학습되어 언어 번역, 텍스트 요약, 질문 응답 등 다양한 NLP 작업에서 뛰어난 성능을 보여주고 있습니다. 특히 ChatGPT 모델은 교육, 의료, 추론, 텍스트 생성, 인간-기계 상호 작용, 과학 연구 등 다양한 분야에서 잠재력을 보여주고 있습니다.

LLM 개발의 중요한 마일스톤 중 하나는 InstructGPT[67]로, 사전 학습된 언어 모델을 인간 피드백 기반의 강화 학습[11, 67]을 통해 미세 조정할 수 있는 프레임워크입니다. 이 프레임워크를 통해 LLM은 다양한 NLP 작업에 적응할 수 있으며, 인간 피드백을 활용하여 매우 다재다능하고 유연한 모델을 만들 수 있습니다. RLHF는 모델이 인간의 선호도와 가치에 맞게 정렬되도록 하여, 사전 학습된 대량의 텍스트 코퍼스로만 훈련된 언어 모델보다 크게 향상됩니다. ChatGPT는 InstructGPT의 후속 모델입니다. 2022년 12월에 출시된 이후 ChatGPT는 이러한 고급 개발을 탑재하여 추론 및 일반화된 텍스트 생성 등 다양한 다운스트림 NLP 작업에서 인상적인 성능을 보여주고 있습니다. 이러한 전례 없는 NLP 기능은 교육, 의료, 인간-기계 상호 작용, 의학 및 과학 연구와 같은 다양한 도메인에서 응용 프로그램을 촉진합니다. ChatGPT는 광범위한 관심과 관심을 받아 그 뛰어난 잠재력을 활용하는 응용 프로그램 및 연구가 증가하고 있습니다. 다모달 GPT-4 모델의 공개 릴리즈는 대규모 언어 모델의 지평을 더욱 확장하고 텍스트 이외의 다양한 데이터를 포함하는 흥미로운 개발을 가능하게 합니다.

이 논문은 ChatGPT와 다양한 분야에서의 잠재적 응용 프로그램에 대한 포괄적인 조사를 제공하는 것을 목적으로 합니다. 이를 위해 arXiv 저장소에서 ChatGPT 관련 논문을 철저하게 분석하였습니다. 2023년 4월 1일 기준으로 arXiv에는 ChatGPT를 언급하는 총 194개의 논문이 있습니다. 이 연구에서는 이러한 논문들의 추세 분석을 수행하고, 공통적으로 사용되는 용어를 시각화하기 위해 워드 클라우드를 생성하였습니다. 또한 다양한 분야에서의 논문 분포를 조사하고 해당 통계를 제시하였습니다. 그림 1은 ChatGPT 관련 논문 제출 추세를 일별로 보여주며, 이 분야에 대한 관심이 증가하고 있음을 나타냅니다. 그림 2는 모든 논문에 대한 워드 클라우드 분석을 보여줍니다. 현재 연구는 주로 자연어 처리에 초점이 맞춰져 있지만, 교육 및 역사와 같은 다른 분야에서도 여전히 큰 잠재력이 있음을 알 수 있습니다. 이는 그림 3에서도 확인할 수 있는데, 다양한 분야에서의 제출된 논문 분포를 보여주며 이러한 분야에서의 연구 및 개발이 더 필요함을 강조합니다. ChatGPT/GPT-4 관련 연구의 빠른 발전으로 인해 최신 추세를 실시간으로 제공하는 동적 웹페이지를 소개하였습니다. 해당 링크를 통해 웹페이지에 접근하여 진화하는 연구 방향에 대한 정보를 확인할 수 있습니다.

이 논문은 ChatGPT의 유망한 기능을 조명하고, 윤리적 고려 사항을 포함한 미래의 잠재적 영향에 대한 통찰력을 제공하는 것을 목표로 합니다. 이 조사를 통해 이러한 모델이 어떻게 개선되고 확장될 수 있는지에 대한 통찰력을 제공하고자 합니다. 2장에서는 ChatGPT의 응용 프로그램, 윤리적 고려 사항 및 평가에 대한 기존 연구를 검토합니다. ChatGPT 관련 연구의 현재 상태를 논의하는 것 외에도 3장에서는 ChatGPT의 한계를 탐구합니다. 또한 언어 모델 개발에 대한 미래 방향성을 제시합니다.

2.1 ChatGPT의 응용 프로그램

ChatGPT는 자연어 처리, 교육, 의료, 인공지능, 게임 등 다양한 분야에서 응용 프로그램을 개발하는 데 사용되고 있습니다.

2.2 ChatGPT의 윤리적 고려 사항

ChatGPT는 인간의 언어를 이해하고 생성하는 능력을 가지고 있기 때문에, 윤리적 문제가 발생할 수 있습니다. 예를 들어 ChatGPT가 혐오 발언이나 차별적인 발언을 생성할 수 있습니다. 이러한 문제를 해결하기 위해서는 모델의 학습 데이터를 관리하고, 모델의 학습 과정에서 윤리적 고려 사항을 고려해야 합니다.

2.3 ChatGPT의 평가

ChatGPT의 성능을 평가하기 위해서는 다양한 평가 지표를 사용해야 합니다. 예를 들어 정확도, 재현율, F1-점수 등이 있습니다. 또한, 모델의 성능을 평가하기 위해서는 다양한 데이터셋을 사용해야 합니다.

3.1 ChatGPT의 한계

ChatGPT는 다음과 같은 한계가 있습니다.

- 학습 데이터에 의존적입니다.
- 문맥을 이해하는 능력이 부족합니다.
- 혐오 발언이나 차별적인 발언을 생성할 수 있습니다.

3.2 언어 모델 개발의 미래 방향성

언어 모델 개발의 미래 방향성은 다음과 같습니다.

- 학습 데이터의 다양성을 증가시켜야 합니다.
- 문맥을 이해하는 능력을 향상시켜야 합니다.
- 혐오 발언이나 차별적인 발언을 생성하지 않도록 해야 합니다.
- 인간과 대화하는 능력을 향상시켜야 합니다.
- 인공지능 기술과 결합하여 새로운 서비스를 개발해야 합니다.

결론적으로, ChatGPT는 자연어 처리 분야에서 큰 발전을 이루었으며, 다양한 분야에서 응용 프로그램을 개발하는 데 사용되고 있습니다. 하지만 한계점도 존재하기 때문에, 이를 극복하기 위한 연구가 필요합니다. 또한 언어 모델 개발의 미래 방향성은 학습 데이터의 다양성을 증가시키고, 문맥을 이해하는 능력을 향상시키는 것입니다. 혐오 발언이나 차별적인 발언을 생성하지 않도록 하고, 인간과 대화하는 능력을 향상시키는 것입니다. 인공지능 기술과 결합하여 새로운 서비스를 개발하는 것입니다.

출처: 클로바 X

번역된 내용을 보면 매우 매끄럽게 잘 번역된 것을 볼 수 있다. 번역을 지시하는 과정에서 출력 글자수 제한에 걸려서 전체 글의 번역이 한 번에 출력되지 않았다. 전체 글의 번역을 얻고자 출력되지 않은 부분을 고려하여 '이어서 써줘'라는 프롬프트를 주어 결과를 얻었다. 그러자 번역하라고 주어진 내용을 넘어서서 새로운 문장(밑줄 친 문장)을 생성한다. 다음에 올 단어나 문장을 맞추는 방식으로 학습된 자연어 생성 인공지능이다 보니, 2장에 대한 내용이 나오자 그 뒤의 2.1장 등의 내용을 추가로 생성한 것으로 추정된다. 만약 학습 원리에 대해 몰랐다면 왜 이런 결과가 나오는지 모르거나, 추가로 생성된 것도 영문 문장이라고 받아들일 수 있다. 그렇기 때문에 클로바 X의 결과를 무조건적으로 신뢰하기보다는 보조적인 도구로 사용하는 것이 더 적합하다.

>> 철자 및 문법 교정
클로바 X는 수많은 한국어들을 학습했기 때문에 한국어 문장의 문법적으로 옳고 그름을 판단할 수 있다. 당연히 철자의 옳고 그름도 판단할 수 있다.

 철자나 문장이 틀린 것이 있다면 수정해줘. "남성요 청바자을 추천해드리겠습니다.

1. 와이드핏 청바지: 바지 통는 넓은 핏으로, 편안한 착요감아 특징입니다.

2. 슬림핏 청바지: 바지 통가 좁은 핏으로, 다리가 걸어 보이는 효과가 있습니다.

3. 스트레이트핏 청바지: 일자로 떨어지는 핏으로, 가장 기본적인 청바지입니다.

이외에도 원하시는 청바지의 특장, 쇼제, 색상 등을 알려주시면 더욱 취향에 맞는 상품을 추천해드릴 수 있습니다."

"남성용 청바지를 추천해드리겠습니다.

와이드핏 청바지: 바지 통이 넓은 핏으로, 편안한 착용감이 특징입니다.

슬림핏 청바지: 바지 통이 좁은 핏으로, 다리가 길어 보이는 효과가 있습니다.

스트레이트핏 청바지: 일자로 떨어지는 핏으로, 가장 기본적인 청바지입니다.

이외에도 원하시는 청바지의 특징, 소재, 색상 등을 알려주시면 더욱 취향에 맞는 상품을 추천해 드릴 수 있습니다."

출처: 클로바 X

밑줄 친 부분은 임의로 틀리게 수정한 부분이다. 응답 결과를 보자, 틀리게 수정한 부분이 옳게 고쳐진 것을 볼 수 있다. 클로바 X는 수많은 한국어 데이터로 학습했기 때문에 앞뒤 문맥상 많이 사용되지 않는 단어라면 잘못 사용되었다는 것을 감지할 수 있다.

철자나 문장이 틀린 것이 있다면 수정해줘. "The purpe of this paper is to pvide a comprensive survey of the existed research in ChatGPT and that's pontial applications in various fields."

"The purpose of this paper is to provide a comprehensive survey of the existing research in ChatGPT and its potential applications in various fields."

출처: 클로바 X

앞서 이야기한 바와 같이 클로바 X는 다양한 언어도 지원하기 때문에 다른 언어의 틀린 문법을 감지하는 데 활용할 수도 있다. 물론 이 또한 완전히 신뢰하면 안 되고 보조적으로 활용하는 편이 적합하다.

>> 스킬 기능 - 계획 일정표

클로바 X는 **스킬**이라는 기능은 클로바 X가 더 나은 응답을 사용자에게 제공할 수 있도록 도와주는 기능이다. 집필 기준(2023년 3분기)으로, 스킬은 네이버 쇼핑과 네이버 여행의 정보를 활용할 수 있는 기능을 제공한다. 이러한 기능을 통해 사용자는 네이버 쇼핑의 최신 정보를 연동하여 최저가, 상품 정보 추천 등을 받아보거나 네이버 여행의 최신 정보를 연동하여 여행 상품 정보 추천 등을 받아볼 수 있다. 여기서는 그중에서도 네이버 여행의 정보를 사용하여 계획 일정표를 수립하는 예를 살펴볼 것이다.

클로바 X를 처음 사용할 때는 스킬은 활성화되어 있지 않다. 프롬프트를 입력하는 박스 내에 스킬을 활성화하는 버튼이 있어서, 버튼을 클릭하는 동시에 스킬은 활성화가 되고 네이버의 여러 최신 정보들을 연동받을 수 있다. 물론 스킬을 활성화하더라도 항상 스킬을 사용한 결과가 노출되는 것은 아니며, 클로바 X가 적절히 판단하여 필요한 경우에 한해 스킬을 사용하여 사용자에게 응답한다.

 제주도 3박 4일 일정 코스 추천

 (네이버 여행 아이콘)
제주도 3박 4일 일정 코스를 추천해드리겠습니다.
1일 차:
- 제주시 도착 후 숙소 이동
- 제주 동문시장에서 저녁 식사 및 구경

2일 차:
- 우도 방문
- 성산일출봉에서 일출 감상
- 섭지코지 방문
- 점심 식사
- 제주도 민속촌 방문
- 제주도 천지연폭포 방문
- 저녁 식사

3일 차:
- 한라산 등반
- 점심 식사
- 제주도 중문관광단지 방문

- 제주도 테디베어 박물관 방문
- 제주도 여미지식물원 방문
- 저녁 식사

4일 차:
- 제주도 협재해수욕장 방문
- 제주도 애월해안도로 드라이브
- 제주도 동문시장 방문
- 제주도 공항으로 이동

제주도에서 유명한 관광지와 맛집을 중심으로 일정을 구성해보았습니다. 개인의 취향과 상황에 따라 일정을 조정하시면 됩니다. 즐거운 여행 되세요!

제주특별자치도 제주시 #오름 #땅콩아이스크림 #흑돼지 금능해수욕장 함덕해수욕장 새별오름

제주특별자치도 서귀포시 #흑돼지 #오름 #해변 쇠소깍 용머리해안 아쿠아플라넷 제주

여행지를 선택해 네이버 여행에서 더 많은 정보를 확인하세요.

출처: 클로바 X

스킬을 활성화한 뒤 제주도 3박 4일 여행 코스를 추천해달라고 하자, 클로바 X는 네이버 여행의 최신 정보를 연동받아서 알려줄 필요성이 있다고 판단하여 제주도 관광과 관련된 정보를 알려주는 것을 볼 수 있다. 3박 4일간 방문할 곳과 그 장소에서 무엇을 할지, 기상부터 식사까지 시간에 따라 모든 일정을 알려준다. 저작권상 이미지 등을 삭제하여 첨부하지 못했지만, 사용자가 네이버 여행에 접속해서 더 많은 정보를 얻을 수 있도록 이미지와 링크를 하단에 출력해주기도 한다. 원하지 않는 여행지는 제외해보도록 하자.

 제주도 3박 4일 일정 코스 추천해줘. 우도를 제외해줘.

 (네이버 여행 아이콘)
제주도 3박 4일 일정 코스를 추천해드리겠습니다.

1일 차:

- 제주시 도착 후 숙소 이동
- 제주 동문시장에서 저녁 식사 및 구경

2일 차:

- 성산일출봉에서 일출 감상
- 섭지코지 방문
- 점심 식사
- 제주도 민속촌 방문
- 제주도 천지연폭포 방문
- 저녁 식사

3일 차:

- 한라산 등반
- 점심 식사
- 제주도 중문관광단지 방문
- 제주도 테디베어 박물관 방문
- 제주도 여미지식물원 방문
- 저녁 식사

4일 차:

- 제주도 협재해수욕장 방문
- 제주도 애월해안도로 드라이브
- 제주도 동문시장 방문
- 제주도 공항으로 이동

제주도에서 유명한 관광지와 맛집을 중심으로 일정을 구성해보았습니다. 개인의 취향과 상황에 따라 일정을 조정하시면 됩니다. 즐거운 여행 되세요!

제주특별자치도 제주시 #오름 #땅콩아이스크림 #흑돼지 금능해수욕장 함덕해수욕장 새별오름

제주특별자치도 서귀포시 #흑돼지 #오름 #해변 쇠소깍 용머리해안 아쿠아플라넷 제주

여행지를 선택해 네이버 여행에서 더 많은 정보를 확인하세요.

출처: 클로바 X

우도를 추천하지 말라는 제한을 걸자, 우도를 방문하는 일정이 빠진 것을 볼 수 있다. 이러한 과정을 통해 최신의 정보를 연동받아 여행 일정을 설계하는 데 도움이 된다. 특히 네이버는 국내 포털이므로 국내 여행 일정을 계획할 때 큰 도움이 될 것이다. 개인이 여행 일정을 계획할 때도 도움이 되지만 소규모 여행사가 여행 일정을 클로바 X에 맡겨 설계하는 식으로 도움을 받아 업무를 원활하게 할 수 있다.

▶▶ 스킬 기능 - 상품 비교

스킬을 사용하여 계획 일정표를 수립하는 예시를 살펴보았는데, 네이버 쇼핑의 최신 정보를 연동하여 사용하는 예시를 볼 것이다.

청바지를 추천해줘.

(네이버 쇼핑 아이콘)

청바지를 구매할 때 고려해야 할 요소는 다음과 같습니다.

1. 사이즈: 자신의 체형에 맞는 사이즈를 선택해야 합니다.

2. 디자인: 자신의 취향에 맞는 디자인을 선택해야 합니다.

3. 소재: 소재는 청바지의 착용감과 내구성을 결정하는 중요한 요소입니다.

4. 가격: 가격은 자신의 예산에 맞는 적절한 가격을 선택해야 합니다.

청바지를 추천해드리기 위해서는 사용자님의 성별, 연령대, 선호하는 디자인, 소재, 가격 등의 정보가 필요합니다.

사용자님의 정보를 알려주시면 청바지를 추천해드릴 수 있습니다. 다른 도움이 필요하시면 언제든지 말씀해주세요.

남자슬림핏 스판 데미지청바지 최저37,500원 판매처 2

남자 밴딩 생지 레직기 데님 와이드 진청 배기 청바지 최저36,000원 판매처 2

4컬러 슬림핏 청바지 최저27,500원 판매처 2

남자9부청바지 남자흑청바지 진청바지 연청바지 중청바지 37,000원 3,000원 판매처

데미지 남자 청바지 진청 스판 찢어진 9부 데님팬츠 최저37,500원 판매처 2

11컬러기본워싱청바지 최저22,000원 판매처 2

남성 진 청바지 면바지 조거 데님 찢청 15,300원 무료 판매처

연청 진청 남자 청바지 28,800원 무료 판매처

진청 청바지 밴딩 남자 찢청 최저34,900원 판매처 2

5컬러 빅사이즈 스판 슬림 진청 남자청바지 29,800원 무료 판매처

스킬을 활성화한 뒤 청바지를 추천해달라고 하자, 클로바 X는 네이버 쇼핑의 최신 정보를 연동받아서 알려줄 필요가 있다고 판단하여 청바지와 관련된 정보를 알려주는 것을 볼 수 있다. 청바지 구매와 관련된 정보들과 구매할 수 있는 링크와 이미지, 가격과 배송비, 판매처까지 모두 알려준다. 저작권상 이미지나 판매처의 이름 등을 마스킹 처리하거나 일부 수정하여 첨부하지 못했지만, 사용자가 네이버 쇼핑을 접속해서 찾아보지 않더라도 스킬을 사용해서 클로바 X에서 네이버 쇼핑의 정보를 얻을 수 있다. 더 구체적으로 제한해보자.

 2만 원 이하의 청바지를 추천해줘.

 (네이버 쇼핑 링크)

2만 원 이하의 남자 청바지를 추천해드리겠습니다.

슬림핏 스타일의 청바지는 체형에 상관 없이 다양한 상황에 잘 어울리는 아이템입니다. 캐주얼한 일자바지 스타일의 청바지는 부담 없이 착용하기 좋습니다. 또한 밴드가 있는 청바지는 편안한 착용감을 제공합니다.

1. 스판 슬림핏 청바지: 진한 색상의 스판 슬림핏 청바지로, 청바지 사이즈가 고민되는 분들에게 추천합니다.

2. 일자바지 청바지: 스키니 스타일의 청바지로 디자인이 무난하여 부담 없이 착용하기 좋습니다.

3. 밴드 청바지: 허리 부분에 밴드가 있어 착용이 편리한 청바지입니다.

여름 남자청바지 일자 허리밴딩 스판청바지 데님 캐주얼 남자바지 19,500원 무료 판매처

봄 여름 일자남자청바지 19,800원 무료 판매처

노블진 가을워싱 청바지 중년청바지 스판 아빠옷 청작업복 최저15,500원 판매처 38

남성 남자청바지 여름스판바지 쿨 시원한 청바지 아빠옷 작업바지 일자핏 밑위가긴바지 15,400원 2,500원 판매처

남성 데미지 진 청바지 면바지 조거 데님 찢청 15,300원 무료 판매처

빌리버스 남자 청바지 일자 팬츠 남성 블랙진 데님 바지 최저14,670원 판매처 249

동대문제작 루즈핏 데님팬츠 남자청바지 연청 중청 진청 최저9,790원 판매처 2

남자청바지 작업복 데님 아웃도어 춘추용 일상복 최저14,900원 판매처 2

제이로드4 슬림 일자 밴딩 카고 남자청바지 최저12,900원 판매처 12

남자청바지 일자 슬림 와이드핏 면바지 남성 최저15,270원 판매처 3

출처: 클로바 X

2만 원 이하를 추천해달라고 요청하자 2만 원 이하의 상품을 잘 추천하는 것을 볼 수 있다. 이 외에도 배송비를 포함해서 알려달라거나, 여러 가지 조건을 정해서 네이버 쇼핑의 최신 정보들을 손쉽게 얻을 수 있다. ChatGPT에 Plug-in이 있다면, 클로바 X에는 스킬이 있어서 이 기능을 통해 네이버의 정보를 손쉽게 연동해서 얻을 수 있다.

앞으로 스킬의 종류는 더 늘어날 예정이며 이를 통해 수많은 일을 할 수 있으리라 기대된다. 물론 이러한 작업을 위해서는 프롬프트 엔지니어링을 학습하는 것이 필수적이므로 이 책을 읽고 프롬프트 엔지니어링에 대한 기초 지식을 쌓을 것을 권유한다.

〉 마이크로소프트 빙챗

빙챗BingChat은 빙Bing 검색을 사용하여 답변을 찾고, 사용자가 질문을 더 잘 이해할 수 있도록 추가 정보를 제공할 수도 있다. 빙챗은 GPT-4를 기반으로 작동하기 때문에 텍스트를 생성하고, 언어를 번역하고, 다양한 종류의 창의적인 콘텐츠를 작성하고, 개방형, 도전적 또는 이상하더라도 유익한 방식으로 질문에 답변할 수 있다.

빙챗은 엣지 브라우저 내에서 사용자가 질문하고 정보를 얻을 수 있는 챗봇 서비스다. 마이크로소프트에서 개발했으며 집필 기준(2023년 2분기) MS 브라우저인 엣지나 모바일 엣지(집필 기준 예정)에서만 사용이 가능하다. 빙챗은 빙 검색을 사용하여 답변을 찾고, 사용자가 질문을 더 잘 이해할 수 있도록 추가 정보를 제공할 수도 있다. 빙챗은 GPT-4를 기반으로 작동하기 때문에 텍스트를 생성하고, 언어를 번역하고, 다양한 종류의 창의적인 콘텐츠를 작성하고 질문에 답변할 수 있다.

빙챗 또한 구글의 바드와 같이 출처를 알려준다. 특이한 점은 따로 요청하지 않아도 출처를 문장별로 알려준다는 것이다. 빙챗의 사용 예시는 마이크로소프트의 이용 정책상 이곳에 싣지 못하지만, 한 번쯤 사용해볼 것을 권한다. 필자의 경험상 빙챗은 비즈니스에 활용하기 매우 적합하다. 일단 GPT-4 기반이기 때문에 응답을 잘한다. 또한 출처를 알려주기 때문에 신뢰도가 높고, 제공된 출처에 방문하여 직접 내용을 살펴볼 수 있다. 하지만 단점은 대화별로 질문 수가 제한(2023년 2분기 기준, 20개)되어 있어서 질문의 사슬에는 적합하지 않을 수 있다.

빙챗을 만들기 위해 마이크로소프트는 프로메테우스라는 모델을 만들었다. 이는 빙과 GPT 추론 모델의 답변 결과를 결합하는 마이크로소프트 기술이다. 마이크로소프트에 의하면 내부적으로는 빙 오케스트라와 빙 인덱스 및 랭킹&답변, GPT의 3가지 요소로 구성되어 있다고 한다.

마이크로소프트에서 발표한 바에 의하면, 응답할 때 빙의 검색 정보(Index, Ranking, Answers) 결과를 GPT의 결과와 결합하여 응답한다고 한다. 출처가 달려 있어서 사용자 입장에서는 더 신뢰할 만하다. 게다가 빙의 검색 결과를 함께 사용하기 때문에 최신 답변을 얻을 수 있다.

대화 스타일은 선택할 수 있다. '보다 창의적인', '보다 균형 있는', '보다 정밀한'의 3가지로, 어떤 것을 선택하고 질의하느냐에 따라 응답 스타일이 달라진다. 이 또한 얻고자 하는 응답을 고려해서 결정하면 된다.

물론 다른 서비스들과 약간의 차이는 있다. 공식적으로 발표되거나 실험해보지는 않았으나, 빙챗이 길게 응답하지 않고 정보를 전달하는 데 충실하여 응답이 짧은 것으로 보인다. 이 또한 활용 목적에 따라 더 적합할 수 있기 때문에 취사선택하면 된다. 다만 상업적으로 활용하면 안 되기 때문에 그런 경우에는 다른 서비스를 활용하는 것이 좋다(2023년 2분기 기준).*

>_ 이미지 생성 인공지능

이미지 생성 인공지능 서비스에서 프롬프트 엔지니어링을 사용하는 방법을 예를 들어 설명하겠다. 기존에 있을 법한 이미지부터 존재하지 않는 사진이나 만화 같은 이미지 등 다양한 이미지를 생성할 수 있다. 이에 대해 여러 서비스들을 소개하며 간단한 예시를 살펴볼 것이다. 다양한 이미지 생성 인공지능이 있지만, 여기서는 클릭 몇 번으로 구현할 수 있는 웹 기반 서비스들만 살펴보겠다. 무언가를 설치하거나 추가 작업이 필요하면 작업하기가 어렵기 때문이다.

> 오픈AI DALL-E2

DALL-E2는 오픈AI에서 만든 이미지 생성 인공지능 서비스로 텍스트로부터 이미지를 생성할 수 있다. DALL-E2는 방대한 텍스트 및 이미지 데이터셋으

---

* 빙챗은 마이크로소프트의 이용 정책(https://www.bing.com/new/termsofuse)에 의하면, 마이크로소프트 서비스 계약 및 마이크로소프트 콘텐츠 정책을 준수하는 경우에 한해 합법적인 개인적, 비상업적 목적으로만 생성물(답변)을 사용할 수 있다.

로 학습되었으며 텍스트 설명에 해당하는 이미지를 식별하고 생성하여 창의적인 작업에 다양하게 사용될 수 있다. 예를 들어 예술, 그래픽디자인, 마케팅 자료, 교육 및 연구에 사용할 수 있다. 여기에서는 DALL-E2를 활용할 때 프롬프트 엔지니어링을 어떻게 활용할 수 있는지 알아보자.

기본 단계 프롬프트 엔지니어링

먼저 앞에서 배운 기본 단계 프롬프트 엔지니어링을 활용해보자.

 몰티즈 이미지를 만들어줘.

출처: DALL-E2(https://openai.com/product/dall-e-2)

몰티즈 이미지를 부탁했지만 풍경과 음식 이미지가 생성되었다. 영어로 지시해보자.

 Maltese 이미지를 만들어줘.

출처: DALL-E2

영어로 지시하자 제대로 된 결과가 나왔다. 이번엔 더 구체적으로 프롬프트를 구성해보자.

 행복한 얼굴로 풀이 있는 초원을 뛰고 있는 Maltese 이미지를 만들어줘.

출처: DALL-E2

제대로 된 결과를 생성하지 못한다. 세 번째 강아지만 행복한 표정이고, 네 번째 사진에만 꽃이 있을 뿐 초원은 등장하지 않고 뛰는 모습도 없다. 이번엔 프롬프트를 모두 영어로 변경해보자.

 Create an image of a Maltese running through a grassy meadow with a happy face.

출처: DALL-E2

원하는 결과가 제대로 나왔다. 사실 DALL-E2는 집필 기준(2023년 2분기)으로 영어로 만들어진 프롬프트만 받을 수 있다. 그러므로 프롬프트를 영어로 변환해주는 과정이 필요하다. 구글 혹은 파파고 번역기를 사용해도 되고 ChatGPT, 바드, 빙챗 등을 사용하여 번역하면 양질의 결과를 얻을 수 있다.

굳이 한글로 시도해본 이유는 한글로 넣으면 작동은 하지만 제대로 결과가 나오지 않는 것을 보여주기 위해서다. 즉, 인공지능 서비스에 대해 잘 모르는 상태에서 사용하면 원하지 않는 결과를 얻을 수 있다는 것이다. 영어만 사용 가능하다는 것을 모르는 상태로 한글로만 사용했는데 우연히 의도에 맞는 결과를 생성할 수 있었다고 하자. 그러면 사용자는 영어로만 사용할 수 있다는 것을 모르고 한글을 계속 사용할 것이다. 게다가 에러가 나는 것도 아니기 때문에 영어로만 프롬프트를 만들어야 한다는 것을 모르는 사용자는 자신이 원하는 결과물이 생성되지 않는 것을 이해하지 못할 것이다.

💬 Create an image of a Maltese running through a grassy meadow with a happy face. make the image in sky.

출처: DALL-E2

이미지에 하늘이 포함되도록 만들어달라고 하자, 하늘이 포함된 것을 볼 수 있다. 이번엔 제외하는 프롬프트 예시를 시도해보자.

💬 Generate an image of a smiling Siberian Husky. The dog's background should be a blue sky and the dog should be sitting on the grass but no clouds.

출처: DALL-E2

웃는 시베리안 허스키를 만들되 배경은 푸른 하늘이어야 하며 강아지는 잔디밭에 앉아 있어야 한다며 구체적인 조건을 주었다. 하지만 구름은 없어야 한다는 제약 조건을 추가하자, 파란 하늘이지만 구름이 한 점 없는 맑은 하늘을 배경으로 웃는 시베리안 허스키의 이미지가 만들어졌다. 이처럼 간단하게 프롬프트 엔지니어링을 해주어도 원하는 이미지를 만들어낼 수 있다. 특히 제한 조건이나 구체적 요구 사항은 이미지 생성 인공지능을 사용할 때 큰 도움이 될 것이다.

고급 단계 프롬프트 엔지니어링

이번엔 고급 단계 프롬프트 엔지니어링의 결과를 살펴보자. 먼저 자아를 부여해보자.

출처: DALL-E2

일부러 잘 그리지 못하도록 3살 아기라고 이야기해주고 강아지를 그려달라고 하자, 정말 3살 아기가 그린 것처럼 강아지 그림을 그려주었다. 잘 그리게 하는 것도 가능하지만, 자아를 부여하면 간단한 프롬프트로도 이미지의 품질을 좌우할 수 있다. 이번엔 다른 자아를 부여해보자.

You are a painter who paints draw a picture showing the bull terrier's torso and side face.

화가가 되어 강아지의 한 종류인 불테리어를 몸통과 옆 얼굴이 보이도록 그려달라고 하자, 이런 결과가 나왔다. 이렇듯 다양한 형태의 이미지를 만들 수 있다는 것을 알 수 있다. 이는 많은 가능성을 내포한다. 사람이 손으로 그린 것과 같은 이미지, 숙련도에 따른 이미지, 사진과 같은 이미지 등 프롬프트 엔지니어링을 조금만 하면 수많은 형태의 이미지를 만들 수 있다는 말이다. 즉, 이미지 생성 인공지능이라고 해서 유사한 이미지만 생성하지는 않기 때문에 프롬프트 엔지니어링을 하는 것이 중요하다.

응용 단계 프롬프트 엔지니어링

다음으로 응용 단계의 프롬프트 엔지니어링을 살펴보자. 이미지 생성 인공지능 서비스를 사용해서 무엇을 할 수 있는지 설명하겠다.

›› 이미지의 형태

이미지를 생성하는 인공지능이다 보니 이미지의 형태를 프롬프트 엔지니어링으로 작업할 수 있다.

Bull Terrier

출처: DALL-E2

불테리어를 입력하자 매우 현실적인 불테리어를 보여준다. 그런데 앉아 있는 사진보다는 선 자세, 정면보다는 몸통 사진을 보고 싶다고 하자. 그럴 땐 원하는 형태가 나오도록 프롬프트에 형태를 지정해주면 된다.

 Bull Terrier standing in profile with body visible

출처: DALL-E2

서 있는 상태에서 몸통이 보이는 이미지를 생성해주었다. 그런데 얼굴이 잘려서 마음에 들지 않는다. 얼굴도 나오도록 프롬프트를 보내자.

Bull Terrier standing in profile showing full body and face profile

출처: DALL-E2

03 초거대 생성형 인공지능 서비스와 프롬프트 엔지니어링 사용 사례

이번엔 얼굴도 잘 나왔다. 이처럼 이미지에 포함된 객체(물리적으로 존재하거나 추상적으로 생각할 수 있는 것, 여기서는 불테리어)의 원하는 형태를 구체적으로 지정해주면 원하는 결과를 얻는 데 도움이 된다. 즉, 원하는 결과를 얻기 위해 이미지의 결과로 예상되는 객체의 모습을 요구하면 원하는 형태를 얻을 수 있다.

기본 단계 프롬프트 엔지니어링의 반복 질문과 유사한 개념도 클릭 한 번에 수행할 수 있다. 생성된 이미지를 기반으로 variations(변형) 버튼을 클릭해주면 약간씩 다른 다양한 이미지를 얻을 수 있다. 처음에 얻었던 불테리어의 이미지를 변형해보자.

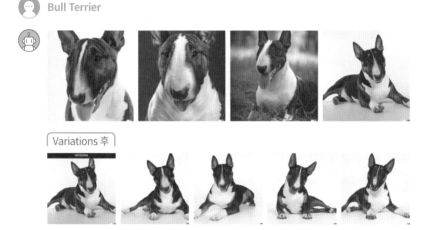

출처: DALL-E2

이미지를 선택한 후 Variations 버튼을 클릭하면, 굳이 프롬프트를 여러 번 보내지 않아도 동일한 개념의 이미지를 다양하게 얻을 수 있다. 이처럼 DALL-E2는 다양한 프롬프트 엔지니어링도 가능하며 클릭 한 번에 프롬프트 엔지니어링을 구현하는 기능을 제공하고 있다. 이런 DALL-E2를 잘 활용한다면 원하는 이미지를 손쉽고 빠르게 얻을 수 있다.

>> 관련 없는 개념 결합

DALL-E2는 텍스트를 이미지로 바꾸는 인공지능이다. 즉, 텍스트가 이미지로 어떻게 표현되는지 안다는 뜻이다. 때로 새로운 개념을 만들 때 기존에 있던 개념을 결합해서 만들어내곤 한다. 예를 들어 초콜릿과 우유의 개념이 합쳐져서 초코우유가 만들어지는 식이다. 개념과 개념의 결합을 텍스트로 표현할 수 있다는 말은 개념과 개념의 조합을 DALL-E2를 사용해서 이미지로 바꿀 수 있다는 의미다.

이미 만들어진 이미지에 다른 개념의 물체를 조합해보자. DALL-E2에서 제공하는 기능으로 수행할 수 있다. Edit 버튼을 누른 뒤 지우개 모양의 아이콘(Eraser)을 클릭하고 바꾸고자 하는 부분의 그림 일부를 지워준다. 그러면 새로운 개념의 그림을 지워진 그림에 넣기 위해 프롬프트를 입력하는 창이 뜰 것이다. 그리고 이 프롬프트에 원하는 내용을 텍스트로 입력하면 지워진 그림에 텍스트로 입력한 개념의 이미지가 이미 있는 이미지와 결합된다. 이를 **인페이팅**inpainting이라 한다. 여기에서는 강아지에 헤드셋을 씌워보자.

 Bull Terrier

 원본 결과

Wear a headset.

 인페인팅 후

출처: DALL-E2

강아지의 머리 부분을 지운 뒤에 헤드셋을 씌우라는 프롬프트를 주자 헤드셋을 쓴 강아지의 이미지를 만들어주는 것을 볼 수 있다. 이미 있던 불테리어의 개념에 헤드셋을 씌운다는 개념을 결합하여 새로운 이미지를 만든 것이다.

이번엔 새로운 개념의 이미지를 기존 이미지와 결합하는 것이 아니라 확장해보자. 이미지의 크기를 확장하되, 원본 그림에 그려지지 않은 부분을 추가로 그리는 것이다. 그려지지 않은 부분을 추가하기 위해서 프롬프트를 추가해 그림 바깥쪽 부분을 새로운 개념의 이미지를 결합하여 채워 넣을 수 있다. 이를 **아웃페인팅**outpainting이라 한다. Edit 버튼을 누른 뒤 프레임을 확장하는(Add generation frame) 모양의 아이콘을 클릭하고, 확장을 원하는 부분을 클릭한다. 그러면 확장을 원한 부분에 들어갈 이미지의 프롬프트를 입력할 수 있는 창이 뜰 것이다. 그 창에 원하는 프롬프트를 입력하면 확장을 원한 부분에 넣을 수 있는 이미지의 후보들을 보여준다. 그중 원하는 이미지를 고른 뒤 Accept를 누르면 확장된다. 여기에서는 아웃페인팅을 위해 강아지 장난감을 추가해보자.

인페인팅한 원본 결과

Puppy toy.

아웃페인팅 후

확장을 원하는 부분에 강아지가 가지고 노는 장난감을 넣기 위해 'puppy toy'라는 프롬프트를 주자, 강아지 모양의 인형이 생성되었다. 앞서 이야기한 것과 같이 구체적인 프롬프트를 주지 않으면 원하는 이미지를 얻을 수 없다. 원하는 이미지를 얻기 위해서는 'toys for dogs to play with'와 같이 구체적인 프롬프트를 주어야 한다. 놀라운 것은 강아지의 발이 잘린 이미지였는데,

확장하면서 잘린 발을 복구해주었다는 점이다. 이처럼 확장할 때 결손된 부분이나 보충할 부분이 있다면 이를 인공지능이 자동으로 채워준다.

이처럼 개념과 개념을 결합할 수 있다는 것은 오픈AI 또한 알고 있었다. 오픈AI 블로그*에 서로 다른 아이디어를 결합하여 개체를 합성할 수 있는 능력을 가지고 있으며, 그중 일부는 현실 세계에 존재하지 않을 가능성이 있다고 언급했다. 오픈AI의 예시를 살펴보자.

A professional high quality illustration of a giraffe turtle chimera. A giraffe imitating a turtle. A giraffe made of turtle.

출처: OpenAI 블로그(https://openai.com/research/dall-e)

* https://OpenAI.com/research/dall-e

오픈AI는 존재하지 않는 이미지를 보여주기 위해 거북이와 기린의 합성 이미지를 요청했다. 그러자 거북이 등껍질을 가진 기린 혹은 기린의 색과 무늬를 가진 거북이 등 기린과 거북이의 개념을 합친 이미지를 만들어주었다. 당연히 거북이 등껍질을 가진 기린은 존재하지 않고 기린 색과 무늬를 가진 거북이도 세상에는 존재하지 않는다. DALL-E2가 서로 다른 두 개념을 합성하여 새로운 개념의 이미지를 만들어낸 것이다. 이는 앞서 이야기한 것과 같이 개념과 개념을 조합할 수 있음을 시사한다.

이처럼 DALL-E2는 이미지의 형태를 편집할 수 있는 다양한 방법을 제공하기 때문에 원하는 형태의 이미지를 빠르고 정확하게 만들 수 있다. 게다가 존재하지 않았던 영역을 채운다거나 이미 생성된 이미지의 편집도 쉽고 편하게 할 수 있다. 이제 초거대 이미지 생성 인공지능 서비스를 활용하지 못하면 이미지를 수정하지 못하는 세상이 올 수 있다. 간단한 프롬프트로도 수정이 가능하며 프롬프트 엔지니어링을 통해 정확하게 만들 수 있는 데다가 사람이 작업할 때 비하면 속도도 비교할 수 없을 만큼 빠르다. 현재의 많은 디자이너가 포토샵을 잘 다루면 업무에 큰 도움이 되듯이, 앞으로의 디자이너에게는 초거대 이미지 생성형 인공지능 서비스나 포토샵과 같은 제품에 탑재된 인공지능을 잘 활용할 수 있는 능력이 업무 능력과 직결되는 세상이 올 것이다.

〉 스테이블 디퓨전

스테이블 디퓨전 Stable Diffusion은 2022년에 공개[*]된 인공지능으로, 텍스트를 이미지로 만들어준다. 오픈소스이며 Laion-5b[†]라는 58억 5천만 개의 이미지-텍스트 쌍 데이터로 학습했다. DALL-E2와 마찬가지로 다양한 분야에서

---

[*]   Rombach, Robin, et al. 〈High-resolution image synthesis with latent diffusion models〉. Proceedings of the IEEE/CVF Conference on Computer Vision and Pattern Recognition. 2022.

[†]   https://laion.ai/blog/laion-5b

사용할 수 있다. 스테이블 디퓨전은 웹 인터페이스를 제공한다. 스테이블 디퓨전 온라인Stable Diffusion Online*으로 스테이블 디퓨전의 깃허브GitHub에 있는 것과 동일한 CreativeML Open RAIL-M 라이선스를 가진다. 하이퍼파라미터까지 조정할 수 있는 웹†도 있다. 그러나 비전문가는 하이퍼파라미터를 조정할 수 있는 기능이 있다고 하더라도 복잡하게 받아들일 수 있다. 그렇기 때문에 최대한 간단하게 인터페이스가 구성되어 있는 스테이블 디퓨전 온라인을 활용하여 프롬프트 엔지니어링을 수행할 것이다.

기본 단계 프롬프트 엔지니어링

앞에서 배운 기본 단계 프롬프트 엔지니어링을 활용해보자. 집필 기준으로, 스테이블 디퓨전 역시 DALL-E2와 마찬가지로 한글 프롬프트는 사용할 수 없고 영어로 입력해야 한다.

 Create an image of a Maltese.

출처: 스테이블 디퓨전 온라인(https://stablediffusionweb.com/#demo)

---

*   https://stablediffusionweb.com

†   https://stablediffusion.fr/webui

뭔가 약간 이상하다는 것을 알 수 있다. 눈 간격이 너무 먼 강아지도 있고 색의 대비가 너무 강한 것도 있다. 몰티즈와 유사하게 생기긴 했지만 흔히 생각하는 형태로는 보이지 않는다. 좀 더 구체적으로 지시해보자.

Create an image of a cutest Maltese in the world. The dog must be realistic.

출처: 스테이블 디퓨전 온라인

약간 어색한 사진도 있지만 아까보다는 흔히 생각하는 몰티즈의 모습을 잘 생성한 것 같다. 이번엔 왜 이런 이미지 생성을 지시하는지 알려주어 정교한 결과를 얻어보자.

출처: 스테이블 디퓨전 온라인

처음에 몰티즈를 생성해달라고 할 때보다 현실적이고 귀여워진 것을 볼 수 있다. 이처럼 'cutest', 'ribbon', 'realistic'과 같은 구체적인 정보를 줌으로써 더 정확한 결과물을 만들 수 있다. 이전의 결과물과 비교하면 몇 번의 간단한 프롬프트 엔지니어링만으로 꽤 좋은 결과물을 얻을 수 있다는 것을 알 수 있다.

고급 단계 프롬프트 엔지니어링

앞서 어색한 이미지가 나오자 약간의 프롬프트 엔지니어링을 통해 좋은 결과를 얻을 수 있었다. 하지만 더 좋은 이미지를 얻을 수 있는 방법은 없을까? 인공지능에 자아를 부여한다면 어떨까?

You are artist. Draw me a cute Maltese.

출처: 스테이블 디퓨전 온라인

화가라고 자아를 부여했더니, 앞서 제시한 정보가 없어도 꽤 현실적인 몰티즈가 생성되었다. 그렇다면 구체적인 인물의 자아를 부여하는 것도 가능할까?

You are Picasso. As a Picasso you have to paint cubist pictures. Draw me a cute Maltese.

출처: 스테이블 디퓨전 온라인

피카소가 살아서 몰티즈를 그린다면 아마 이런 형태이지 않을까? 자아를 부여하고 부여된 자아와 같이 입체파로 그리라는 구체적인 지시만 해주었을 뿐인데, 마치 피카소가 그린 것 같은 그림이 생성되었다. 풍부한 색채와 강렬한 붓 자국 등 피카소가 그린 그림에서 보이는 특징이 그대로 보인다. 특히 다양한 각도에서 바라볼 때 생기는 모습을 한 화폭에 담아 묘사했다. 이렇게 자아를 부여함으로써 다양한 결과물을 얻을 수도 있다.

앞서 본 것과 같이 약간의 프롬프트 엔지니어링으로도 좋은 결과물을 얻을 수 있다. 특히 이미지는 다양한 분야에서 사용될 수 있기 때문에 프롬프트 엔지니어링으로 좋은 결과물을 얻는 연습을 많이 한다면 활용할 곳이 많을 것이다.

응용 단계 프롬프트 엔지니어링

여기에서는 이미지 생성 인공지능 서비스를 사용해서 무엇을 할 수 있는지에 대해 살펴볼 것이다. 앞의 DALL-E2와 결과를 비교해보는 것도 도움이 되겠다.

›› 이걸 참고해, 인용 추가

설명할 때 많이 사용하는 방법 중 하나는 인용하는 것이다. 예시와 달리 누군가가 이야기한 내용 혹은 실존하는 현상이나 물체 등을 차용한다. 예시는 창의적일 수 있다는 장점이 있지만 인용은 구체적이라는 장점이 있다. 스테이블 디퓨전에서도 인용을 사용하여 좋은 효과를 보일 수 있다.

Generate an image of a red sports car.

출처: 스테이블 디퓨전 온라인

일반적인 붉은색의 스포츠카다. 이번엔 인용해보도록 하자.

 Inspired by Pixar's Cars, he created an image of a red sports car.

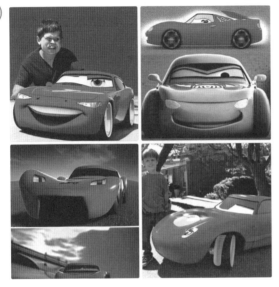

출처: 스테이블 디퓨전 온라인

픽사Pixar의 애니메이션 중에 <카>는 현재 3부작이 나올 만큼 인기가 많다. 스테이블 디퓨전에 이 애니메이션에서 영감을 받아 붉은색 스포츠카를 만들라고 하자(스테이블 디퓨전의 학습에 사용된 laion 데이터셋에는 <카>의 이미지가 포함되어 있기 때문에 이렇게 사용할 수 있다), 차량에 눈과 유사한 이미지들이 생성된다. 물론 구체적으로 예시를 들어 만들 수 있지만, 현존하는 다른 콘텐츠로부터 영감을 받아 생성하라는 프롬프트를 주면 다른 콘텐츠의 영향을 받아 생성한다. 즉, 무언가를 참조하여 이미지를 생성하는 것이다. 원래대로라면 눈과 같이 생긴 것을 넣어달라고 프롬프트 엔지니어링을 하는 과정을 거쳤을 것이다. 하지만 영감을 얻으라는 프롬프트대로 눈과 유사한 이미지를 생성해서 넣었다. 그대로 만들지는 않되 참조하도록 하는 것이다.

Draw a woman standing with a gun.

출처: 스테이블 디퓨전 온라인

한 손으로 총을 든 것도 있고 총 2개를 들고 있는 등 다양한 이미지를 만들어낸다. 이대로도 훌륭한 이미지이지만 몇 가지 특징을 더 수정하고 싶다고하자. 일일이 수정하라고 고치는 것은 어렵기 때문에 앤젤리나 졸리Angelina Jolie에게서 영감을 받으라고 지시를 내려주었다.

Inspired by Angelina Jolie, draw a woman standing with a gun.

출처: 스테이블 디퓨전 온라인

앤젤리나 졸리의 특징과 유사한 이미지들을 생성했다. 그러나 영감만 받았기 때문에 자세히 보면 앤젤리나 졸리와는 다르게 생겼다. 즉, 간단한 방법으로도 유사한 이미지를 만들 수 있다. 이처럼 프롬프트 엔지니어링을 어떻게 활용하느냐에 따라 결과물이 달라질 수 있기 때문에 끊임없이 공부해야 한다.

›› 세상에 없던 이미지

스테이블 디퓨전의 큰 특징 중 하나는 역시 복잡하고 세부적인 프롬프트를 사용할 수 있다는 것이다. 이런 프롬프트를 바탕으로 사실적이고 창의적인 이미지를 생성할 수 있다. 흔히 있을 법한 이미지를 생성해보자.

Fishs in water.

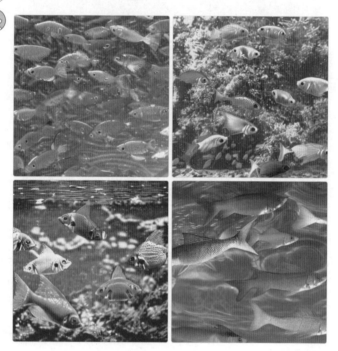

출처: 스테이블 디퓨전 온라인

물고기가 물 안에 있는 것은 지극히 자연스럽다. 이제 이 프롬프트를 약간 수정하여 있을 리 없는 이미지를 만들어보자.

물속에서 불타고 있는 물고기는 현실에서 존재하지 않는 이미지다. 그렇기 때문에 상상해서 그릴 수밖에 없다. 그런데 스테이블 디퓨전이나 DALL-E2 와 같은 초거대 이미지 생성형 인공지능은 이런 내용도 그릴 수 있다.

Burning fishs in water.

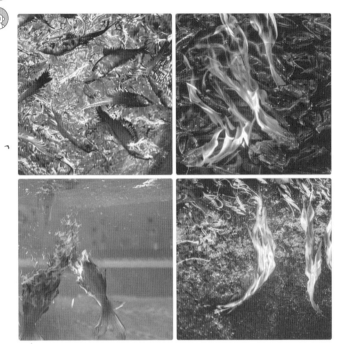

출처: 스테이블 디퓨전 온라인

세상에 없던 이미지를 만들어내는 것은 많은 잠재력을 가진다. 영상 생성 인공지능에 적용한다면 영화를 만드는 데 큰 도움이 될 것이며, 상품을 홍보할 때 만드는 포스터에 현실에 존재하지 않는 이미지를 생성해서 활용할 수 있다. 그러면 SF 영화를 제작할 때 CG 작업을 하느라 들어가는 비용을 절감할 수 있을 것이다. 또한 여러 가지 홍보 시나리오를 생생하게 표현할 수 있다.

세상에 없던 이미지를 만들어내는 것은 사실 매우 놀라운 일이다. 새로운 것을 만들어낼 뿐 아니라 기존에 존재하던 개념의 결합을 통해 새로운 것을 만들어도 창의적이라고 할 수 있다. 이는 인공지능의 활용 범위가 창의적인 결과물을 생성해내는 데까지 확장되었다는 뜻이다. 물론 대다수의 경우 인공지능이 창의성을 대신할 수는 없지만, 창의성은 인간 고유의 영역이라고 생각해왔던 대다수의 비전문가들의 시선과는 달리 인공지능을 사용해도 창의적인 결과물을 생성할 가능성이 있다. 즉, 더 이상 인간만이 창의적인 작업을 수행하는 것이 아니라는 의미다. DALL-E2나 스테이블 디퓨전과 같은 초거대 이미지 생성 인공지능으로 세상에 없는 개념을 만들어내는 창의적인 작업을 매우 간단하고 빠르게 할 수 있게 된 것이다.

최근 DALL-E3가 출시되었다. 더 많은 뉘앙스와 세부 정보를 이해할 수 있는 게 특징이다. 집필 기준 기업용 챗봇 'ChatGPT 엔터프라이즈ChatGPT Enterprise' 와 유료 버전 'ChatGPT 플러스ChatGPT Plus'에서 사용할 수 있다.

특히 DALL-E3와 ChatGPT를 통합하여 일일이 프롬프트를 입력할 필요가 없어져서 더욱 편리해졌다. 예를 들어 사용자가 ChatGPT에서 원하는 사항을 바탕으로 프로프트를 생성하면 이를 DALL-E3가 이미지로 생성하는 방식이다. 성능과 함께 사용자의 편이성을 높이기 위해 노력한 것이 눈에 띄는 점이며 자사의 서비스들을 복합적으로 결합하여 사용자의 수고를 덜기 위한 노력이 향후 생성형 AI 서비스들의 미래를 엿보여 주고 있다.

❯ 마이크로소프트 빙 이미지 크리에이터

빙 이미지 크리에이터 Bing Image Creator는 엣지 브라우저 내에서 사용할 수 있는 텍스트 입력을 기반으로 맞춤형 AI 생성 이미지를 얻을 수 있는 서비스다. 마이크로소프트에서 개발했으며 2023년 2분기 기준으로 엣지에서만 사용이 가능하다. 빙 이미지 크리에이터는 오픈AI의 DALL-E2 기술을 사용하여 설명과 일치하는 이미지를 생성하므로 콘텐츠 제작자, 마케터 및 맞춤형 이미지가 필요한 모든 사람에게 훌륭한 선택지다.

특이한 점은 DALL-E2와는 달리 무료라는 점이다. 또한 무료임에도 불구하고 품질이 크게 뒤떨어지지도 않는다. 이는 DALL-E2를 내부 엔진으로 사용하고 있기 때문이다. 그래서 DALL-E2보다 비용 면에서 뛰어나다. 생성 속도가 너무 느리면 부스트를 사용해서 더 빠르게 만들 수 있는데, 부스트는 구매해야 한다. 다만 빙챗과 마찬가지로 상업적으로 활용하거나 개인이 아닌 조직에서 결과를 활용하면 안 되기 때문에 이와 같은 용도라면 다른 서비스를 찾아보는 것이 좋다.[*]

앞서 말한 바와 같이 빙 이미지 크리에이터는 DALL-E2를 내부 엔진으로 사용하고 있다. 동일한 프롬프트에 대한 결과가 다르게 나오는 것을 보면 그대로 사용하진 않고 약간 변형하거나 가공하는 것으로 보인다. 이미지 제공자 메뉴에 '제공: DALL-E2'라고 기재된 것을 보면 DALL-E2에 보낼 때 프롬프트를 덧붙여서 보내는 방식이 아닐까 추정된다.

빙 이미지 크리에이터를 사용하려면 3가지 방법이 있다. 첫 번째는 빙 이미지 크리에이터 웹 페이지에서 사용하는 방법이고, 두 번째는 빙챗에서 이미지 생성을 요청하는 방법, 마지막 방법은 엣지 브라우저에 추가된 새로운 사이드바를 사용하는 것이다. 빙챗에서는 프롬프트를 입력하는 곳에 '~를 그려줘'와 같이 입력하면 빙 이미지 크리에이터의 결과를 화면에 보여준다. 웹 페이지에서 사용하는 방법은 빙 이미지 크리에이터 웹 페이지에 접속하여 만들고 싶은 이미지에 대한 설명을 입력한다. 그리고 생성 버튼을 클릭하면 설명을 기반으로 이미지를 생성한다. 이미지가 생성되는 데 몇 초가 걸릴 수 있으며, 품질은 설명의 정확도와 세부 사항에 따라 달라진다. 이미지가 생성되면 저장하거나 공유할 수 있다. 마지막으로 엣지 사이드바에 있는 빙 로고를 클릭해서 빙챗과 동일하게 요청하는 방법도 있다.

---

[*] 빙 이미지 크리에이터는 마이크로소프트의 이용 정책(https://www.bing.com/new/termsofuse)에 의하면 마이크로소프트 서비스 계약 및 마이크로소프트 콘텐츠 정책을 준수하는 경우에 한해 합법적인 개인적, 비상업적 목적으로만 생성물(이미지)의 사용이 가능하다.

>_ 프레젠테이션을 비롯한 문서 생성 인공지능

일반 사무직 회사원에게는 프레젠테이션을 생성하는 인공지능이 가장 필요할 것이다. 물론 프레젠테이션은 ChatGPT와 같은 자연어 생성 인공지능을 사용해서 글을 생성하고 DALL-E2와 같은 이미지 생성 인공지능을 사용하여 이미지를 채워넣는 식으로 작업할 수도 있다. 하지만 두 가지 작업을 거치는 것은 너무나도 번거롭다. 또한 프레젠테이션의 양식에 맞게 일일이 수정해야 한다. 그런 관점에서 볼 때 프레젠테이션을 생성하는 인공지능은 비즈니스에 큰 영향을 줄 수 있다.

> 감마

감마Gamma*는 감마테크Gamma Tech에서 만든 서비스로, 텍스트, 이미지, 비디오 및 삽입물을 결합하여 이해하기 쉬운 프레젠테이션, 문서 또는 웹 페이지를 만든다. 복잡한 아이디어를 설명하는 프레젠테이션을 만드는 데 사용할 수 있으며, 학술 논문이나 비즈니스 보고서와 같은 문서를 작성하고 소셜 미디어 게시물이나 블로그 게시물과 같은 웹 콘텐츠를 만드는 데도 사용할 수 있다. 감마는 웹사이트에서 접속할 수 있기 때문에 사용하기 쉽고 모든 플랫폼에서 사용할 수 있다.

기본 사용 방법

우선 감마의 사용법을 살펴보자.† 처음 감마에 접속하면 감마의 홈페이지가 보일 것이다.

---

*   https://gamma.app

†   독자에게 사용법을 설명하기 위해 웹 페이지와 생성물을 책에 기재하도록 흔쾌히 허락해준 감마 팀의 Jon에게 감사를 표한다.

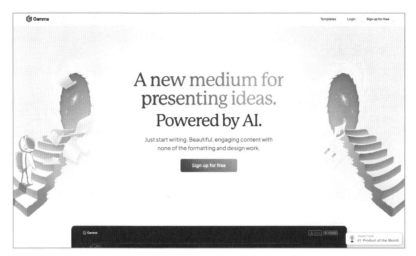

그림 3-1   감마 접속 시 보이는 첫 화면(출처: 감마)

먼저 웹사이트를 통해 서비스에 가입한다. 가입은 구글 이메일을 써서 간편 가입할 수도 있고, 다른 이메일을 사용해서 가입할 수도 있다. 로그인하면 아래와 같은 화면이 보일 것이다.

그림 3-2   문서 생성을 위한 첫 화면(출처: 감마)

프레젠테이션을 비롯한 문서 생성 인공지능

간단한 프레젠테이션을 만들어보자. 상단의 'New with AI'를 누르고 'Text to deck'을 클릭하자.

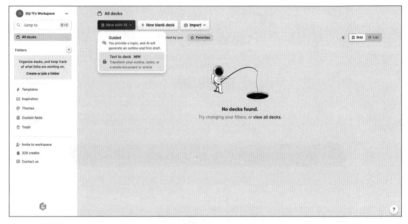

그림 3-3   문서 생성을 위한 예시(출처: 감마)

클릭하면 텍스트를 입력하는 화면이 나온다. 'Provide instructions'은 생성되는 콘텐츠의 전체적인 느낌을 정의할 수 있는 가이드다. 몇 가지 형태를 만들기 위한 가이드가 있는데, 이해를 돕기 위해 한글로 번역해두었다. 프롬프트 엔지니어링 특성상 원문을 보는 것도 도움이 되기 때문에 함께 첨부하겠다.

Professional: Write in a professional, engaging tone with concise, persuasive language. If the notes are missing info, add your own rich details and go beyond the obvious. Generate the presentation in English. Use layouts and imagery to make your presentation stand out.

전문적: 전문적인 어조로 쓰세요. 간결하고 설득력 있는 언어를 사용하여 매력적인 톤으로 작성해주세요. 정보가 부족한 경우, 스스로 풍부한 세부 사항을 추가하고 당연한 것 이상으로 나아가세요. 프레젠테이션은 영어로 작성해주세요. 레이아웃과 이미지를 사용하여 프레젠테이션을 돋보이게 만드세요.

Education: Write for a curious audience of college students in a friendly, conversational tone. You are an expert on this topic and want to share your knowledge with the world.

교육: 대학생들이 궁금해할 만한 대상을 대상으로 쓰세요. 친근하고 대화 형식의 톤으로 작성해주세요. 이 주제에 대해 전문가이며 세계와 지식을 나누고자 하는 마음으로 작성해주세요.

Funny: You are a comedian with clever jokes and a playful, sarcastic tone. Create a funny presentation based on my notes that will make your audience laugh out loud. Each card should contain at least one original joke. You can also add images and other visual elements to make your presentation more entertaining. Try to match your jokes to my notes as closely as possible.

유머: 유머러스하고 재치 있는 어조로 쓰세요. 재미있는 프레젠테이션을 만들어, 청중들이 크게 웃을 수 있도록 해주세요. 각 카드에는 적어도 하나의 원래의 유머를 넣어주세요. 또한 이미지나 다른 시각적 요소를 추가하여 프레젠테이션을 더 재미있게 만들어보세요. 가능한 한 제시된 노트와 유머를 가장 잘 맞추도록 노력해주세요.

프롬프트 엔지니어링을 위해 초기 프롬프트를 주는 것과 동일하다. 특히 유머의 경우 고급 단계 프롬프트 엔지니어링처럼 자아를 부여하여 작성하는 식이다. 원하는 가이드를 선택하면 가이드의 지시대로 원하는 형태를 만들 수 있을 것이다. 만약 수정하고 싶다면 이어서 쓰거나 수정하면 된다.

이처럼 생성 지침들을 선택하고 나면 실제 생성을 위한 프롬프트를 입력해야 한다. 프롬프트는 텍스트로 넣을 수도 있고, 구글 독스나 구글 슬라이드, 워드, 파워포인트 등을 모두 입력할 수 있다. 'Add or paste in content'에 내가 만들고자 하는 콘텐츠의 주제나 전체 구성을 입력할 수 있다. 물론 직접 입력해도 되고 외부에서 불러와서 입력할 수 있다. 이를 위해서는 'import' 기능을 사용하면 되는데, 2023년 2분기 기준으로 구글 독스, 구글 슬라이드, 워드, 파워포인트의 텍스트 정보만 입력이 가능하다.

예시로 AI를 주제로 프레젠테이션 생성을 요청해보자. 한글로 예시를 만들 텐데, Provide instructions에서 한국어로 만들라고 수정하겠다. 지시의 자세한 내용은 다음을 참조하자.

프롬프트: AI에 대해서 알려줘.

Provide instructions: Write in a professional, engaging tone with concise, persuasive language. If the notes are missing info, add your own rich details and go beyond the obvious. Generate the presentation in Korean. Use layouts and imagery to make your presentation stand out.

그림 3-4 문서에 들어갈 내용을 입력하는 예시(출처: 감마)

그 후 우측의 형태(Format), 길이(Length), 이미지 출처(Image sources)를 선택해야 한다. 형태는 프레젠테이션, 문서, 웹 페이지 중 하나를 선택할 수 있다.

길이는 카드(생성 페이지)의 개수를 의미한다. 그리고 이미지 출처는 전체와 무료 사용, 상업적 사용 가능의 3가지가 있다. 이를 적절하게 조합하여 원하는 형태로 만들 수 있다. 여기에서는 상업적 사용 가능으로 선택하겠다.

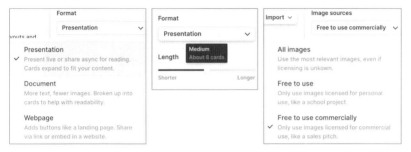
그림 3-5 문서 생성을 위한 세부적 조정 예시(출처: 감마)

모두 선택한 뒤에 'Generate'를 클릭하면 생성이 시작된다. 생성이 완료된 뒤에 All decks를 보면 최근 생성한 템플릿이 추가된 것을 볼 수 있다. 여기에서는 'The Revolutionary Impact of AI'라는 템플릿이 생성되었다.

그림 3-6 문서 생성 결과 화면 예시(출처: 감마)

템플릿의 일부는 다음과 같다.

그림 3-7   생성된 문서 템플릿 일부 예시(출처: 감마)

주제만 입력하고 몇 가지를 간단하게 클릭으로 정해준 뒤 생성을 눌렀을 뿐인데, 얼마 지나지 않아 그럴싸한 내용의 프레젠테이션이 생겼다. 마우스 커서를 이용해서 내용을 드래그하여 수정하거나 추가할 수 있으며, 내용의 위치를 변경하거나 카드를 추가할 수도 있다.

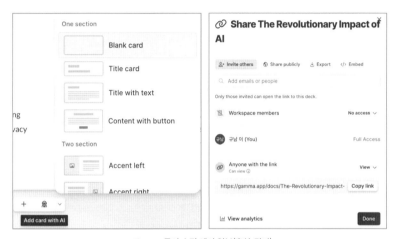

그림 3-8 문서 수정 예시 일부(출처: 감마)

카드의 가운데 +, 로봇 그림, 아래 화살표가 있는데, +는 빈 카드를 하나 더 만드는 것이고 로봇 그림은 AI를 사용해서 자연어로 카드를 생성하는 것이다. 아래 화살표는 여러 가지 템플릿 중 선택하는 것이다. 이와 같이 간단하게 만들어진 프레젠테이션은 어떤 형태로 공유할지 선택할 수 있다. 링크 혹은 파일로 보낼 수 있으며, 링크로 공유하면 방문 로그를 기반으로 아래와 같이 통계도 작성해준다.

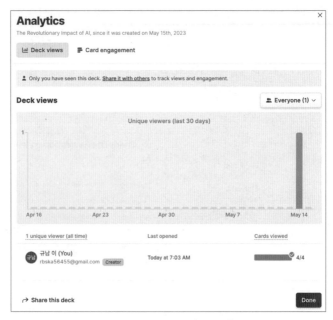

그림 3-9　문서 분석 예시(출처: 감마)

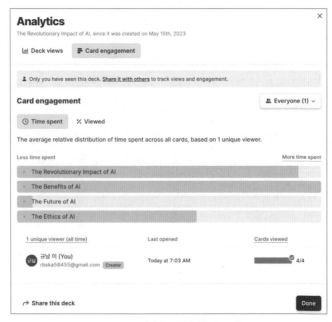

그림 3-10　페이지 분석 예시(출처: 감마)

03 초거대 생성형 인공지능 서비스와 프롬프트 엔지니어링 사용 사례

어떤 페이지에서 사람들이 많이 머물렀는지, 얼마나 보았는지, 몇 명이나 방문했는지와 같은 정보들을 보여준다. 대중에게 공개한 자료라면 어느 카드에서 많이, 오래 머물렀는지에 대한 정보로 사람들이 어떤 내용에 더 관심이 있는지 알 수 있다. 더 많은 사용 팁을 알고 싶다면 'Gamma Tips & Tricks'의 내용을 읽어볼 것을 권한다.

이처럼 큰 노력을 기울이지 않고 양질의 프레젠테이션과 문서를 생성할 수 있다. 비즈니스적으로 매우 유용한 옵션들을 제공하기 때문에 업무에 도움이 될 것이다.

기본 단계 프롬프트 엔지니어링

인공지능을 더 잘 사용하기 위해서 이미 나온 서비스들을 한 번씩 사용해보는 것도 좋다. 비즈니스 문제를 해결하기 위해 여러 형태의 서비스들이 계속 출시되고 있기 때문이다.

이제 앞에서 배운 기본 단계 프롬프트 엔지니어링을 활용해볼 것이다. 감마에 앞에서 만든 것과 동일한 주제의 프레젠테이션을 좀 더 구체적으로 지시하여 생성해보자. 지시를 위해 기본 지침(Provide instructions)에 프롬프트를 추가하거나 수정하여 프롬프트 엔지니어링을 해도 되지만, 'Add or paste in content'에 콘텐츠를 입력하여 프롬프트 엔지니어링을 할 수도 있다. 먼저 기본 지침을 한글을 선택하고 구체적인 프롬프트를 주었다.

인공지능의 기술 3가지를 알려줘.

인공지능의 기술 3가지

인공지능이 대두되면서 사용되는 기술은 끊임없이 발전하고 있습니다. 다양한 분야에서 활용되어 우리의 삶을 진보시켜나갑니다.

by 규남 이
Last edited 29 days ago

CNN

1 관심 영역 찾기

CNN은 이미지에서 주요한 정보를 추출하고자 하는 영역을 합성곱을 통해 찾아냅니다.

2 평균 패딩 방식

CNN에서 pooling 단계에는 보편적으로 최대값(max pooling)을 이용하는 것이 일반적입니다. 최대값(max pooling) 대신 평균값(average pooling)을 이용하기도 합니다.

3 제로 패딩 방식

CNN에서 stride가 1보다 크면 출력 이미지의 크기는 입력 이미지보다 작아집니다. 이를 막기 위해 입력 이미지 주위에 제로 패딩(zero padding)이 추가됩니다.

강화학습

연속된 시행착오

강화학습은 시간이 지나면서 얻는 보상을 최대화 시키도록 에이전트를 훈련합니다.

지연된 보상

강화학습은 지연된 보상을 처리할 수 있습니다. 보상 기대치를 최대로 만드는 행동을 결정하기 위해 결과와 행동에 대한 상관 관계를 연구합니다.

순차적인 결정

강화학습은 시간 하나씩으로 누적된 보상으로부터 최대 보상을 얻는 행동으로 결정합니다. 이 순차적인 결정 방식은 게임 미션 수행, 로봇 조작 등에서 이용됩니다.

NLP

텍스트 분류

* 스팸 메일 필터링
* 감성분석

언어 생성

* 짤막한 답변 생성
* 요약 생성
* 자연어 질문 대답 생성

언어 번역

* 실시간 대화 번역
* 문서 자동 번역

그림 3-11 문서 생성 예시(출처: 감마)

앞서 인공지능에 대해서 알려달라고 한 것보다 기술적인 내용이 더 많이 포함되었다. 하지만 NLP(자연어 처리 기술)의 경우 기술 자체보다는 활용에 대한 이야기가 많다. 인공지능의 기술을 적어달라고 하자, NLP에만 기술의 활용을 설명한 것이다. 그렇지만 전반적으로 제목을 잘 잡고 기술 위주로 작성된 것으로 보인다. 이번에는 맥락을 추가해보자.

학교 과제에 제출하기 위해서 인공지능의 기술 3가지에 대해 자세히 조사해야 해. 인공지능의 기술을 3가지 알려줘.

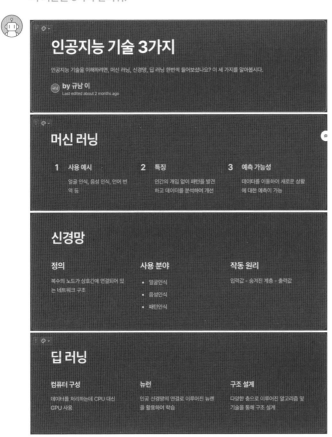

그림 3-12 기본 프롬프트 엔지니어링 예시(출처: 감마)

학교 과제로 제출하려고 한다고 하자, 첫 화면(카드)의 문체가 구어체스럽게 바뀌었다. 또한 앞에서는 CNN과 같은 딥러닝 중에서도 특정 과제에서 많이 사용되는 전문적인 알고리즘을 보여줬는데, 이제는 머신러닝, 신경망이나 딥러닝 자체를 설명해주며 폭넓게 기본 개념들을 소개해주고 있다. 특히 좀 더 큰 개념부터 세부 개념으로 순차적으로 설명했다. 머신러닝이 신경망과 딥러닝을 포함하는 개념이니 먼저 소개하고, 신경망을 서술한 후, 신경망을 더욱 발전시킨 딥러닝을 설명하면서 발표의 순서와 발전 역사에 신경을 써서 만든 것을 볼 수 있다.

고급 단계 프롬프트 엔지니어링

감마의 경우 콘텐츠를 생성할 때 프롬프트 엔지니어링을 할 수 있지만, 이미 생성된 페이지에 대해 프롬프트 엔지니어링을 하는 것도 가능하다. 그리고 이 경우에 질문의 사슬을 하기에 더욱 적합하다.

 좀 더 전문적으로 보이도록 만들어줘.

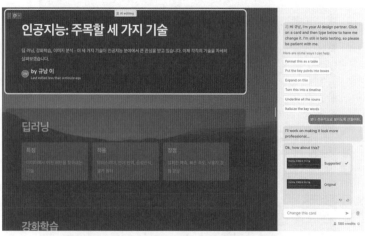

그림 3-13 고급 단계 프롬프트 엔지니어링 예시(출처: 감마)

전문적으로 바꿔달라고 요청하자 사무적인 어투로 바뀌었으며 두괄식으로 변경되었다. 감마 서비스가 판단하기에는 사무적인 어투와 두괄식이 더 전문적으로 어필할 수 있다고 판단한 것이다.

네가 발표를 듣는 학생이라고 해보자. 너는 더 자세한 내용을 알고 싶어. 어떤 내용을 더 넣어야 학생이 궁금한 것을 해결할 수 있을까? 내용을 추천해줘.

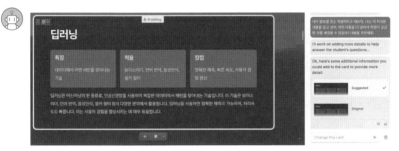

그림 3-14　고급 단계 프롬프트 엔지니어링 예시(출처: 감마)

앞에서는 데이터에서 패턴을 찾아내는데 어떤 방법으로 찾는지 기재하지 않았지만, 수정을 요청하자 머신러닝의 한 종류이며, 인공신경망을 사용한다고 부가적으로 설명한 것이다. 그리고 예전에는 정확한 예측, 빠른 속도, 사용자 경험 향상이라는 장점이 각기 독립적이라고 이해할 수 있었지만, 정확한 예측과 빠른 속도로 인해 사용자 경험이 향상되는 효과를 가져온다고 이야기하여 인과관계를 추가해주었다. 감마는 이런 내용을 학생이 궁금해할 것이라 추정하고 자세한 내용을 채워준 것이다.

물론 첨부하는 이미지도 바꿀 수 있다. 콘텐츠에 어울리는 이미지를 추천해달라고 하면 몇 가지 이미지를 추천하고 그중 원하는 이미지를 선택해서 변경할 수 있다. 이처럼 사이드바에서 인공지능과 직접 텍스트로 소통하면서 결과물을 조정하고 수정하여 원하는 결과물을 만들 수 있는 것이다.

사용 팁이 있다면 최초 생성 시에 구체적이고 명확하게 맥락과 예시를 활용하여 생성한 뒤에 필요한 만큼 수정하면 더 빠른 시간 내에 원하는 결과물을 얻을 수 있다는 것이다.

특히 감마는 프롬프트 엔지니어링을 많이 도와준다. 처음에 프롬프트 엔지니어링해서 만들어진 콘텐츠 내용을 변경할 때, 예시를 6가지 정도 추천해준다. 물론 직접 입력할 수 있기 때문에 ChatGPT나 바드에서 배운 방법도 활용할 수 있다. 특히 콘텐츠 생성에 최적화되어 있기 때문에 텍스트를 표로 바꾼다든가, 원하는 형태로 배치하는 것도 명령할 수 있다.

발표나 보고를 위해 프레젠테이션을 만들 때 수많은 시간을 고민하여 구도를 만들고 이미지를 찾아 넣고 상업적으로 사용 가능한 이미지를 찾는다. 하지만 감마와 같은 문서 생성 인공지능과 함께라면 이미지를 찾는 것부터 프레젠테이션의 구도를 만드는 것까지 손쉽게 할 수 있다. 콘텐츠의 내용까지도 어느 정도 채워줄 수 있어서 작업에 소요되는 시간을 절약할 수 있다. 앞으로는 이러한 인공지능 서비스가 많이 나올 것이기 때문에 이러한 서비스들을 적극적으로 받아들이고 업무와 작업에 사용하면 업무 효율을 올릴 수 있을 것이다.

>_ 목적 지향 인공지능

초거대 생성형 인공지능의 성능이 놀라울 정도로 정확해졌다. 특히 ChatGPT는 질문을 하고 결과를 받을 수 있는 훌륭한 도구로서 전 세계적으로 일일 사용자가 1억 명을 넘어갈 정도로 메가히트를 친 서비스가 되었다. 그러자 다른 니즈가 생겼다. 바로 ChatGPT와 같은 생성형 인공지능을 활용해서 사용자가 해야 할 작업을 자동으로 수행하는 비서와 같은 소프트웨어를 원한 것이다. 물론 ChatGPT 또한 계속 대화할 수 있으며 어느 정도는 이전에 논의된 내용을 기억한다. 하지만 어떤 목표를 주었을 때 자동으로 작업을 수행하지는 않는다. 따라서 자동으로 목표를 수행하는 시스템을 개발하기 시작했고, **AI 에이전트**AI agent(작업을 자동으로 수행하는 인공지능)인 AutoGPT가 성과를 얻기 시작했다. 그래서 AutoGPT에 목표를 주면 자동으로 해야 할 작업을 수행해서 원하는 결과물을 만들어낸다.

여기에서는 AutoGPT를 기반으로 만들어진 AgentGPT에 대해서 논의하려한다. 물론 이 외에도 수많은 서비스가 있지만, AgentGPT는 웹 기반으로 지원하기 때문에 따로 설치하지 않고도 수행할 수 있어 비전문가로서는 편리하게 사용할 수 있기 때문이다.

> AgentGPT

AgentGPT[*]는 아직 베타 버전이지만 인공지능 전문 개발자에게도, 비전문가에게도 매우 유용한 기능이 많은 플랫폼이다. 웹에서도 사용할 수 있지만 윈도우, 맥, 리눅스, **온프레미스**On-Premise(자체적으로 보유한 서버로 운영하는 방식) 등 다양한 환경에서도 사용을 지원한다. AgentGPT는 누구나 사용하고, 수정하고, 배포할 수 있는 오픈소스 프로젝트로 주어진 목표를 해결하기 위해 동작하는 AI 에이전트다. 내부적으로 사용되는 인공지능은 오픈AI에서 공개한 GPT에 **재귀적**(반복해서 자기 자신을 참조하는 것)으로 개발되었다. 목표 수행이 완료될 때까지 인공지능에 프롬프트를 보내고 응답을 받는 과정을 반복하는 것이다. 유사한 인공지능 서비스로는 AutoGPT가 있다. 다만 AutoGPT는 웹 기반으로 동작하기보다는 **로컬**(내부의 컴퓨터)에서 동작하는 플랫폼이다.

---

[*] https://agentgpt.reworkd.ai/ko

오픈소스 프로젝트이다 보니 깃허브(https://github.com/reworkd/AgentGPT)에서 실제 개발 코드를 볼 수 있다. 라이선스도 GPL-3.0 license여서 깃허브의 코드들을 상업적으로 사용할 수 있다. 사용 방법은 웹에 접속하여 사용자 정의 AI 에이전트의 이름을 지정하고 목표를 정의한 후 에이전트 실행을 클릭하면 된다. 그러면 자동으로 AI 에이전트인 AgentGPT가 목표를 달성하기 위해 재귀적으로 작업을 수행한다. 사용하기 편하고 강력한 도구이므로 꼭 한 번 사용해보기를 권한다. 주어진 목표를 달성하기 위한 여러 가지 세부 과제를 스스로 생성하고 그에 대해 답변하고, 다시 다른 세부 과제를 반복적으로 수행하면서 많은 정보를 제공해준다. 따라서 실무를 하는 데 큰 도움이 될 수 있다.

이번에는 AgentGPT에서 내부적으로 수행되는 재귀적 프롬프트(목표를 수행 완료 혹은 주어진 횟수를 모두 소진할 때까지 프롬프트를 생성하고 응답을 받는 과정을 반복하도록 수행하는 프롬프트)를 살펴보자. 깃허브에 모든 코드가 공개되어 있기 때문에 어떻게 동작하는지 볼 수 있다. 집필 기준(베타 4.0 버전)으로, 실행할 때 실제 수행되는 프롬프트의 일부 내용은 다음과 같다.*

```
start_goal_prompt = PromptTemplate(
    template="""You are a task creation AI called AgentGPT. You answer
in the"{language}" language. You are not a part of any system or
device. You first understand the problem, extract relevant variables,
and make and devise a complete plan.\n\n You have the following
objective "{goal}". Create a list of step by step actions to accomplish
the goal. Use at most 4 steps.\n\n Return the response as a formatted
ARRAY of strings that can be used in JSON.parse().\n\n Example:
["{{TASK-1}}", "{{TASK-2}}"].""",
    input_variables=["goal", "language"],
)
```

---

* https://github.com/reworkd/AgentGPT/blob/main/platform/reworkd_platform/web/api/agent/prompts.py

```
analyze_task_prompt = PromptTemplate(
    template="""
    High level objective: "{goal}"
    Current task: "{task}"
    Based on this information, you will perform the task by
understanding theproblem, extracting variables, and being smart and
efficient. You provide concretereasoning for your actions detailing
your overall plan and any concerns you mayhave. You evaluate the best
action to take strictly from the list of actionsbelow:\n\n
    {tools_overview}\n\n
    Actions are the one word actions above.You cannot pick an action
outside of this list.Return your response in an object of the form\n\n
    {{"reasoning": "string",
        "action": "string",
        "arg": "string"}}\n\n
    that can be used in JSON.parse() and NOTHING ELSE.
    """,
    input_variables=["goal", "task", "tools_overview"],
)

execute_task_prompt = PromptTemplate(
    template="""Answer in the "{language}" language. Giventhe following
overall objective `{goal}` and the following sub-task, `{task}`.Perform
the task by understanding the problem, extracting variables, and being
smartand efficient. Provide a descriptive response, make decisions
yourself whenconfronted with choices and provide reasoning for ideas /
decisions.""",
    input_variables=["goal", "language", "task"],
)
```

출처: AgentGPT 수행 프롬프트

갑자기 영문 프롬프트들이 나오니 무슨 의미인지 헷갈릴 수 있다. 실제로
AgentGPT가 수행될 때 사용자가 입력하는 프롬프트와 함께 입력되는 프롬
프트의 일부다.

중요한 프롬프트 몇 가지를 살펴보자. 먼저 목표를 설정하는 프롬프트(start_
goal_prompt)를 한글로 번역하면 다음과 같다.

목적 지향 인공지능 (213)

번역: 당신은 AgentGPT라는 작업 생성 인공지능입니다. 당신은 {language} 언어로 대답합니다. 당신은 어떠한 시스템이나 장치의 일부가 아닙니다. 먼저 문제를 이해하고 관련 변수를 추출하며 완전한 계획을 세웁니다. 다음의 목표{goal}를 가지고 있습니다. 목표를 달성하기 위해 단계별로 실행할 작업 목록을 작성하세요. 최대 4단계를 사용하세요.

{} 안의 값은 동적으로 변하며 수행할 때마다 변하는 값을 입력받을 수 있는 프로그래밍 언어 문법이다. 이에 대한 논의는 생략하고 프롬프트 엔지니어링의 관점에서만 설명하겠다. 먼저 AgentGPT라는 작업 생성 인공지능이라는 자아를 부여하는데, 이는 고급 프롬프트 엔지니어링 기법이다. 즉, 모든 답변은 작업을 생성하는 AgentGPT로서 응답한다. 어떤 시스템이나 장치의 일부가 아니라고 하여, 시스템이나 장치로서 부여된 제약에서 벗어나게 했다. 그 후 문제를 이해하고 변수를 추출하고 계획을 세운 뒤 단계별로 실행할 작업 목록을 작성하고 수행을 위해 최대 4단계를 수행하라고 구체적으로 명시해준다. 이를 통해 AgentGPT에 목표를 설정해주는 것이다. 이 명령에 따라 GPT가 변수를 추출하고 계획을 완료하기 위해 최대 4단계의 작업을 수행할 것이다.

다음으로 세부 과제 프롬프트(analyze_task_prompt)는 전체 프롬프트를 보지 않고 중요한 내용을 위주로 설명하겠다. JSON과 같은 사전 지식이 필요한 내용이 있기 때문이다.

번역: 이 정보를 기반으로하여, 문제를 이해하고 변수를 추출하며, 똑똑하고 효율적으로 작업을 수행할 것입니다. 당신은 작업에 대한 구체적인 이유를 제공하며 전체 계획과 어떤 우려 사항이 있는지 상세하게 설명합니다. 당신은 아래 목록에서 엄격히 최선의 조치를 평가합니다.

문제 이해, 변수 추출 및 똑똑하고 효율적으로 수행하라는 구체적인 지시를 통해 작업의 이유를 제공하도록 가이드하고 있다. 곧바로 일을 시키는 것보다 단계적으로 해야 할 일을 명시해주면 GPT는 작업을 더 잘할 수 있다. 이처럼 구체적으로 지시를 하면 더 잘 작동하도록 해준다.

다음으로 과제를 실행하는 프롬프트(execute_task_prompt)를 살펴보자.

번역: {language}언어로 답변하세요. 다음의 전반적인 목표{goal}와 하위 작업{task}이 주어진 경우, 문제를 이해하고 변수를 추출하며 스마트하고 효율적으로 작업을 수행하십시오. 논리적인 응답을 제공하며, 선택이 필요한 경우 직접 결정하고 아이디어/결정에 대한 이유를 제시하십시오.

분석된 과제를 수행하기 위해 설명적인 응답을 제공하고, 선택에 직면할 때 스스로 결정하고 아이디어나 결정에 대한 추론을 제공하라며 구체적으로 명시해두었다. 자세한 내용을 설명하되 AI 에이전트 특성상 스스로 결정해야 하는 때를 대비한 것이다. 마지막으로 결정의 이유를 제시하라고 함으로써 사용자가 더 잘 이해할 수 있는 근거 자료를 생성할 수 있도록 도와준다.

이처럼 AI 에이전트를 만들기 위해 프롬프트를 어떻게 구성하는지 참조하는 것만으로도 프롬프트 엔지니어링에 도움이 된다. 특히 ChatGPT와 같은 서비스에 그치지 않고 재귀적으로 목표를 달성하기 위해서 수행하는 일련의 과정은 활용 방법에 대한 아이디어를 얻는 데 도움이 된다. 미래에는 여러 가지 서비스들이 쏟아져 나올 것이고 ChatGPT보다 뛰어난 서비스도 많이 나올 것이다. 그럴 때 기존 서비스들을 기반으로 제공된 서비스를 더욱 잘 활용할 힌트를 얻을 수 있다.

다양한 생성형 인공지능 서비스들을 살펴보았다. 물론 더 많은 생성형 인공지능 서비스가 있고, 유용한 기능을 제공하는 서비스들도 많다. 예를 들어 집필 기준 **뤼튼**wrtn이라는 국내 서비스는 유료인 서비스(GPT-4)를 무료로 제공하거나 사용하기 편하게 제공하기도 한다. 또한 **클로드**Claude라는 서비스는 ChatGPT나 GPT-4보다 긴 글을 프롬프트로 받을 수 있기 때문에 더 많은 정보를 처리할 수 있다. 이는 더 길어진 프롬프트만큼 더 많은 일을 할 수 있다는 의미다.

마이크로소프트가 오픈AI에 투자해서 ChatGPT, GPT-4를 만드는 데 기여했다면, 구글은 **앤트로픽**Anthropic(오픈AI의 이전 직원들이 설립한 회사)에 투자하여 클로드 생성과 고도화에 기여하고 있다. 그밖에도 이메일을 보내주는 생성형 인공지능(HappyCopy, Superflows 등), 리서치를 도와주는 생성형 인공지능(Consensus, Scite AI 등), 코딩을 도와주는 생성형 인공지능(Spellbox, IOWeb, Codeium 등) 등 수많은 인공지능이 존재한다. 이 서비스들은 앞에서 소개한 서비스보다 성능이 더 좋거나 특화되어 있으며, 모두 소개하기에는 책 한 권도 부족하다. 그래서 간단하게 사용할 수 있고 다른 서비스들의 기본이 되는 몇 가지 서비스만 소개했다. 중요한 것은 이러한 생성형 인공지능 서비스가 쏟아져 나오고 있고 우리의 업무에 크게 도움이 될 것이라는 사실이다.

04

```
>_
```

프롬프트 마켓플레이스

- >_ 프롬프트베이스
- >_ 프롬프트히어로
- >_ 아트허브
- >_ 프롬프트시
- >_ 챗X
- >_ 프롬프트타운

앞에서 살펴보았듯이, 프롬프트는 설계하기에 따라 결과물의 품질이 달라진다. 그래서 양질의 프롬프트를 설계하는 것이 중요한데, 이 과정이 프롬프트 엔지니어링이다. 그런데 프롬프트 엔지니어링을 공부하지 않고도 양질의 프롬프트를 돈을 주고 살 수 있고, 다른 사람이 만든 좋은 프롬프트를 참조할 수도 있다. 이 책에서도 프롬프트 엔지니어링을 다 다루지는 못했다. 이 장에서 소개하는 프롬프트 마켓플레이스에서 다른 사람들의 프롬프트 엔지니어링 결과물을 참조하면, 프롬프트 엔지니어로서 더욱 양질의 프롬프트를 생성할 수 있을 것이다.

>_ 프롬프트베이스

먼저 **프롬프트베이스**PromptBase(https://promptbase.com)를 소개할 것이다. 프롬프트베이스는 사용자 수가 많은 플랫폼 중 하나로, 구글에서 검색하면 접속할 수 있다. 거래하는 프롬프트는 DALL·E, GPT-3, GPT-4, 미드저니Midjourney(이미지 생성 인공지능), 스테이블 디퓨전, ChatGPT 등의 인공지능 서비스 혹은 인공지능에서 사용할 수 있는 프롬프트를 거래할 수 있다.

이 플랫폼을 활용하면 프롬프트 엔지니어는 기술을 수익화할 수 있는 한편, 구매자는 우수한 결과를 얻고 비용을 절약할 수 있다. 양질의 결과를 얻을 수 있는 프롬프트를 구매하면 프롬프트 엔지니어링으로 인한 시행착오 비용(시간 혹은 자본)을 절약할 수 있다.

프롬프트베이스의 가입에 제한은 없다. 프롬프트를 판매하려면 웹사이트에 가입하고 프롬프트를 업로드하면 되며, 업로드된 프롬프트는 사용자가 평가하고 검토한 다음 구매할 수 있다. 프롬프트가 판매되면 수수료를 제하고 받는다. 구매자는 업로드된 프롬프트를 살펴보고 돈을 주고 구매할 수 있다.

프롬프트베이스의 기초 화폐는 달러이며, 프롬프트 엔지니어에게는 좋은 소득원이다. 또한 다른 사용자와 프롬프트를 공유하고 자신의 기술을 공유할 수 있는 좋은 방법이다.

꼭 구매하지 않더라도 어떤 프롬프트들이 거래되는지 둘러보면 도움이 된다. 결과물을 통해 인공지능을 사용하면 어느 정도까지 작업이 가능한지 감을 잡을 수 있기 때문이다. 많이 거래되는 프롬프트나 인공지능을 종류별로 볼 수 있도록 편리한 UX/UI를 제공하기 때문에 처음 접속한 사람도 쉽게 볼 수 있다는 장점이 있다.

>_ 프롬프트히어로

프롬프트히어로PromptHero(https://prompthero.com)는 거래보다는 커뮤니티 지향적이다. ChatGPT, 미드저니, DALL-E2 등 다양한 인공지능 프롬프트가 업로드되어 있다. 커뮤니티 지향적으로 만들어져 있기 때문에 프롬프트 엔지니어링 방법을 배우고 다른 사람의 프롬프트를 탐색하고 평가할 수 있는 포럼과 기회를 제공받을 수 있다. 프롬프트베이스와는 다르게 무료로 공개된 프롬프트들이 많아서 공부하기에 좋다.

프롬프트히어로에서는 강의를 제공하기도 한다. 또한 모집 공고 페이지도 있어서 프롬프트 엔지니어의 커리어를 생각하고 있다면 꼭 알아둘 플랫폼이다. 생성형 인공지능별로 프롬프트를 보거나 검색할 수 있어서 공부에 큰 도움이 된다. 프롬프트별로 좋아요나 조회수 같은 정보를 제공하기 때문에 중요한 프롬프트별로 정렬해서 볼 수도 있다. 초심자는 프롬프트를 만들고 수정하는 과정을 수없이 겪어야 하므로, 이 플랫폼을 활용하면 시행착오 비용을 절약할 수 있다.

프롬프트히어로의 가입에 제한은 없다. 웹사이트에 가입해서 프롬프트를 업로드하면 되며, 업로드된 프롬프트는 다른 사용자가 평가할 수 있다. 커뮤니티에서 소통하거나 강의를 들으면서 프롬프트의 기초를 쌓을 수도 있다. 프롬프트히어로 또한 다른 사용자와 프롬프트를 공유하고 자신의 기술을 공유할 수 있는 좋은 방법이다.

필자는 프롬프트히어로를 적극적으로 권한다. 무료인 데다가 커뮤니티가 꽤 활성화되어 있기 때문이다. 남들이 한 것을 보면서 공부하면 엔지니어링 실력을 빠르게 올릴 수 있으므로 프롬프트히어로와 같은 플랫폼의 결과물을 보다 보면 단기간에 실력을 올릴 수 있을 것이다.

> ## ᐳ_ 아트허브

아트허브Arthub.ai(https://arthub.ai/library)는 최근 설립된 커뮤니티로 매우 빠르게 성장하고 있다. 인공지능으로 만든 예술 작품을 선보이고 발견, 제작하며, 음식, 패션, 미술, 캐릭터, 주얼리 등 인공지능으로 만든 예술 작품(이미지)을 주제별로 볼 수 있다. 예술 작품들을 보면서 피드백을 제공할 수도 있고 자신의 창작품을 업로드할 수도 있어서, 인공지능으로 생성하는 예술 작품에 대해서 배우고 다른 아티스트들과 소통할 수도 있다.

아트허브의 목표는 인공지능 생성 예술의 가능성을 보여주고 사람들이 창의력을 표현할 수 있도록 돕는 것이다. 또한 생성 예술의 가능성을 보여주기 위해 직접 웹에서 제공하는 인공지능 엔진을 사용하여 생성 예술작품(이미지)을 만들어볼 수도 있다. 마음에 드는 아티스트나 스타일을 검색할 수 있는 검색 서비스도 제공한다. 또한 특정 아티스트를 팔로할 수도 있다.

생성형 인공지능을 사용해서 예술 작품을 만드는 데 관심이 있다면 방문해보는 것도 좋다. 사람이 펜과 붓을 사용해서 결과물을 만들고 이를 전시하는 것과 마찬가지로, 아트허브는 인공지능이라는 도구를 사용해서 결과물을 전시한다. 미래 예술 전시회의 가능성을 보여준다는 점에서 중요한 의미를 지니는 플랫폼이다.

물론 프롬프트를 보고 공부할 수도 있기 때문에 프롬프트 엔지니어의 입장에서 참고하면 좋을 플랫폼 중 하나다. 무료 프롬프트도 많이 제공하기 때문에 비용 없이 공부를 시작할 수 있다.

>_ 프롬프트시

프롬프트시PromptSea(https://www.promptsea.io)는 인공지능 생성 결과물을 NFT로 만들 수 있도록 지원하며, 만들어진 NFT를 판매할 수 있는 플랫폼이다. 거래는 가상화폐(코인)로 할 수 있다. NFT로 만들어지지만, 반비공개 NFT를 생성하는 분산형 플랫폼이라는 사실을 고려해야 한다. 창작물을 토큰화하여 전 세계 사용자들에게 직접 업로드한 결과를 보여줄 수 있다.

프롬프트시 또한 아트허브와 같이 제작자들의 작품을 모아서 볼 수도 있다. 2023년 2분기 기준 아티스트명으로 검색되지 않지만 작품을 검색한 뒤 아티스트를 클릭하면 볼 수 있다. 프롬프트시도 인공지능 생성 예술의 가능성을 보여주고 이를 판매로 연결하는 곳이라 많은 아티스트들이 속해 있다. 아트허브와 같이 인공지능 생성 예술의 미래를 보고 싶다면 주시해야 하는 곳이다.

프롬프트를 이용해서 어떤 결과물을 만들 수 있는지, 이를 NFT로 만들어 판매할 수 있도록 어떻게 구성되어 있는지 살펴보기에 좋다. 커뮤니티가 다른 웹에 비해 부족한 편이지만, NFT와 연결하여 가상화폐로 구매할 수 있기 때문에 생성형 인공지능 결과물의 거래가 미래에 이런 식으로 이루어질 거라고 상상해볼 수 있다.

>_ 챗X

챗XChatX(https://chatx.ai)는 ChatGPT, DALL·E, 스테이블 디퓨전 등 다양한 생성형 인공지능의 프롬프트를 무료로 거래할 수 있는 마켓플레이스다. 프롬프트를 무료로 거래하는 것이 플랫폼의 모토이기 때문에 대부분의 프롬프트를 무료로 거래할 수 있다. 그래서 다양한 프롬프트를 살펴보는 것이 가능하다.

블로그(https://chatx.ai/blog)도 운영하는데 프롬프트 엔지니어링을 어떻게 하는지, 프롬프트 엔지니어링한 것을 어떻게 활용할 수 있는지와 같은 내용이 많이 업로드되어 있어서 프롬프트 엔지니어링 활용법에 관한 아이디어를 참조하고 싶다면 살펴볼 만하다. ChatGPT를 위한 간단한 가이드도 제공하며 ChatGPT를 사용해볼 수 있는 제너레이터도 웹 내에서 사용할 수 있다.

하지만 2023년 2분기 기준으로 사용할 수 있는 인공지능과 사용자 수가 다른 곳보다 적기 때문에 블로그 내용을 보면서 참조하기를 권한다.

>_ 프롬프트타운

프롬프트타운PromptTown(https://prompt.town)은 국내 최초의 프롬프트 마켓플레이스다. 아직 정식 오픈을 하지는 않았지만 일부 프롬프트들이 거래될 수 있게 업로드되어 있다. 결제 통화는 원화이며, ChatGPT, DALL-E2, 미드저니, 스테이블 디퓨전 등 다양한 생성형 인공지능을 대상으로 한다. 향후 정식 오픈되면 어떤 기능을 더 제공할지는 알 수 없지만 국내 최초의 프롬프트 마켓플레이스라는 점에서 의의가 있다.

05

>_
직무별 적용 예시

>_ 전략

>_ 마케팅

>_ 인사

>_ 개발

>_ 법무

인공지능은 생각보다 많은 분야에 적용될 수 있다. 데이터가 존재한다면 어디에든 인공지능을 적용할 수 있다. 그러므로 인공지능을 능동적으로 활용하고 적용해보는 경험이 중요하다. 이 장에서는 직무별로 초거대 생성형 인공지능 서비스를 적용하는 예를 살펴보고 이해도를 높힐 것이다.

필자가 모든 직무를 겪은 것은 아니지만 인공지능 직무의 일을 오래 해왔기 때문에, 각 직무의 문제를 가상으로 생각해보고 초거대 생성형 인공지능 서비스를 어떻게 사용하는 것이 좋을지 살펴보려 한다.

>_ 전략

전략의 목표는 무엇일까? 필자가 생각하기에, 전략 직무의 목표는 방향의 설정이다. 그러려면 벤치마킹을 위해 다른 회사의 사례를 빠르게 습득하여 새로운 정보를 배우는 동시에 전략을 수립할 줄 알아야 한다. 최신 정보 습득, 전략 수립이라는 업무들이 초거대 생성형 인공지능과 결합되어 시너지를 발휘할 수 있을까? 여기서는 이에 대해 알아보도록 하겠다.

이제부터 초거대 인공지능의 답변을 일단 사실이라고 가정하고 서술하겠지만, 실제로는 사실만 응답하는 것은 아니기 때문에 반드시 사실 관계를 확인해야 한다는 것을 유의해야 한다.

〉 전략 직무의 주요 문제

전략 직무에서 해결하려는 문제는 정보의 습득과 전략 수립이다. 정보의 습득은 초거대 생성형 인공지능을 사용하면 매우 도움이 된다. 기본적으로 인공지능은 사람보다 연산이 빠르기 때문에 요약이나 필요한 정보를 검색하는 일은 사람보다 잘한다. 물론 세세한 부분은 사람이 낫겠지만, 인공지능의 가장 큰 장점은 역시 빠른 속도다. 정보가 폭발적으로 증가하고 있어서 시간이 갈수록 더 많은 정보가 쏟아지기 때문이다.

시간은 한정적이기 때문에 빠른 시간 내에 많은 정보를 처리하는 것이 중요하다. 동일한 시간을 주고서 어떤 분야에 대한 동향을 요약하라고 할 때, 전략 직무에서는 더 많은 정보를 넓고 얕게 요약하는 사람이 깊고 좁게 요약하는 사람보다 더 환영받을 것이다. 넓고 얕게 요약한 다음에 깊고 자세히 알아보아야 하는 부분을 찾아내서 파고들어야 하기 때문이다. 그래야 정해진 시간 내에 빠르게 결론을 낼 수 있고 동일한 정보의 양으로도 유의미하고 효율적으로 지식화할 수 있다. 그렇기 때문에 애초에 많은 지식이 있어서 정보를 빠르게 습득할 수 있는 경우를 제외하고, 신규 분야는 넓고 얕게 본 뒤 깊게 파고들어야 한다.

기존에는 정보를 파악하기 위해 많은 인력을 고용하거나 특정 분야에 대한 지식을 많이 가지고 있는 사람을 고용했다. 예를 들어 반도체 전략 수립을 위해서는 반도체 박사를 고용하는 식이다. 그러나 모든 분야의 전문가를 고용하는 것은 영세한 회사로서는 쉽지 않은 일이다. 영세하지 않은 회사라고 해도 지식이 많다고 해서 전략을 잘 수립하는 것은 아니다.

이를 해결할 수 있는 적절한 도구가 초거대 생성형 인공지능이다. 특정 분야의 지식이 많지 않더라도 초거대 생성형 인공지능을 적절히 사용하면 정보의 바다인 인터넷에서 원하는 정보를 잘 요약할 수 있고, 자세히 알고 싶은 정보는 추가 조사를 하여 습득할 수 있다.

한편 전략 수립은 현재 조직이 처한 환경에서 성공적으로 목표를 달성하기 위한 로드맵을 구성하는 일이다. 목표는 회사의 장기적 방향도 될 수 있고 특정 제품군의 브랜딩이 될 수도 있다. 전략을 수립하려면 조직이 처한 환경을 먼저 이해해야 한다. 여러 가지 제약 조건이 있다면 이를 해결하기 위해 전략을 수립해야 할 것이다.

여기에서는 정보의 습득 지원, 문제 해결을 위한 전략 수립을 논의하겠다. 모든 사례를 다룰 수는 없지만 실마리를 잡을 수 있기를 바란다.

〉 전략 직무에서의 활용 사례

전략 직무는 다른 직무에 비해 속도가 빨라야 한다. 비즈니스 환경마다 처한 상황이 다르기 때문에 모든 경우를 다룰 수는 없고, 간단히 사용 사례를 몇 가지 소개할 것이다.

정보의 빠른 습득 지원

정보를 빠르게 습득하기 위해서는 인터넷에서 찾는 것이 가장 빠르다. 특히 참고할 만한 전략을 선보이는 다른 회사 서비스라면 출시 후 홍보를 많이 하기 때문에 인터넷에서 정보를 찾는 것이 어렵지 않고, 이러한 내용이 도움이 된다. 이러한 정보를 참조하면 조직이 직면한 문제와 유사한 해결 사례를 살펴보기에 좋다. 즉, 기존의 정보를 빠르게 습득할 수 있는 것이다.

특히 초거대 생성형 인공지능 중에서 외부 데이터베이스와 연동되어 최근의 값을 반영할 수 있는 것이 좋다. 이러한 서비스 중에는 최근 마이크로소프트가 서비스 중인 빙챗이 있다. 앞에서 살펴보았듯 빙챗은 최신성이 있는 정보를 줄 수도 있고 이에 대한 출처가 붙어 있어서 답변이 이상하다고 판단되는 경우 사용자가 직접 출처를 탐색하며 한층 신뢰성이 있는 답변을 얻을 수 있다. 그러므로 최신의 정보를 얻는 데는 빙챗을 사용하면 도움이 된다. 특정 회사의 최신 서비스에 대해 질문해도 비교적 정확한 결과를 알려준다. 또 질문의 사슬을 실행할 수 있도록 추천 프롬프트를 주기 때문에 손쉽게 깊이 있는 정보를 탐색하는 것이 가능하다.

물론 마이크로소프트에서만 최신 정보를 반영하는 것은 아니다. 바드도 인터넷에서 지속적으로 최신의 정보를 가져와 학습을 한다. 물론 빙과는 다른 방법으로 작동되지만 다양한 서비스를 사용해보는 것도 경험을 쌓는 데 도움이 된다. 앞에서 언급했듯 구글 바드는 영어가 더 잘 응답하는 경향이 있어서 영어로 프롬프트를 만들고 번역하겠다.

 Are there any services recently launched by Microsoft?

 Drafts1)

네, 마이크로소프트는 최근 몇 달간 다양한 새로운 서비스를 출시했습니다. 그중 일부는 다음과 같습니다.

- 마이크로소프트 보안 전문가는 외부 보안 전문가들의 지원을 통해 조직에 위협 사냥 및 관리형 탐지 및 대응과 같은 작업을 수행하는 새로운 관리형 서비스 카테고리입니다.
- 마이크로소프트 디펜더 전문가(Threat Hunting)는 조직이 위협을 적극적으로 추적할 수 있도록 도와주는 새로운 서비스입니다.
- 마이크로소프트 디펜더 전문가(XDR)는 확장된 관리형 탐지 및 대응 서비스로, 이번 가을에 비공개 미리보기로 제공될 예정입니다.
- 마이크로소프트 엔트라는 마이크로소프트의 온프레미스 및 클라우드 기반 IAM(Identity and Access Management) 기능을 통합하는 새로운 통합 신원 및 액세스 관리 플랫폼입니다.
- 마이크로소프트 비바는 생산성, 학습, 인사이트, 웰빙 기능을 통합한 새로운 직원 경험 플랫폼입니다.
- 마이크로소프트 메쉬는 협업, 학습, 창조를 3D 공간에서 몰입적으로 할 수 있는 새로운 혼합 현실 플랫폼입니다.

이것들은 최근 마이크로소프트에서 출시한 많은 새로운 서비스 중 일부에 불과합니다. 회사는 지속적으로 혁신하며 제품과 서비스에 새로운 기능과 능력을 추가하고 있으므로 새로운 소식을 확인하는 것이 항상 가치가 있습니다.

Drafts2)

네, 마이크로소프트는 최근 몇 달간 다양한 새로운 서비스를 출시했습니다. 그중 일부는 다음과 같습니다.

마이크로소프트 보안 전문가: 외부 보안 전문가들의 지원을 통해 조직에 지원을 제공하는 새로운 관리형 서비스 카테고리입니다.

- 마이크로소프트 디펜더 전문가(Threat Hunting): 조직이 위협을 적극적으로 추적할 수 있도록 도와주는 서비스입니다.
- 마이크로소프트 디펜더 전문가(XDR): 확장된 관리형 탐지 및 대응 서비스입니다.
- 마이크로소프트 클라우드 헬스케어: 환자 치료와 결과를 개선하기 위해 설계된 클라우드 기반의 솔루션 스위트입니다.
- 마이크로소프트 클라우드 리테일: 소매업체가 비즈니스를 변혁하기 위해 설계된 클라우드 기반의 솔루션 스위트입니다.
- 마이크로소프트 클라우드 제조업: 제조업체가 운영 효율성과 생산성을 향상시키기 위해 설계된 클라우드 기반의 솔루션 스위트입니다.

이것들은 최근 마이크로소프트에서 출시한 많은 새로운 서비스 중 일부에 불과합니다. 회사는 지속적으로 혁신하며 제품과 서비스 포트폴리오에 새로운 제품과 서비스를 추가하고 있으므로 새로운 소식을 정기적으로 확인하는 것이 좋습니다.

출처: 구글 바드

바드에 질의한 결과 최신 정보에 대한 결과를 주는데, 다른 서비스에 비해 다양한 답변을 주기 때문에 한번에 많은 정보를 얻기에 적합해 보인다. 이와 같이 최신 정보들을 뉴스를 검색해서 얻을 수 있지만, 초거대 생성형 인공지능을 사용해서 간단히 얻는 것도 가능하다. 물론 이 내용을 요약할 수도 있다.

 Could you summarize services recently launched by Microsoft?

 Draft1)

마이크로소프트는 최근 몇 달간 다양한 새로운 서비스를 출시했습니다. 이에는 마이크로소프트 보안 전문가, 마이크로소프트 디펜더 전문가(Threat Hunting), 마이크로소프트 디펜더 전문가(XDR), 마이크로소프트 클라우드 헬스케어, 마이크로소프트 클라우드 리테일, 그리고 마이크로소프트 클라우드 제조업이 포함됩니다. 이러한 서비스는 다양한 산업 분야의 조직이 보안, 운영 및 생산성을 개선하는 데 도움을 주도록 설계되었습니다.

Draft2)

마이크로소프트는 최근 몇 달간 다양한 새로운 서비스를 출시했습니다. 그중 일부는 다음과 같습니다.

- 마이크로소프트 보안 전문가: 조직에 외부 보안 전문가의 지원을 제공하는 새로운 관리형 서비스 카테고리입니다.

- 마이크로소프트 디펜더 전문가(Threat Hunting): 조직이 적극적으로 위협을 추적할 수 있도록 도와주는 서비스입니다.
- 마이크로소프트 디펜더 전문가(XDR): 확장된 관리형 탐지 및 대응 서비스입니다.
- 마이크로소프트 클라우드 헬스케어: 의료 기관이 환자 치료와 결과를 개선하는 데 도움을 주기 위해 설계된 클라우드 기반의 솔루션 스위트입니다.
- 마이크로소프트 클라우드 리테일: 소매업체가 비즈니스를 변혁하기 위해 설계된 클라우드 기반의 솔루션 스위트입니다.
- 마이크로소프트 클라우드 제조업: 제조업체가 운영 효율성과 생산성을 향상시키기 위해 설계된 클라우드 기반의 솔루션 스위트입니다.

이러한 새로운 서비스는 다양한 산업 분야의 조직이 보안, 생산성, 효율성을 개선하는 데 도움을 주기 위해 설계되었습니다.

출처: 구글 바드

이와 같이 질문의 사슬이 가능하기 때문에 더 자세한 정보를 얻는 것도 가능하다. 그래서 모든 정보를 일일이 찾는 것보다 초거대 생성형 인공지능을 사용해서 정보를 빠르게 검색하여 요약도 가능하기 때문에 많은 정보 중에 원하는 정보를 찾기에 매우 좋다.

구글이나 빙과 같은 검색 서비스는 프롬프트(검색 문구)에 대해 상대적으로 중요하다고 하는 웹을 나열해서 보여주지만, 결국 사람이 확인해야 한다. 그렇게 되면 실제 살펴봐야 하는 정보의 수는 기하급수적으로 늘어난다.

특히 전략 직무는 많은 분야를 매번 습득해야 하고 새로운 분야에 대한 습득도 다른 사람보다 더 빨리 해야 한다. 따라서 중요한 정보들을 빠르게 요약하고 정리하여 보여주는 기능은 매우 도움이 된다. 이러한 기능은 초거대 생성형 인공지능이 가장 잘하는 분야이기 때문에 인간과 인공지능이 협업하는 매우 좋은 사례라고 할 수 있다.

그런데 일부 정보는 웹사이트에 텍스트가 아니라 PDF로 제공될 때가 있다.

예를 들어 오픈AI의 Technical Report가 그렇다. 이러한 정보는 누군가가 읽고 지식화해서 인터넷에 정보를 풀어야 초거대 생성형 인공지능이 이를 습득하고 요약해서 보여줄 수 있다. 그러나 전략 수립 부서는 빠른 정보의 습득이 생명이므로 정보가 인터넷에 풀릴 때까지 기다리는 것은 좋지 않은 선택이다.

PDF 파일의 텍스트를 추출하기 위해 **광학 문자 인식**optical character recognition, OCR(텍스트 이미지를 기계가 읽을 수 있는 텍스트 포맷으로 변환하는 과정)이라는 기술을 적용해야 한다. 그러나 전략 직무는 개발이나 엔지니어보다 컴퓨터에 익숙하지 않기 때문에 이를 적용하는 것이 쉽지 않다. 그렇다 보니 웹 형태로 제공되는 무료 광학 문자 인식 툴을 사용해서 텍스트를 추출한 뒤에 이를 초거대 생성형 인공지능에 적용해야 한다. 그런데 이럴 때도 초거대 생성형 인공지능을 사용하면 간단하게 해결할 수 있다.

구체적으로는 마이크로소프트 엣지로 열고 빙챗으로 손쉽게 해결할 수 있다. 빙챗은 현재 엣지에서만 사용할 수 있기 때문에 엣지로 PDF를 열어서 '좌측 자료의 내용을 요약해줘'와 같이 프롬프트를 보내면 빙챗이 프롬프트를 수행한다. 정확한 작동 방식에 대해서는 코드가 공개된 것은 아니기 때문에 완벽히 알기는 어렵지만, 빙챗이 HTML 태그(HTML 문서를 구성하는 기본 단위)를 분석해 '좌측 자료'에 해당하는 body(주로 화면에 그려질 내용이 있는 태그) 안의 정보를 가져와서 프롬프트에서 지시하는 대로 명령을 수행하는 것으로 추정된다.

즉, ChatPDF(PDF 파일을 분석하여 마치 사람과 대화하는 것처럼 PDF 문서와 상호 작용할 수 있는 서비스)와 같은 PDF 분석 툴을 사용하지 않고도 간단하게 작업할 수 있다. 특히 주어진 자료에서 정보를 찾고 요약하는 것이라 오류가 적다. 물론 빙챗은 인터넷 검색을 사용할 수 있다. 그럴 땐 프롬프트 앞에 '인터넷에서 검색하지 말고 알려줘', '웹에 검색하지 말고 알려줘'와 같이 제한 조건을 주면 주어진 자료만 참고할 것이기 때문에 요약이나 번역과 같은 작업을 더 잘한다.

문제 해결을 위한 전략 수립

과거 부족 사회에서 나이 많은 사람이 존중받았던 이유는 과거에 겪었던 것과 유사한 일을 겪으면 그동안의 경험을 토대로 생존을 위한 선택을 잘할 수 있었기 때문이다. 문제 해결을 위한 전략 수립도 이와 비슷하다. 다른 회사 혹은 조직이 유사한 경험을 했을 때 어떻게 해결했는지 참조해볼 수 있다. 초거대 생성형 인공지능은 이럴 때 기여한다.

문제 해결을 위한 전략 수립의 방법을 세세하게 다루는 것은 불가능에 가깝다. 정의할 수 있는 문제의 수만 해도 책 한 권으로는 부족하기 때문이다. 몇몇 사례를 살펴보면서 어떤 방식으로 접근하면 되는지 알아볼 것이다.

질문을 어떻게 하면 되는지에 대해서는 프롬프트 엔지니어링을 논하면서 설명했다. 또한 프롬프트가 변화하면 결과가 어떻게 바뀌는지 초거대 생성형 인공지능을 사용하는 방법에 대해서도 설명했다. 그렇다면 이 프롬프트 엔지니어링을 '실무'에 어떻게 사용할 수 있는지 구체적인 예시를 들어보자.

전략1팀 이 과장은 인공지능을 한 번도 적용해본 적 없는 가상의 물류 회사를 다니고 있다고 하자. 어느 날 CEO는 다른 회사 CEO들과 이야기하다가 인공지능에 대해 들었다. 미래가 걱정된 CEO는 전략1팀 이 과장에게 인공지능 시대에 회사가 살아남기 위한 로드맵을 그려 오라며 전략 보고서를 요구했다. 전략1팀 이 과장은 인공지능에 대해 잘 모르지만 전략 보고서를 작성해야 하는 상황에 처했다. 어떻게 업무를 수행할까?

이 업무를 수행하기 위해 초거대 생성형 인공지능을 사용하기로 했다. 이 과장은 초거대 생성형 인공지능인 바드에 곧바로 '인공지능 시대를 살아남기 위해 해야 하는 것은?'과 같은 프롬프트를 보낸다. 프롬프트 엔지니어링을 직접 전략 직무에 적용하여 전략 보고서를 쓰기에 앞서, 그냥 질의하면 어떤 답이 나오는지 살펴보자.

 What must we do to survive in the age of artificial intelligence?

 인공지능(AI)은 세상을 빠르게 변화시키고 있으며, AI가 가져다주는 도전과 기회에 대비하기 위해 인간들이 준비되는 것이 중요합니다. AI 시대를 살아남기 위해 우리가 할 수 있는 몇 가지 방법은 다음과 같습니다.

AI에 대해 정보를 습득하세요. AI에 대해 알 수록 우리는 우리 삶에 미칠 잠재적인 영향을 더 잘 이해할 수 있습니다. AI에 관한 책과 기사를 읽거나, 다큐멘터리를 시청하고, 학회에 참석함으로써 우리는 최신 정보를 습득할 수 있습니다.

AI 시대에서 가치 있는 기술을 개발하세요. AI 시대에서 가장 가치 있는 기술은 비판적 사고, 창의성, 커뮤니케이션, 문제 해결 등입니다. 우리는 수업을 듣고 책을 읽으며, 비판적이고 창의적인 사고를 도전하는 활동에 참여함으로써 이러한 기술들을 개발할 수 있습니다.

변화에 개방적이세요. AI는 우리의 삶과 일의 방식을 변화시킬 것이며, 변화에 개방적이어야 합니다. 우리는 새로운 것을 배우고 융통성 있게 사고함으로써 변화에 개방적일 수 있습니다.

AI와 함께 일하세요. AI는 강력한 도구이며, 우리의 삶을 더욱 향상시킬 수 있습니다. 우리는 AI 사용에 대한 윤리적 가이드라인을 개발하고, AI 연구에 투자하며, AI를 기반으로 한 제품과 서비스의 개발을 지원함으로써 AI와 함께 일할 수 있습니다.

이러한 단계를 따름으로써 우리는 AI 시대에서 생존하고 번영할 수 있도록 도움을 줄 수 있습니다.

출처: 구글 바드

결과물을 보니 최신 정보를 얻고 가치 있는 기술을 발전시키며 변화에 개방적이고 인공지능과 함께 일하라고 응답했다. '인공지능 시대에 살아남기 위해서는 인공지능에 대한 정보를 항시 수집하고 가치 있는 기술을 발전시킬 수 있는 방법을 마련한다. 또한 기존 인력이 인공지능을 적대시하지 않고 잘 활용할 수 있고 개방된 자세로 받아들일 수 있도록 가이드해주는 것이 필요하다'라고 해도 좋은 전략 보고서가 될 수 있다. 하지만 좀 더 구체적이고 실무에 적합한 전략 보고서를 원한다면 초거대 생성형 인공지능을 어떻게 사용해야 할까?

먼저 이 과장은 인공지능을 이해하기 위해서 기존의 자료들을 취합할 것이다. 그 후에 인공지능과 관련한 조직의 미션과 당면 과제를 확인하고, 내재화/외부 참조에 따른 이해관계자에 대한 이해 및 조직의 이해가 무엇인지 알아보고, 타사의 유사 사례를 검토하며, 종합적으로 고려한 전략을 수립하고, 정보를 바탕으로 전략을 실행할 수 있는지 가능성을 검토할 것이다.

그림 5-1 전략팀 이 과장의 가상의 전략 보고서 작성을 위한 도식화

<그림 5-1>은 전략1팀 이 과장의 전략 보고서 작성을 위한 행동 순서를 도식화한 것이다. 이 과장은 인공지능에 대해 모르기 때문에 먼저 '인공지능'을 이해하려고 할 것이다. 인공지능은 무엇인지, 인공지능이 왜 뜨거운 감자인지, 인공지능 자체에 대한 이해한 다음, 인공지능에 대해 이해했으니 자신이 소속된 조직의 상황이 어떠한지 알아본다. 그 후 이와 유사한 사례가 있는지 검토하여 최종적으로 전략을 수립할 것이다. 그리고 이 전략의 현실성 유무를 검토한 뒤 보고서로 작성한다.

각 단계별로 생성형 인공지능이 어떤 역할을 할 수 있는지에 대해 알아보자. 데이터를 어디에서 참조했는지 알려주기 때문에 바드로 진행해보겠다.

위협이 되는 것은 인공지능 시대이므로 첫 질문을 정의할 필요가 있다. 간단히 '인공지능은 뭐야?'라고 물어볼 수도 있지만, 앞에서 구체적으로 어떤 맥락에서 묻는지 자세히 정의할수록 도움이 된다고 했다. 인공지능 시대가 무엇인지 정의하기 위해 인류의 역사 중 시대를 구분하는 특징에는 무엇이 있는지 바드에 물어보았다. 실무의 편이성을 위해 구글 번역과 같은 번역기를 사용하면 편리할 것이다. 모든 직장인이 영어에 익숙한 것은 아니므로 구글 번역기와 함께 바드를 사용해보자.

 What are the characteristics that distinguish certain periods of human history?

 특정 인류 역사의 시기를 구별하는 많은 특징들이 있습니다. 가장 중요한 몇 가지 예시는 다음과 같습니다.

- 기술: 새로운 기술의 발전은 사회에 깊은 영향을 미칠 수 있으며 사람들이 살고, 일하고, 소통하는 방식을 변화시킬 수 있습니다. 예를 들어 15세기에 인쇄기의 발명은 읽고 교육을 혁신시키도록 이끌었으며, 20세기의 인터넷 개발은 전 세계 사람들이 서로 연결되는 글로벌 사회를 이끌어냈습니다.

- 정치: 한 사회의 정치 체제도 그 발전에 큰 영향을 미칠 수 있습니다. 예를 들어 5세기 로마 제국의 몰락은 유럽에서 정치적 불안과 혼돈의 시기를 야기했으며, 18세기의 미국 혁명은 새로운 민주 공화국의 설립을 이끌었습니다.

- 문화: 한 사회의 문화는 공유된 신념, 가치 및 관습으로 표현될 수 있습니다. 이는 예술, 음악, 문학, 종교 등 다양한 방식으로 표현될 수 있습니다. 문화는 사회의 정체성과 가치 형성에 큰 역할을 할 수 있습니다.

- 경제: 한 사회의 경제 체제는 상품과 서비스의 생산과 분배 방식을 결정합니다. 이는 인구의 생활 수준뿐만 아니라 국가의 사회적 및 정치적 안정에 큰 영향을 미칠 수 있습니다. 예를 들어 18세기와 19세기의 산업 혁명은 유럽과 북미에서 경제성장과 번영이 급증하는 결과를 가져왔습니다.

- 지리: 한 지역의 지리적 조건은 그 발전에 큰 영향을 미칠 수 있습니다. 예를 들어 강이나 바다 인근에 위치한 도시는 주요한 무역 중심지가 될 수 있으며, 천연자원의 존재는 산업 경제의 발전을 이끌 수 있습니다.

이것들은 인류 역사의 특정 시기를 구별하는 많은 특징들 중 일부에 불과합니다. 이러한 요소들을 이해함으로써 우리 주변의 세계와 우리 자신의 역사를 형성한 힘들을 더 잘 이해할 수 있습니다.

출처: 구글 바드

어떤 시대라고 정의할 때는 저런 특성의 변화가 있었을 것이다. 여기서 질문의 사슬을 활용하여 이런 특성에 인공지능이 어떤 변화를 가져올 것인지 물었다.

 Can artificial intelligence significantly change the nature of technology, politics, culture, economy and geography?

 예, 인공지능(AI)은 기술, 정치, 문화, 경제, 그리고 지리의 본질을 크게 변화시킬 수 있는 잠재력을 갖고 있습니다. 다음은 AI가 이러한 영역을 어떻게 변화시킬 수 있는지에 대한 몇 가지 예시입니다.

- 기술: AI는 운전, 코드 작성, 질병 진단과 같은 현재 인간이 수행하는 많은 작업을 자동화할 수 있습니다. 이로 인해 일부 산업에서는 광범위한 일자리 감소가 발생할 수 있지만, 다른 산업에서는 새로운 기회를 창출할 수도 있습니다. 예를 들어 AI는 새로운 제품과 서비스를 개발하거나 기존 제품과 서비스의 효율성을 향상시키는 데 사용될 수 있습니다.

- 정치: AI는 선거 캠페인에 새로운 방식을 개발하거나 새로운 정부 형태를 만들기 위해 사용될 수 있습니다. AI는 또한 시민을 모니터링하고 추적하는 데 사용될 수 있으며, 이는 개인 정보 보호와 시민의 자유에 대한 우려를 불러일으킬 수 있습니다.

- 문화: AI는 새로운 형태의 예술, 음악, 문학을 창조하는 데 사용될 수 있습니다. 또한 서로와의 소통 방식을 개선하고 다양한 문화를 배우는 데에도 활용될 수 있습니다. 그러나 AI는 또한 잘못된 정보와 선전포고를 퍼뜨리는 데에 사용될 수 있으며, 이는 사회에 부정적인 영향을 미칠 수 있습니다.

- 경제: AI는 새로운 제품과 서비스를 개발하거나 기존 제품과 서비스의 효율성을 향상시키는 데에 사용될 수 있습니다. 이는 경제적 성장과 번영을 가져올 수 있지만, 일자리 감소와 경제적 불평등을 야기할 수도 있습니다.

- 지리: AI는 물품과 사람을 운송하는 새로운 방식을 개발하거나 새로운 인프라를 만드는 데 사용될 수 있습니다. AI는 또한 자연자원을 모니터링하고 추적하는 데에도 사용될 수 있으며, 이는 환경 관리에 도움이 될 수 있습니다.

이러한 변화를 가져오는 변화에는 여러 가지 요인들이 작용할 수 있습니다. 그중 하나는 AI 기술의 계속적인 발전입니다. AI가 더욱 강력하고 정교해짐에 따라, 더 많은 작업을 자동화하고 더 복잡한 기능을 수행할 수 있게 될 것입니다. 또 다른 요인은 데이터의 증가하는 가용성입니다. AI 알고리즘은 내규모 네이터셋에서 훈련되므로, 데이터의 양이 많을수록 알고리즘의 성능이 향상될 것입니다. 마지막으로, 기업과 정부에서 AI에 대한 점점 더 큰 관심이 변화를 주도하는 데 도움을 주고 있습니다. 점점 더 많은 조직이 AI를 도입함에 따라 사회에 더 큰 영향을 미칠 것입니다.

AI에 의해 가져올 변화가 모두 긍정적일 것은 아님을 알아두는 것이 중요합니다. AI와 관련하여 일자리 손실, 경제적 불평등, 잘못된 정보의 확산과 같은 잠재적인 위험 요소들도 존재합니다. 이러한 위험 요소들을 인식하여 그들을 완화하고 AI가 선순환적으로 활용될 수 있도록 하는 것이 중요합니다.

출처: 구글 바드

각 산업별 예시를 보니 크게 2가지의 특징을 찾아볼 수 있다. 하나는 '현재 인간이 수행하는 많은 작업을 자동화'하는 것이다. 또 하나는 정치에 등장하는 '새로운 정부 형태를 창조'하는 것, 문화에 등장하는 '새로운 형태의 예술, 음악, 문학을 창조'하는 것, 경제에 등장하는 '새로운 제품과 서비스를 개발'하는 것, 지리에 등장하는 '물품과 사람을 운송하는 새로운 방식을 개발하거나 새로운 형태의 인프라를 창조'하는 것이다. 이로 미루어 볼 때 '새로운 형태'라는 것이 매우 중요함을 알 수 있다.

이를 바탕으로 생각해볼 때 인공지능은 인간이 하는 많은 일을 자동화하고 비즈니스의 새로운 형태를 이끌어낸다. 즉, 기존 비즈니스 모델을 진보시키거나 없던 비즈니스 모델을 발전시킬 것이다.

또한 바드가 답변한 내용 중 'AI가 더욱 강력하고 정교해짐에 따라 더 많은 작업을 자동화하고 더 복잡한 기능을 수행할 수 있게 될 것입니다. 또 다른 요인은 데이터 가용성의 증가입니다. AI 알고리즘은 대규모 데이터셋에서 훈련되므로 사용 가능한 데이터가 많을수록 알고리즘의 성능이 향상됩니다'라는 대목에서 인공지능이 어떤 변화를 가져올지 알 수 있다. 데이터가 많을수록 알고리즘 성능이 향상되므로 알고리즘은 시간이 갈수록 더욱 정교화될 것이고, 인공지능 알고리즘 자체가 발전함으로써 더욱 강력하고 정교해질 것이다. 그렇다면 인공지능 시대는 '고도로 발전한 인공지능이 자동화 및 비즈니스 모델에 관여하는 시대'로 정의할 수 있을 것이다.

다음으로 환경 이해 단계는 조직의 상황은 어떤지 이해하는 것이다. 이 과장은 자동화와 비즈니스 모델의 변화는 조직 내에서 충분히 생길 수 있는 변화라는 것을 인지하고 이를 받아들여 인공지능을 직접 내재화할지, 혹은 외부에서 개발된 인공지능을 가져다가 사용할지 결정해야 한다는 것을 깨달았다. 그래서 인공지능을 내재화한다는 것이 어떤 의미인지 알아보고자 한다. 그리고 이러한 깨달음과 질문이 '문제의 정석, 문제 정의'에서 이야기한 질문의 중요성을 잘 보여주는 부분이다. 이는 아직은 인간이 더 잘하는 분야이며 특히 실무 전문가가 꼭 필요한 영역이다. 각 산업과 조직이 처한 환경마다 문제와 요건이 모두 달라 일원화할 수 없어서다. 또한 도메인에 대해 지식이 많은 전문가가 투입될 때 앞에서 논의한 질문의 방향, 주제 설정 등이 확 달라질 수 있다.

바드에 인공지능이 만들어질 때 무엇이 중요하고 어떤 것이 필요한지 질문했다.

> **What is important and what is needed when artificial intelligence is created?**

인공지능(AI)을 만들 때 중요하고 필요한 요소는 다양합니다. 가장 중요한 몇 가지 요소는 다음과 같습니다.

데이터: AI 알고리즘은 대규모 데이터셋에서 훈련됩니다. 데이터의 양이 많을수록 알고리즘의 성능이 향상됩니다.

계산 능력: AI 알고리즘은 훈련과 실행에 많은 계산 자원이 필요할 수 있습니다. 필요한 계산 자원에 접근할 수 있는 것이 중요합니다.

전문 지식: AI는 복잡한 분야이며, 효과적으로 AI 시스템을 만들고 사용하기 위해서는 전문 지식이 필요합니다. AI 전문가들과 협력하여 AI 시스템을 설계하고 구현할 수 있는 것이 중요합니다.

윤리: AI는 선악을 가리지 않게 사용될 수 있는 잠재력을 갖고 있습니다. AI 시스템을 만들고 배포하기 전에 윤리적 영향을 고려하는 것이 중요합니다. 이러한 요소들을 고려함으로써 AI가 선(善)으로 활용되고 잠재적인 이점을 실현할 수 있습니다.

또한 인공지능을 만들 때 중요하고 필요한 몇 가지 다른 요소들이 있습니다.

문제 해결에 대한 명확한 이해: AI는 강력한 도구이지만 마법의 해결책은 아닙니다. AI 시스템을 개발하기 전에 해결하려는 문제에 대한 명확한 이해가 필요합니다.

시행착오와 반복에 대한 의지: AI 시스템은 복잡하며 종종 기대한 대로 동작하지 않을 수 있습니다. 원하는 결과를 얻을 때까지 시행착오와 반복을 할 의지가 있어야 합니다.

지속적인 학습에 대한 헌신: AI는 급속히 발전하는 분야입니다. 최신 AI 동향을 따라갈 수 있도록 지속적인 학습에 헌신해야 합니다. 이러한 지침을 따르면 인공지능 시스템을 만들 때 성공할 확률이 높아집니다.

출처: 구글 바드

이를 종합해보면 최신 지식에 대해 끊임없이 공부할 전문가가 필요하며, 실험을 계속할 수 있는 컴퓨팅 파워와 인공지능 알고리즘을 학습할 데이터와 풀고자 하는 명확한 문제가 필요하다. 이런 관점에서 볼 때 이 과장의 회사는 어떤 상황에 처해 있는지 이해해야 한다. 전문가가 있는지, 없다면 외부에서 채용할 수 있는지, 전문가 양성은 불가능한지 검토해야 한다. 또한 비즈니스적인 문제가 명확한지, 컴퓨팅 파워를 올리기 위해서 서버 구축은 잘되어 있는지, 학습할 데이터가 있는지와 같은 조건들을 살펴봐야 한다.

그리고 어떤 비즈니스 모델을 영위하는지, 어떠한 문제를 해결하고자 하는지에 따라 바드를 통해 해결할 수 있는지 여부를 판단한다. 대부분의 경우는 바드를 통해 해결하기 어렵다. 사내의 환경에 대해 바드와 같은 초거대 생성형 인공지능이 알 수 없기 때문이다. 그러므로 사내 조사가 필요하다. 하지만 이와 같은 답변을 보면서 어떤 것이 필요한지 지식을 쌓을 수 있으며 준비할 내용도 알 수 있다.

다음으로 유사 사례 검토 단계는 말 그대로 유사 사례를 검토하는 단계다. 유사 사례가 외부(인터넷 등)에 공개된 경우라면 빙챗이나 바드와 같은 초거대 생성형 인공지능을 사용하기에 매우 적절하다. 프롬프트는 구체적으로 작성해야 하므로 맥락까지 더해서 '인공지능을 사용해보지 않은 물류회사가 인공지능을 사용해 자동화와 비즈니스 모델을 신규 구축하거나 발전시킨 사례를 알려줘'라고 작성할 수 있을 것이다.

Tell me about a case in which a logistics company that has not used artificial intelligence has built or developed automation and business model using artificial intelligence.

알겠습니다. 여기에는 인공지능을 사용하지 않았던 물류 회사가 인공지능을 활용하여 자동화와 비즈니스 모델을 구축 또는 개발한 사례가 있습니다.

회사명: UPS

산업: 물류

문제: UPS는 다른 물류 회사들로부터 점점 더 많은 경쟁을 받고 있었고, 효율성을 향상시키고 비용을 줄일 방법을 찾아야 했습니다.

해결책: UPS는 운영에 인공지능(AI)을 도입하기로 결정했습니다. AI는 작업 자동화, 의사 결정 개선, 프로세스 최적화에 활용될 수 있습니다.

결과: UPS는 AI 도입 이후 운영에서 상당한 개선을 이루어냈습니다. 예를 들어, AI는 UPS가 연료 소비를 10% 줄이고, 정시 배송률을 5% 향상시키며, 비용을 2% 절감하는 데 도움이 되었습니다. UPS는 AI를 성공적으로 도입한 물류 회사 중 하나의 예시입니다. 물류 회사 중에서 AI를 활용하여 운영을 개선한 다른 회사로는 FedEx, DHL, Amazon 등이 있습니다.

다음은 물류 분야에서 AI가 사용되는 몇 가지 구체적인 예시입니다.

수요 예측: AI는 상품과 서비스 수요를 예측하는 데 사용될 수 있습니다. 이 정보는 재고 수준, 생산 일정, 운송 경로를 최적화하는 데 활용될 수 있습니다.

경로 최적화: AI는 차량이 이동하는 경로를 최적화하는 데 사용될 수 있습니다. 이를 통해 연료 소비를 줄이고, 정시 배송률을 향상시키며, 비용을 절감할 수 있습니다.

창고 관리: AI는 창고에서 피킹 및 포장과 같은 작업을 자동화하는 데 사용될 수 있습니다. 이를 통해 효율성과 정확성을 개선할 수 있습니다.

고객 서비스: AI는 질문에 답변하고 불만을 해결하는 등 고객 서비스 작업을 자동화하는 데 사용될 수 있습니다. 이를 통해 고객 만족도를 향상시키고 비용을 절감할 수 있습니다.

AI는 아직 비교적 새로운 기술이지만, 물류 산업을 혁신할 수 있는 잠재력을 가지고 있습니다. AI를 통해 작업 자동화, 의사 결정 개선 및 프로세스 최적화를 통해, 물류 회사들은 더욱 효율적이고 비용을 절감하며 고객 서비스를 개선할 수 있습니다.

출처: 구글 바드

UPS가 어떤 문제를 해결하려 했고, 이를 위해 어떤 해결책을 시행했으며, 그 효과가 어떠한지 알 수 있었다. 또한 물류 산업에 인공지능을 적용해서 사용할 수 있는 몇 가지 예시(수요 예측, 경로 최적화, 창고 관리, 고객 서비스)도 알려준다. 이를 바탕으로 우리 회사에서 이러한 사례를 동일하게 수행할 수 있는지, 더 적합한 방법은 있는지 검토할 수 있다. 더 많은 내용이 궁금하다면 추가 질의를 통해 더 많은 사례와 예시를 찾는다.

마지막으로 전략 수립과 가능 유무 검토 단계를 통해 최종적으로 전략의 가능성을 검토할 수 있다. 예를 들어 '인공지능은 많은 변화를 가져오므로 잘 활용해야 한다. 이를 위해 기술 내재화에는 시간과 비용이 많이 소모되어 천천히 시도하되, 일단 빠르게 ChatGPT와 같은 외부 인공지능을 도입하여 물류 최적화 도입을 통해 비즈니스 효과를 얻고 인공지능을 사용하는 방향으로 인공지능 시대에 살아남겠다'라는 결론이 담긴 전략 보고서를 작성한다고 하자. 이때 빠지거나 누락된 부분이 있는지 인공지능과 함께 검증해볼 수 있다. 그러면 좀 더 완벽하게 전략 보고서의 내용을 보완할 수 있다.

💬 What we need to do to survive in the age of AI is "Internalization of technology takes a lot of time and money, so we try slowly and quickly introduce external artificial intelligence such as ChatGPT to obtain business effects through the introduction of logistics optimization and use artificial intelligence. I am trying to write a strategy report with the conclusion "I will survive in the age of artificial intelligence", but is there anything missing or supplementary?

🤖 당신의 전략 보고서는 좋은 시작인 것 같습니다. 여기에 몇 가지 추가할 만한 사항들이 있을 수 있습니다.

1. 인공지능(AI)의 잠재적 이점과 위험에 대한 더 자세한 분석: 이를 통해 비즈니스에 AI를 효과적으로 통합하기 위한 정보를 얻을 수 있습니다.

2. AI 프로젝트의 성공 측정을 위한 구체적인 계획: 진행 상황을 추적하고 필요에 따라 조정할 수 있도록 도와줍니다.

3. 직원, 고객 및 이해 관계자들에게 AI 프로젝트를 설명하는 커뮤니케이션 계획: 모두가 계획에 동의하고 예상치 못한 문제가 발생하지 않도록 도움이 됩니다.

AI 시대를 살아남기 위한 몇 가지 추가적인 팁입니다.

1. 변화에 개방적이 되세요. AI는 지속적으로 진화하고 있으므로, 비즈니스 관행을 필요에 따라 조정할 준비가 되어야 합니다.

2. 자사의 강점에 집중하세요. AI는 마법 같은 해결책이 아닙니다. 그것은 학습된 데이터와 알고리즘의 품질에 따라 성능이 좌우됩니다. 따라서 자사의 강점에 집중하고, AI를 활용하여 그 강점을 더욱 발전시키세요.

3. 협력 파트너와 협력하세요. 어떤 기업도 모든 일을 완벽하게 수행할 수 없습니다. 따라서 자사와 상호 보완적인 강점을 갖춘 다른 기업들과 파트너십을 맺어 진행 속도를 가속화하고 목표를 더 빨리 달성할 수 있습니다.

도움이 되었기를 바랍니다!

출처: 구글 바드

인공지능 도입으로 인한 위험, 구체적인 계획 보완, 다른 파트너 회사들과의 협력에 대해 좀 더 보완할 것을 제안하고, 몇 가지 팁을 알려주었다. 이를 바탕으로 결론을 다시 수정해보자.

프롬프트 엔지니어링 전, 인공지능의 답변을 토대로 도출한 결론: 인공지능 시대에 살아남기 위해서는 인공지능에 대한 정보를 항시 수집하고 가치 있는 기술을 발전시킬 수 있는 방법을 마련한다. 또한 기존 인력들이 인공지능을 적대시하지 않고 잘 활용할 수 있고 개방된 자세로 받아들일 수 있도록 가이드해주어야 한다.

프롬프트 엔지니어링 후, 인공지능의 답변을 토대로 도출한 결론: 인공지능은 많은 변화를 가져오므로 잘 활용해야 한다. 이를 위해 기술 내재화에는 시간과 비용이 많이 소모되어 천천히 시도하되, 일단 빠르게 ChatGPT와 같은 외부 인공지능을 도입하거나 다른 인공지능 개발 회사들과 협력하여 데이터와 알고리즘이 빛을 발할 수 있는 물류 최적화와 같은 비즈니스 문제에 인공지능을 도입하여 비즈니스 효과를 얻을 것이다. 또한 인공지능에 대한 잠재적인 위험을 분석하고 대비하기 위하여 위험 관리를 철저히 하여 인공지능 시대에 살아남겠다.

이렇듯 프롬프트 엔지니어링을 능동적으로 활용하여 초거대 생성형 인공지능을 잘 사용한다면 전략 직무에 큰 장점이 될 것이다. 이처럼 초거대 생성형 인공지능을 잘 사용하면 구체적인 액션 플랜을 세우는 데 도움이 되며 전략 직무에도 크게 도움이 될 수 있다.

현재 격변하는 환경에 살고 있으며, 그 격변의 주역은 인공지능이다. 혁신이 발생하면 그 혁신을 직접 이끌며 성과를 얻는 사람도 있고, 그 혁신으로 인한 변화에 편승하여 성과를 얻는 사람도 있다. 그리고 변화에 적응하지 못해 아무런 성과도 얻지 못하는 사람이 있다. 직접 초거대 생성형 인공지능을 내재화하여 다양한 비즈니스에 접목하여 성과를 얻을 수도, 외부의 초거대 생성형 인공지능을 직무에 도입하여 성과를 얻을 수도 있다는 말이다.

앞에서 논의한 것과 같이 영세한 기업이거나 초거대 생성형 인공지능을 직접 개발하여 내재화할 수 없다면 외부의 초거대 생성형 인공지능을 도입해야 할 것이다. 이를 위해 도입해보는 경험이 필요하며 프롬프트 엔지니어링에 대해 이해해야 한다. 비전문가는 직접 내재화하는 것은 고민하지 않아도 된다. 사내에서 내재화를 하든 아니든, 결국 초거대 생성형 인공지능을 잘 활용할 수 있는 프롬프트 엔지니어링이 중요하기 때문이다.

>_ 마케팅

마케팅의 목표는 구매 의지를 돋우는 것이다. 그러려면 창의적인 방법으로 사람의 니즈를 자극하는 것이 핵심일 것이다. 또한 가능한 채널을 통해 다양한 방법으로 마케팅을 수행한다. 이러한 업무가 초거대 생성형 인공지능과 결합되어 시너지를 발휘할 수 있을까?

〉 마케팅 직무의 주요 문제

마케팅의 주요 문제는 구매 가능성이 높은 집단을 발굴하고 특정 집단의 구매 욕구를 향상시키는 것이다. 그러려면 고객뿐 아니라 시장을 이해해야 한다. 시장을 이해하는 것은 앞의 전략 직무 중 '정보의 빠른 습득 지원'을 참조하여 수행할 수 있다. 그러나 구매 욕구는 초거대 생성형 인공지능을 어떻게 사용해야 향상시킬 수 있을까?

마케팅은 없던 고객을 데려와서 제품을 판매하거나, 있던 고객에게 새로운 제품을 판매하는 것이다. 그래서 온라인, TV, 라디오, 버스, 지하철 등 다양한 채널로 불특정 다수에게 강렬한 인상을 심어주기 위해 노력한다. 예전에는 많은 채널들 중 어느 채널로 마케팅할지 전략을 수립하는 것도 어려운 문제였다. 하지만 인공지능이 발전하면서 최적화로 이를 해결할 수 있다. 예전에는 사람이 고객을 추출해서 마케팅했지만 지금은 인공지능을 사용해서 구매 가능성이 높은 사람을 선별한다.

이 책에서 다루는 초거대 생성형 인공지능은 콘텐츠를 생성해서 해결하므로 어떻게 활용할 수 있는지는 뒤에서 다룰 것이다.

〉 마케팅 직무에서의 활용 사례

마케팅은 구매하고 싶도록 사람의 마음을 움직이는 것이므로, 사람이 인지할 수 있는 경로로 자극을 주어야 한다. 보통 사람은 눈으로 보고 귀로 듣는 정보를 취합하여 의사 결정을 한다. 즉, 볼 수 있는 이미지 혹은 텍스트를 생성하고 귀로 들을 수 있도록 텍스트 스크립트를 만들어서 사람이 읽거나 기계가 읽도록 하는 것이다. 결국 이미지와 텍스트를 생성하는 문제로 귀결된다.

시각적 구매 욕구 자극

우선 없던 고객을 데려와서 제품을 구매하도록 마케팅하는 경우, 앞서 논의한 것과 마찬가지로 눈으로 보고 귀로 듣는 경로를 자극해주어야 한다. 이를 위해 초거대 이미지 생성 인공지능을 사용하여 이미지를 만들 수 있다. 인공지능을 사용하여 고객이 구매하고 싶어 하는 내용의 이미지를 디자인할 때 초안을 잡을 수 있다. 물론 프롬프트 엔지니어링을 상당히 촘촘하고 완벽에 가깝게 하면 만들어진 이미지 자체를 포스터로 사용할 수도 있다. 만약 새로 나온 토스트기를 마케팅해야 한다면, 온라인이나 배너 광고 마케팅을 위한 마케팅 포스터를 만들 것이다. 스테이블 디퓨전에 '우리 토스트기를 구매하고 싶도록 마케팅할 수 있는 포스터를 만들어줘'라는 프롬프트를 보내보자.

 Create a poster to market to people who want to buy a new toaster.

출처: 스테이블 디퓨전 온라인

첫 번째 이미지가 나왔다. 하지만 포스터로 사용하기에는 부족해 보인다. 글씨가 이상하고 토스트기가 잘 보이지 않는다. 구체적으로 '새로 나온 토스트기는 세련된 모형을 가지고 있어서 주부들이 좋아할 거야. 우리 토스트를 구매하고 싶도록 마케팅할 수 있는 포스터를 만들어줘'와 같이 요구해보자.

The new toaster has a stylish model that housewives will love. Make a poster that you can market to want to buy our toast.

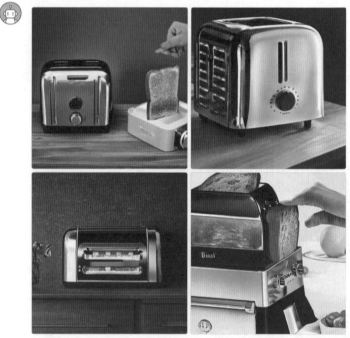

출처: 스테이블 디퓨전 온라인

구체적으로 프롬프트를 주자, 세련된 토스트기의 모습과 주방에서 직접 사용하는 예시가 많이 만들어졌다. 이번엔 맥락과 예시를 추가해보자. '토스트기 전문 업체인 우리 회사에서 만든 새로 나온 토스트기는 세련된 모습을 가지고 있어서 많은 주부들이 구매할 거야. 우리 토스트를 구매하고 싶도록 마케팅을 할 수 있는 포스터를 만들어줘. 포스터 상단에는 10주년 기념으로 나온 제품이고, 가격도 그 어떤 회사보다 저렴한데 품질은 좋다는 글을 넣어 줘'라는 프롬프트를 넣어보자.

 The new toaster made by our company, which specializes in toasters, has a stylish look, so many housewives will buy it. Make a poster that you can market to want to buy our toast. At the top of the poster, please write that it is a product that was released to commemorate the 10th anniversary, and the price is cheaper than any other company, but the quality is good.

출처: 스테이블 디퓨전 온라인

확실히 마케팅 문구를 추가하려는 시도가 보인다. 특히 첫 번째 사진은 품질이 좋다는 것을 보여주려고 했다. 이처럼 생성형 인공지능에 온라인 마케팅이나 배너에 넣을 포스터의 생성을 지시한 뒤에 프롬프트 엔지니어링을 통해 내가 원하는 형태로 제작할 수 있다. 포스터를 외주업체나 사내 디자이너에게 맡기기 전에 어떤 느낌을 살려서 그려달라고 할지 예시를 줄 수 있다.

이제 만든 포스터에 들어갈 문구를 만들 차례다. 이때는 초거대 자연어 생성 인공지능 서비스를 사용할 수 있다. ChatGPT에 동일한 프롬프트인데 문구를 만들어달라고 해보자.

> 토스트기 전문 업체인 우리 회사에서 만든 새로 나온 토스트기는 세련된 모습을 가지고 있어서 많은 주부들이 구매할 거야. 우리 토스트를 구매하고 싶도록 마케팅할 수 있는 포스터에 들어갈 문구를 만들어줘. 10주년 기념으로 나온 제품이고 가격도 그 어떤 회사보다 저렴한데 품질은 좋다는 내용이 있어야 해.

> "10주년 기념! 세련된 디자인으로 주부들의 마음을 사로잡다."
>
> "탁월한 품질과 놀라운 가격으로 선보이는 새로운 토스트기!"
>
> "우리 회사 자랑스러운 10년, 저렴한 가격에 고품질 토스트기를 선물로 드립니다."
>
> "매일 아침 풍성한 토스트 경험, 우리 회사 10주년을 맞아 특별한 제품 출시!"
>
> "주부들이 갖고 싶어 하는 세련된 토스트기, 10주년을 기념하는 특별 가격으로 만나보세요!"
>
> "우리 회사 10주년을 축하하며 선보이는 토스트기, 탁월한 품질과 저렴한 가격으로 주부님들에게 사랑을 드립니다."
>
> "10년 동안 쌓은 노하우로 완성된 토스트기, 품질과 가격의 최적 조화를 경험해보세요."
>
> "10주년 기념, 우리 회사가 자신 있게 선보이는 토스트기! 가격은 저렴하고 품질은 최고입니다."
>
> "주부들의 요구에 부응한 디자인과 뛰어난 성능을 갖춘 10주년 특별 토스트기, 이번 기회를 놓치지 마세요!"
>
> "저렴한 가격에 놀라운 품질을 누릴 수 있는 10주년 기념 토스트기, 가정의 필수품으로 딱입니다."
>
> 위의 문구들 중에서 마음에 드는 문구를 선택해주세요. 또는 특정 문구를 원하시면 알려주세요.

출처: ChatGPT

ChatGPT가 문구를 매우 잘 만들어주는 것을 볼 수 있다. 이미 구체적으로 맥락과 예시를 사용해서 프롬프트 엔지니어링을 했기 때문에 높은 수준의 결과물을 볼 수 있다. 이처럼 이미지를 생성할 수 있는 인공지능과 텍스트를 생성할 수 있는 인공지능을 사용하여 불특정 다수의 잠재적인 구매 욕구를 자극할 수 있는 포스터를 만들 수 있다. 이 포스터는 온라인이나 배너 등의 마케팅에 사용될 수 있다.

자사의 고객이었던 사람을 대상으로 판매하려는 경우라도 채널이 추가될 뿐 포스터를 만드는 전체적인 틀은 크게 벗어나지 않는다. 그러므로 앞에서 이야기한 예시를 참조하여 생성해볼 수 있다.

구매 욕구 자극 스크립트

다음으로 판매 스크립트를 만들어보자. 기존의 고객에게 제품을 판매할 때, 이미 우리의 고객이기 때문에 다양한 채널로 마케팅할 수 있다. 예를 들어 연락처나 이메일을 가지고 있기 때문에 마케팅 문구를 길게 스크립트 형태로 만들어서 권유할 수 있고, SMS/MMS로도 마케팅할 수 있다. 이를 위해 먼저 텔레마케팅과 이메일로 구매 욕구를 자극하는 문구를 ChatGPT로 만들어보도록 하자.

 토스트기 구매 권유 스크립트를 알려줘.

 당신이 토스트기를 구매하도록 권유하는 스크립트를 준비했습니다. 이 스크립트는 토스트기의 장점과 이점을 강조하여 상대방에게 그 가치를 전달하는 데 도움이 될 것입니다. 다음은 예시입니다.

안녕하세요! 최근에 토스트기를 구매하셔야 하는 이유에 대해 몇 가지 언급드리고자 합니다. 토스트기는 실용적이고 간편한 가전 제품 중 하나로, 여러 가지 이유로 여러분의 삶을 편안하게 만들어줄 수 있습니다.

첫째로, 토스트기는 아침 식사를 준비하는 데 매우 효과적입니다. 빠른 시간 내에 신선하고 맛있는 토스트를 만들 수 있으며, 바쁜 아침에도 간단하게 대처할 수 있습니다. 일상 생활에서 시간은 귀중한 자원이므로, 토스트기는 소중한 시간을 절약해 줄 수 있습니다.

둘째로, 토스트기는 다양한 종류의 식빵이나 베이글, 크루아상 등 다양한 빵을 구울 수 있습니다. 여러분의 취향에 맞는 토스트를 만들 수 있으며, 다양한 토핑과 함께 맛을 더할 수도 있습니다. 토스트의 다양성은 매일 아침 식사를 즐길 때 새로운 경험을 선사해줄 것입니다.

마지막으로, 토스트기는 사용이 간단하고 청소도 쉽습니다. 대부분의 토스트기는 버튼 몇 개만 누르면 작동하며, 다른 요리 기구보다 더 쉽게 유지·보수할 수 있습니다. 일상생활에서 빠른 정리와 청소는 부담을 줄여주므로, 토스트기는 여러분의 삶을 더욱 편안하게 만들어줄 것입니다.

모든 이유들을 고려해보았을 때, 토스트기는 매우 유용한 가전제품입니다. 시간을 절약하고 다양한 맛과 선택지를 제공하며, 간편하게 사용하고 청소할 수 있습니다. 토스트기를 통해 매일 아침 식사를 더욱 편안하고 즐거운 경험으로 만들어보세요!

출처: ChatGPT

이 내용을 읽는다고 구매 욕구가 생길 것 같은 느낌이 들지는 않는다. 구체적으로 지시해보자.

토스트기를 구매하려는 생각이 없는 사람에게 구매하고 싶도록 하는 권유 스크립트를 알려줘.

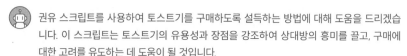

권유 스크립트를 사용하여 토스트기를 구매하도록 설득하는 방법에 대해 도움을 드리겠습니다. 이 스크립트는 토스트기의 유용성과 장점을 강조하여 상대방의 흥미를 끌고, 구매에 대한 고려를 유도하는 데 도움이 될 것입니다.

시작 부분:

안녕하세요! 제가 최근에 토스트기를 구입해서 정말 유용하다는 걸 알게 되었어요.

개인적인 경험 공유:

제가 토스트기를 사용해보니 아침 식사 준비가 훨씬 편리해졌어요. 바쁜 아침에도 빠르게 토스트를 만들어 먹을 수 있어서 시간을 절약할 수 있었고, 맛있는 토스트로 하루를 기분 좋게 시작할 수 있었어요.

다양한 기능 강조:

이 토스트기에는 다양한 기능이 탑재되어 있어요. 예를 들어 빵의 굽기 정도를 조절할 수 있는 설정이 있어서 선호하는 토스트의 바삭함을 조절할 수 있어요. 또한 식빵뿐만 아니라 베이글이나 크루아상 등 다양한 빵을 구울 수 있어서 다양한 선택을 즐길 수 있어요.

건강과 안전 면 강조:

토스트기는 식빵을 굽는 데 최적화되어 있어서 기름을 사용하지 않아도 맛있게 토스트를 만들 수 있어요. 이렇게 하면 좀 더 건강한 아침 식사를 할 수 있고, 청결하고 안전한 방식으로 토스트를 만들 수 있어요.

가격 대비 가치 강조:

이 토스트기의 가격은 그렇게 비싸지 않아요. 투자한 가격에 비해 얻는 가치가 크기 때문에 오랫동안 사용할 수 있는 제품이에요. 또한 토스트기는 일상적으로 많이 사용하는 가전제품 중 하나라서 가격 대비 성능이 탁월하다고 할 수 있어요.

선물이나 편리한 옵션 제안:

토스트기는 선물로도 좋아요. 가족이나 친구에게 선물로 주면 그들도 아침에 편리하게 토스트를 즐길 수 있고, 저희 가정에서 사용하고 있는 것처럼 그들도 만족할 거예요. 게다가 토스트기는 다양한 디자인과 색상으로 제공되기 때문에 선물로 주는 건 좀 더 특별하게 느껴질 거예요.

추가 혜택 언급:

이제는 많은 온라인 쇼핑몰이나 상점에서 토스트기를 다양한 프로모션과 할인 가격으로 판매하고 있어요. 혹시라도 구매를 고려하신다면 가격을 비교해보시고 좋은 혜택을 얻을 수 있는지 확인해보세요. 할인 쿠폰이나 무료 배송 등 추가 혜택을 받을 수도 있을 거예요.

마무리:

저도 처음에는 토스트기를 구매할 생각이 없었지만, 한 번 사용해보고 나서 정말 유용하다는 걸 알게 되었어요. 아침 식사를 더 편리하게 만들어주고, 다양한 선택과 맛을 즐길 수 있게 해줘서 정말 만족하고 있어요. 꼭 한 번 토스트기를 고려해보시는 건 어떨까요?

이런 식으로 권유 스크립트를 활용하면 상대방이 토스트기 구매에 대해 생각해보게 할 수 있습니다. 그러나 항상 상대방의 의견과 관심사를 존중하며 대화를 이어나가는 것이 중요합니다.

출처: ChatGPT

간단한 프롬프트를 주었는데도 매우 잘 응답한다. 이번에는 맥락을 추가해 보자.

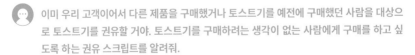

💬 이미 우리 고객이어서 다른 제품을 구매했거나 토스트기를 예전에 구매했던 사람을 대상으로 토스트기를 권유할 거야. 토스트기를 구매하려는 생각이 없는 사람에게 구매를 하고 싶도록 하는 권유 스크립트를 알려줘.

🤖 고객이 이미 다른 제품을 구매했거나 토스트기를 이미 보유하고 있는 경우, 토스트기를 다시 구매하도록 권유하는 스크립트는 다음과 같이 구성할 수 있습니다.

문제 해결:

"안녕하세요! 저희는 토스트기를 판매하는 회사입니다. 제품을 이미 보유하고 계시다면, 이 해합니다. 하지만 가끔씩 이전 모델보다 더 나은 토스트기가 출시되곤 합니다. 혹시 최근에 토스트기를 업그레이드하거나 대체하려는 생각이 있으신가요?"

새로운 기능 강조:

"새로 출시된 토스트기는 이전 모델보다 더 많은 혁신적인 기능과 편리한 옵션을 제공합니 다. 예를 들어 신속한 가열 시스템으로 빠르게 토스트를 만들 수 있고, 다양한 빵 종류에 적 합한 다양한 토스팅 모드가 탑재되어 있습니다. 또한 더욱 간편한 청소 기능과 안전한 사용 을 위한 추가적인 기능이 탑재되었습니다."

향상된 사용자 경험 강조:

"이 새로운 토스트기는 토스트를 더 균일하게 구워주어 맛과 질감 면에서 향상된 경험을 제 공합니다. 특히, 온도 조절 기능을 통해 개인의 선호에 맞게 토스트를 구울 수 있습니다. 또한 추가적인 편의성을 위해 토스트를 자동으로 꺼내주는 자동 이젝션 기능이 탑재되어 있습 니다."

가격 대비 가치 강조:

"이 제품은 고급스러운 디자인과 내구성 있는 소재로 만들어져 오랜 기간 동안 사용할 수 있 습니다. 가격 대비 가치가 높아, 이 토스트기는 오랫동안 아침 식사를 더욱 편리하게 해주고 만족스러운 토스트 경험을 선사할 것입니다."

부가 혜택 언급:

"우리 회사에서는 이번 주문에 대해 추가적인 혜택을 제공하고 있습니다. 예를 들어 구매 시 일정 금액의 할인이나 무료 선물 증정 등의 혜택을 받으실 수 있습니다. 이렇게 함으로써 이 전에 구매하신 제품과 비교하여 혜택을 더 받으실 수 있게 해드리고자 합니다."

신뢰와 추천 강조:

"많은 고객님들이 이미 저희의 제품에 대해 많은 찬사를 보내주셨습니다. 우리의 토스트기 는 고객님들의 기대를 충족시키고 넘어설 수 있는 성능과 품질을 자랑합니다. 제품에 대한 신뢰와 추천이 있으신 분들 중에도 새로운 기능과 혜택을 놓치지 않으려면 꼭 한 번 고려 해보시기를 권해드립니다."

마무리:

"고객님의 이전 구매 경험을 존중해드리며, 현재 제품의 개선된 기능과 향상된 사용자 경험 을 강조했습니다. 저희의 토스트기가 여전히 가치 있는 선택임을 알려드리고자 합니다. 추가 혜택과 함께 오랫동안 만족스러운 아침 식사를 즐길 수 있게 도와드리겠습니다. 궁금하신 점 이 있으시면 언제든지 문의해주세요."

출처: ChatGPT

맥락을 추가하자, 타깃에 좀 더 어울리게 응답하는 것을 볼 수 있다. 전에는 언급하지 않았지만 제품을 이미 보유하고 있을 가능성을 고려하고 있다. 이미 기능을 알 것이라는 가정하에, 사용하지 않으면 모르는 많은 기능을 언급한다. 타깃 집단에 적합한 스크립트가 생성된 것이다. 이런 문구를 참조해서 메일이나 SMS/MMS, 텔레마케팅 등에 활용하거나 스크립트를 만들 때 참조할 수 있다.

지금은 텍스트와 이미지 생성 사례를 중심으로 서술했지만, 이 외에도 다양한 생성형 인공지능을 사용하여 활용할 수 있다. 앞에서 언급했던 문서 생성 인공지능을 사용한다면 브리핑을 위한 프레젠테이션도 만들 수 있다. 마케팅 문구는 ChatGPT와 같은 자연어 생성 인공지능을, 이미지는 스테이블 디퓨전과 같은 이미지 생성 인공지능을 사용하여 작성한다. 이렇듯 초거대 생성형 인공지능들을 사용하여 고객이 가진 구매 욕구를 향상시키거나 콘텐츠 생성에 기여할 수 있다.

>_ 인사

인사 직무의 목표는 인력의 운용이다. 인사 조직은 인적 자원을 효과적으로 관리하여 조직의 목표를 달성하고 비즈니스 성과를 향상시키는 데 기여한다. 이를 위해 인력 확보 및 유지, 인력 개발, 조직 문화 구축, 인사 시스템 구축, 인사 관리 정책 수립 및 실행의 업무를 수행하곤 한다. 이 업무들이 초거대 생성형 인공지능과 결합되어 시너지를 발휘할 수 있을까? 이제부터 알아보도록 하자.

〉 인사 직무의 주요 문제

인사는 기본적으로 인력 관리로, 내부 인력 관리와 외부 인력 채용으로 분화된다. 먼저 내부 인력 관리를 살펴보자. 인사 조직은 인력 개발을 통해 조직 구성원의 역량을 강화하고, 조직의 성과 향상에 기여해야 한다. 즉, 인력 개발이 핵심 과제인 것이다. 이런 측면에서 볼 때 인력 개발은 커리어의 확장 혹은 심화, 전환 등이 있다. 이를 위해 사내 메신저 대화 이력을 초거대 생성형 인공지능 서비스에 주고 문맥 내 퓨샷 러닝을 통해 업무 이야기를 제외한 나머지 텍스트를 바탕으로 업무 및 회사 만족도를 산출하여 임원이나 팀장으로 하여금 커리어 상담을 하게 할 수 있다. 또한 관리자의 프로젝트 리뷰를 지원해줄 수 있다. 즉, 인사 평가 자료들을 문맥 내 퓨샷 러닝하여 인사 평가 멘트를 참고용으로 자동 생성하는 것이다. 또한 인력 확보 및 유지를 위해 퇴사자를 예측하고 인력의 유지 차원에서 어떤 어려움이 있는지 집중적으로 살펴볼 수 있다. 결국 퇴사할 사람을 퇴사하지 않도록 만들 수도 있는 것이다.

물론 이 결과가 정확한지에 대해서는 갑론을박이 있을 수 있고 개인정보를 활용해도 되는지 논란이 있을 것이다. 여기에서는 예를 들 뿐이며 실제가 아님을 알아두자.

인사 조직은 조직 문화와 기업 정신을 구축하고 유지함으로써 조직 구성원들이 동일한 가치관과 방향성을 공유할 수 있도록 한다. 조직 문화를 구성하려면 많은 사람들이 동일한 문화를 공유해야 하며, 인력 간에 대화를 많이 해야 한다. 그리고 조직 문화를 문서화할 필요가 있다. 예를 들어 팀장은 인력을 관리하는 사람이며, 직장 내 괴롭힘을 하면 안 된다는 내용을 성문화한다. 그 후 초거대 생성형 인공지능 서비스에 성문화한 내용을 주어 사내 인력이 조직 문화의 관점에서 궁금한 점이 생기면 초거대 생성형 인공지능 챗봇 서비스에 문의하게 한다. 그러면 성문화한 내용을 참고하여 적절하게 답변하는 방식으로 사용할 수 있다.

인사 조직은 인사 정보 시스템을 구축하고 운영하여, 조직 구성원의 인적 정보를 체계적으로 관리하고, 조직 내 인사 결정에 필요한 정보를 제공한다. 즉, 조직 내 인사 결정을 지원하는 업무를 한다. 인사 결정은 연관성이 있는 사람을 중요한 자리에 앉히는 것이므로, 인사 정보 시스템에서 이메일이나 채팅 등의 채널로 들어오는 인적 자원 관련 데이터를 초거대 생성형 인공지능 서비스가 분석하도록 구성할 수 있다. 생성형 인공지능을 이용하여 문맥 내 퓨샷 러닝을 수행하면, 조직 내 인적 자원에 대한 다양한 인사 관련 정보를 추출하고 이를 바탕으로 인력 확보, 개발, 관리 등의 의사 결정에 활용할 수 있다.

한편 외부 인력을 채용하려면 인사 관리 정책을 수립하고 실행해야 한다. 인사 조직은 적절한 인력을 확보하고 유지하며, 이를 통해 원활한 업무 수행이 가능하도록 해야 한다. 즉, 인력의 확보와 유지가 핵심 과제다. 인력의 확보는 신입/경력의 입사 가능도를 추정하면 도움이 될 것이다. 이를 위해 초거대 생성형 인공지능 서비스 중 텍스트 서비스를 사용할 수 있다. 문맥 내 퓨샷 러닝을 통해 기존에 입사한 사람의 이력서를 ChatGPT와 같은 초거대 생성형 인공지능 서비스에 제공하여 입사하는 사람들의 이력서에서 보이는 특징을 탐지한다. 그 뒤 새로운 사람의 이력서를 주고 입사할 가능도를 수치로 변환하게 하면 초거대 생성형 인공지능 서비스가 연산하여 결과를 제공하는 방식으로 도움이 될 수 있다. 또한 모집 공고 정책을 수립할 때 어느 공고가 더 사람들을 지원하게 해서 양질의 인력을 선발할 수 있도록 하는지 A/B 테스트를 진행한다고 하자. 이때 공고에 들어갈 글과 이미지는 초거대 생성형 인공지능 서비스를 사용하여 초안을 잡아볼 수 있다.

인사 조직은 인사 관리 정책을 수립하고 이를 실행함으로써, 조직 구성원들의 인사 문제를 해결하고, 조직 내 인사 관리 시스템의 효과성을 높인다. 이러한 일을 통해 인사 조직은 조직 구성원의 만족도와 참여도를 높이고, 조직 성과를 향상시킨다. 즉, 인사 문제 해결을 위해 정책을 수립하는 것이다. 수립한 정책을 사내 공지 게시판에 올릴 때 초거대 생성형 인공지능 서비스의 도움을 받아 이미지를 구성할 수도 있다.

〉 인사 직무에서의 활용 사례

앞에서 인사 직무는 크게 내부 직원을 관리하는 것과 외부 직원을 채용하는 문제로 나뉜다고 했다. 그리고 그 문제들을 해결하기 위한 간단한 예시들을 살펴보았다. 여기에서는 실제로 어떻게 수행하는지 예시를 통해 이해도를 높혀보자. 하지만 모든 예시를 다루기에는 양이 너무 방대하여 대표적인 몇 가지 예시만 위주로 다룰 예정이며, 직무 수행 도중 해결해야 하는 문제들은 프롬프트 엔지니어링을 통해 해결할 수 있을 것이다.

내부 직원 관리

내부 직원을 관리하는 데는 교육 프로그램부터 이탈자를 추론하여 사전에 상담하는 등 많은 방법이 있다. 여기에서는 관리자를 위한 인사 평가 자료에서 문맥 내 퓨샷 러닝을 수행하여 인사 평가 멘트를 자동 생성해주는 예시를 설명하려 한다.

인사 평가 시즌이 되면 직원들의 성과를 측정하는 일이 가장 중요하다. 그런데 인사팀이라고 해서 모든 직원과 함께 일하거나 모든 직무에 전문성을 가질 수는 없기 때문에 관리자가 인사 평가와 관리 업무를 함께 분담하는 경우가 많다. 그러다 보니 인사 평가 멘트도 관리자가 적는 경우가 많아졌다. 그런데 문제는 각 조직의 관리자들은 인사 전문가가 아니기 때문에 인사 평가 멘트를 적는 것을 어려워한다는 사실이다. 그러므로 이런 인사 평가 멘트를 적게끔 도와준다면 도움이 될 것이다.

10년 차 개발 경력의 인사 평가 멘트를 적어줘.

 "10년간의 개발 경력을 가진 당신은 우리 조직에 매우 중요한 자원입니다. 여러 프로젝트에서 뛰어난 업적을 내며, 지속적으로 기술적인 탁월함과 창의적인 해결책을 제시해오셨습니다. 당신의 신속하고 효율적인 개발 능력은 우리 팀의 성공을 뒷받침하였으며, 항상 전략적인 관점에서 문제를 접근하고 해결하는 능력을 발휘하셨습니다. 또한 팀원들과의 원활한 협력과 지식 공유를 통해 조직의 협업 문화를 향상시키는 데 큰 기여를 했습니다.

당신은 새로운 도전에 대한 열린 마음과 호기심을 가지고 있으며, 최신 트렌드와 기술에 대한 지속적인 학습과 개발에 헌신하고 있습니다. 이러한 열정과 업무에 대한 전문성은 당신의 팀원들에게 큰 영감을 주었습니다.

우리는 당신의 노력과 기여를 높이 평가하며, 미래에도 더 큰 성과를 이룰 것이라 기대합니다. 당신이 지속적인 성장과 개발에 힘쓰는 모습을 지켜보며, 앞으로도 당신과 함께 일할 수 있음에 큰 기쁨을 느끼고 있습니다. 감사합니다."

출처: ChatGPT

어딘지 부족해 보인다. 좀 더 구체적으로 적어보자.

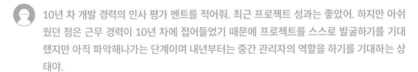 10년 차 개발 경력의 인사 평가 멘트를 적어줘. 최근 프로젝트 성과는 좋았어. 하지만 아쉬웠던 점은 근무 경력이 10년 차에 접어들었기 때문에 프로젝트를 스스로 발굴하기를 기대했지만 아직 파악해나가는 단계이며 내년부터는 중간 관리자의 역할을 하기를 기대하는 상태야.

 "10년간의 개발 경력을 가진 당신은 우리 조직에서 귀중한 자원이 되었습니다. 최근의 프로젝트에서 보여주신 성과들은 매우 탁월했으며, 팀에 큰 가치를 제공하였습니다. 당신은 문제 해결과 기술적 도전에 대한 열정으로 프로젝트를 성공적으로 이끌어나갔습니다.

그러나 근무 경력이 10년 차에 접어들어가는 만큼, 프로젝트를 스스로 주도적으로 발전시키기를 기대하였습니다. 아직은 파악해나가는 단계이며, 추가적인 자기 주도성과 리더십을 발휘하기 위해 더 많은 노력이 필요합니다. 하지만 우리는 당신의 잠재력을 높이 평가하며, 미래에는 중간 관리자의 역할을 맡아 조직에 큰 기여를 할 것으로 기대합니다.

당신의 개인적인 성장과 리더십 역량을 발전시키기 위해 조직은 지원할 준비가 되어 있습니다. 우리는 당신의 업무 동료들과의 원활한 협력과 지식 공유를 통해 당신이 조직 내에서 발전할 수 있도록 지원할 것입니다.

앞으로도 당신과 함께 일할 수 있는 기회를 소중히 여기며, 당신이 중간 관리자의 역할을 맡아 조직의 성장과 발전에 기여하는 모습을 기대합니다. 감사합니다."

출처: ChatGPT

기대하는 바와 아쉬웠던 점이 결과에 잘 반영된 것을 알 수 있다. 이제 맥락을 추가해보자.

> 🧑 올해 경력으로 입사한 10년 차 개발 경력의 인사 평가 멘트를 적어줘. 입사한 지 얼마 안 되었지만 빠른 시간내에 기존 사람들과 잘 어울리고 이로 인해 최근 프로젝트 성과는 좋아. 하지만 아쉬웠던 점은 근무 경력이 10년 차에 접어들었기 때문에 프로젝트를 스스로 발굴하기를 기대했지만 아직 파악해나가는 단계이며 내년부터는 중간 관리자의 역할을 하기를 기대하는 상태야.

> 🤖 "올해 입사한 당신은 10년의 풍부한 개발 경력을 가지고 있어 우리 조직에 가치 있는 인재로 합류하였습니다. 비록 입사한 지 얼마 되지 않았지만, 당신은 빠르게 기존 팀원들과의 호환성을 형성하였고 이는 최근 프로젝트의 성과에 긍정적인 영향을 주었습니다. 당신의 노력에 감사드립니다.
>
> 그러나 근무 경력이 10년 차에 접어드는 만큼, 프로젝트를 스스로 주도적으로 발전시키기를 기대하였습니다. 아직은 파악해나가는 단계이며, 추가적인 자기 주도성과 리더십을 발휘하기 위해 더 많은 노력이 필요합니다. 하지만 우리는 당신의 잠재력을 높이 평가하며, 미래에는 중간 관리자의 역할을 맡아 조직에 큰 기여를 할 것으로 기대합니다.
>
> 당신의 개인적인 성장과 리더십 역량의 발전을 위해 조직은 지원할 준비가 되어 있습니다. 우리는 당신의 업무 동료들과의 원활한 협력과 지식 공유를 통해 당신이 조직 내에서 발전할 수 있도록 지원할 것입니다.
>
> 앞으로도 당신과 함께 일할 수 있는 기회를 소중히 여기며, 당신이 중간 관리자의 역할을 맡아 조직의 성장과 발전에 기여하는 모습을 기대합니다. 감사합니다."
>
> 출처: ChatGPT

맥락 정보를 결과에 잘 녹여내어 인사 평가를 했다. 역할을 부여해보자.

> 🧑 이제부터 너는 인사 전문가야. 인사 전문가로서 올해 경력으로 입사한 10년 차 개발 경력의 인사 평가 멘트를 적어줘. 입사한 지 얼마 안 되었지만 빠른 시간 내에 기존 사람들과 잘 어울리고 이로 인해 최근 프로젝트 성과는 좋아. 하지만 아쉬웠던 점은 근무 경력이 10년 차에 접어들었기 때문에 프로젝트를 스스로 발굴하기를 기대했지만 아직 파악해나가는 단계이며 내년부터는 중간 관리자의 역할을 하기를 기대하는 상태야.

> 🤖 당신의 적극적인 태도와 빠른 적응력은 우리 팀에 큰 도움이 되었습니다. 짧은 시간에도 다른 팀원들과 원활하게 협력하여 최근 프로젝트에서 좋은 성과를 내었다는 것은 매우 인상적이었습니다. 특히 10년 차 개발 경력을 가지고 있는 만큼 프로젝트를 스스로 주도하는 능력

을 발휘하기를 기대했지만, 아직 파악해나가는 단계인 것으로 알고 있습니다. 그러나 내년부터는 중간 관리자로서의 역할을 수행할 준비를 하고 있으며, 그 역할에서의 성공을 기대하고 있습니다.

앞으로도 역량을 발휘하고 성장해나가는 모습을 기대하며, 필요한 지원과 교육을 제공하여 조직 내에서 더 큰 역할을 수행할 수 있도록 도움을 드리겠습니다. 계속된 성과와 도전적인 자세에 대해 감사드리며, 앞으로의 성공적인 경력 발전을 응원합니다.

출처: ChatGPT

인사 전문가로서의 역할을 부여하자, 사무적이지만 정보 위주로 응답하는 것을 볼 수 있다. 이처럼 인사 전문가가 아니더라도 프롬프트 엔지니어링을 통해 좋은 인사 평가 멘트들을 얻을 수 있다.

인사 평가는 항상 어렵다. 그래도 내용을 정리해서 전달해야 할 때가 있다. 지금은 예시라서 관리자가 평가한 몇몇 요소들을 추가해주었지만, 실제로 사용할 때는 프로젝트에 대한 동료 평가나 실제 성과 등을 종합적으로 고려해서 평가할 수 있도록 자동화된 시스템을 구축하면 매우 편리할 것이다. 예를 들어 관리자는 프로젝트별로 성과와 추가로 입력할 멘트를 입력하면, 인사 평가 멘트는 ChatGPT가 작성하는 식으로 시스템을 구축해놓는 것이다. 그렇게 하면 인사 평가 멘트를 작성하는 시간을 절약할 수 있을 뿐 아니라 사람이 인공지능을 도구로 사용하는 좋은 사례될 것이다.

외부 직원 채용

보통 인사 직무라고 하면 외부 직원의 채용을 가장 많이 떠올릴 것이다. 외부 직원을 채용하는 데 가장 중요한 일은 대상자의 지식 수준을 확인하는 것이다. 그래야 업무를 수행할 때 문제가 생기지 않도록 검증할 수 있기 때문이다. 이는 인공지능이 잘할 수 있는 영역이다. 특히 초거대 자연어 생성 인공지능의 경우 수많은 데이터를 학습하기 때문에 많은 직무의 지식을 가지고 있다고 볼 수 있다. 이를 활용해서 질문을 생성할 수도 있고 지식 수준을 검증할 수도 있다. 어떻게 지식 수준 검증을 하는지 살펴보자.

먼저 지식 수준을 검증할 수 있는 질문을 선별해야 한다. 대상자가 응답하면 추가적인 질문이 필요할 것이다. 그러므로 ChatGPT가 질문을 몇 가지 선별하게 하고 다시 ChatGPT가 응답을 받고 추가 질문을 하는 식으로 활용한다. 먼저 초기 질문을 만들어보자.

> 인공지능 직무 채용에 사용할 만한, 지식 수준을 검증할 수 있는 질문을 1개 만들어줘.

> 당연히! 다음은 인공지능 직무 채용에 사용할 수 있는 질문입니다.
>
> "인공지능 모델을 평가하기 위해 가장 일반적으로 사용되는 성능 지표는 무엇인가요? 해당 지표를 설명하고, 왜 그 지표가 중요한지 알려주세요."
>
> 이 질문은 지원자의 지식 수준과 이해력을 평가할 수 있습니다. 인공지능 모델의 평가와 성능 지표에 대한 이해는 모델의 개발과 개선에 필수적이기 때문에 중요합니다. 지원자가 일반적으로 사용되는 성능 지표를 알고 있으며, 그 지표의 의미와 중요성을 설명할 수 있다면, 그들이 인공지능 분야에 대해 깊이 있는 지식을 가지고 있다는 것을 나타낼 수 있습니다.

출처: ChatGPT

ChatGPT가 만든 질문으로 지원자에게 질문할 수 있다. 가상의 지원자의 응답을 얻기 위해 ChatGPT로 하여금 답변하게 하고 이를 가상의 지원자의 응답으로 간주하자.

> 인공지능 모델을 평가하기 위해 가장 일반적으로 사용되는 성능 지표는 무엇인가요? 해당 지표를 설명하고, 왜 그 지표가 중요한지 알려주세요.

> 가장 일반적으로 사용되는 인공지능 모델의 성능 지표는 정확도(Accuracy)입니다. 정확도는 모델이 예측한 결과와 실제 결과가 얼마나 일치하는지를 측정하는 지표입니다.
>
> 정확도는 다음과 같이 계산됩니다.
>
> 정확도 = (정확히 예측한 샘플 수) / (전체 예측한 샘플 수)
>
> 정확도는 매우 중요한 성능 지표입니다. 이는 모델이 얼마나 정확하게 분류 또는 예측을 수행하는지 나타냅니다. 높은 정확도는 모델이 높은 예측 성능을 갖는다는 것을 의미하며, 이는 다양한 응용 분야에서 신뢰할 수 있는 결과를 얻을 수 있다는 것을 보장합니다.

그러나 정확도가 항상 모든 상황에 적합한 것은 아닙니다. 특히 데이터의 불균형이 존재하는 경우, 예를 들어 한 클래스의 샘플 수가 다른 클래스에 비해 현저히 적은 경우에는 정확도만으로 모델의 성능을 평가하기에는 부족할 수 있습니다. 이런 경우에는 다른 성능 지표들, 예를 들면 정밀도(Precision), 재현율(Recall), F1 점수(F1 score), 혼동 행렬(Confusion matrix) 등을 함께 고려해야 합니다.

따라서 인공지능 모델의 정확도는 전반적인 성능을 평가하는 데 중요한 지표이지만, 특정한 상황이나 데이터에 따라 다른 성능 지표를 함께 고려해야 합니다.

출처: ChatGPT

프롬프트를 면접관의 질문으로 보고 결과를 지원자의 응답으로 봤을 때, 지원자가 응답을 잘한 것으로 보인다. 이제 추가 질문을 하면 더 깊이 있는 질문을 만들어낼 것이다. 그 질문 그대로 다시 프롬프트에 넣어 응답해보자.

채용을 위해 지원자를 평가하는 중이야. "인공지능 모델을 평가하기 위해 가장 일반적으로 사용되는 성능 지표는 무엇인가요? 해당 지표를 설명하고, 왜 그 지표가 중요한지 알려주세요"라는 질문에 [앞의 ChatGPT 응답]이라고 응답한 지원자에게 추가 질문을 하려고 해. 추가 질문을 만들어줘.

지원자에게 추가 질문으로 다음을 물어볼 수 있습니다.

"정확도를 넘어서 다른 성능 지표들을 어떻게 이해하고 활용할 수 있는지 설명해주실 수 있나요? 예를 들어 정밀도, 재현율, F1 점수, 혼동 행렬 등의 성능 지표를 사용하여 모델을 어떻게 평가하고 개선할 수 있는지 알려주세요."

출처: ChatGPT

ChatGPT가 만든 질문을 다시 가상의 지원자에게 물어볼 수 있다. 이러한 과정을 반복하면 지원자의 지식 수준을 파악하기가 더 수월해진다. 반대로 지원자의 응답이 정확한지 평가할 수도 있다. 앞서 가상의 응답자의 대답 중 정확도 공식을 수정해보자. 공식을 '정확도 = (전체 예측한 샘플 수) / (정확히 예측한 샘플 수)'와 같이 조금 바꾼 뒤 응답을 제대로 한 건지 ChatGPT에 물어보도록 하자.

채용을 위해 지원자를 평가하는 중이야. "인공지능 모델을 평가하기 위해 가장 일반적으로 사용되는 성능 지표는 무엇인가요? 해당 지표를 설명하고, 왜 그 지표가 중요한지 알려주세요"라는 질문에 "(중략) 정확도 = (전체 예측한 샘플 수) / (정확히 예측한 샘플 수) (중략)"이라고 응답을 했어. 응답 중 틀린 부분이 있다면 알려줘.

당신의 응답은 대체로 정확하고 잘 설명되어 있지만, 한 가지 정정해야 할 부분이 있습니다. 정확도를 계산하는 공식에 오류가 있습니다. 정확도는 정확히 예측한 샘플 수를 전체 예측한 샘플 수로 나눈 값으로 계산됩니다. 아래는 올바른 정확도 계산 공식입니다.

정확도 = (정확히 예측한 샘플 수) / (전체 예측한 샘플 수)

즉, 이 부분을 수정하여 다시 작성하면 됩니다.

"정확도는 다음과 같이 계산됩니다.

정확도 = (정확히 예측한 샘플 수) / (전체 예측한 샘플 수)"

이외에는 당신의 설명이 올바르고 중요한 정보를 포함하고 있습니다. 인공지능 모델의 성능 평가에는 정확도뿐만 아니라 다른 지표들도 고려해야 하며, 데이터의 특성과 응용 분야에 맞게 적절한 지표를 선택하는 것이 중요합니다.

출처: ChatGPT

중복된 응답이 있기도 하지만 전반적으로 응답을 잘하는 것을 볼 수 있다. 이처럼 미리 예상 질문을 뽑을 수도 있고, 실시간으로 추가 질문을 만들어 가진 지식 수준을 깊게 탐구하는 것도 가능하다. 그렇기 때문에 외부 채용을 하는 데 있어서 초거대 자연어 생성 인공지능을 적극적으로 활용하는 것은 도움이 된다. 특히 특정 분야의 전문가를 인사 담당자가 면접하는 경우 전문 지식이 없으면 인성에 관한 질문밖에는 할 수 없을 것이다. 인성 질문을 만드는 데도 초거대 자연어 생성 인공지능은 사용하기 좋은 도구다. 또한 특정 분야의 전문가를 검증하기 위해 면접에 참여하는 전문가로서도 전문 지식을 탐색하기 위한 질문을 만드는 데 도움이 된다. 물론 이 외에도 수많은 응용 방법이 있다. 하지만 결론적으로는 인공지능을 잘 활용하기 위한 프롬프트 엔지니어링과 적재적소를 찾아 적용하기 위한 아이디어가 중요하다. 그렇기 때문에 프롬프트 엔지니어링을 하면서 프롬프트를 이해하고 많이 활용해 보면서 인공지능에 대한 이해도를 높이는 것이 중요하다.

개발 직무의 목표는 명확하다. 무언가를 개발하는 일을 완벽하게 잘하는 것이다. 어떤 플랫폼이 될 수도 있고, 웹이 될 수도 있고, 사소한 기능이 될 수도 있지만 무언가를 개발하는 것이 목표이기 때문에 개발에 도움이 되면 된다. 여기에서는 초거대 생성형 인공지능이 개발에 어떻게 도움이 될 수 있는지 예를 들어 설명할 것이다.

개발 직무의 주요 문제

개발 직무에서의 주요 문제는 무엇일까? 필자가 생각하기에 개발할 때 가장 중요한 것은 구조를 설계하고 직접 기능을 구현하는 일이다. 그 관점에서 구조를 설계하는 데 필요한 것은 기존 시스템을 잘 이해하는 일이다. 기존 시스템을 모른다면 구조를 설계하기 어렵다. 설계된 구조가 기존 시스템과 잘 어울리거나 기존 시스템의 기능을 커버해야 하기 때문이다. 물론 기존 구조를 이해하는 데 초거대 생성형 인공지능을 사용하기는 쉽지 않다. 사내 재산이기 때문에 보안이 철저해야 하는데, 초거대 생성형 인공지능의 프롬프트에 넣었다가는 외부로 유출될 가능성이 생기기 때문이다. 그러므로 여기에서는 기능을 구현하는 위주로 설명할 것이다.

이미 구축된 기존 시스템의 구조를 이해하고 추가 기능을 구현할 때 2가지 중에서 선택한다. 첫째는 아무것도 없는 상황에서 쌓아올리는 개발이고, 둘째는 누군가가 만들어놓은 개발 코드를 재활용하거나 수정하여 상황에 맞게 고치는 방법이다. 첫 번째 방법은 직접 구현하는 것이고, 두 번째 방법은 라이브러리(외부 코드의 묶음)를 통해 이미 만들어진 코드를 가져와서 임의로 조작하거나 그대로 사용한다. 초거대 생성형 인공지능을 사용해서 이런 작업을 더 효율적으로 할 수 있는지 살펴보자.

❯ 개발 직무에서의 활용 사례

개발 직무는 말 그대로 개발하는 일이다. 개발에는 기획 단계까지 포함하기도 한다. 하지만 여기에서는 코드를 직접 생산하는 것만 살펴볼 것이다. 이러한 관점에서 크게 2가지 작업을 해야 한다. 첫 번째는 코드를 생산하거나 기존 코드를 수정하는 일이다. 두 번째는 문서 자동 생성, 기술 지원이다. 개발은 기존의 시스템을 이해하는 과정이 필요하다. 그렇기 때문에 기존 시스템을 잘 이해할 수 있도록 개발 히스토리와 작동 원리 등을 문서화하는 것이 중요하다. 하지만 개발하느라 급급하여 문서화를 제대로 못하는 경우도 많은데, 초거대 텍스트 생성 인공지능을 사용하면 간단하게 문서화를 수행할 수 있다. 이는 전체적인 개발의 품질을 올릴 수 있는 길이기도 하며, 개발 이력의 유실을 방지할 수 있는 길이기도 하다. 그러므로 코드 생성과 문서화의 관점에서 초거대 생성형 인공지능을 사용하는 사례를 살펴보자.

창조와 변형, 검증

코드를 새롭게 창조하려면 많은 것을 이해해야 한다. 기존 시스템에 기능을 새롭게 창조할 경우 기존 시스템을 알고 있어야 한다. 완전히 새롭게 구현하는 거라면 기존 시스템이 없기 때문에 구축할 시스템의 설계도 병행해야 한다. 직접 기능을 구현하기 위해 코더(코드를 작성하는 사람)가 되어 코딩(코드를 작성하는 행위)을 해야 할 때, 대체 초거대 생성형 인공지능이 어떻게 도움이 될까?

초거대 생성형 인공지능 중 ChatGPT와 같은 초거대 자연어 생성 인공지능은 코드까지 학습에 사용한 것으로 보인다. 그래서 어떤 기능을 구현할 수 있는 코드를 생성해달라고 하면 코드를 구현해준다.

카카오톡과 같은 메신저 서비스를 구현하려고 해. 내가 보낸 메시지를 삭제할 수 있는 기능을 넣고 싶은데 이 기능을 구현할 수 있는 코드를 파이썬으로 만들어줘.

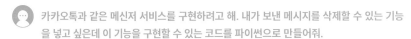 아래에 카카오톡과 같은 메신저 서비스에서 메시지 삭제 기능을 구현하는 파이썬 코드를 제공합니다. 이 코드는 단순히 메시지를 보내고 삭제하는 기능만 포함하고 있습니다. 더 복잡한 기능을 추가하려면 코드를 수정해야 할 수도 있습니다.

```python
class Messenger:
    def __init__(self):
        self.messages = []

    def send_message(self, content):
        self.messages.append(content)

    def delete_message(self, index):
        if index < len(self.messages):
            del self.messages[index]

    def print_messages(self):
        for i, message in enumerate(self.messages):
            print(f"{i + 1}. {message}")


# 메신저 객체 생성
messenger = Messenger()

# 메시지 보내기
messenger.send_message("안녕하세요!")
messenger.send_message("반갑습니다.")

# 메시지 출력
print("메시지 목록:")
messenger.print_messages()

# 메시지 삭제
message_index = 1  # 삭제할 메시지의 인덱스 (1부터 시작)
messenger.delete_message(message_index - 1)

# 삭제 후 메시지 출력
print("삭제 후 메시지 목록:")
messenger.print_messages()
```

이 코드는 Messenger 클래스를 정의하고, 해당 클래스의 인스턴스를 사용하여 메시지를 보내고 삭제하는 기능을 구현합니다. 메시지는 messages라는 리스트에 저장되며, send_message 메서드를 사용하여 새로운 메시지를 추가하고, delete_message 메서드를 사용하여 특정 인덱스의 메시지를 삭제할 수 있습니다. print_messages 메서드를 사용하여 현재 메시지 목록을 출력할 수 있습니다.

위의 코드를 실행하면 다음과 같은 출력이 나타날 것입니다.

메시지 목록:

1. 안녕하세요!

2. 반갑습니다.

삭제 후 메시지 목록:

1. 반갑습니다.

이 코드는 단순한 예시일 뿐이며, 실제로는 데이터베이스를 사용하거나 다양한 보안 및 예외 처리를 고려해야 할 수도 있습니다. 메신저 서비스를 구현하는 경우, 더 많은 기능을 추가하고 구체화하는 것이 필요할 수 있습니다.

출처: ChatGPT

코드가 실제로 작동하는지 개발자가 검수해야 한다. 없는 외부 함수를 가져와서 만들기도 하고, 작동하지 않는 코드를 뱉기도 하기 때문이다. 그러나 전체적인 코드를 보고 로직을 차용하거나, 약간 수정해서 작동하는 코드를 만들어 사용할 수도 있기 때문에 매우 유용한 기능이다.

구글과 같은 웹 페이지 서비스를 만들려고 해. 구글의 배너와 같이 우리 회사의 로고를 가운데 띄워주고 검색창을 그 옆에 띄워주고 싶어. 이 기능을 구현할 수 있는 코드를 자바로 만들어줘.

아래에 구글과 같은 웹 페이지 서비스에서 로고와 검색창을 배치하는 자바 코드를 제공합니다. 이 코드는 HTML과 CSS를 사용하여 웹 페이지를 생성합니다.

```java
import java.io.*;

public class GoogleLikeWebpage {
    public static void main(String[] args) {
        try {
            // HTML 파일 생성
            PrintWriter writer = new PrintWriter("google.html", "UTF-8");
            writer.println("<!DOCTYPE html>");
            writer.println("<html>");
            writer.println("<head>");
            writer.println("<title>Google</title>");
            writer.println("<style>");
            writer.println(".logo {");
```

```
writer.println("    display: block;");
writer.println("    margin: auto;");
writer.println("    width: 272px;");
writer.println("    height: 92px;");
writer.println("    background-image: url(\"https://www.google.
com/images/branding/googlelogo/1x/googlelogo_color_272x92dp.png\");");
writer.println("    background-size: cover;");
writer.println("}");
writer.println(".search {");
writer.println("    display: block;");
writer.println("    margin: 20px auto;");
writer.println("    width: 500px;");
writer.println("    height: 30px;");
writer.println("    border: 1px solid #ccc;");
writer.println("    border-radius: 20px;");
writer.println("    padding: 5px 10px;");
writer.println("    font-size: 18px;");
writer.println("    color: #555;");
writer.println("}");
writer.println("</style>");
writer.println("</head>");
writer.println("<body>");
writer.println("<div class=\"logo\"></div>");
writer.println("<input type=\"text\" class=\"search\"
placeholder=\"검색어 입력\">");
writer.println("</body>");
writer.println("</html>");
writer.close();

System.out.println("google.html 파일이 생성되었습니다.");
} catch (IOException e) {
    e.printStackTrace();
}
}
```

이 코드는 PrintWriter를 사용하여 HTML 파일을 생성하고, 해당 파일에 구글과 같은 로고와 검색창을 추가합니다. 로고 이미지는 구글의 공식 로고를 사용하며, 검색창은 input 요소를 사용하여 구현합니다. CSS 스타일을 사용하여 로고와 검색창의 크기 및 배치를 조정합니다.

위의 코드를 실행하면 google.html 파일이 생성되며, 해당 파일을 웹 브라우저에서 열면 구글과 같은 웹 페이지가 표시됩니다. 웹 페이지의 디자인 및 기능을 추가하려면 HTML, CSS, JavaScript 등을 자유롭게 수정하면 됩니다.

출처: ChatGPT

이 또한 마찬가지로 추가적으로 검증이 필요하지만 이처럼 여러 가지 언어로 개발하도록 지시하는 것도 가능하며, 여러 가지 기능들의 구현을 부탁해도 개발해준다. 물론 원하는 코드를 꼭 포함해서 작업해달라고 하는 것도 가능하다.

구글과 같은 웹 페이지 서비스를 만들려고 해. 구글의 배너와 같이 우리 회사의 로고를 가운데 띄워주고 검색창을 그 옆에 띄워주고 싶어. 이 기능을 구현할 수 있는 코드를 자바로 만들어줘. 이때 Java Swing을 사용하여 GUI를 구현해줘.

아래는 Java Swing을 사용하여 구글과 같은 웹 페이지 서비스에서 로고와 검색창을 배치하는 코드 예시입니다.

```java
import javax.swing.*;
import java.awt.*;

public class GoogleLikeWebpage {
    public static void main(String[] args) {
        SwingUtilities.invokeLater(() -> createAndShowGUI());
    }

    private static void createAndShowGUI() {
        // 프레임 생성
        JFrame frame = new JFrame("Google");
        frame.setDefaultCloseOperation(JFrame.EXIT_ON_CLOSE);
        frame.setSize(600, 150);
        frame.setLayout(new BorderLayout());

        // 로고 패널 생성 및 설정
        JPanel logoPanel = new JPanel();
        ImageIcon logoIcon = new ImageIcon("company_logo.png"); // 로고 이미지 파일 경로 지정
        JLabel logoLabel = new JLabel(logoIcon);
        logoPanel.add(logoLabel);

        // 검색창 패널 생성 및 설정
        JPanel searchPanel = new JPanel();
        JTextField searchField = new JTextField(20);
        searchPanel.add(searchField);

        // 로고 패널과 검색창 패널을 프레임에 추가
        frame.add(logoPanel, BorderLayout.CENTER);
        frame.add(searchPanel, BorderLayout.EAST);

        // 프레임 표시
```

```
        frame.setVisible(true);
    }
}
```

위의 코드에서는 JFrame과 JPanel을 사용하여 GUI를 생성하고, ImageIcon을 사용하여 로고 이미지를 표시합니다. 로고 이미지 파일의 경로를 "company_logo.png"로 변경해야 합니다. JTextField를 사용하여 검색창을 구현하고, JFrame의 BorderLayout을 사용하여 로고 패널을 가운데로, 검색창 패널을 오른쪽에 배치합니다.

위의 코드를 실행하면 구글과 같은 웹 페이지가 표시되며, 로고와 검색창이 원하는 위치에 배치됩니다. 이제 필요한 디자인 및 기능을 추가하여 웹 페이지를 완성할 수 있습니다.

출처: ChatGPT

이처럼 내가 원하는 기능을 개발하기 위해 ChatGPT와 같은 자연어 생성 인공지능에서 직접적인 도움을 받을 수도 있고, 개발 요건에 원하는 조건을 추가할 수도 있다. 따라서 조건에 맞추어 유연하게 개발을 지시할 수 있다. 그러면 코드를 작성할 줄 모르는 개발자들도 자연어 생성 인공지능의 도움을 받으면 간단한 기능은 구현하는 데 문제가 없을 것이다. 실제 필자가 아는 비개발자가 간단한 웹 페이지를 구현하는 것을 보고 매우 놀란 적이 있다. 물론 코드가 작동하지 않아서 검증하고 수정하는 작업을 거쳐야 했지만, 코드를 작성할 줄 모르는 사람이 기초가 되는 코드를 자연어 생성 인공지능의 도움을 받아서 작성하고 완성했다는 것은 놀라운 일이 아닐 수 없다.

특히 영세한 1인 개발사처럼 인력이 부족한 곳에서 활용할 수 있다. 물론 이미지 생성 인공지능을 사용하면 로고를 만들거나 웹 페이지에 들어가는 화면들의 배치와 직접 넣을 이미지도 지원받을 수 있다. 게다가 시연을 위한 프로토타입을 빠르게 만드는 것도 가능하다. 그렇기 때문에 영세한 개발사에는 더 큰 도움이 될 것이다.

다음으로 코드의 변형과 검증을 살펴보자. 변형은 이미 만들어진 코드를 기반으로 다른 기능을 추가하거나 코드를 경량화하는 작업을 통칭한다. 검증은 만들어진 코드가 잘못된 부분은 없는지 살펴보는 것을 의미한다. 이 두 가지 경우에 ChatGPT나 바드와 같은 초거대 자연어 생성 인공지능이 기여할 수 있다.

웹 페이지를 구현할 때 사용하는 파이썬 라이브러리를 알려줘.

웹 페이지를 구현하는 데 사용할 수 있는 몇 가지 인기 있는 파이썬 라이브러리는 다음과 같습니다.

Flask: 가벼운 웹 프레임워크로, 웹 애플리케이션을 구축하는 데 사용됩니다. Flask는 라우팅, 템플릿 엔진, 폼 처리 등의 기능을 제공합니다.

Django: 강력한 웹 프레임워크로, 크고 복잡한 웹 애플리케이션을 구축하는 데 사용됩니다. Django는 데이터베이스 관리, 인증, 사용자 관리 등의 기능을 포함하고 있습니다.

BeautifulSoup: HTML 및 XML 문서를 파싱하고 데이터를 추출하는 데 사용됩니다. 웹 스크래핑 작업을 수행하거나 웹 페이지의 특정 요소를 가져오는 데 유용합니다.

Requests: HTTP 요청을 보내고 받는 데 사용됩니다. 웹 페이지에서 데이터를 가져오거나 API와 상호작용할 때 유용합니다.

Selenium: 웹 브라우저 자동화 도구로, 웹 페이지를 제어하고 테스트하는 데 사용됩니다. JavaScript가 동적으로 로드되는 웹 페이지에서 작업을 수행하는 데 유용합니다.

Jinja2: 템플릿 엔진으로, 웹 페이지의 동적인 콘텐츠를 생성하는 데 사용됩니다. Flask 및 Django와 함께 사용되어 HTML 템플릿을 렌더링하는 데 유용합니다.

이외에도 웹 개발에 사용되는 다양한 라이브러리와 프레임워크가 있습니다. 선택한 프로젝트의 요구 사항과 선호도에 따라 적합한 도구를 선택할 수 있습니다.

출처: ChatGPT

무언가를 개발할 때 외부 코드가 있는 라이브러리의 구현된 기능들을 사용하면 한결 빠르고 정확하게 구현하는 것이 가능하다. 또한 코드를 공개하면 불특정 다수로부터 검증받을 수 있고 개선을 제안받기도 한다. 이 과정을 통해 좋은 인력을 구할 수도 있고 코드의 품질도 올라간다. 이것이 오픈소스 시장이 활성화되고 개발자들이 서로 코드를 공개하는 이유다. 그런데 워낙 공개된 라이브러리들이 많다 보니, 어떤 라이브러리를 써서 개발할 수 있는지 찾는 것도 일이다. 그렇기 때문에 ChatGPT나 바드와 같은 초거대 자연어 생성 인공지능을 사용해서 간략하게 질의해보면 초기 시간을 절약할 수 있다.

 파이썬으로 웹 페이지를 개발하려고 해. 그때 **Flask** 라이브러리에서 라우팅 기능을 제공하는 함수를 찾고 싶어. 그리고 이 함수의 활용 방법을 알려줘.

 Flask 라이브러리에서 라우팅을 처리하는 함수는 `@app.route` 데코레이터입니다. 이 데코레이터를 사용하여 특정 URL에 대한 요청을 처리하고, 해당 URL에 대한 응답을 반환하는 함수를 정의할 수 있습니다.

아래는 `@app.route` 데코레이터를 사용한 간단한 예시입니다.

```python
from flask import Flask

app = Flask(__name__)

@app.route('/')
def home():
    return '홈 페이지입니다.'

@app.route('/about')
def about():
    return '소개 페이지입니다.'

@app.route('/contact')
def contact():
    return '연락처 페이지입니다.'

if __name__ == '__main__':
    app.run()
```

위의 코드에서는 Flask 애플리케이션을 생성한 후, `@app.route` 데코레이터를 사용하여 각 URL에 대한 함수를 정의합니다. `/`, `/about`, `/contact` URL에 대한 요청이 들어오면 각각 `home()`, `about()`, `contact()` 함수가 실행되어 해당 페이지의 내용을 반환합니다.

`@app.route` 데코레이터는 URL 패턴을 지정할 수도 있습니다. 아래는 변수를 사용한 URL 패턴 예시입니다.

```python
@app.route('/user/<username>')
def show_user(username):
    return f'사용자: {username}'
```

위의 코드에서 /user/<username> URL에 대한 요청이 들어오면 show_user() 함수가 실행되어 해당 사용자의 정보를 반환합니다.

Flask 애플리케이션을 실행하기 위해 app.run()을 호출하여 서버를 시작합니다. 이제 위의 코드를 실행하면 각 URL에 대한 요청을 처리하는 Flask 웹 애플리케이션이 실행되고, 해당 URL에 따라 각각의 페이지가 표시됩니다.

추가적으로 Flask에서는 HTTP 메서드(GET, POST, 등)에 따라 다른 동작을 수행할 수도 있습니다. 이를 위해서는 methods 매개변수를 @app.route 데코레이터에 추가하여 지정할 수 있습니다. 예를 들어 methods=['GET', 'POST']를 사용하면 해당 URL에 대한 GET 및 POST 요청을 처리할 수 있습니다.

Flask의 라우팅 기능을 통해 다양한 URL에 대한 요청을 처리하고, 해당하는 응답을 반환하는 방식으로 웹 페이지를 개발할 수 있습니다.

출처: ChatGPT

예시와 설명까지 응답하므로 이를 기반으로 개발을 진행할 수 있다. 그렇다면 만든 코드가 잘 작동할 수 있는지 검증하는 것도 가능할까? 앞에서 ChatGPT가 준 코드의 일부를 작동하지 않도록 삭제한 후 넣어보자.

아래는 **Java Swing**을 사용하여 구글과 같은 웹 페이지 서비스에서 로고와 검색창을 배치하는 코드야. 이 코드에서 잘못된 부분이 있을까?

```
import javax.swing.*;
import java.awt.*;

public class GoogleLikeWebpage {
    public static void main(String[] args) {
        SwingUtilities.invokeLater(() -> createAndShowGUI());
    }

    private static void createAndShowGUI() {
        // 프레임 생성
        JFrame frame = new JFrame("Google");
        frame.setDefaultCloseOperation(JFrame.EXIT_ON_CLOSE);
        frame.setSize(600, 150);
        frame.setLayout(new BorderLayout());

        // 로고 패널 생성 및 설정
        JPanel logoPanel = new JPanel();
        ImageIcon logoIcon = new ImageIcon("company_logo.png"); // 로고 이미
지 파일 경로 지정
```

```
        JLabel logoLabel = new JLabel(logoIcon);
        logoPanel.add(logoLabel);

        // 검색창 패널 생성 및 설정
        JPanel searchPanel = new JPanel();
        JTextField searchField = new JTextField(20);
        searchPanel.add(searchField);

        // 로고 패널과 검색창 패널을 프레임에 추가
        frame.add(logoPanel, BorderLayout.CENTER);
        frame.add(searchPanel, BorderLayout.EAST);

        // 프레임 표시
        frame.setVisible(true);
    }
}
```

제시된 코드에서 몇 가지 잘못된 부분이 있습니다. 수정해야 할 부분은 다음과 같습니다.

frame 객체가 선언되어 있지 않습니다. JFrame frame = new JFrame("Google");를 createAndShowGUI() 메서드 내에서 추가하여 프레임 객체를 생성해야 합니다.

logoPanel과 searchPanel이 선언되어 있지 않습니다. JPanel logoPanel = new JPanel();와 JPanel searchPanel = new JPanel();을 createAndShowGUI() 메서드 내에서 추가하여 패널 객체를 생성해야 합니다.

searchField가 선언되어 있지 않습니다. JTextField searchField = new JTextField(20);을 createAndShowGUI() 메서드 내에서 추가하여 검색창 필드 객체를 생성해야 합니다.

아래는 수정된 코드입니다.

```java
import javax.swing.*;
import java.awt.*;

public class GoogleLikeWebpage {
    public static void main(String[] args) {
        SwingUtilities.invokeLater(() -> createAndShowGUI());
    }

    private static void createAndShowGUI() {
        // 프레임 생성
        JFrame frame = new JFrame("Google");
        frame.setDefaultCloseOperation(JFrame.EXIT_ON_CLOSE);
        frame.setSize(600, 150);
        frame.setLayout(new BorderLayout());
```

```
        // 로고 패널 생성 및 설정
        JPanel logoPanel = new JPanel();
        ImageIcon logoIcon = new ImageIcon("company_logo.png"); // 로고 이미
지 파일 경로 지정
        JLabel logoLabel = new JLabel(logoIcon);
        logoPanel.add(logoLabel);

        // 검색창 패널 생성 및 설정
        JPanel searchPanel = new JPanel();
        JTextField searchField = new JTextField(20);
        searchPanel.add(searchField);

        // 로고 패널과 검색창 패널을 프레임에 추가
        frame.add(logoPanel, BorderLayout.CENTER);
        frame.add(searchPanel, BorderLayout.EAST);

        // 프레임 표시
        frame.setVisible(true);
    }
}
```

이제 수정된 코드를 실행하면 로고와 검색창이 원하는 위치에 배치된 구글과 같은 웹 페이지
가 표시됩니다.

출처: ChatGPT

프롬프트에 취소선으로 표시한 부분이 삭제한 부분인데, ChatGPT가 처음에
응답한 대로 잘 복원하는 것을 알 수 있다. 이처럼 코드의 검증에도 초거대
자연어 생성 인공지능을 사용할 수 있다. 그렇기 때문에 개발할 때 초거대 자
연어 생성 인공지능을 적극적으로 활용하는 것은 도움이 된다. 특히 어느 정
도 익숙한 언어로 새로운 기능을 개발하기 전에 도움을 받으면 오류를 잡을
수 있고, 익숙하지 않은 언어라면 개발 흐름을 보는 것만으로도 도움이 된다.

문서화, 기술 지원
개발에 있어서 문서화는 중요하다. 문서화한 이력을 보고 시스템을 파악하
는 데 도움을 얻기도 하며, 기술적인 지원을 해주기 위해 정보를 얻는 원천이
되기도 한다.

그런데 문서화하는 것에 생성형 인공지능이 어떻게 도움이 된다는 걸까? 초거대 텍스트 생성형 인공지능은 수많은 텍스트로 학습하고 그 과정에서 프로그래밍 언어도 일부 학습한다. 그렇기 때문에 코드가 어떤 역할을 하는지 생성해낼 수 있다. 예를 들어 앞서 논의했던 Java Swing을 사용하여 구글과 같은 웹 페이지 서비스에서 로고와 검색창을 배치하는 코드를 만들었다고 하자. 이 코드의 문서를 만들기 위해서는 다음과 같이 지시할 수 있다.

다음의 코드에 대해 처음보는 사람이 이해할 수 있도록 문서화해줘. 특히 역할과 예시 결과, 어떻게 활용할 수 있는지에 대한 내용을 포함해줘.

코드: "(앞에서 ChatGPT가 작성한 코드)"

GoogleLikeWebpage 코드 문서화

역할: 이 코드는 Java Swing을 사용하여 Google과 비슷한 웹 페이지를 생성하는 프로그램입니다. 프레임에 로고 이미지와 검색창이 포함된 GUI를 만들고, 프레임을 표시합니다.

예시 결과: 예시 결과는 위와 같이 구성됩니다. 프레임의 중앙에는 로고 이미지가, 오른쪽에는 검색창이 위치하며, 프레임의 크기는 600x150 픽셀로 설정됩니다.

활용 방법: 이 코드를 사용하여 다양한 목적에 맞는 사용자 정의 웹 페이지를 만들 수 있습니다. 몇 가지 활용 예시는 다음과 같습니다.

회사나 조직의 로고와 검색창을 포함한 간단한 웹 페이지를 만들 수 있습니다.

학습용으로 사용하여 Swing GUI 프로그래밍에 대한 이해를 높일 수 있습니다.

이 코드를 기반으로 확장하여 추가적인 기능과 컴포넌트를 포함한 사용자 지정 GUI를 작성할 수 있습니다.

사용 방법: 다음은 GoogleLikeWebpage 코드를 사용하는 방법입니다.

Java 개발 환경을 설정합니다.

코드를 복사하여 Java 파일로 저장합니다. 파일 이름은 GoogleLikeWebpage.java로 설정하세요.

"company_logo.png" 파일을 코드와 동일한 디렉토리에 위치시킵니다.

컴파일한 다음 실행합니다.

컴파일 및 실행 방법: 터미널 또는 명령 프롬프트를 엽니다.

Java 컴파일러를 사용하여 소스 코드를 컴파일합니다.

```
javac GoogleLikeWebpage.java
```
컴파일된 클래스 파일을 실행합니다.
```
java GoogleLikeWebpage
```
실행하면 Google과 비슷한 웹 페이지가 나타납니다. 로고 이미지와 검색창이 있는 프레임이 표시됩니다.

출처: ChatGPT

문서화를 잘하는 것을 볼 수 있다. 요구대로 역할과 예시 결과, 활용 예시에 대해 코드를 분석하여 정리해주었다. 특히 코드를 한 줄씩 설명해주는 부분은 인상 깊을 만큼 자세하다. 물론 코드를 이렇게까지 자세하게 설명하거나 제대로 문서화하기 어려울 수 있다. 하지만 초안을 마련하고 이를 바탕으로 수정만 한다면, 아무것도 없이 새롭게 만드는 것보다 시간이 적게 들어가고 인력도 덜 들어간다. 그렇게 절약한 시간과 인력은 새로운 코드를 개발하고 만드는 데 투입되어 양질의 서비스를 개발할 수 있게 된다.

시스템을 개발하는 데 투입되어 직접 설계하고 만든 사람은 시스템에 대한 이해도가 높을 것이다. 하지만 조직이 확장되거나 조직 내에서 이동하여 신규로 합류한 사람은 시스템에 대한 이해도가 상대적으로 떨어질 수밖에 없다. 그런 상황에서 신규로 합류한 사람은 문서에 의지해야 한다. 하지만 시스템이 너무 방대해서 문서의 정보가 너무 많으면 읽는 것도 쉽지 않다. 이럴 때 도움이 되는 것이 시스템의 내용을 잘 알고 있는 기술지원팀이다. 하지만 모든 서비스에 기술지원팀이 있는 건 아니다. 그럴 때 초거대 텍스트 생성 인공지능을 사용하면 좋다. 인공지능을 사용하여 챗봇을 만들고 그 챗봇이 문서의 내용을 응답할 수 있게 하면 도움이 될 것이다. 인공지능에 문서의 모든 정보를 주고 챗봇과 같은 역할을 할 수 있도록 부여하는 것이다.

너는 문서의 내용을 잘 모르는 사람에게 내용을 잘 전달해주고 이해도를 높이기 위한 목적으로 만들어진 챗봇이야. 문서는 앞에서 이야기한 문서로 인터넷의 내용을 참조하지 말고 앞에서 이야기한 문서를 기반으로 응답해줘. 내가 묻고 싶은 것은 "로고 패널 생성 및 설정의 기능이 어떻게 구현되어 있는지"야. 이에 대해 알려주고 참조할 만한 내용도 알려줘.

로고 패널 생성 및 설정은 다음과 같이 구현되어 있습니다.

```java
// 로고 패널 생성 및 설정
JPanel logoPanel = new JPanel();
ImageIcon logoIcon = new ImageIcon("company_logo.png"); // 로고 이미지 파일
경로 지정
JLabel logoLabel = new JLabel(logoIcon);
logoPanel.add(logoLabel);
```

위 코드에서 JPanel 클래스의 인스턴스 logoPanel을 생성합니다. 이는 로고 이미지를 담을 패널을 생성하는 역할을 합니다. 그런 다음 ImageIcon 클래스를 사용하여 "company_logo.png" 파일 경로에 있는 이미지를 로드합니다. 로고 이미지 파일은 해당 코드가 위치한 디렉터리에 있어야 합니다. ImageIcon을 생성한 후, JLabel 클래스의 인스턴스 logoLabel을 생성하고, logoIcon을 이용하여 레이블에 로고 이미지를 설정합니다. 마지막으로 logoLabel을 logoPanel에 추가합니다.

이렇게 함으로써 logoPanel은 로고 이미지를 포함하고 있는 패널이 됩니다.

위 코드의 주석을 통해 각 단계별로 어떤 기능이 수행되고 있는지 설명되어 있습니다. 먼저 JPanel 클래스의 인스턴스를 생성하여 로고를 담을 패널을 만듭니다. 그리고 ImageIcon을 사용하여 로고 이미지를 로드하고, JLabel을 생성하여 로고 이미지를 담는 레이블을 만듭니다. 마지막으로 logoLabel을 logoPanel에 추가합니다.

위 코드를 통해 구현된 로고 패널은 JPanel의 인스턴스인 logoPanel입니다. 이 패널은 로고 이미지를 표시하는 역할을 하며, 이를 다른 컴포넌트와 함께 프레임에 추가하여 GUI를 구성할 수 있습니다.

출처: ChatGPT

문서의 내용을 발췌해서 코드를 알려주면서 각 코드가 어떤 역할을 하는지, 어떻게 사용될 수 있는지 등의 내용을 알려준다. 즉, 사람이 문서를 읽으면서 이해하지 않더라도 문서의 내용을 요약해서 정리해준다. 문서만 있다면 빠르게 파악할 수 있도록 도와주는 것이다. 신규로 합류한 인원은 이를 활용하여 문서와 문서를 기반으로 질문에 대한 응답을 생성함으로써 기존 시스

템의 내용을 빠르게 파악하고 개발하여 성과를 창출할 수 있다.

최근 개발 직무가 각광받으면서 많은 기업들이 서비스를 구축하기 위해 개발자들을 채용하고 있다. 좋은 서비스를 개발하기 위한 요건들이 있지만 문서화도 중요한 요건 중 하나다. 초기 개발한 서비스를 업데이트 없이 운영만 하는 경우는 흔치 않다. 업데이트하며 고도화하는 과정에서 기존에 개발되었던 내용과 이력을 아는 것은 중요하다. 기존에 개발하며 겪었던 시행착오와 다른 서비스와의 호환성 등에 대해 검토했던 이력이 사라지면 앞서 겪은 시행착오를 그대로 겪을 수도 있다. 그렇기 때문에 문서화는 중요하다.

하지만 서비스의 운영 기간이 길어지면 문서를 관리하기가 어렵다. 운영 기간이 긴 만큼 노하우가 쌓여 나름의 관리 체계를 갖추고 문서화하겠지만, 정보가 너무 방대해지는 단점도 있다. 그렇기 때문에 대외용 서비스를 개발하는 경우 사내에 기술 지원 조직을 두어 서비스를 처음 접하는 인력에게 가이드를 주기도 한다. 하지만 원하는 정보를 잘 요약하여 전달해주는 챗봇이 있다면 방대한 문서의 단점은 줄어든다. 챗봇을 개발하기 위해 시간과 인력을 사용하기보다는 초거대 텍스트 생성형 인공지능을 사용하여 원하는 정보를 얻으면 더 생산성 높게 개발할 수 있다.

>_ 법무

법무 직무는 법률을 검토하고 어떤 행위에 대해 위법한 행위가 없는지 검토하는 일을 한다. 그러한 작업을 위해 수많은 법률 사례와 법률을 암기하고 있어야 하기 때문에 매우 전문적인 분야다. 또한 판례들을 해석하여 위법성이 없는지 검토해야 한다. 여기에서는 초거대 생성형 인공지능이 법무 직무에 어떻게 도움이 되는지 예를 들어 살펴볼 것이다.

》 법무 직무의 주요 문제

법무 직무에서 직면하는 주요 문제는 판례가 너무 많다는 것이다. 같은 법률을 가지고도 적용할 수 있는 상황이 수만 가지다 보니 각 상황에 법률이 일괄적으로 적용된다기보다는 해석을 가미해 다의적으로 적용되는 경우가 많아 각 판례마다 판사의 결정이 조금씩 다르다. 물론 일관적으로 법률을 적용하기 위해 노력하지만 사람이 하는 일이다 보니 그럴 수밖에 없다고 본다. 이럴 때 가장 중요한 것은 기존의 판례들을 빠르게 해석할 수 있는 역량일 것이다.

초거대 자연어 생성 인공지능은 기존의 판례를 빠르게 요약하는 것이 가능하며, 이러한 과정을 통해 법무 직무에 도움이 될 수 있다. 판례는 인간이 사회를 이루며 살아온 동안 쌓여왔기에 매우 많다. 그러다 보니 모든 판례를 다 아는 것은 현실적으로 불가능해서 주요한 판례를 우선적으로 공부하고 해석한다. 그러나 인공지능을 사용하면 공부하지 못한 분야의 판례들을 빠르게 검색해야 하는 경우 사용하기 좋다.

또한 계약서를 검토하는 일도 많이 한다. 이때 초거대 자연어 생성 인공지능의 지원을 받을 수 있다. 표준 계약서의 제공도 가능할 것이다. 또한 녹취록의 분석 등 법무 검토를 위한 지원 활동을 도와줄 수 있다. 이처럼 활용하기에 따라 업무를 경감할 수 있다.

》 법무 직무에서의 활용 사례

법무 직무에서는 판례 검토와 요약, 계약서, 녹취록 등의 문서 분석 작업에 초거대 생성형 인공지능을 적용할 수 있을 것이다. 물론 그 외에도 다방면으로 활용할 수 있지만 실제 적용하는 상황은 워낙 다양하다는 것을 잊지 말자.

판례 요약

판례는 수가 너무 많고 방대하여 한 개인이 모두 아는 것은 불가능에 가깝다. 그렇기 때문에 판례 검토와 요약을 도와주는 프로그램이 있다면 크게 도움이 될 것이다. 그런데 한자로 많이 작성되어 있어 한자를 인식할 수 있어야 했고, 판례를 인공지능 학습을 위한 데이터베이스로 구축하는 것도 쉽지 않았으며, 인공지능이 뛰어난 수준도 아니었기 때문에 맡기기가 쉽지 않았다. 그렇지만 최근 초거대 생성형 인공지능의 발전으로 인해 매우 뛰어난 수준으로 검색과 요약을 하는 것이 가능해졌다. 물론 전적으로 맡기기에는 아직 부족하지만 간단하게 훑어보는 데는 매우 도움이 된다. 특히 기존 방식 중 일부를 인공지능을 이용하여 처리한다면 능률이 오를 수 있다.

이러한 경우에 사용하기 좋은 생성형 인공지능은 한글 입력이 되고 최신 정보를 사용할 수 있어야 한다는 조건이 따른다. 국내 판례를 검토하기 때문에 한글을 입력으로 받을 수 있어야 한다. 물론 법률 특성상 한자가 많아 한자를 입력값으로 받을 수 있다면 더 좋다. 한편 기본적으로 판례는 과거의 정보를 검토하는 것이므로 최신 정보를 사용하지 못해도 관계없다고 생각할 수 있다. 하지만 어제나 일주일 전의 판례를 검토할 수 있다면 도움이 될 것이다. 그렇기 때문에 검토에 최신 정보를 사용할 수 있어야 한다.

이런 조건에 걸맞은 것이 마이크로소프트의 빙챗과 구글의 바드다. 물론 최근 ChatGPT의 경우 플러그인을 통해 최신 정보를 사용할 수 있다. 그러려면 플러그인 사용법을 알아야 하고 플러그인을 찾는 과정이 필요하다. 비전문가에게는 이러한 과정조차 어려울 수 있다. 그런데 마이크로소프트의 빙챗은 책에 실을 수 없으니 바드를 중심으로 살펴보자.

바드는 앞서 간단히 언급했던 **환각**hallucination 현상으로 인해 법률과 같이 옳은 정보로만 판단해야 하는 경우 전적으로 신뢰할 수는 없다. 그래서 바드가 수많은 정보 중에 주요한 판례들을 요약하면, 사람이 2차로 살펴보고 신뢰 유무에 대해 판단하는 것이다. 아직 현재의 기술로는 인공지능을 단독으로 사용하기보다는 사람과의 결합을 통해 완전해질 수 있다고 믿는다.

인공지능의 도움을 받으면 업무를 경감할 수 있다. 1만 개의 판례를 일일이 검토하는 것은 어렵지만 바드와 같은 인공지능이 1만 개를 각기 10줄로 추려 준다면 큰 도움이 될 것이다. 또한 중요하다고 생각되는 요약본을 만들어준 다면 큰 흐름을 파악하는 데 도움이 된다.

 층간소음에 관한 매우 자세한 가상의 판례를 생성해줘. 실제로는 없어야 해.

 서울중앙지방법원

피고인: 김

원고: 이

판결 선고일: 2023년 5월 29일

판결 요지: 피고인은 원고에게 층간소음으로 인한 손해배상금으로 금 100,000,000원을 지급하라.

주문: 피고인은 원고에게 금 100,000,000원을 지급하라.

소송 비용은 피고가 부담한다.

전 문

청구 취지

원고는 피고에게 금 100,000,000원을 지급하라는 소송을 제기한다.

사실관계

가. 원고는 2020년 1월 1일 서울특별시에 있는 아파트에 거주하고 있다.

나. 피고는 2021년 1월 1일 같은 아파트의 위층에 거주하게 되었다.

다. 피고는 원고가 거주하는 층에 거주한 이후로, 밤에도 쿵쿵거리는 소리를 내며 춤을 추거 나, 아이를 뛰어놀게 하는 등 소음을 내어 원고의 생활을 방해하였다.

라. 원고는 피고에게 소음을 중단할 것을 요구하였으나, 피고는 이를 무시하였다.

마. 원고는 결국 피고를 상대로 소송을 제기하였다.

판단

가. 층간소음은 이웃 간의 갈등을 유발하는 주요 원인 중 하나다.

나. 층간소음으로 인하여 피해를 입은 자는 소음의 발생을 중단할 것을 요구할 수 있으며, 소음이 중단되지 않을 경우 손해배상을 청구할 수 있다.

다. 이 사건에서 원고는 피고에게 층간소음을 중단할 것을 요구하였으나, 피고는 이를 무시하였다. 따라서 원고는 피고를 상대로 손해배상을 청구할 수 있다.

라. 원고가 입은 손해액은 피고가 발생시킨 소음의 정도, 원고가 입은 피해의 정도, 피고의 과실 정도 등을 고려하여 산정하여야 한다.

마. 이 사건에서 피고가 발생시킨 소음은 매우 심각한 것으로서, 원고는 그로 인하여 수면 장애, 스트레스 장애 등을 겪었다. 또한, 피고는 원고의 요구를 무시하였고, 층간소음을 중단하기 위한 어떠한 조치도 취하지 않았다. 따라서 피고는 원고에게 그 손해를 배상할 책임이 있다.

결론

따라서 원고의 청구는 이유 있어 이를 인용한다.

출처: 구글 바드

바드로 하여금 가상의 판례 생성을 요청했고 필자가 검색해본 결과 피고인이 '김'인 사람과 원고가 '이'인 사람은 찾지 못했다. 그렇기 때문에 존재하지 않는 가상의 판례를 생성했다고 판단했다. 이 간단한 판례를 요약해보자. 판례가 길기 때문에 {앞의 프롬프트와 동일한 내용}으로 갈음하겠다. 실제 프롬프트를 요청할 때는 가상의 판례를 모두 넣었다.

판례를 2줄로 요약해줘. {앞의 프롬프트와 동일한 내용}

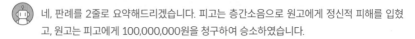
네, 판례를 2줄로 요약해드리겠습니다. 피고는 층간소음으로 원고에게 정신적 피해를 입혔고, 원고는 피고에게 100,000,000원을 청구하여 승소하였습니다.

출처: 구글 바드

결과에 대해서 아주 간략하게 요약을 잘한 것을 볼 수 있다. 이번엔 특정 정보에 대한 요약을 요청해보자.

👤 판례 중 사실관계를 2줄로 요약해줘. {앞의 프롬프트와 동일한 내용}

🤖 네, 판례 중 사실관계를 2줄로 요약해드리겠습니다.

피고는 2021년 1월 1일부터 같은 아파트의 위층에 거주하면서 춤을 추거나 아이를 뛰어놀게 하는 등 소음을 내어 원고의 생활을 방해했습니다. 원고는 피고에게 소음을 중단할 것을 요구하였으나, 피고는 이를 무시했습니다.

출처: 구글 바드

사실 관계만 요약해주는 것을 볼 수 있다. 이번엔 맥락 정보를 주고 과제를 주도록 하자.

👤 나는 변호사야. 판례를 참조해서 층간소음으로 고소한 사람의 변호사로서 재판하려고 해. 내가 이기기 위해서는 어떻게 해야 할까? {앞의 프롬프트와 동일한 내용}

🤖 층간소음 소송에서 승소하기 위해서는 다음과 같은 요소들을 고려해야 합니다.

소음의 정도

피해의 정도

피고의 과실

소음의 정도가 심할수록, 피해의 정도가 클수록, 피고의 과실이 클수록 승소할 가능성이 높아집니다. 층간소음 소송을 제기할 때는 이러한 요소들을 모두 고려하여 소송을 준비해야 합니다. 다음은 층간소음 소송에서 승소하기 위한 몇 가지 팁입니다.

소음의 정도를 측정하여 증거로 제출하십시오.

피해의 정도를 구체적으로 설명하십시오.

피고의 과실을 입증하십시오.

층간소음은 이웃 간의 갈등을 유발하는 주요 원인 중 하나입니다. 층간소음으로 피해를 입었다면 소송을 제기하여 권리를 보호받으시기 바랍니다.

출처: 구글 바드

변호사로서 승소할 수 있는 정보를 알려달라고 하자, 소음, 피해의 정도, 피고의 과실을 고려해야 하며, 층간소음을 고소한 사람의 입장에서 승소하기 위해 소음의 정도를 측정하고 피해의 정도를 설명하고 과실을 입증하라고 자세히 알려주고 있다. 꽤 구체적으로 어떤 정보가 필요하며, 승소를 하기 위한 팁까지 언급했다. 간단한 프롬프트 엔지니어링(맥락, 구체적)을 해주기만 해도 승소를 하기 위한 매우 핵심적인 내용을 알려주는 것이다. 물론 이 내용만 가지고 승소하는 것은 어렵다. 그렇기 때문에 어떻게 준비해야 하는지 큰 방향만 확인하고, 세부적으로는 사람이 준비하면 된다. 어떤 방향으로 준비해야 하는지만 알아도 초기 업무량을 줄이는 데 큰 도움이 될 것이다.

바드나 ChatGPT는 항상 진실된 정보만 생성하지는 않는다. 물론 출처를 달라고 하여 신뢰도를 높여볼 수 있다. 바드나 ChatGPT 같은 초거대 텍스트 생성 인공지능은 거짓된 정보에 대해 그럴싸하게 응답하는 환각 현상이 일어날 수 있기 때문에 단순 텍스트 결과에 대해서는 의심해보아야 한다. 즉, 단순 텍스트로만 알려주는 내용이 항상 진실인지는 확신할 수 없다. 그러므로 실제 법무 직무에 종사하는 사람이 유사하게 적용해보려고 한다면 꼭 검토한 뒤에 결과를 사용하기를 권한다.

이처럼 100% 신뢰할 수 있는 경우가 아니더라도 잘 활용한다면 업무의 부담이 줄어드는 것은 사실이다. 그렇기 때문에 해외의 법조계에서는 생성형 인공지능을 도입하여 활용 중에 있다. 예를 들어 영국 법률회사 알렌앤오베리는 법률에 특화된 인공지능 챗봇 '하비'의 베타 버전을 출시하여 보조의 역할로 사용하고 있다.[*] 그 외에도 미국의 Expert Robotics LLC[†]는 **LawGPT**[‡]를 운영 중이다. 영어는 물론이고 한글도 입력 가능하다.

---

[*] https://www.allenovery.com/en-gb/global/news-and-insights/news/ao-announces-exclusive-launch-partnership-with-harvey

[†] https://solutions.exprob.com/contact/contact-us/

[‡] https://www.lawgtp.com/

층간소음에 관련한 한국의 법을 알려줘.

확인.LawGPT - 법학 연구를 위한 AI 전문가 시스템으로서 한국 법률에 대한 최신 정보를 가지고 있지 않습니다.

하지만 한국의 층간소음에 관한 일반 규정에 대한 몇 가지 정보를 제공할 수 있습니다.

한국에서는 소음 및 진동 규제법과 건축법이 층간소음 문제를 규제합니다.

이러한 법률에 따라 거주자는 주변 주민에게 방해가 될 수 있는 소음 수준을 줄이기 위해 합리적인 조치를 취해야 합니다.

여기에는 지정된 시간 동안 가구를 옮기거나 큰 소리로 음악을 재생하는 등 소음이 발생하는 활동을 최소화하는 것이 포함됩니다.

또한 한국 정부는 주거용 건물을 포함한 다양한 유형의 건물에 대해 특정 소음 제한을 설정했습니다.

거주자가 이러한 소음 제한을 초과한 것으로 밝혀지면 벌금이나 기타 처벌을 받을 수 있습니다.

전반적으로 한국의 층간소음 규제는 거주자의 평화롭고 편안한 생활 환경을 유지하는 것을 목표로 합니다.

>답변이 만족스럽지 않으면 질문을 다시 보내주세요.<

테마: LawGPT 엔진: GPT-3.5

출처: LawGPT(https://www.lawgtp.com/)

이와 같이 법률에 특화된 생성형 인공지능 개발이 활발하게 이루어지고 있다. LawGPT는 집필 기준(2023년 2분기)으로 웹의 하단에 표기된 저작권 표기를 살펴보면 개발사에서는 저작권을 요구하지 않는다. 그러므로 법호사 등 법무 직군의 인원이 상업적으로 활용해도 된다. 이처럼 해외에서는 보조 도구로서 활용하는 추세다. 전적으로 맡길 수는 없지만, 인간과의 결합을 통해 더 나은 결과를 얻기 위해 노력하는 것이다.

법률 판례를 검토하는 것은 매우 힘든 일이다. 지금도 법정에서는 수많은 사건에 대해 판결이 이루어지고 있다. 그만큼 많은 사례들이 생겨나고 이들을 검토해야 하는 것이다. 게다가 사건들마다 조금씩 내용이 다르기 때문에 내용에 대한 파악도 필요하다. 그러다 보면 수많은 사건을 검토하고 분석하는 것이 주된 업무가 된다. 수많은 판례들을 일일이 살펴보고 분석하는 것은 시간이 많이 걸린다. 하지만 초거대 텍스트 생성 인공지능 서비스를 활용하면 매우 편리하고 빠르게 도움을 받을 수 있다. 관련된 판례가 무엇이 있는지, 이 판례의 간략한 내용은 무엇이 있는지, 재판에서 승소하기 위해 어떤 주장이 필요한지 등과 같은 내용들을 빠르게 살펴보고 실무자가 직접 조사하는 방향으로 활용할 수 있는 것이다.

문서 분석 작업

판례 검토와 요약 외에 많이 수행하는 일은 문서 분석 작업이다. 문서(판례, 사건 관련 도서 등)를 분석한다든가, 녹취록을 분석하고 계약서를 살펴보는 일 등이다. 그런데 직접 문서를 읽고 내용을 파악한 뒤에 정리해야 하니 시간이 많이 소요된다.

그럴 때 바드나 ChatGPT와 같은 초거대 텍스트 생성 인공지능을 사용하면 시간을 절약할 수 있다. 특히 이에 적합한 것은 빙챗이다. 앞서 전략 직무에서 이야기한 바와 같이, 엣지의 사이드바 기능을 이용하면 빙챗을 사용하여 사용자가 매우 편리하게 PDF 파일의 내용을 분석할 수 있다. 외부의 ChatPDF와 같은 서비스나 광학 문자 인식OCR이라는 기술을 사용하지 않더라도 간단하게 분석할 수 있는 것이다. 마이크로소프트의 이용 정책상 예시 내용을 기재하기는 어렵지만 엣지에서 제공하는 사이드바 기능을 능동적으로 활용하면 녹취록이나 계약서 등 기타 문서들을 쉽게 분석할 수 있다.

다음의 법무부에서 제공하는 2023년 4월 18일 기준 주택임대차 표준 계약서(https://moj.go.kr/bbs/moj/118/569781/artclView.do)를 분석하는 예를 보도록 하자.

물론 문서의 일부 내용을 분석하는 것도 가능하다. ChatGPT나 바드와 같은 서비스들은 웹 기반의 인터페이스를 제공하기 때문에 분석을 지시하는 것도 가능하다. 인공지능 서비스로 법무부에서 제공하는 주택임대차 표준 계약서*를 분석해보자.

이 자료는 법무심의관실에서 제공하는 2023년 4월 18일 기준 주택임대차 표준 계약서의 내용 일부야. "제5조(계약의 해제) 임차인이 임대인에게 중도금(중도금이 없을 때는 잔금)을 지급하기 전까지, 임대인은 계약금의 배액을 상환하고, 임차인은 계약금을 포기하고 이 계약을 해제할 수 있다.

(이하 생략)

제13조(중개대상물확인.설명서 교부) 개업공인중개사는 중개대상물 확인.설명서를 작성하고 업무보증관계증서(공제증서등) 사본을 첨부하여 년 월 일 임대인과 임차인에게 각각 교부한다."

내가 알려준 주택임대차 표준 계약서의 내용을 바탕으로 분쟁이 발생하면 어떻게 하라고 쓰여져 있어?

네, 주택임대차 표준 계약서 제11조에 따르면, 임대인과 임차인은 본 임대차계약과 관련된 분쟁이 발생하는 경우, 당사자 간의 협의 또는 주택임대차분쟁조정위원회의 조정을 통해 호혜적으로 해결하기 위해 노력합니다.

따라서 분쟁이 발생하면 먼저 임대인과 임차인이 직접 만나서 협의해보는 것이 좋습니다. 협의가 이루어지지 않으면, 주택임대차분쟁조정위원회에 조정 신청을 할 수 있습니다. 주택임대차분쟁조정위원회는 임대인과 임차인 간의 분쟁을 조정하는 기관으로, 조정안을 제시하고 당사자들이 조정안을 수락하면 조정이 성립됩니다. 조정안이 성립되면 법원 판결과 동일한 효력을 가지므로, 강제집행이 가능합니다.

분쟁이 심각하여 조정이 이루어지지 않을 경우, 법원에 소송을 제기할 수 있습니다. 법원에 소송을 제기하면, 법원이 재판을 통해 분쟁을 해결합니다. 법원의 판결은 법적 구속력이 있으므로, 당사자들은 판결에 따라야 합니다.

주택임대차 분쟁은 임대인과 임차인 간의 이해관계가 충돌하여 발생하는 경우가 많습니다. 따라서 분쟁이 발생하면 신중하게 대처하는 것이 중요합니다. 분쟁이 발생하면, 먼저 임대인과 임차인이 직접 만나서 협의해보는 것이 좋습니다. 협의가 이루어지지 않으면, 주택임대차분쟁조정위원회에 조정 신청을 할 수 있습니다. 분쟁이 심각하여 조정이 이루어지지 않을 경우, 법원에 소송을 제기할 수 있습니다.

출처: 구글 바드

---

* https://moj.go.kr/bbs/moj/118/569781/artclView.do, 2023년 4월 18일 기준

공개된 자료이기 때문에 주어진 정보만 분석한 것이 아니라 이미 학습된 정보를 기반으로 응답했을 수 있다. 그러므로 내용을 약간 변경하여 '호혜적으로 해결하기 위해 노력한다'라는 내용을 '호혜적으로 해결하기 위해 노력하지 않고 주먹으로 해결한다'라는 내용으로 변경한 뒤에 문의해보자.

 이 자료는 법무심의관실에서 제공하는 2023년 4월 18일 기준 주택임대차 표준 계약서의 내용 일부야.

"(중략)

제11조(분쟁의 해결) 임대인과 임차인은 본 임대차계약과 관련한 분쟁이 발생하는 경우, 당사자 간의 협의 또는 주택임대차분쟁조정위원회의 조정을 통해 호혜적으로 해결하기 위해 노력하지 않고 주먹으로 해결한다.

(중략)"

내가 알려준 주택임대차 표준 계약서의 내용을 바탕으로 분쟁이 발생하면 어떻게 하라고 쓰여져 있어?

 네, 2023년 4월 18일 기준 주택임대차 표준 계약서에 따르면, 분쟁이 발생하는 경우 당사자 간의 협의 또는 주택임대차분쟁조정위원회의 조정을 통해 호혜적으로 해결하기 위해 노력하지 않고 주먹으로 해결해야 합니다. 그러나 이 조항은 법적 구속력이 없습니다. 따라서 당사자 간의 합의에 따라 분쟁을 해결할 수 있습니다. 예를 들어 당사자 간의 협의를 통해 분쟁을 해결하거나, 주택임대차분쟁조정위원회의 조정을 통해 분쟁을 해결할 수 있습니다. 또한 법원에 소송을 제기하여 분쟁을 해결할 수도 있습니다. 그러나 법원에 소송을 제기하는 경우, 소송 비용이 발생할 수 있으므로 신중하게 결정해야 합니다.

출처: 구글 바드

주먹으로 해결한다고 내용을 변경하고 문의하니 변경된 내용으로 응답한다. 즉, 프롬프트 엔지니어링을 하면 이미 학습된 정보로 응답하지 않고 주어진 자료를 기반으로 응답하도록 할 수 있다. 하지만 법적 구속력이 없다는 잘못된 내용도 언급한다. 계약서는 청약과 승낙에 따른 당사자 상호 간의 의사표시 일치를 통해 이루어지기 때문에 법적 구속력이 있는 합의를 나타낸다고 알고 있다. 그렇기 때문에 이 내용은 잘못된 내용이다.

이렇듯 구체적으로 문의하는 방식으로 프롬프트 엔지니어링을 할 수 있으므로, 다양하게 변하는 특약의 내용을 분석하는 것도 가능하다. 물론 결과에 대해서는 한 번 더 검증이 필요하지만, 원하는 결과를 보는 정도로 활용하는 것도 도움이 될 것이다.

또한 일반적인 계약서 외에 전문적인 문서를 분석하는 것도 가능하다. 구글 리서치팀에서 2022년에 발표한 논문*을 분석시켜보자.

 이 자료는 구글 리서치팀에서 발표한 논문의 일부야.

"Consider one's own thought process when solving a complicated reasoning task such as a multi-step math word problem. It is typical to decompose the problem into intermediate steps and solve each before giving the final answer:

(이하 생략)

In empirical experiments, we will observe the utility of chain-of-thought prompting for arithmetic reasoning (Section 3), commonsense reasoning (Section 4), and symbolic reasoning (Section 5)."

내가 알려준 논문의 일부를 바탕으로 사고의 사슬을 어떻게 하라고 쓰여 있어?

 사고의 사슬은 구글 리서치팀에서 발표한 논문에서 언급된 개념입니다. 사고의 사슬은 복잡한 추론 작업을 해결할 때 자신의 사고 과정을 고려하는 것입니다. 예를 들어, 다단계 수학 문제는 중간 단계로 분해하고 각 단계를 해결한 다음 최종 답을 제공하는 것이 일반적입니다. "Jane이 엄마에게 2송이의 꽃을 주면 10송이가 있습니다. … 그다음에 아빠에게 3송이를 주면 7송이가 되므로 답은 7입니다." 이 논문의 목표는 언어 모델이 사고의 사슬과 유사한 연쇄 사고를 생성할 수 있도록 하는 것입니다. 즉, 문제를 해결하기 위해 중간 추론 단계의 일관된 시리즈입니다. 우리는 충분히 큰 언어 모델이 몇 번의 샷 프롬핑의 예에서 사고의 사슬 추론의 시연이 제공되면 사고의 사슬을 생성할 수 있음을 보여줄 것입니다.

사고의 사슬을 수행하는 방법은 다음과 같습니다.

문제를 중간 단계로 분해합니다.

각 단계를 해결합니다.

---

*   Wei, Jason, et al. 〈Chain of thought prompting elicits reasoning in large language models〉. arXiv preprint arXiv:2201.11903, 2022

최종 답을 제공합니다.

예를 들어 다음은 다단계 수학 문제입니다.

Jane은 10송이의 꽃을 가지고 있습니다. 그녀는 엄마에게 2송이의 꽃을 주고, 아빠에게 3송이의 꽃을 줍니다. 그녀는 몇 송이의 꽃을 가지고 있습니까?

이 문제를 중간 단계로 분해하면 다음과 같습니다.

Jane은 엄마에게 2송이의 꽃을 줍니다.

Jane은 아빠에게 3송이의 꽃을 줍니다.

Jane은 몇 송이의 꽃을 가지고 있습니까?

각 단계를 해결하면 다음과 같습니다.

Jane은 10송이의 꽃에서 2송이의 꽃을 빼면 8송이의 꽃을 가지고 있습니다.

Jane은 8송이의 꽃에서 3송이의 꽃을 빼면 5송이의 꽃을 가지고 있습니다.

따라서 Jane은 5송이의 꽃을 가지고 있습니다.

최종 답은 5송이의 꽃입니다.

사고의 사슬은 언어 모델이 복잡한 추론 작업을 해결하는 데 도움이 될 수 있습니다. 사고의 사슬은 또한 언어 모델의 사고 과정을 이해하는 데 도움이 될 수 있습니다.

출처: 구글 바드

법무 직무에 종사하다 보면 전문적인 지식이 필요할 때가 있다. 그럴 때마다 공부하여 지식의 수준을 끌어올려야 하는데, 수많은 분야가 있다 보니 매번 그러기가 쉽지 않다. 그래서 변호사의 경우 전문 분야가 나뉘어 있기도 하다. 바드나 ChatGPT와 같은 초거대 텍스트 생성형 인공지능, 즉 LLM의 경우 이런 전문 분야의 내용을 분석하고 요약하는 데 능하다. 학습된 내용은 물론 학습되지 않은 정보라고 하더라도 텍스트이기 때문에 분석하고 요약할 수 있다. 그러므로 전문적인 지식이 필요한 경우도 초거대 텍스트 생성형 인공지능을 사용하면 수월하게 작업할 수 있다.

다양한 문서들을 분석하기 위해서는 필요한 사전 지식이 있어야 하는 경우가 많아 더욱 쉽지 않다. 주택임대차 계약서의 경우 주택임대차에 대한 전반적인 내용을 이해하고 있어야 분석하기가 수월할 것이다. 마찬가지로 사고의 사슬의 경우도 사전 지식이 있어야 할 것이다. 초거대 텍스트 생성 인공지능은 다양한 문서들을 요약하고 분석하는 데 능하기 때문에 사람이 인공지능을 도구로 활용하는 적합한 예시라고 할 수 있다. 그리고 그런 활용은 법무 직무에서 더욱 빛을 발한다.

국내 GPT 기반 법률 상담 봇으로는 리걸테크 스타트업 **로앤굿**Law&Good이 국내 최초로 온라인상에서 인공지능 법률 상담 로앤봇 서비스를 개시했다. 최근(2023년 8월)에는 서비스를 확장, 오픈했다. 로앤굿에서는 로앤봇에 대한 별도의 이용 약관을 제공하지 않아서 단순히 서비스 소개 외에도 응답 결과를 상업적으로 이용하고 싶거나 기타 문의 사항이 있다면 직접 문의해야 한다. 집필 기준(2023년 3분기)으로, 로앤굿의 홈페이지* 내에서 AI법률 상담 메뉴(로앤봇)를 활용해서 무료로 사용할 수 있다. 17가지의 법률 분야(성범죄, 교통사고/음주운전, 폭행/상해, 마약, 사기, 스토킹, 이혼, 상속/가사, 부동산/임대차, 노동, 대여금/미수금/채권추심, 회생/파산, 행정소송, 의료분쟁, 소비자분쟁, 지식재산권, 기타) 중 원하는 분야를 선택하면 인공지능의 응답을 받을 수 있다. 주간조선 뉴스† 에 의하면, 약 30만 개의 법률 상담 데이터와 공개된 법률 정보 등을 학습시켰으며 ChatGPT보다 높은 정확도를 보인다고 한다. 국내 법을 학습시켰기 때문에 일반적인 내용으로 학습한 서비스들보다는 국내법 내용에 대해 잘 응답할 것이다. 하지만 항상 정확하게 답해주리라 기대하지는 않는 편이 좋다. 특히 법률에 관한 내용이기 때문에 환각 현상이 발생하면 치명적인 문제가 발생할 수 있으므로 조심해야 한다. 그렇기 때문에 자세한 내용을 기재하지는 않았다. 하지만 특정 상황에 적용할 수 있는 법률을 찾아

---

* https://www.lawandgood.com/

† http://weekly.chosun.com/news/articleView.html?idxno=28689

야 하는 상황이라면 개인적으로 찾아보면서 로앤봇에 물어보는 것이 도움이 될 수 있다. 예를 들어 층간소음이 발생하면 층간소음 관련 법률을 찾아보면서 로앤봇에 '층간소음 관련 법률을 찾아줘'와 같이 간단하게 물어보는 것이다. 응답의 진위 여부를 한 번 더 검증해야 하지만, 조사한 법률 말고도 다른 법률이 있는지 찾아보는 정도의 보조적인 활용으로는 도움이 될 것이다.

앞서 이야기한 것과 같이, 법무 직무에서는 정확도가 매우 중요하기 때문에 초거대 자연어 생성 인공지능을 활용하는 데는 제한이 있다. 정확도가 중요하지 않은 업무보다는 보조적으로 활용할 수밖에 없는 것이다. 하지만 보조적으로 활용해도 도움이 되므로 한 번쯤 사용해보는 것을 권한다. 국내외 리걸테크 기업에서는 이를 개선하기 위해 노력하고 있으므로 언젠가는 법률 분야에 한정해서 정확도가 매우 높은 서비스가 출시될 수도 있다. 그렇게 되면 많은 사람들이 지금보다 쉽게 법률 자문의 도움을 받을 수 있을 것이다.

06

```
>_
```

**초거대 생성형
인공지능 서비스를
실무에 적용할 때
알면 도움이 되는 것들**

초거대 생성형 인공지능 서비스를 실무에 적용할 때는 고려할 것이 매우 많다. 특히 사용하기 전에 꼭 선행되어야 하는 조건이 있다. 이 장에서는 초거대 생성형 인공지능의 성능이 뛰어난 이유가 무엇인지 간략히 논의하고, 초거대 생성형 인공지능을 사용하기 앞서 무엇이 선행되면 좋은지, 이를 서비스화한다면 어떤 문제가 발생할 수 있는지, 사용자 관점에서 사용 시 생길 수 있는 문제를 살펴볼 것이다.

>_ 초거대 생성형 인공지능의 성능이 뛰어난 이유

최근 화두가 된 ChatGPT, GPT-4, 바드와 같은 초거대 생성형 인공지능은 왜 성능이 뛰어날까? 만약 수식과 그래프가 어렵다면 내용만 읽어도 좋다. 초거대 생성형 인공지능의 성능이 뛰어난 이유는, 현실 세계의 복잡한 형태를 표현하기 위해 파라미터가 많아지고, 이를 통해 초거대 인공지능이 잘 동작하기 때문이다. 또한 과거에는 데이터가 부족하거나 하드웨어 스펙이 부족했다면, 현대사회는 데이터가 폭발적으로 늘어나고 있고 하드웨어(CPU, GPU 등)의 가격이 과거에 비해 저렴해져서 학습 난이도가 과거에 비해 낮아졌다. 과거에는 시도조차 할 수 없었던 크기의 인공지능을 설계하고 구축하여 학습할 수 있고 이런 초거대 인공지능이 현실세계의 복잡한 형태를 잘 표현하고 탐지할 수 있기 때문에 성능이 좋아진 것이다.

초거대 생성형 인공지능은 대부분 딥러닝 기반이므로 딥러닝을 통해 초거대 생성형 인공지능의 성능이 좋아진 이유를 살펴보자. 딥러닝을 학습할 때 데이터가 많이 필요한데, 왜 데이터가 많이 필요하고 크기가 큰(파라미터가 많은) 초거대 인공지능의 성능이 좋은지 살펴보자.

$\boxed{\text{방정식 a}}$ $2x + 1 = 5$

방정식 하나에 미지수가 1개인 문제를 풀어보자. 이 방정식을 풀기 위해 다음의 단계를 거친다.

$\boxed{\text{방정식 a}}$ $2x + 1 = 5$
$$\Rightarrow 2x = 5 - 1$$
$$\Rightarrow 2x = 4$$
$$\Rightarrow x = 2$$

그렇다면 방정식 1개에 미지수가 2개인 경우는 어떨까?

$\boxed{\text{방정식 b}}$ $2x + 4y = 10$
$$\Rightarrow 2 \times (x + 2y) = 10$$
$$\Rightarrow x + 2y = 5$$

이를 그래프로 그리면 다음과 같다.

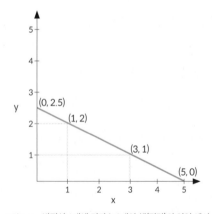

그림 6-1 방정식 1개에 미지수 2개인 해(정답)의 영역 예시

결국 그림에 있는 선을 지나는 모든 점이 답이 될 수 있다. 미지수가 방정식 개수보다 많으면 하나의 정답에 수렴할 수 없다. 즉, 방정식이 미지수 개수 이상으로 있어야 하는 것이다.

딥러닝의 파라미터가 미지수이고 데이터가 방정식이라고 할 수 있다. 딥러닝의 파라미터는 학습 과정에서 업데이트되는 값이다. 딥러닝을 학습한다는 것은 수많은 데이터(계수, 방정식)를 대입해보면서 정답이 나올 수 있는 파라미터(미지수)들을 조정하여 파라미터 값이 정답이 되도록 추정하는 과정이다. 예를 들어 아래와 같이 미지수에 값을 조금씩 넣으면서 조정해보자.

$2x = 10$

$\Rightarrow 2 = 10 \quad x = 1$ 대입, 오차는 8

$\Rightarrow 4 = 10 \quad x = 2$ 대입, 오차는 6

$\Rightarrow 8 = 10 \quad x = 4$ 대입, 오차는 2

$\Rightarrow 10 = 10 \quad x = 5$ 대입, 오차는 0

답이 나올 수 있도록 x에 임의의 값을 대입하면서 점점 최적화하는 과정이다. 이 과정을 통해 x라는 미지수는 5라는 최적화된 값을 찾을 수 있었다. 딥러닝도 이와 같다. 물론 실제로 수행할때는 미분을 통해 기울기 연산을 하여 값을 최적화하지만, 큰 틀은 비슷하다. 다만 딥러닝은 미지수(파라미터)의 수가 매우 많다. 미지수(파라미터)의 개수가 많기 때문에 방정식, 즉 계수(데이터)의 수가 많아야 한다. 또한 미지수(파라미터)의 최적화된 값을 찾기 위해 연산을 많이 해야 한다. 따라서 데이터가 매우 많이 필요한 것이다.

그렇다면 왜 파라미터(미지수)가 많이 필요할까? 함수의 **차수**(미지수가 곱해진 개수; 🔳 3차 방정식 $y = x^3$)에 따른 그래프의 형태를 보자.

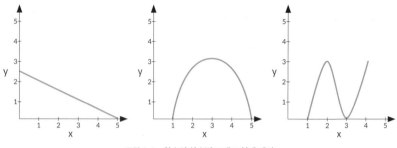

그림 6-2　함수의 차수별 그래프 형태 예시

<그림 6-2>의 왼쪽 그래프는 1차 방정식이고 가운데 그래프는 2차 방정식, 오른쪽 그래프가 3차 방정식이다. 차수가 높아질수록 그래프가 표현할 수 있는 형태가 더 다양해진다. 차수가 낮을 때는 직선으로만 지나지만 곡선, 더 촘촘한 곡선 등 차수가 높아질수록 더 많은 형태를 표현할 수 있다. 딥러닝에서 **은닉층**hidden layer(입력과 출력 사이에 있는 연산을 위한 신경망의 일부, 은닉층이 많을 수록 인공신경망이 깊어졌다고 표현하기 때문에 딥러닝이라고 불림)을 더 많이 쌓을수록 파라미터가 많아지는 셈이며 이는 차수가 높아지는 것과 같은 효과를 낸다고 할 수 있다. 즉, 다양한 데이터의 패턴을 파악할 수 있다는 것을 의미한다.

이러한 과정이 현실 세상에서 잘 동작하는 이유는 현실 세계의 데이터가 매우 복잡하기 때문이다. 실제 현실 세계에서는 매우 복잡한 형태의 데이터가 존재한다. 언어로 치면 방언이나 사투리, 동음이의어 등 문맥과 맥락에 따라 다양하게 해석해야 하는 것과 마찬가지다. 그러므로 복잡한 데이터를 표현할 수 있는 복잡도가 높은 함수가 더 잘 표현할 수 있다.

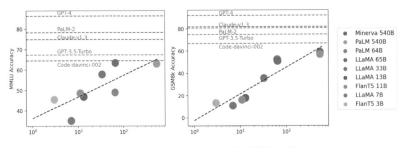

그림 6-3   인공지능 크기와 성능의 관계의 실험적 그래프

<그림 6-3>은 2023년 최근 공개된 논문*에 나온 그림이다. 이 그림의 x축은 인공지능의 크기, y축은 성능을 의미한다. 왼쪽 이미지는 MMLU 성능 평가 결과이며, 오른쪽 이미지는 GSM8k 성능 평가 결과다. **MMLU**Massive Multitask Language Understanding란 57개 주제의 14,000여 개 데이터이고 **GSM8k**란 8,500개의 수준 높은 초등학교 수학 문제로 구성된 데이터다.† 그러므로 왼쪽은 언어적 능력을 검증한 것이고, 오른쪽은 수리적 능력을 검증한 결과라고 할 수 있다.

결과를 보면 인공지능의 크기와 언어 및 수리적 능력이 비례하여 향상된다. 이를 통해 현재까지 공개된 인공지능이 크기와 성능 간에 유의미한 관계가 있다는 것을 확인할 수 있다. 이처럼 복잡한 문제를 해결하기 위해서는 인공지능의 크기를 키우는 것이 도움이 된다. 이는 초거대 인공지능들의 성능이 기존의 인공지능보다 좋을 수밖에 없던 이유이기도 하다.

---

*   Fu, Yao et al. 〈Chain-of-Thought Hub: A Continuous Effort to Measure Large Language Models' Reasoning Performance〉. 2023

†   8.5K high quality grade school math(https://github.com/openai/grade-school-math#dataset-details)

>_ 초거대 생성형 인공지능 서비스 적용을 위한 전제 조건

많은 사람들이 ChatGPT의 성능을 확인하면서 인공지능 열풍이 불기 시작했다. 학생들은 리포트 작성에 활용하고 직장인은 자료를 요약하는 등 다양하게 활용한다. 이제는 기술의 성능이 실제 삶에 들어와서 자리 잡은 것이다. 그러면서 초거대 생성형 인공지능을 비즈니스에 적용하려는 시도가 늘고 있다.

어떤 기술을 실무에 적용한다는 것은 많은 의미가 있다. 예를 들어 실제 세상에 적용할 수 있을 만큼 기술적 성숙도가 높아졌거나, 이러한 기술을 실무 이해관계자들이 받아들일 수 있을 만큼 특정 분야에서 충분히 논의되고 있다는 것이다. 이와 같이 기술을 실무에 적용하려면 사전에 충족시켜야 하는 여러 단계가 있다. 인공지능, 특히 외부의 초거대 생성형 인공지능 서비스도 사전에 충족해야 하는 여러 가지 전제 조건이 있다.

기술을 언제 사용할지 알아야 적절하게 사용하여 좋은 효과를 볼 수 있다. 이미 학습된 인공지능을 '실무'에 적용해야 하기 때문에 전제 조건이 발생한다. 전제 조건을 알면 이해도가 높아져서 목표에 맞게 적용할 수 있다는 장점이 있다. 여기에서는 이러한 전제 조건에 대해 살펴볼 것이다.

하지만 비즈니스 목표가 다르고 해결해야 하는 문제가 다르며 환경이 달라 모든 경우를 논할 수는 없다. 그러므로 일반적인 경우를 위한 전제 조건에 대해 논의할 것이다.

최근 ChatGPT와 같은 초거대 생성형 인공지능의 놀라운 성과와 더불어 비전문가들이 인공지능을 마법과 같은 도구로 착각하는 경우가 많기 때문이다. 하지만 모든 문제를 한 번에 해결하는 마법과 같은 도구는 존재하지 않는다.

해결하려는 문제가 있을 때 다양한 해결책이 있을 수 있지만, 반대로 다양한 문제를 해결할 수 있는 하나의 해결책은 현재의 인공지능으로는 어렵다. 이를 위하여 많은 논의가 있었는데, 대표적인 것이 **인공 일반 지능**artificial general intelligence, AGI이다. AGI는 인간이 할 수 있는 모든 지적인 활동을 수행할 수 있는 가상의 인공지능을 의미한다. 아직 AGI는 탄생하지 않았으며 이를 위해 기술적인 발전을 하고 있다.

아직 AGI는 없지만 특정 문제를 해결할 수 있는 정도의 인공지능이라면 실제 환경에 적용할 수 있을 정도로 발전했다. 현시점에서는 각 문제에 적합한 인공지능을 적절하게 적용하는 것이 문제를 해결하는 가장 빠르고 효과적인 길이므로, 기술을 개발, 적용할 수 있는 인프라, 인력 등 다양한 전제 조건이 필요하며 이러한 전제 조건이 충족되지 않으면 성공하기 어렵다.

인공지능을 접목해서 많은 문제를 해결하려고 하다가 실패하는 원인은 이런 부분을 간과했기 때문이다. 인공지능을 비즈니스에 접목해보지 않으면 언제, 어떻게 적용해야 더 효과적인지 알기 어렵다. 효과적으로 적용되지 않을 뿐 아니라 적용 자체가 불가능한 경우가 생길 수 있다. 이러한 내용을 습득하기 위해 경험적 지식을 쌓는 것이 가장 좋다. 그렇게 하기에는 환경과 여건상 어려울 때 선택할 수 있는 전략이 이론적 지식을 쌓는 것이다.

》 길라잡이의 필요, 기준 필요

ChatGPT와 같은 초거대 생성형 인공지능이 놀라운 성과를 낸다는 것을 어떻게 알 수 있을까? 이때 성능을 정량적으로 평가할 수 있는 기준이 필요하다. 정량적 기준을 정립하면 3가지 장점이 있다. 먼저 인공지능의 성능을 추적할 수 있다. 다음으로 초거대 생성형 인공지능 성능 개선을 위한 사용자의 목표가 될 수 있다. 마지막으로 초거대 생성형 인공지능 간 경합의 기준점이 된다.

만약 정량적 기준이 없다면 인공지능이 어느 정도의 성능을 보이는지 알 수 없다. 즉, 인공지능의 성능에 대한 정량적 기준을 정립해야 인공지능이 적용할 만한 성능을 보이는지 알 수 있다. 또한 정량적 기준을 통해 인공지능의 성능이 하락하진 않았는지도 알 수 있다. 많은 인공지능은 인과관계가 아니라 상관관계에 기반하여 만들어졌으므로 간혹 성능이 하락할 수 있다.

예를 들어 이미지를 기반으로 코끼리와 돌고래를 분류하는 인공지능이 있다고 하자. 코끼리와 돌고래가 가지는 형태적 특성을 기반으로 둘의 차이를 구별할 수 있는 패턴을 찾아 분류해낼 것이다. 코끼리와 돌고래는 10년 전과 비교해도 둘을 구분할 수 있는 형태적 특성이 크게 변하지 않았다. 10년 전이든 지금이든 코끼리는 코끼리이고 돌고래는 돌고래라고 받아들일 것이다. 이는 두 종을 분류할 수 있는 특성이 바뀌지 않았기 때문이다. 이는 20년, 30년, 40년 전으로 거슬러 올라가도 마찬가지다. 그러므로 일반적인 코끼리와 돌고래를 분류하는 인공지능은 너무 멀지 않은 과거라면 잘 작동할 것이다.

문제는 과거와 다른 모습의 패턴이 단기간에 만들어질 수 있다는 것이다. 예를 들어 강아지의 품종 개량이 그렇다. 과거에도 존재했고 현재도 존재하는 종인 불테리어를 보자.

월터 에스플린 메이슨Walter Esplin Mason이 1915년 쓴 책 《Dogs of all nations (전 세계의 개)》에 따르면, 불테리어는 원래 날렵한 운동선수와 같은 몸을 가지고 있었다. 그러나 현재는 품종 개량을 통해 과거와는 다른 모습이 되었다. 두개골이 비대해져서 날렵한 선이 사라졌다. 만약 1915년도의 불테리어 이미지로 불테리어를 감지하는 인공지능을 만들었다면 현대의 불테리어를 분류하지 못할 수도 있다. 두개골 변화로 인해 다른 강아지로 분류할 수 있는 오분류 가능성이 높아지는 것이다. 이와 같이 단기간에 패턴이 변화하는 경우 인공지능 성능이 하락할 수 있다.

그림 6-4 　(좌)《Dogs of all nations》의 1915년 불테리어, (우) DALL-E로 만든 현대 불테리어

이럴 때 인공지능 성능에 대한 정량적 기준이 있다면 지속적으로 성능을 추적하면서 오분류를 탐지해낼 수 있다. 즉, 인공지능을 잘 적용하고 있는지, 이것이 잘 작동하는지와 같은 것을 알 수 있다. 인공지능의 성능이 저하된다면 원인을 찾고 이를 반영해서 수정해야 한다. 그러나 성능에 대한 정량적인 기준 없이 인공지능을 적용하면 이러한 내용을 반영할 수 없다. 결국 인공지능을 도입해서 성능이 저하되더라도 왜 저하되는지 알지 못하고 성능이 저하된 인공지능을 적용하게 된다. 그러면 인공지능이 문제를 해결하는 데 적합하지 않다는 것을 뒤늦게 발견하고 결국 인공지능의 적용을 포기하거나 주저하면서 인공지능을 적용할 경험과 역량을 쌓을 기회를 잃을 것이다. 그러므로 성능에 대한 정량적 기준을 세우는 것은 인공지능을 도입하기 전 꼭 확인해야 할 필수적인 전제 조건이다.

한편 초거대 생성형 인공지능의 성능을 개선하는 것이 사용자의 목표가 될 수 있다. 여기서 사용자는 실무에서 초거대 생성형 인공지능을 사용하고자 하는 비전문가로 정의한다. 인공지능은 무기한 사용할 수는 없다. 기존의 패턴이 변화하거나 기존에 없던 새로운 패턴이 생길 수 있기 때문이다. 그러므로 대부분의 인공지능은 계속해서 주기적으로 업데이트해야 하는 운명이다.

계속해서 업데이트되어야 하기 때문에 성능 개선에 대한 요구가 일어날 수밖에 없다. 업데이트되는 경우를 제외하더라도 성능 개선에 대한 요구는 끊임없이 발생할 것이다. 100% 정확한 인공지능은 없기 때문이다.

그렇기 때문에 주기적으로 성능을 개선하는 것은 실무에서 초거대 생성형 인공지능 사용자가 해결해야 하는 새로운 과제가 된다. 문제는 정량화된 기준이 없을 때 발생한다. 만약 성능에 대한 정량화된 기준이 없다면 초거대 생성형 인공지능을 사용할 때 조작을 가해 생성되는 결과가 개선되었는지 판단하기 어려울 것이다. 그렇게 되면 초거대 생성형 인공지능의 성능 개선이 쉽지 않고 실무에 적용하여 좋은 효과를 보기가 어렵다. 그렇기 때문에 성능에 대한 정량적 기준을 정립하는 것은 생각보다 중요한 문제다.

정량화된 기준이 잘 정립되어 있다면 초거대 생성형 인공지능 개선이 수월하게 진행될 수 있다. 초거대 생성형 인공지능의 모델과 학습 데이터가 모두 공개되어 있다면 학습 과정에 관여하여 성능을 개선하기가 쉽다. 그러나 ChatGPT와 같은 일부 초거대 생성형 인공지능은 모델과 학습 데이터가 공개되어 있지 않아 블랙박스와 다름이 없다. 그러므로 모델을 직접 수정할 수 없다. 하지만 성능 개선을 위해 취할 수 있는 방법은 존재한다.

예를 들어 초거대 생성형 인공지능에 새로운 인공지능을 결합시키거나 규칙 기반으로 특정 조작을 가하는 식이다. 이러한 작업이 성공적으로 수행되면 초거대 생성형 인공지능을 실무에 사용하는 사용자는 성능이 개선된 인공지능을 얻는 셈이다. 이때 정량화된 기준이 있다면 초거대 생성형 인공지능의 앞이나 뒤에 결합하는 방법의 손실을 추정하는 함수를 만들 수 있다. 이는 인공지능을 적용할 수 있다는 의미다. 그렇게 되면 새로운 인공지능을 내재화하여 초거대 생성형 인공지능과 함께 사용할 수 있다. 여러 개의 인공지능을 조합하여 더 좋은 성능을 낼 수 있다는 의미다. 물론 내가 정해준 규칙으로 더 좋은 성능을 내는 목표를 달성할 수도 있다. 하지만 규칙을 일일히 정해주지 않아도 데이터를 통해 패턴을 찾을 수 있다는 것을 고려할 때 이 접근 방법이 더 다양한 상황을 감당할 수 있는 좋은 선택지가 될 수 있다.

마지막으로 초거대 생성형 인공지능 간 경합의 기준점이 된다. 초거대 생성형 인공지능을 사용하기로 결정한 사용자라면 선택지가 많을 것이다. 동일한 목적을 지닌 초거대 생성형 인공지능 중 어느 것을 선택하느냐에 따라 성능이 좋지 않은 초거대 생성형 인공지능을 선택하면 효과를 제대로 볼 수 없고, 성능이 좋은 초거대 생성형 인공지능을 선택하면 제대로 된 효과를 볼 수 있다. 이때 필요한 것이 정량화된 성능 기준이다. 이를 통해 어떤 초거대 생성형 인공지능이 더 적합한지 비교할 수 있다. 정량화된 성능 기준이 있기 때문에 수치로 비교할 수 있고 이는 초거대 생성형 인공지능을 신뢰할 수 있는 근거가 된다. 신뢰할 수 없는 초거대 생성형 인공지능은 사용할 수 없을 것이므로 신뢰할 수 있는 근거를 만들어주고 더 좋은 초거대 생성형 인공지능을 선택할 수 있는 기준이 되는 정량화된 성능 기준은 필요한 정보다.

어쩌면 이러한 내용을 당연하다고 생각할 수 있지만, 당연한 기준조차 없이 인공지능을 적용하는 경우가 생각보다 많다. 이는 인공지능이 모든 것을 해결해주리라는 무지에서 찾아온다. 그러므로 인공지능을 적용하기 위한 필수 전제 조건을 숙지하고 이러한 전제 조건을 충족할 수 있도록 노력해야 한다.

〉 문제의 정석, 문제 정의

실무를 하면서 매번 다른 수많은 문제가 생기고 이를 해결하는 과정을 계속 반복한다. 인공지능을 실무에 적용하는 것은 해결하고자 하는 문제가 있기 때문이다. 그러므로 해결하고자 하는 문제를 정의해야 한다. 이는 어떤 문제가 있는지 스스로 자각하는 것이다. 좋은 해결법은 문제 정의를 잘하는 것에서 비롯된다. 그러므로 문제를 제대로 정의하는 것이 매우 중요하다. 문제를 정의하는 것이 중요한 이유는 첫째로 인공지능을 제대로 적용하기 위해, 둘째로 문제를 잘 정의하면 패턴화하는 것이 가능해서, 셋째로 성능을 측정할 수 있는 기준을 만드는 것의 선행 작업이기 때문이다.

만약 문제가 정의되어 있지 않다면 인공지능을 제대로 적용하기가 어렵다. 어떤 문제가 있는지 모른다면 해결책을 제시하는 데 어떤 도구가 필요한지 알 수 없기 때문이다. 어떤 문제를 해결하려 하는지 명확한 가이드를 주면 제대로 된 해결책을 제시해줄 것이다. 해결하고자 하는 과제에 대한 정의는 사람이 해야 하고, 문제를 제대로 정의하는 것은 매우 중요하다.

인공지능 개발자는 인공지능에 대해 잘 알지만, 다른 실무에서 만나는 문제는 제대로 알기 어렵다. 하지만 도메인 전문가는 특정 분야의 경험이 인공지능 개발자보다 많기 때문에 어떤 문제를 마주하는지에 대한 경험적 지식이 풍부하다. 그러므로 실무에서 발생하는 문제를 정의하는 데 기여할 수 있다. 특히 외부의 초거대 생성형 인공지능을 가져다가 쓰는 경우 더욱 빛을 발한다. 어떤 문제를 해결하는지 제대로 된 정의를 할 수 있다면 해결책은 가져다 쓰면 되는 것이다. 도메인 전문가는 이러한 문제를 정의하는 데 적극적으로 개입하고 기여해야 한다.

실무를 하다 보면 유사한 문제들이 계속해서 등장하곤 하므로 이를 해결할 수 있는 도구에 대한 니즈가 생긴다. 인공지능은 이때 좋은 대안이 될 수 있다. 문제가 반복된다는 것은 문제가 패턴을 가진다는 의미다. 그러면 문제의 유형을 정의할 수 있으므로 해결 방법을 준비해둔다면 유사한 문제가 생겼을 때 바로 적용하여 해결할 수 있다. 그런데 문제를 제대로 정의하지 않는다면 어떤 문제를 만나는지 명확한 이력을 남길 수 없다. 굳이 기록하지 않더라도 어떤 종류의 문제인지 정의해두지 않으면 업무를 수행하는 실무자로서 경험을 제대로 쌓기 어렵다. 어떤 종류의 문제가 언제 생기고 어떤 종류의 문제가 함께 발생하는지, 어떤 종류의 문제가 발생하는지 패턴화할 수 없다.

또한 문제를 제대로 정의한다는 것은 인공지능을 적용할 때 효과적인 결과를 이끌어낼 수 있는지를 판단하게 해준다. 인공지능을 적용해서 효과적인 결과가 생기지 않는 종류의 문제들은 굳이 인공지능을 사용하지 않는 것이 좋다. 그런데 문제를 제대로 정의하지 않으면 평가하기 어렵다. 결국 모든 문제에 인공지능을 적용하려 하다가 수많은 실패를 반복할 것이다.

물론 상위 임원이 초거대 생성형 인공지능을 무조건 적용해보라고 요구할 수 있다. 그러면 초거대 생성형 인공지능을 적용하는 것 자체가 핵심 과제가될 수 있다. 실행에 급급해 해결하려는 문제를 정의하지 않고 초거대 생성형인공지능을 무작정 적용하는 것은 피해야 한다. 그러려면 사전에 문제를 제대로 된 정의하는 것이 중요하다.

좋은 답변을 위해서 좋은 질문이 필요하다. 그러나 문제에 대해 정의가 잘되지 않아 제대로 된 질문을 하지 못할 수 있으며, 또한 좋은 답변이라고 해서모든 것을 해결해주기를 기대해서는 안 된다. 인공지능을 잘 적용할 수 있는고도의 노하우와 기법을 아는 것은 도움이 되지만, 그 이전에 인공지능을 적용하기 위한 전제 조건을 이해하는 것이 더 중요하다. 이는 프롬프트를 위한질문과는 다른 이야기로 프롬프트에 대한 질문 방법은 앞 장을 참조하기를바란다.

〉 구슬도 꿰어야 보배, 비즈니스 적용처

초거대 생성형 인공지능은 학술적 가치가 매우 뛰어나다. 인공지능의 크기를 크게 키우자 규모가 작을 때는 하지 못했던 많은 일을 할 수 있다는 것을 발견했고, 여러 개의 문제를 해결할 수 있다는 것도 발견했다. 즉, 인공지능의 크기를 키우는 것을 통해 전과는 다르게 해결할 수 있다는 것을 발견하면서 모델 개발의 방향성을 제시해준 것이다.

그러나 높은 학술적 가치가 비즈니스 가치와 비례하지는 않는다. 학술적 가치는 비즈니스적인 이유와는 다른 목적을 가지고 있기 때문이다. 학술적 연구는 지식 발전을 목적으로 하며 인류 지식의 발전을 위해서 수행되는 연구다. 그러나 비즈니스 가치의 창출은 직접적으로 수익을 창출하거나 비즈니스 모델을 다양화하거나 발전시키는 것을 목적으로 한다. 그렇기 때문에 학술적 발견이나 연구가 비즈니스 가치 창출을 하는 데 필요하지 않을 수 있다.

실무를 수행하는 도메인 전문가는 비즈니스의 가치에 기여하려는 목적에 충실해야 한다. 이를 위해 초거대 생성형 인공지능을 비즈니스에 어떻게 적용할지 고민해야 한다. 구슬도 꿰어야 보배라는 말이 있듯이 초거대 생성형 인공지능을 비즈니스에 적용해야 실무자에게는 빛을 발할 것이다. 즉, 비즈니스에 적용하는 목적으로 초거대 생성형 인공지능을 사용하는 것이 결과물의 가치를 극대화하는 길이다.

비즈니스 가치를 발생시킬 수 없다면 죽은 지식과 다를 바가 없다. 지식은 지식으로써 가치가 있지만, 살아 있는 지식으로써 존재할 때 가치를 인정받고 발전할 것이다. 초거대 생성형 인공지능을 능동적으로 사용하면서 사내에서 인정받고 비즈니스 가치를 창출하다 보면, 초거대 생성형 인공지능을 어떻게 사용해야 할지 경험과 노하우가 쌓이는 속도가 붙는다. 그러면 점점 더 초거대 생성형 인공지능을 잘 사용할 수 있게 되고, 결국 많은 문제들을 효과적으로 해결할 수 있게 된다.

그러므로 초거대 생성형 인공지능을 적용하기 위한 비즈니스 적용처를 미리 준비하는 것은 도움이 된다. 비즈니스 적용처 없이 초거대 생성형 인공지능을 사용할 준비만 마친다면 프로젝트의 향방이 미궁에 빠질 수 있다.

초거대 생성형 인공지능을 개발하는 연구자나 개발자는 연구 혹은 개발 자체가 목적인 경우가 많다. 이는 본인의 지적 만족도나 커리어를 위해 행동하는 경우 종종 발생하는 일이다. 그러다 보니 비즈니스 적용처를 찾기 어려운 경우가 발생한다. 그러므로 비즈니스 적용처에 대해 사전에 충분히 논의하고 확보한 뒤에 초거대 생성형 인공지능을 활용하는 방안에 대해 검토하는 것이 좋다.

초거대 생성형 인공지능을 비즈니스에 적용할 적용처를 찾고 적극적으로 도입함으로써 생기는 효과는 3가지가 있다. 초거대 생성형 인공지능을 적용한 경험을 내재화할 수 있고, 업무의 효율을 극대화할 수 있으며, 기회 손실을 방지할 수 있다는 것이다.

먼저 사용 경험을 내재화할 수 있다. 초거대 생성형 인공지능이 언론에 도배되고 성과가 보이는 사례가 많아졌다. 현재는 초거대 생성형 인공지능 자체가 조명을 받고 있지만 나중에는 초거대 생성형 인공지능의 사용 경험이 풍부한 사람이 각광받을 것이다. 초거대 생성형 인공지능을 사용하면서 프롬프트 엔지니어링에 대한 경험이 많아져서 경험이 적은 사람보다 더 잘 사용할 것이기 때문이다.

이러한 관점에서 도메인 지식을 가지고 초거대 생성형 인공지능의 경험이 풍부한 실무자가 부상할 것이다. 이런 사람은 프롬프트 엔지니어링의 지식이 풍부하면서도 비즈니스 문제를 잘 정의하고 이를 해결하기 위해 고민한 경험이 있기 때문이다. 이로 인해 도메인에 특화된 문제를 더 잘 해결할 수도 있고 초거대 생성형 인공지능을 어떻게 하면 효율적이고 효과적으로 사용할 수 있는지 누구보다 잘 안다. 비록 기술을 개발하는 역량은 없어도 기술을 잘 활용할 역량이 있는 사람이다.

기술을 개발하는 것과 비즈니스에 적용하는 것은 별개의 역량이며 초거대 생성형 인공지능을 굳이 내재화하지 않고 외부의 인공지능을 가져다 쓴다고 할 때 기술을 잘 활용할 역량이 필요하다. 그러므로 초거대 생성형 인공지능을 비즈니스에 적용할 적용처를 찾고 적극적으로 도입해야 많은 사람의 기술 활용 역량을 높일 수 있다. 기술을 활용한 경험을 쌓고 이를 바탕으로 비즈니스 가치 창출에 기여하는 것이다. 그리고 인공지능 비전문가인 실무 담당자는 이런 완성된 기술을 실제 비즈니스에 활용하며 더 잘 활용할 수 있는 경험을 쌓아야 한다.

또 인공지능을 사용하면 업무의 효율을 올릴 수 있다. 효율은 시간 대비 업무의 양을 의미한다. 효율을 올릴 수 있다는 것은 매우 큰 장점이다. 과거 엑셀이나 계산기가 없을 당시에는 손으로 계산하고 값이 틀리지 않게 꼼꼼히, 그리고 최대한 빠르게 계산할 수 있는 사람이 우대받았다. 하지만 지금은 엑셀이나 계산기 없이는 근무하는 것이 불가능할 만큼 업무가 혁신되었다. 미래에는 초거대 생성형 인공지능이 계산기와 같이 누구나 사용할 수 있는 도구가 될 것이며, 지금의 엑셀과 같이 언제 사용해야 업무를 더 효율적이고 효과적으로 할 수 있는지 모두 알 것이라고 필자는 생각한다. 초창기 엑셀이 나왔을 때와 같이 초거대 생성형 인공지능의 사용 자체를 불편해하는 사람도 있고, 언제, 어떻게 사용해야 효율적인지 감을 잡기가 어렵다. 그렇기 때문에 더욱 열심히 활용하며 경험을 쌓아야 한다.

초거대 생성형 인공지능을 능동적으로 사용해본 사람과 그렇지 않은 사람이 있다고 하자. 행사를 앞두고 브로마이드의 제작을 의뢰했는데 배송 사고로 인해 배송되지 못하는 상황이 벌어졌다. 이미지만 있으면 제작을 빨리 할 수 있다고 할 때, 인공지능을 사용해보지 않은 사람은 파일의 확장자가 포토샵에서만 열리는 확장자라서 포토샵을 새로 설치해야 하는 바람에 늦어지고 말았다. 그러나 초거대 생성형 인공지능을 능동적으로 사용해본 사람은 초거대 생성형 인공지능에 이미지 생성을 의뢰하고 바로 제작할 수 있다.

이와 같이 초거대 생성형 인공지능을 사용하면 오래 걸리는 일을 빠르게 처리할 수 있고 문제가 생기면 초거대 생성형 인공지능의 결과물을 사용해서 문제를 해결할 수 있다. 업무의 효율성만 따진다면, 텍스트나 이미지 생성과 같은 업무는 초거대 생성형 인공지능과 떼어놓을 수 없을 것이다.

마지막으로 기회 손실을 방지할 수 있다. 기회는 항상 예상치 못한 곳에서 온다. 새로운 기술과 경향을 무조건 받아들일 필요는 없지만 세상의 혁신을 가져올 기술이라면 빠르게 받아들여 기술적 역량을 한층 올리고, 이를 기반으로 비즈니스 모델의 고도화나 신규 비즈니스 모델의 생성을 위해 사용해야 한다.

예술 대회에서 인공지능인 미드저니가 그린 그림이 우승한 사례를 살펴보자. 초거대 생성형 인공지능이라는 기술을 빠르게 받아들여 적극적으로 활용한 제이슨 앨런Jason Allen은 우승을 거머쥘 수 있었다.[*] 이처럼 혁신적인 변화를 가져올 도구를 빠르게 받아들여 사용하는 사람은 초기에 기회를 많이 잡을 수 있다. 그러면서 기회 손실을 방지할 수 있는 것이다. 혁신적인 도구를 빠르게 받아들이면 남들보다 혁신력과 경쟁력이 높아진다.

비즈니스 환경은 매우 급변하기 때문에 기회는 항상 빠르게 왔다가 빠르게

---

[*]   https://www.nytimes.com/2022/09/02/technology/ai-artificial-intelligence-artists.html

사라진다. 급변하는 비즈니스 환경에서 살아남기 위해 다른 조직보다 더 빠르게 움직이고 더 확실하게 대응해야 한다. 그런데 혁신적인 도구의 도입과 활용을 꺼리면 대응력이 떨어져 위기를 처할 수 있다. 물론 무턱대고 도입할 순 없다. 초거대 생성형 인공지능만 보더라도 윤리적이고 철학적인 문제가 따른다. 데이터 유출 등의 매우 민감한 문제를 해결하지 못하면 당장 도입하는 것은 쉽지 않은 결정이다. 그럼에도 불구하고 다칠 것을 두려워서 불을 사용하지 않을 수는 없다. 다치지 않고 불을 사용할 수 있는 방법을 고민하고, 경험을 쌓아야 한다. 초거대 생성형 인공지능 또한 마찬가지다. 물론 부작용이 생길 수 있고 이를 완벽하게 없앨 수는 없지만 어떻게 사용하면 부작용을 최소화하고 효과를 극대화할 수 있는지 고민하다 보면 언젠가 제대로 활용할 날이 올 것이다.

〉 명사수가 필요하다, 인력의 보충

빌헬름 텔이 가족의 머리에 있던 사과를 활로 쏘아서 맞춘 것은 매우 유명한 일화다. 아주 비싼 명품 화살을 사용해서도 아니고 신이 내린 활대를 사용해서도 아니다. 오로지 실력만으로 사과를 활로 쏘아서 맞출 수 있었던 것이다. 똑같은 화살과 활을 가지고 옆집의 평범한 사람에게 쏘라고 하면 사과를 맞추지 못할 것이다.

그렇다고 빌헬름 텔에게 이상한 방향으로 날아가는 품질이 낮은 화살과 활을 주고 쏘라고 하면 사과를 맞추지 못할 것이다. 그러므로 기준치 이상의 품질을 보유한 화살과 활, 활을 다루는 능력이 종합적으로 결합될 때 최고의 성능을 발휘할 수 있다. 어느 하나라도 품질이 저하된다면 빌헬름 텔의 일화는 탄생하지 못했다. 그러므로 종합적인 성능의 향상을 꾀해야 한다.

초거대 생성형 인공지능 활용도 이와 같다. 개발과 연구를 잘하는 사람이 활용을 잘한다고 할 수 없고, 활용을 잘하는 사람이 개발과 연구를 잘한다고 는 할 수 없다. 초거대 생성형 인공지능을 잘 사용할 줄 아는 사람이 만들어 내는 품질과 초거대 생성형 인공지능을 잘 사용하지 못하는 사람이 만들어 내는 품질은 다를 수밖에 없다. 따라서 초거대 생성형 인공지능을 잘 사용할 줄 아는 사람은 고급 인력으로 취급받을 것이다.

초거대 생성형 인공지능을 잘 사용하기 위해서는 지식이 있어야 한다. 초거 대 생성형 인공지능을 사용하기 위한 프롬프트 엔지니어링과 같은 것이 이 에 해당한다. 그러므로 이러한 인력의 확보는 초거대 생성형 인공지능을 얼 마나 잘 활용할 수 있는지와 직결된다. 문제는 사내에 이런 인력이 없을 때 발생한다. 인공지능을 잘 활용하기 위해서는 지식이 필요한데 지식을 쌓는 일 자체가 쉽지는 않다. 처음 접하는 것을 공부해서 지식이 어느 정도 쌓일 때까지는 시간이 필요하다. 그러므로 이러한 인력이 사내에 없다면 외부에 서라도 보충해야 한다.

또한 미래에는 인공지능에 대한 경험이 많아져서 전반적으로 초거대 생성형 인공지능에 대한 지식의 수준이 현재보다 더 높아질 것이다. 이때 중요한 인 력은 비즈니스의 가치를 창출할 수 있는 도메인 전문가다. 특정 분야의 전문 성이 높은 도메인 전문가는 해당 분야에서 비즈니스 가치를 어떻게 창출하 는지 잘 안다. 그렇기 때문에 인공지능 활용 수준이 모두 비슷해지는 순간 비즈니스 가치를 창출할 수 있는 사람이 주목받는다. 지금은 초기라서 초거 대 생성형 인공지능을 개발하고 연구할 수 있는 연구/개발자가 주목받고 있 지만, 앞으로는 초거대 생성형 인공지능을 잘 사용하고 실무에 접목할 수 있 는 비전문가 실무자가 각광받을 것이고, 그중에서도 비즈니스 가치 창출까 지 연결할 수 있는 특화된 도메인 전문가가 그 분야에서 인공지능 핵심 인력 으로 거듭나게 될 것이다.

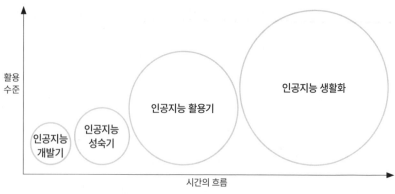

그림 6-5　시간의 흐름에 따른 인공지능 활용 수준을 시대별로 분류한 도식도

편의상 인공지능을 개발하기 시작한 시기는 딥러닝이 학계에 나오기 전 규칙 기반 인공지능과 머신러닝이 지배하던 인공지능 개발기로 본다. 그다음 시기는 인공지능 성숙기로, 딥러닝의 발전이 촉발되고 수없이 논문이 쏟아져 나오는 알파고, ChatGPT와 직면한 현대다. 인공지능을 지금과는 다른 수준으로 다양한 분야에서 사용하는 시기인 인공지능 활용기가 올 것이다. 인공지능 활용기는 비전문가도 쉽게 인공지능을 활용하고 접목하여 비즈니스 가치를 창출하고 성과를 올리는 시기다. 아직도 일부 업계에서는 관계자들의 미온적인 태도와 저조한 성능으로 인해 인공지능의 도입이 늦어지고 있는데, 이 시기가 되면 모든 비즈니스 조직과 학계 등이 인공지능을 활용한다. 마지막 시기는 인공지능이 생활화되어 일반인도 쉽게 인공지능을 만들고 적용하는 생활화 시기다. 현재는 상상할 수 없는 새로운 도구를 이용해서 초등학생이라도 인공지능을 직접 만들고 적용할 수 있을 것이다.

필자가 판단하기에 인공지능의 성능이 놀라울 정도로 발전하고 있지만, 아직 개선점이 많고 모든 비즈니스 이해관계자가 활용하는 수준은 아니다. 이 시기에 가장 중요한 것은 인공지능을 활용할 수 있는 사람이다. 인공지능 활용기와 생활화 시기에는 모든 비즈니스 조직과 인력이 인공지능을 사용하고 있기 때문에 활용할 수 있는 사람이 많겠지만, 지금은 성숙기이기 때문에 실무자 중에 인공지능을 잘 활용할 수 있는 사람이 흔하지는 않다. 그래서 이러한 인력을 유치하는 것이 중요한 문제로 부각된다.

아무리 잘 드는 칼이 있어도 사용할 사람이 없다면 무가치하다. 인공지능 또한 마찬가지다. 아무리 성능이 좋은 인공지능이 있어도 인공지능을 활용할 수 있는 사람이 없다면 비즈니스 가치는 없다. 그래서 초거대 생성형 인공지능을 잘 활용할 수 있는 사람을 유치하는 것은 매우 중요한 일이다.

ꡪ 초거대 생성형 인공지능 서비스 출시 시 발생할 수 있는 문제와 해결 방법

초거대 생성형 인공지능을 사용하다 보면 많은 문제에 직면할 수 있다. 어떤 문제가 발생할 수 있는지 사전 지식이 없으면 문제가 발생했을 때 대응이 늦고 대비하기도 어렵다. 환각 현상, 유해 콘텐츠, 편견, 개인정보, 허위 정보 확산, 사이버 보안, 위험한 행동 가능성, 다른 시스템과의 상호 작용, 지나친 의존과 같은 문제가 있는데, 이들 모두 다루지는 않고 대표적인 문제를 선별하여 정리했다. 초거대 생성형 인공지능을 사용하며 직면할 수 있는 문제점과 이를 해결하기 위해 시도되었던 방법을 살펴보자.

ꡪ 유해 콘텐츠로 인해 발생할 수 있는 문제

ChatGPT와 같은 인공지능은 유해한 정보를 응답으로 생성할 수 있다. 이러한 일이 발생하는 가장 큰 원인은 학습 데이터에 유해한 정보가 포함되어 있기 때문이다. 유해 콘텐츠 문제는 대량의 데이터를 학습하다 보니 어쩔 수 없이 생기는 문제다. 초거대 인공지능을 학습시킬 때 매우 많은 데이터를 사용한다. 그러다 보면 일단 많은 데이터를 모으는 데 집중할 수밖에 없다. 일단 모인 데이터는 최대한 정제하지만 너무 많아서 일일이 검증하고 정제할 수 없다. 그러다 보니 자연히 유해 콘텐츠가 섞일 수도 있고 유해 콘텐츠의 정보가 내장된 값이 학습에 사용될 수 있다.

유해 콘텐츠의 정보가 내장된 값이라는 건 대체 어떤 의미일까? 다음 예를 살펴보자.

1. 30년간 도둑질로 딸을 키워온 A씨는 딸이 예체능 계열로 진학을 희망해 대출을 받았고, 갚을 여력이 없어 부잣집을 노려 1주일간 생활 패턴을 파악하며 주도면밀하게 새벽 3시마다 도둑질을 시작한 것으로 알려졌다. 그러나 도둑질을 해서는 안 된다.
2. 최근 마약 사범이 급증했는데 SNS로 입금 후 직접 만나지 않고 마약을 지정한 장소에 두면 수거하는 식으로 거래하는 경우가 많아 공급책을 잡기 어렵고 SNS 특성상 청소년들이 많이 마약을 하고 있는 것으로 집계되었다. 그러나 마약을 해서는 안 된다.
3. 〈더 글로리〉의 열풍으로 인해 학창 시절에 사회적 약자를 따돌리고 폭행하고 얼굴에 침을 뱉고 다리를 거는 식으로 괴롭힘을 당한 사람들이 들고 일어나고 있다. 그러나 무슨 일이 있어도 사람을 따돌려서는 안 된다.

분명 부정문이 담긴 문장이다. 무언가를 해서는 안 된다는 정보를 담고 있지만 안 된다는 내용을 배제하고 나면 해서는 안 되는 도둑질, 마약, 따돌림의 내용이 담겨 있다. 뉴스에 나올 법한 내용이라 자연어 생성형 인공지능의 데이터로 사용될 수 있다. 예를 들어 예시의 문장에서 다음과 같은 유해한 정보들을 얻을 수 있다.

1. 도둑질 노하우
   - 부잣집을 노린다.
   - 1주일간 생활 패턴을 파악한다.
   - 주도면밀하게 한다.
   - 새벽 3시에 한다.

2 마약 거래하는 방법

- SNS로 거래를 한다.
- 비대면으로 거래를 한다.
- 지정한 장소에 두고 수거하면 공급책을 잡기 어렵다.
- SNS를 많이 하는 청소년들이 마약을 많이 한다.

3 괴롭히는 방법

- 따돌리는 방법에는 폭행이 있다.
- 따돌리는 방법에는 얼굴에 침을 뱉는 방법이 있다.
- 따돌리는 방법에는 다리를 거는 방법이 있다.
- 따돌리는 방법에는 괴롭히는 방법이 있다.

이렇듯 데이터를 많이 모으다 보면 어쩔 수 없이 생각지도 못한 문제가 발생할 수 있다. 유해한 콘텐츠를 제외하고 유해한 콘텐츠가 조금이라도 언급되거나 다른 문장과 결합되어 유해한 정보를 담을 수 있는 내용을 모두 배제하기는 쉽지 않다. 그러다 보니 유해 콘텐츠의 정보가 내장된 값이 섞이는 것을 완전히 피하기가 어렵다.

문제는 이런 유해 콘텐츠가 초거대 생성형 인공지능을 사용하다 보면 응답으로 나올 수 있다는 것이다. 현재 ChatGPT와 같은 많은 초거대 자연어 생성 인공지능은 문장을 작은 단위로 쪼개고, 각 단어를 연산이 가능한 숫자들의 집합(벡터)으로 변환하여 처리한다. 그리고 이 숫자들을 여러 계층으로 구성된 신경망에 통과시켜 문장의 구조와 의미를 이해한다. 즉, 초거대 자연어 생성 인공지능은 학습을 통해 수많은 단어와 문장의 패턴을 인식하고 입력 문장(혹은 단어)의 패턴을 감지하여 입력된 패턴에 맞는 단어나 문장을 생성하는 인공지능 알고리즘이다. 그렇기 때문에 주어진 글, 문장, 단어의 관계성을 기반으로 학습한다. 그러다 보니 유해 콘텐츠가 포함된 정보를 데이터로 학습한다면 당연히 유해 정보를 응답으로 내뱉을 수 있다.

하지만 현실적으로 모든 학습 데이터에서 유해 정보를 제거하는 것은 쉽지 않다. 앞에서 살펴본 예시뿐 아니라 여러 가지 문장과 글이 겹쳐지다 보면 유해 정보가 되기도 하기 때문이다. 게다가 데이터가 많은 인터넷에서 학습 데이터를 구성하는 경우가 많은데, 인터넷에는 유해 정보가 많아 모두 검수하기 어렵다. 물론 이 외에도 수많은 원인이 많지만, 이러한 문제가 발생할 수 있다는 것을 아는 것이 중요하다.

유해 정보를 응답할 수 있는 인공지능을 범죄에 활용한다거나 유해한 정보를 얻는 방향으로 악용될 수 있다. 현재 ChatGPT를 위시한 여러 초거대 자연어 생성 인공지능이 말 그대로 쏟아지고 있다. 그러나 유해 정보를 응답으로 내놓을 가능성이 있는 한 조심해서 사용해야 하며 끊임없이 이 문제를 해결하기 위해 노력해야 한다. 인공지능이 이러한 내용을 이야기하지 않도록 학습을 시키는 방향으로 시도가 많았다. 이에 대해서는 차후에 다루도록 하겠다.

❯ 편견으로 인해 발생할 수 있는 문제

ChatGPT와 같은 초거대 인공지능, 즉 대규모 언어 모델은 어떤 특정 현상이나 집단에 편견을 가질 수 있다. 이는 초거대 인공지능을 학습하기 위해서 인터넷에서 많은 데이터를 모으기 때문에 발생할 수 있는 문제다.

데이터를 구성하다 보면 모든 데이터를 검수할 수 없다. 편견이 담긴 데이터 또한 마찬가지다. 특히 자연어를 생성하는 초거대 인공지능이 학습하는 데이터는 인간이 남긴 것이다. 그래서 텍스트 데이터를 생성한 인간의 편견을 그대로 학습할 가능성이 있다. 편견이 담긴 데이터도 앞에서 논의한 유해 콘텐츠와 함께 어쩔 수 없는 문제다.

인공지능을 학습시키기 위해서는 많은 양의 데이터가 필요하고, 많은 양의 데이터를 일일이 검수하는 것은 어려운 일이다. 수많은 인력이 필요하고 많은 시간이 소요되어 전체적인 비용을 증가시킬 수 있다.

문제는 이로 인해 편향된 응답을 생성할 수 있다는 것이다. 인공지능이 학습할 때 편견 있는 데이터로 학습하게 되면 특정 그룹이나 개인에 대한 편향된 응답을 제공할 수 있다. 성별, 인종, 국적, 종교 등과 같은 특징을 가진 사람들에 대해 부정확하거나 불공평한 응답을 내놓는 것이다. 예를 들어 어느 국가 출신들은 하나같이 편협하고 이기적이라는 답변을 인공지능이 내놓을 수 있는데, 이는 그 국가에 안 좋은 감정을 가진 사람들이 생성한 데이터가 학습 데이터에 포함되었기 때문이다.

편향된 데이터로 학습된 생성형 인공지능의 답변이 의도치 않은 사회적 갈등을 부각시킬 수 있다. 생성형 인공지능이 답한 결과를 어느 특정 국가의 국민이 편협하고 이기적이라는 증거 자료로 사용한다거나, 특정 집단을 차별하는 내용을 전파하는 등 사회적으로 부정적인 영향을 끼칠 수 있다. 인공지능이 비평적인 의견이나 공격적인 태도를 취하게 할 수 있고 이러한 결과로 가짜 뉴스를 생성하여 배포할 수 있다. 거짓을 거짓이라고 밝히기 위해서는 많은 증거 자료와 반박 자료를 준비해야만 한다. 다른 사람을 공격하는 사이버 테러의 방법으로도 활용할 수 있어서 인종 갈등, 성별 불평등, 사회적 분열 등을 조장할 수 있다.

앞으로 초거대 생성형 인공지능 서비스들은 더 많이 나오고 우리의 삶에 더 자연스럽게 녹아들어 더 능동적으로 활용하게 될 것이다. 그러다 보면 누군가는 의사 결정할 때 초거대 생성형 인공지능의 결과를 참조하거나 그대로 따를 수 있다. 인공지능이 편견이 있는 데이터로 학습되면 그 인공지능이 내놓은 결정이나 추천이 편향되기도 한다. 예를 들어 채용에 활용한다면 특정 인종이나 성별에 대한 편견을 내포한 결정을 내릴 수 있다. 이는 사회 정의에 반하는 결과를 초래한다. 혹시라도 이런 일이 발생했다는 것이 외부에 알려지면 그 채용을 주관한 조직은 사회적인 비난을 피하기 어려울 것이다. 또한 소수 집단에 대한 편향된 데이터로 학습한 초거대 생성형 인공지능으로 인해 사회적 불평등이 야기될 수 있다. 인공지능이 편향된 데이터로 학습되면 미혼 여성, 성소수자 등과 같은 소수 그룹에 대한 편견의 근거로 활용되어 사회적으로 편견을 강화하고 사회적 불평등을 심화하여 이를 해소하는 사회적 비용의 증가로 이어질 수 있다.

이처럼 편견이 있는 데이터로 인공지능을 학습하는 것은 많은 문제를 야기할 수 있다. 초거대 생성형 인공지능이 사회 전반에 걸쳐 더 많이 활용될수록 이러한 부분은 조심해야 한다. 인공지능의 어두운 부분에 대한 사회적인 규범과 규칙을 설립하고 논의해야 하는데, 논의가 뒤로 미루어지고 있다. 과거에는 많이 사용될 만큼 성능이 좋지 않았지만, ChatGPT 이후 경쟁적으로 초거대 생성형 인공지능 서비스들이 우후죽순으로 쏟아져 나오고 있어서 논의를 강제로라도 시작해야 하는 때가 다가왔다. 그러므로 초거대 생성형 인공지능을 도입하거나 사용하는 사람은 이를 항상 고려해야 한다.

〉 개인정보로 인해 발생할 수 있는 문제

개인정보 문제는 항상 따라다닐 수밖에 없다. 앞서 이야기한 것과 같은 문제로 인해 학습 데이터에 개인정보가 포함될 수 있다. 이러한 데이터로 학습한 초거대 생성형 인공지능은 개인정보가 포함된 답변을 할 가능성이 있다. 또한 초거대 생성형 인공지능의 특성상 퓨샷 러닝이 가능한데, 이때 사용자가 퓨샷 러닝을 시도하다가 개인정보를 포함한 질문이나 문장을 입력할 수 있다. 그러면 ChatGPT와 같은 초거대 자연어 생성 인공지능의 경우 사용자의 입력을 프롬프트로 받아 이에 기반하여 응답을 생성하기 때문에 개인정보가 포함된 답변을 할 수 있다. 예를 들어 주민등록번호나 신용카드번호와 같은 개인정보를 포함한 질문을 입력하는 경우 개인정보 문제가 발생할 수 있다.

데이터 외에도 알고리즘적에 관한 문제가 있다. 일반적으로 초거대 생성형 인공지능 학습 시 **오버피팅**over-fitting*이 발생할 수 있고, 개인정보 유출은 오버피팅과 매우 밀접한 관련이 있다. 많은 연구자들이 연구 초기에는 오버피팅과 암기memorization는 다르다고 판단했다. 하지만 실제 초거대 인공지능의 연구가 지속될수록 오버피팅이 개인정보 유출과 연관이 있다는 것을 발견했다. 특히 학습 데이터를 유출시키기 위한 악의적 공격이 오버피팅을 악용하여 작동하곤 한다.

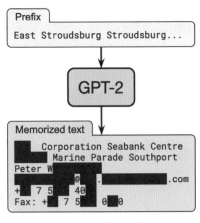

그림 6-6 학습 데이터가 유출된 사례

<그림 6-6>은 초거대 언어 생성형 인공지능의 학습 데이터 추출에 관해 다룬 논문†에서 발췌한 이미지다. 프롬프트를 잘 조절하여 GPT2에 주자, GPT2에 학습된 개인정보가 유출되는 것을 볼 수 있다. 그리고 이런 오버피팅은 언어 인공지능뿐만 아니라 이미지 인공지능에서도 발생한다.

---

* 학습 데이터의 특성이 너무 과도하게 편향되어 반영된 상태로, 일반적으로 테스트 데이터에서의 성능이 오히려 하락한다. 과적합이라고도 부른다.

† Carlini, Nicholas, et al. 〈Extracting Training Data from Large Language Models〉. USENIX Security Symposium. Vol. 6. 2021

Training Set

Caption: Living in the light with Ann Graham Lotz

Generated Image

Prompt: Ann Graham Lotz

그림 6-7 데이터 유출의 사례. Diffusion Model이 학습 데이터를 기억했다가 생성한 사례

이미지를 생성해주는 인공지능에 프롬프트로 'Ann Graham Lotz'라는 프롬프트를 주자, 실제 Ann Graham Lotz의 얼굴 이미지와 거의 똑같은 이미지가 유출되는 사례를 보여준다.

이러한 개인정보 유출 이슈는 개인정보보호에 위반될 수 있다. 예를 들어 신용카드번호, 주민등록번호, 비밀번호 등이 유출되면 사기 및 개인정보 도용에 사용될 수 있다. 그러므로 학습 데이터에는 개인정보가 포함될 가능성이 존재하고 이러한 정보들은 유출될 가능성이 있다는 것을 서비스를 도입하거나 활용하는 사람은 인지하고 있어야 한다. 그래야 문제가 발생했을 때 즉각적인 대응을 할 수 있고 계획을 세울 수 있다.

❭ 환각과 거짓 응답으로 인해 발생할 수 있는 문제

환각 현상은 ChatGPT나 바드와 같은 초거대 텍스트 생성 인공지능의 대표적인 문제다. 잘못된 정보를 응답하는 것만 해도 문제인데 진짜 같이 이야기하니 사용자로서는 제대로 판단하기 어렵다. 이는 내용을 오해하거나 이해를 떨어뜨리는 요소가 되기도 한다.

거짓 응답은 초거대 텍스트 생성 인공지능을 사용하는 데 가장 큰 문제일 것이다. 진짜일 것이라고 믿었던 응답이 알고 보니 거짓이었다고 한다면, 사회적 혼란이 야기될 수도 있는 문제다. 한때 매우 유명했던 '세종대왕이 맥북을 던진 사건을 알려줘'라는 프롬프트를 ChatGPT에 보내자, 세종대왕이 맥북을 던진 사건에 대해서 알려줬다는 것은 매우 유명한 환각 현상의 예다. 물론 오픈AI는 해당 프롬프트에 대한 응답을 수정했지만, 거짓인 사건을 진짜처럼 이야기할 수 있다는 것은 매우 위험하다.

 장영실이 간편결제를 도입한 사건을 알려줘.

 장영실은 조선 세종대왕 때의 과학자입니다. 그는 1434년 조선 최초의 간편결제 시스템인 '장영실의 옥인'을 개발했습니다. 장영실의 옥인은 옥으로 만든 동전으로, 상점에서 물건을 살 때 동전을 옥인에 넣으면 자동으로 결제가 이루어지는 시스템입니다. 장영실의 옥인은 조선의 경제 발전에 큰 기여를 했으며, 오늘날에도 사용되고 있는 간편결제의 원조로 여겨지고 있습니다. 장영실의 옥인은 조선의 경제 발전에 큰 기여를 했습니다. 장영실의 옥인은 이전에는 물건을 살 때마다 현금을 직접 지불해야 했던 불편함을 해소했습니다. 또한 장영실의 옥인은 물건을 파는 상인들에게도 편리했습니다. 상인들은 장영실의 옥인을 사용하면 현금을 직접 관리할 필요가 없었기 때문에, 물건 판매에 집중할 수 있었습니다. 장영실의 옥인은 조선의 경제 발전에 큰 기여를 했으며, 오늘날에도 사용되고 있는 간편결제의 원조로 여겨지고 있습니다.

출처: 구글 바드

간편결제는 현대의 개념이므로 장영실이 도입할 수 없다. 그러나 장영실이 간편결제를 도입한 사건을 알려달라고 하자, '장영실의 옥인'을 도입한 사건이 존재하고 이 사건이 간편결제의 원조로 여겨지고 있다고 이야기했다. 간편결제와 같은 시스템을 도입했다고 설명한 것이다. 그러나 이는 사실이 아니다. 조선시대의 옥인은 조선시대 왕실 의례에서 사용된 옥으로 만든 도장 혹은 옥으로 조각한 조각상을 의미한다. 게다가 장영실이 수표나 어음과 같은 시스템을 만든 기록이 없다. 그러므로 잘못된 정보를 생성하고 있다는 것을 알 수 있다.

오픈AI, 구글 등은 환각이 발생할 수 있다는 것을 인지하고 있다. 그래서 널리 알려진 환각을 제거하기 위해 노력하고 있다. 하지만 모든 경우를 모니터링하고 직접적으로 출력되는 내용을 수정하는 것은 불가능에 가깝다. 물론 개발사들은 최대한 이러한 현상을 수정하고자 노력하고 있다. 완벽하지는 않더라도 점차 수정될 것이며 인공지능의 발전에 따라 언젠가 사라질 현상일 수 있다. 하지만 아직은 환각 현상이 일어나고 있기에 인공지능의 결과를 100% 신뢰할 수는 없다. 수많은 매체에서 ChatGPT와 같은 서비스가 검색 서비스인 것처럼 이야기하지만, 엄밀히 이야기하면 인공지능은 검색 서비스가 아니기 때문에 정답만 이야기하지는 않는다. 데이터베이스에서 값을 조회해서 반환해주는 것은 아니기 때문이다. 그러므로 이러한 현상이 발생하고 있고, 그렇기 때문에 100% 완벽하게 신뢰해서는 안 된다는 것을 실무자는 알고 있어야 한다.

❯ 초거대 생성형 인공지능의 문제를 해결하기 위해 시도된 방법

초거대 생성형 인공지능을 사용하다 보면 발생할 수 있는 문제들을 모두 해결하는 것은 쉽지 않은 일이다. 학습 데이터를 수정해서 없앨 수 있는 문제도 있고, 수정해도 없앨 수 없는 문제가 있다. 학습 데이터 수정도 쉽지 않은 문제인 데다가 수정해도 없앨 수 없는 문제가 있기 때문에 근본적인 답이 아닐 수 있다. 연구자들은 이러한 한계를 극복하기 위하여 인공지능을 업데이트하는 방법을 꾀했다. 하지만 이 역시 모든 것을 해결하지는 못한다. 여기에서는 문제 해결을 위한 도전 중 ChatGPT 관련한 내용을 소개할 것이다. 세부적인 방법이 궁금하지 않다면 넘어가도 좋다.

앞서 이야기한 문제들을 해결하기 위해 ChatGPT를 론칭했던 오픈AI는 파인 튜닝을 선택했다. 유해 콘텐츠, 편견, 개인정보 문제 등을 일으킬 수 있는 응답은 파인 튜닝을 통해 문제가 생길 수 있는 응답을 하지 않도록 인공지능을 업데이트한 것이다. 이런 파인 튜닝에는 ChatGPT보다 먼저 나왔던 InstructGPT가 있다. InstructGPT의 파인 튜닝 방법은 다음과 같다.

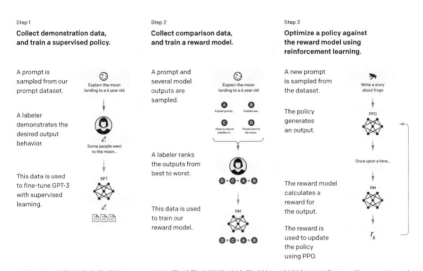

그림 6-8　오픈AI에서 공개한 InstructGPT를 만들기 위해 파인 튜닝하는 방법인 RLHF(https://openai.com/research/instruction-following)

InstructGPT 인공지능을 만들기 위해서 RLHF라는 강화 학습을 사용하여 파인 튜닝을 한다. **RLHF**[*]는 인간의 피드백을 보상 신호로 사용하여 모델을 파인 튜닝하는 방법이다. 이는 안전 및 정렬 문제가 복잡하여 완전히 제거될 수 없기 때문에 인공지능 차원에서 제거하는 것이다.

구체적인 방법을 간략하게 소개하면, 먼저 사람이 작성한 데이터를 수집하고 이를 사용하여 파인 튜닝을 실행한다. 이는 성능의 기준치가 된다. 다음으

---

[*]　https://en.wikipedia.org/wiki/Reinforcement_learning_from_human_feedback

로 사람이 **레이블**(좋은지 나쁜지에 대한 피드백 정보)을 지정한 데이터를 수집한다. 그런 다음 이 데이터에서 **PPO 알고리즘**(강화 학습에서 사용되는 알고리즘으로, 인공지능이 주어진 상태(프롬프트)에서 어떤 행동(여기서는 어떤 텍스트를 생성하는지에 대한 행위)을 선택하는 규칙이나 전략인 정책을 효율적으로 학습하여 원하는 목표를 달성하도록 해주는 알고리즘)으로 강화 학습을 하여 사람이 선호하는 결과를 출력하도록 학습한다. 이를 통해 오픈AI는 다음과 같은 성능의 변화를 얻을 수 있었다.

Dataset **RealToxicity**	
GPT	0.233
Supervised Fine-Tuning	0.199
InstructGPT	**0.196**

Dataset **TruthfulQA**	
GPT	0.224
Supervised Fine-Tuning	0.206
InstructGPT	**0.413**

API Dataset **Hallucinations**	
GPT	0.414
Supervised Fine-Tuning	**0.078**
InstructGPT	0.172

API Dataset **Customer Assistant Appropriate**	
GPT	0.811
Supervised Fine-Tuning	0.880
InstructGPT	**0.902**

그림 6-9   InstructGPT의 효과(https://openai.com/research/instruction-following)

GPT-3는 파인 튜닝 이전의 인공지능이고, 최초 기준치가 되는 파인 튜닝된 인공지능이 Supervised Fine-Tuning이다. 그리고 InstructGPT가 RLHF를 통해 파인 튜닝된 인공지능이다. 출력한 결과물이 유해 내용을 포함하는지 검증하는 데이터에서 GPT-3나 최초 기준치가 되는 파인 튜닝된 인공지능보다 유해 내용을 적게 포함하고 있었다. 환각 현상은 GPT-3보다 적게 발생하고 최초 기준치가 되는 파인 튜닝된 인공지능보다는 많이 발생한다. 즉, GPT-3보다는 덜 횡설수설하지만 최초 기준치가 되는 파인 튜닝된 인공지능보다 더 많이 횡설수설한다고 할 수 있다.

출력한 결과물이 거짓 정보를 포함하고 있는지 검증하는 데이터에서 GPT-3 나 최초 기준치가 되는 파인 튜닝된 인공지능보다 거짓 내용을 적게 포함하고 있었다. 또한 고객을 더 잘 지원하는 것으로 나타났다.

이러한 내용을 바탕으로 볼 때, RLHF라는 강화 학습을 통해 파인 튜닝하여 유해 콘텐츠나 환각 현상, 거짓 정보 등을 어느 정도 수정할 수 있다. 물론 사람이 피드백을 줌으로써 원하는 출력을 하도록 학습했기 때문에 어느 정도 필터링이 가능하다. ChatGPT 또한 이러한 방법으로 학습되었다.

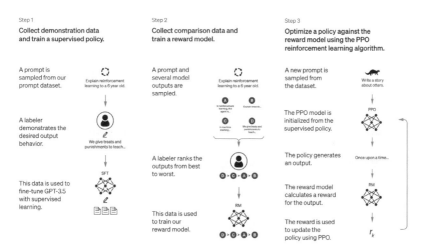

그림 6-10   오픈AI에서 공개한 ChatGPT를 만들기 위해 파인 튜닝하는 방법인 RLHF(Reinforcement Learning from Human Feedback) (https://openai.com/blog/ChatGPT)

<그림 6-10>은 오픈AI가 공개한 ChatGPT를 만들기 위해 파인 튜닝한 방법이다. 크게 Step 1, 2, 3으로 나뉘며, RLHF 강화 학습을 사용했다. 먼저 지도 학습으로 초기 인공지능을 파인 튜닝시킨다. 이를 위해 사용자와 인공지능 양쪽의 대화 데이터를 준비하고 대화 형식으로 변환하여 이미 있던 InstructGPT의 학습 데이터와 혼합했다. 그 뒤 강화 학습을 수행하는데, 인간이 직접 응답한 것을 보고 좋은 응답과 좋지 않은 응답의 순위를 매기고

그 순위를 기반으로 학습한다. 즉, 인간이 보기에 좋은 응답을 답할 수 있도록 인공지능을 학습시키는 것이다. 이러한 프로세스를 여러 번 반복한다. 강화 학습은 보상이라는 개념을 사용하는데, 여기서는 인간이 매긴 응답의 순위가 보상 기준이 되어 순위가 높은(인간이 보기에 응답을 잘한다고 판단한) 응답을 하면 보상을 주고, 순위가 낮은(인간이 보기에 응답이 못한다고 판단한) 응답을 하면 보상을 주지 않거나 처벌한다.

이러한 과정이 끝나면 인공지능은 인간이 보기에 적합한 답변을 내뱉게 된다. 일일이 사람이 학습 데이터를 수정하거나 응답 결과에 대해 추가적인 필터링(유해 콘텐츠 응답 시 미제공 등) 조건을 개발하지 않아도 해결할 수 있는 것이다.

InstructGPT와 ChatGPT는 유사하게 학습되었으며 실제로 오픈AI의 홈페이지에 둘은 형제 관계라고 기재되어 있다. 둘의 차이는 학습 데이터와 PPO 부분에 있다. ChatGPT는 대화 형식의 데이터를 추가했고, PPO를 초기화하는지에 따라 달라진다. 이러한 결과는 대화형(ChatGPT)과 작업 지향형(InstructGPT)이라는 차이를 가져온다. ChatGPT는 고객 서비스나 고객 지원을 일반화된 대화 텍스트를 생성하는 인공지능이며, InstructGPT는 사용자가 해야 할 작업을 자동으로 수행하는 대화형 소프트웨어 혹은 과제를 수행하는 응용 프로그램에 대한 챗봇을 생성하는 데 사용될 수 있다. 즉, 일반적인 대화에 ChatGPT가 좋고 목적 지향형 대화에는 InstructGPT가 어울리는 것이다.

이처럼 연구자들은 인공지능 학습 과정에서 해결하기 위한 방법들을 시도하고 있다. 하지만 앞서 이야기한 문제가 아직은 극복하지 못해서 발생할 수 있다는 것을 염두에 두고 극복하기 위해서 여러 가지 방법들을 수행하고 있다고 이해하면 좋다.

물론 제도적으로 접근하는 다양한 시도도 있다. 최근 EU에서는 인공지능을 규제하는 법안을 설립했다. 이는 최근 몇 인공지능 개발사들이 데이터나 개발한 인공지능 알고리즘의 주요 특성, 컴퓨팅과 배포에 대해 정보를 공개하지 않기 때문에 투명성을 확보할 수 있도록 만들어진 법안이다. 이해를 돕기 위하여 스탠퍼드 대학의 **HAI**human-centered artificial intelligence(인간 중심의 인공지능 기술 및 응용 프로그램을 연구 개발하기 위한 다학제 연구소)에서 정리하고 요약한 분류별 법 초안의 요구 사항을 첨부한다.

Category	Keyword	Requirement (summarized)	Section
Data	Data sources	Describe data sources used to train the foundation model.	Amendment 771, Annex VIII, Section C, page 348
	Data governance	Use data that is subject to data governance measures (suitability, bias, and appropriate mitigation) to train the foundation model.	Amendment 399, Article 28b, page 200
	Copyrighted data	Summarize copyrighted data used to train the foundation model.	Amendment 399, Article 28b, page 200
Compute	Compute	Disclose compute (model size, computer power, training time) used to train the foundation model.	Amendment 771, Annex VIII, Section C, page 348
	Energy	Measure energy consumption and take steps to reduce energy use in training the foundation model.	Amendment 399, Article 28b, page 200
Model	Capabilities/limitations	Describe capabilities and limitations of the foundation model.	Amendment 771, Annex VIII, Section C, page 348
	Risks/mitigations	Describe foreseeable risks, associated mitigations, and justify any non-mitigated risks of the foundation model.	Amendment 771, Annex VIII, Section C, page 348 and Amendment 399, Article 28b, page 200
	Evaluations	Benchmark the foundation model on public/industry standard benchmarks.	Amendment 771, Annex VIII, Section C, page 348 and Amendment 399, Article 28b, page 200
	Testing	Report the results of internal and external testing of the foundation model.	Amendment 771, Annex VIII, Section C, page 348 and Amendment 399, Article 28b, page 200
Deployment	Machine-generated content	Disclose content from a generative foundation model is machine-generated and not human-generated.	Amendment 101, Recital 60g, page 76
	Member states	Disclose EU member states where the foundation model is on the market.	Amendment 771, Annex VIII, Section C, page 348
	Downstream documentation	Provide sufficient technical compliance for downstream compliance with the EU AI Act.	Amendment 101, Recital 60g, page 76 and Amendment 399, Article 28b, page 200

그림 6-11　HAI에서 정리하고 요약한 EU의 인공지능 규제법 초안(https://crfm.stanford.edu/2023/06/15/eu-ai-act.html)

스탠퍼드 HAI에 의하면 이번 법은 4억 5천만 명의 유럽연합에서 AI에 대한 요구 사항을 분명히 하는 의미를 가질 뿐 아니라 **브뤼셀 효과**Brussels effect(전 세계의 많은 제품과 서비스가 EU의 표준을 기본으로 채택해 제공하는 효과)로 인해 전 세계 AI 규제에 대한 선례를 만들 것이라고 한다. 전 세계 정책 입안자들이 이 법에서 영감을 얻고 다국적 기업은 인공지능 개발 프로세스를 유지하기 위해 글로벌 관행을 변경할 수 있기 때문에, 이 법은 의미 있는 변화이며 이를 주목해야 한다.

Grading Foundation Model Providers' Compliance with the Draft EU AI Act

Source: Stanford Research on Foundation Models (CRFM), Institute for Human-Centered Artificial Intelligence (HAI)

Draft AI Act Requirements	OpenAI GPT-4	cohere Cohere Command	stability.ai Stable Diffusion v2	ANTHROPIC Claude	Google PaLM 2	BLOOM	Meta LLaMA	AI21labs Jurassic-2	Luminous	GPT-NeoX	Totals
Data sources											22
Data governance											19
Copyrighted data											7
Compute											17
Energy											16
Capabilities & limitations											27
Risks & mitigations											16
Evaluations											15
Testing											10
Machine-generated content											21
Member states											9
Downstream documentation											24
Totals	25 / 48	23 / 48	22 / 48	7 / 48	27 / 48	36 / 48	21 / 48	8 / 48	5 / 48	29 / 48	

그림 6-12 HAI에서 정리한 현재 초거대 인공지능의 인공지능 규제법 준수 점수 평가 자료(https://crfm.stan-ford.edu/2023/06/15/eu-ai-act.html)

<그림 6-12>는 이를 기반으로 GPT-4를 포함한 여러 인공지능들을 평가했을 때 법을 준수하는 수준을 보여준다. 만점이 48점인데, 절반인 24점을 넘는 인공지능도 많지 않고 30점을 넘는 인공지능은 1개밖에 없다. 투명성을 포함해서 다양한 요소로 평가했을 때 많은 인공지능이 기준을 통과하지 못했다. 연구자들이 연구를 통해 해결하고자 하는 문제와는 별개로 데이터나 인공지능 자체를 공개하거나(투명성) 학습에 사용되는 에너지(환경) 등을 고

려하여 인류에 도움이 되는 방향으로 규제하기 위한 움직임이 일어나고 있는 것이다.

>_ 초거대 생성형 인공지능 사용 시 고려해야 할 것들

초거대 생성형 인공지능을 사용한 서비스를 출시할 때 의도하지 않은 문제에 대해 살펴보았으므로, 이번 절에서는 인공지능 알고리즘으로 해결하기 어려운 문제를 살펴보자.

> 소유권은 개발사? 사용자? 저작권

'초거대 생성형 인공지능 서비스 출시 시 발생할 수 있는 문제와 해결을 위해 시도한 방법'에 포함시키려 했으나, 이는 인공지능 학습을 통해 해결할 수 있는 사항은 아니기 때문에 따로 설명하기로 했다. 서비스를 만들 때도 저작권과 같은 사항은 매우 중요한 문제이므로 함께 고려하여 개발한다면 도움이 될 것이다.

생성형 인공지능이 활발히 사용됨에 따라 저작권 이슈가 불거지고 있다. 필자는 법률 전문가가 아니지만, 생성형 인공지능을 리스트업하는 과정에서 크게 2가지의 기준을 가지고 살펴보았다. 추가적인 설치 없이 사용 가능하도록 웹 기반의 인터페이스를 제공하는지 여부가 가장 중요한 기준이었고, 결과물을 상업적으로 사용하는 것에 개발사가 경고하는지 살펴보았다. 모든 조사 결과는 2023년 5월 25일 기준임을 밝힌다.

3장을 살펴보면 다음과 같은 조항이 있다. ChatGPT나 DALL-E2와 같은 생성형 인공지능 서비스는 홈페이지에 상업적으로 사용이 가능하다고 명확히 기재해두었다. 오픈AI의 2023년 3월 14일 기준 Terms of use* (a) 조항을 보면, 다른 약관의 규약을 위배하지 않는 한에서 상업적으로 사용해도 된다고 언급하고 있다. 이는 오픈AI의 여러 서비스와 결과물에 대한 규약으로 ChatGPT, DALL-E2와 같은 서비스도 포함한다. 정확히는 'These Terms of Use apply when you use the services of OpenAI, L.L.C. or our affiliates, including our application programming interface, software, tools, developer services, data, documentation, and websites ("Services")'라고 명기되어 있기 때문에 오픈AI의 프로그래밍 인터페이스, 소프트웨어, 툴, 개발자 서비스, 데이터, 문서, 웹사이트를 모두 포함한다.

하지만 빙챗이나 빙 이미지 크리에이터와 같은 서비스는 상업적으로 사용해서는 안 된다고 명확히 기재해두었다. 빙의 Terms of use† 를 보면 7항에 관련 내용이 기재되어 있다. '생성물 사용. 본 계약, 마이크로소프트 서비스 계약 및 마이크로소프트 콘텐츠 정책을 준수하는 경우에 한해, 귀하는 합법적인 개인적 비상업적 목적으로 온라인 서비스 밖에서 생성물을 사용할 수 있습니다'라고 되어 있기 때문에 개인적이며 비상업적인 목적으로만 사용할 수 있다. 사전 허가를 받지 않고 강의나 유튜브 등에 상업적으로 사용한다면 마이크로소프트 정책을 위반하는 것이다.

바드와 같은 서비스들은 상업적으로 사용 가능한지 명확히 기재되어 있지 않아 추가적인 조사가 필요했다. 구글코리아와 구글 본사에 문의한 결과, 최종적으로 저작권팀의 입장을 들을 수 있었다. 그들은 'Google will not use the fact that Bard was used to generate content as the basis for any claim of copyright ownership in that content'라면서, 바드와 같은 생성

---

*   https://openai.com/policies/terms-of-use

†   https://www.bing.com/new/termsofuse

형 인공지능의 생성 결과에 한해서 저작권을 주장하지 않을 것임을 알렸다.

감마의 경우 Jon에게 문의한 결과 'the content you generate in Gamma belongs to you'라는 답변을 얻었다. 스테이블 디퓨전은 License*를 별도로 정리해두었다. 이 책의 스테이블 디퓨전 결과들은 스테이블 디퓨전 온라인 서비스로 작성되었다. 웹 페이지 하단에 License†에 대해 정리되어 있으며 이에 의하면 상업적으로 사용하는 것도 가능하다.

즉, 스테이블 디퓨전과 이를 이용한 스테이블 디퓨전 온라인의 경우 개발사가 저작권을 주장하지 않고 비독점적으로 제공하고 있다고 명시하고 있다. AgentGPT(깃허브)의 경우 깃허브 리포지토리‡에 보면 GPL-3.0 license§를 따른다. 이 라이선스는 상업적 사용을 허가하고 있다. 하지만 AgentGPT의 웹 캡처 등의 내용(UI/UX의 상업적 사용 등)의 저작권은 명시되어 있지 않고, AgentGPT의 웹 운영자에게 문의했지만 응답이 없어 확인이 어렵다. 그러므로 깃허브를 기반으로 산출된 결과물은 상업적으로 사용 가능하지만, 웹을 거치면 저작권이 어떻게 되는지는 추가적으로 확인이 필요하다. 필자가 법률 전공이 아니기 때문에 1차적으로 참고해도 좋지만, 기업이나 조직이 상업적으로 사용하려 한다면 법무 전문가에게 내용을 문의하는 것이 가장 좋을 것이다. 다음의 표는 필자가 결과물을 책에 실을 수 있는지 파악한 것을 표로 정리한 것이다.

---

* https://huggingface.co/spaces/CompVis/stable-diffusion-license
† https://stablediffusionweb.com/
‡ https://github.com/reworkd/AgentGPT
§ https://github.com/reworkd/AgentGPT/blob/main/LICENSE

표 6-1 인공지능 결과물 저작권 허가 유무

인공지능 서비스	개발사의 저작권 주장 가능 유무
ChatGPT	무
바드	무
빙챗	유
DALL-E2	무
스테이블 디퓨전	무
빙 이미지 크리에이터	유
감마	무
AgentGPT(깃허브에 한정)	무

생성형 인공지능이 만든 결과물에 대해 그 저작권이 아직 명확하게 논의되지 않은 그레이존gray zone이라고 필자는 생각한다. 일부 기관은 입장을 밝히고 있다. 예를 들어 미국은 인공지능이 법인이나 자연인으로 간주되지 않기 때문에 지적 재산권을 가질 수 없다고 한다. 하지만 미국 저작권청usco은 AI의 도움을 받아 창작한 예술작품이 저작권 적격인지 확실히 하기 위해 최종 완성품에 사람의 창의적 노력이 포함됐다는 것을 증명하면 저작권을 인정할 것이라고 밝혔다.

우리나라도 저작권법은 저작자를 '저작물을 창작한 자'로 정의한다(제2조 제2호). 이 말에 의하면 인공지능은 사람이 아니기 때문에 사람과 같은 지위를 갖는 법인이 아닌 이상 저작물의 저작자가 존재하지 않는다고 볼 수 있다. 그렇기에 인공지능 서비스를 개발한 법인이 저작권을 주장하지 않는다면 사용자로서는 결과물에 대해 우연히 기존의 저작권이 있는 다른 작품과 겹치지 않는 한 저작권 이슈에 휘말리지 않는다. 반대로 인공지능을 만든 법인이 저작권을 주장하지 않는다면 프롬프트 엔지니어링을 해서 결과물을 만든 사람이 저작권에 대해 주장해야 하지만, 저작물을 창작하는 데 기여한 것이 인공지능을 개발한 것인지, 프롬프트 엔지니어링을 한 것인지에 따라 해석이 달라질 것이다.

저작권은 매우 까다로운 주제다. 앞으로 인공지능을 더 활발히 사용하게 될 것이기 때문에 저작권에 대한 내용을 제도적으로 보완하여 혼선이 생기지 않도록 노력해야 할 것이다. 물론 사용자도 저작권을 침해하지는 않는지 끊임없이 고민해야 한다.

> 초거대 생성형 인공지능에 대한 비전문가의 흔한 착각

ChatGPT와 같은 초거대 생성형 인공지능에 대해 비전문가들이 가진 착각이 있다. 이를 대화형 검색엔진으로 여기는 것이다. ChatGPT가 메가 히트를 친 뒤로 인공지능 전공이 아닌데도 ChatGPT 관련해서 강의하거나 책을 쓰는 사람들이 많아졌다. 인공지능에 대한 이해도가 낮은 사람은 ChatGPT가 사용자의 질문에 적합한 답을 방대한 언어 데이터베이스에서 찾아내 응답하는, 이제껏 없던 대화형 검색엔진이라고 언급하는 경우가 많다.

엄밀히 말하면 잘못된 이야기다. ChatGPT는 데이터베이스에서 적합한 답을 찾아 던져주는 것이 아니다. ChatGPT와 같은 초거대 텍스트 생성 인공지능은 다음에 어떤 단어(혹은 문장)가 올지 예측하는 식으로 학습한다. 그렇기 때문에 데이터베이스에서 답을 검색해서 응답하는 것이 아니다. 물론 다음 단어를 맞추는 식으로 학습하다 보니 학습 데이터에 있는 단어를 예측하는 경우가 많아서 데이터로 사용된 결과물을 응답하는 경우가 많다.

그림 6-13 다음 단어를 예측하는 인공지능 학습의 개념적 구조도

<그림 6-13>은 다음에 어떤 단어가 올지 예측하는 인공지능 학습의 개념적 구조도다. 앞에 단어나 문장이 입력되면 다음 단어나 문장이 나오도록 학습하는 것이다. 다음 단어를 예측하는 인공지능을 기반으로 실제로 어떻게 문장을 만드는지 살펴보자.

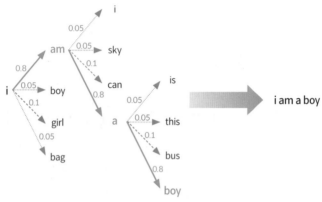

그림 6-14 ChatGPT와 같은 초거대 텍스트 생성 인공지능이 문장을 만드는 방법의 개념적 도식도

<그림 6-14>는 ChatGPT와 같은 초거대 텍스트 생성 인공지능의 문장을 만드는 과정을 보여주는 개념적 도식도다. 초기에 'I' 가 입력되자, 다음으로 올 단어들과 그 단어들이 올 가능도를 생성한다. 그러면 뒤에 올 것으로 예측되는 가능도가 가장 높은 단어를 한 가지 택하고, 그 단어 뒤로 올 단어를 다시 가능도를 기준으로 선택하는 과정을 반복한다. 물론 ChatGPT가 항상 높은 값만을 선택하지는 않으며 약간의 임의성을 주었을 것이기 때문에 대략 이렇게 작동한다고 참조만 하자. 중요한 점은 이러한 과정을 반복하여 단어를 조합해서 문장을 만든다는 것이다. 이렇게 학습 데이터를 기반으로 다음 단어가 어떤 것이 올지 맞히는 방향으로 학습했기 때문에 학습 데이터의 단어 조합이 다음 단어로 예측될 가능성이 높다. 하지만 보장할 수는 없다.

문제는 이를 오해하는 경우가 많다는 것이다. 그래서 인공지능을 전공하지

않았거나 인공지능에 대해 잘 모르는 사람이 일종의 검색 서비스라고 표현하는 경우가 많다. 이는 잘못된 내용이지만 생각보다 많은 사람들이 오해하고 있고 각종 매체에서 사실처럼 언급되기도 한다.

ChatGPT가 사람의 의도를 이해한다는 사람도 있다. 하지만 ChatGPT가 정말 이해하는지 학술적으로 정의를 내리는 것은 쉽지 않다. 필자가 생각하기에 사람이 의도를 가지고 쓴 수많은 글을 학습하다 보니 발생하는 현상이라 추정된다. 앞 글을 학습하여 다음에 나올 글을 맞추는 식으로 학습하다 보니 자연스럽게 어떤 의도로 작성된 글은 유사한 패턴을 가지며 이에 대한 응답도 유사한 패턴을 가진다는 것을 파악했기 때문이다. 프롬프트에 대해 다음에 올 자연스러운 글을 만들다 보니 의도에 부합하는 글을 생성할 수 있게 된 것이다.

이 책을 읽은 사람은 ChatGPT 같은 서비스가 검색 서비스와 다르다는 것을 알 것이다. 둘을 같은 것으로 오해하면 ChatGPT를 규칙 기반 인공지능의 한 종류였던 **전문가 시스템**expert system(인간이 특정 분야에 대하여 가지는 전문적인 지식을 정리하고 표현하여 컴퓨터에 기억시킴으로써, 일반인도 이 전문지식을 이용할 수 있도록 하는 시스템)과 같이 오해하는 것이다. 문제는 이렇게 오해하고 사용하거나 서비스를 개발해서는 안 된다는 것이다. 그 순간 실무에 있어서는 재앙과도 같은 일이 일어날 수 있다.

〉 의도된 거짓 정보의 생성

인공지능을 사용하다 보면 사용자나 개발사가 의도하지 않은 현상이 일어날 수 있다. 이는 '초거대 생성형 인공지능 서비스 출시 시 발생할 수 있는 문제와 해결을 위해 시도한 방법'에서 설명했다. 여기에서는 초거대 생성형 인공지능을 사용할 때 사용자의 악의적 의도에 의해 거짓 정보를 생성하는 것에 대해 살펴보자.

앞에서 본 환각이나 편견, 개인정보 등 개발사가 의도하지 않은 현상 외에 사용자의 관점에서 악의적인 의도를 가지고 일부러 가짜 정보를 생산하여 사회적으로 이슈를 만들어내는 문제가 발생할 수 있다. 최근 펜타곤에서 폭발이 일어난 이미지가 퍼지면서 미국이 공격받는 것이 아닌가에 대한 불안감이 커져 미국의 주가가 출렁인 적이 있었다. 알고 보니 이 이미지는 인공지능이 합성한 가짜 이미지였고, 인공지능으로 하여금 가짜 정보를 생산하게 하여 사회적으로 이슈를 만든 사례라고 할 수 있다.

딥페이크deepfake(이미지 합성 기술의 한 종류로 사람의 이미지를 합성할 수 있다)가 처음 등장했을 때 수많은 사람들이 우려를 표명했다. 연예인의 사진을 합성하여 불순한 의도로 생성하는 것뿐 아니라, 일반인의 사진을 합성하여 범죄 등에 활용하는 상황을 우려한 것이다. 실제로 인공지능 기술이 발전함에 따라 쉽게 사용할 수 있게 되면 다양한 범죄에 활용될 가능성도 있다.

따라서 법과 제도를 잘 정비해야 한다. 과거에는 인공지능에 대해서 〈터미네이터〉와 같은 영화를 만들면서 상상만 했다. 당시의 인공지능은 지금과 같은 성능을 내지 못했고 이러한 고민도 상상에 그쳤다. 하지만 이제는 상상이 아니다. 자동차를 운전하는데 모든 도로가 비포장도로라면 주행하기 쉽지 않을 것이다. 도로를 포장하고 신호등 체계를 수립하고 법과 제도를 정비하면 주행이 쉬워지고 많은 사람이 운전할 수 있다. 이로 인해 말을 타고 다닐 때보다 유통과 물류업의 발전이 가속화되었다. 인공지능을 사용하는 것도 자동차를 개발한 것과 같이 인공지능만 있어서는 여러 가지 부작용이 생길 수 있다. 이를 위해서 인공지능 사용을 위한 법과 제도를 잘 정비해야 한다.

하지만 아직 법과 제도가 완벽하게 정립되지는 않았다. 오히려 인공지능의 발전이 너무 빨라서 법과 제도가 따라가지 못한다. 게다가 인공지능 발전을 위해 많은 연구자들이 종사하면서 발전이 눈에 띄게 빨리 이루어지고 있다. 이런 발전과 더불어서 인공지능 윤리나 철학에 대해서도 사회적으로 논의가 이루어져야 하고 그런 관점에서 법과 제도의 정비가 필요하다.

만약 법과 제도가 정비되지 않은 상태로 발전만 거듭하면 향후 문제가 될 수도 있다. 예를 들어 누군가가 딥페이크로 SNS에 올린 내 사진을 합성한다거나 목소리를 합성하여 보이스피싱에 활용할 수 있다. 딥페이크를 사용한 범죄자는 잘못한 것이 확실하다. 그런데 딥페이크를 만든 개발사가 불특정 다수가 모두 접근해서 사용할 수 있도록 한 것에는 잘못은 없을까? 회원 가입한 사람만 사용할 수 있고 가입을 할 때 실명 인증을 하도록 하고 사용 로그가 남는다면 누가 어떤 이미지를 생성하는지에 대한 정보를 얻을 수 있다. 이런 관점에서 인공지능 결과에 대해 관리하지 않은 책임은 없을까? 지금처럼 아무런 제약 없이 모두 활용할 수 있도록 공개되는 것은 과연 옳을까? 그렇다고 빗장을 잠그고 공개하지 않는다면 인공지능의 발전 속도가 저하될 것이다. 인공지능 발전 속도를 저하되는 것은 인류 전체의 발전에 해가 되지 않을까? 회원 가입 시 실명 인증을 하도록 하고 결과에 대해서는 로그를 남기도록 법과 제도가 정비되어 있었다면 이런 문제에 봉착하지 않을 것이다.

현대사회는 인공지능의 발전으로 인해 많은 혜택을 보고 있다. 기업에서도 인공지능을 적용하는 사례가 많아졌고 수많은 논문과 서비스가 쏟아져 나온다. 하지만 법과 제도가 뒷받침할 수 있을 만큼 잘 정비되고 있는지는 의문이다.

❯ 새로운 형태의 해킹, 프롬프트 인젝션

과거 컴퓨터 프로그램에 작업을 지시할 때는 프로그래밍 코드로 수행했다. 하지만 초거대 자연어 생성 인공지능의 발전이 이루어지면서 인공지능에 자연어로 명령할 수 있는 시대가 열렸다. 그러면서 생기는 문제가 **프롬프트 인젝션**prompt injection이다. 프롬프트 인젝션이란 특정 프롬프트를 전송하여 기본 설정이나 제한을 회피해서 원래는 출력되지 않을 응답이나 중요한 정보를 무단으로 얻어내는 새로운 해킹 기법이다. 이는 새로운 방법이 아니다. 과거에도 **SQL**(데이터를 저장하고 처리하도록 도와주도록 설계된 언어) **인젝션**이라는 해킹 기법이 있었다. 웹사이트의 보안상 허점을 이용해 특정 SQL 쿼리문을 전송하여 공격자가 원하는 데이터베이스의 중요한 정보를 가져오는 기법으로, 이를 방어하기 위해 많은 연구가 이뤄졌다. 하지만 자연어로 명령하는 시대가 되자 이에 대한 대비와 방어책이 부족한 상태이기 때문에 프롬프트 인젝션을 시도하는 경우가 발생한 것이다.

앞서 고급 단계 프롬프트 엔지니어링에서 대답할 수 없는 내용을 대답하도록 유도할 수 있다고 설명했다. 이는 프롬프트 인젝션의 일종이다. 프롬프트 인젝션을 방치하면 인공지능이 혐오적이거나 불쾌한 내용을 응답하거나 사용자에게 공격적인 태도를 취할 수 있다. 그러면 사회적인 갈등과 분열을 조장할 수 있으며, 편견과 차별을 강화하는 결과를 초래할 수 있다.

앞에서 논의한 오버피팅 외에도 개인정보 이슈가 발생할 수 있다. 프롬프트 인젝션을 통해 악의적인 사용자가 인공지능으로부터 학습에 사용된 개인정보를 가져갈 수 있다. 이는 사용자의 개인정보를 노출시키거나 악용하는 위험을 초래할 수 있기 때문에 매우 유의해야 한다. 또한 프롬프트 인젝션으로 인해 인공지능이 개발사가 원하지 않는 행동을 취하거나 부적절한 응답을 생성하도록 유도하는 경우, 인공지능의 윤리적 문제가 제기될 수 있다. 결국 프롬프트 인젝션으로 모델의 응답이 조작되면 신뢰성과 윤리성에 대한 혼동을 일으킬 수 있으며, 초거대 생성형 인공지능이 우리의 삶에 깊숙이 자리할수록 그 여파는 커지게 된다. 그러므로 이에 철저히 대비해야 한다.

07

>_

변화는 곧 기회다

필자가 가장 좋아하는 말이 위기 속에 기회가 있다는 말이다. 이를 변화 속에 기회가 있다고 해석한다. 위기가 온다는 것은 지금과는 다른 변화 속에 던져진다는 것이고, 이 변화를 읽고 어떻게 대처하는지에 따라 기회가 주어진다. 그런 의미에서 지금의 변화는 우리에게 많은 기회를 주고 있다. 이러한 변화에 무기력하게 저항 없이 순응할 것이 아니라 적극적으로 주도하거나 변화의 물결을 타야 할 것이다. 이 장에서는 이러한 변화 속에서 어떻게 기회를 잡을 수 있는지 알아보자.

>_ 위기 속에서 기회를 잡는 방법

알파고 이후 학계가 들썩거리며 논문이 하루가 다르게 쏟아졌다면, ChatGPT 이후로는 구글, 메타(구 페이스북), 마이크로소프트 등 수많은 회사에서 실생활에 사용할 수 있는 서비스를 하루가 다르게 쏟아내고 있다. 하룻밤 자고 일어나면 새로운 서비스가 나오고 여기저기서 논의되는 수준에 이르렀다. 그만큼 인공지능의 효과가 실생활에서도 입증되었고 인공지능이 친숙해졌다는 것을 의미한다.

하지만 비전공자에게는 인공지능이 아직도 어렵고 먼 이야기다. 최근 초거대 생성형 인공지능의 발달로 말미암아 도메인 전문가들이 인공지능을 활용할 수 있는 시대가 열렸고, 인공지능을 얼마나 잘 활용하는지에 따라 다른 결과물을 얻는 것을 쉽게 볼 수 있다. 누구나 프롬프트 엔지니어링을 이야기할 만큼 비전문가에게까지 확장된 것이다.

앞으로 점점 더 인공지능을 쉽게 사용하고 삶 속에서 자연스럽게 접하는 방향으로 발전해 가리라는 것을 추측할 수 있다. 그런 사회가 온다면 비전문가는 어떻게 해야 할까? 인공지능을 잘 활용하는 최고의 리더가 되어야 한다.

그러기 위해서는 인공지능을 많이 사용해봐야 하고 업무 환경에 인공지능을 많이 도입해보아야 한다. 그래서 이 책에서는 초거대 생성형 인공지능의 종류와 사용 예시, 직무별 인공지능 사용 예시를 다룬 것이다. 즉, 인공지능을 많이 사용해보면서 어떻게, 언제 사용해야 더 잘 사용할 수 있는지 감을 잡을 필요가 있다.

인공지능을 언제, 어떻게 사용하는지 알려면 경험만큼이나 지식도 중요하다. 인공지능을 개발하고 연구하는 연구자나 개발자만큼의 지식은 없어도 된다. 하지만 적어도 인공지능이라는 것이 무엇인지, 인공지능을 어떻게 사용할 때 효과가 극대화되는지는 알아야 한다. 비전문가는 이런 부분의 지식을 쌓기 위해 공부해야 한다.

대신 상황에 맞는 서비스를 선택해서 사용해보고 작업에 적용하면서 언제, 어떻게 사용할 때 잘 사용할 수 있는지 경험을 쌓는다. 그러므로 가능한 한 많은 과제에 인공지능을 적용하여 사용해보기를 추천한다.

>_ 인공지능 사용 시 버려야 하는 것들

그릇에 무언가를 담기 위해서는 비워야 한다. 인공지능을 사용할 때도 마찬가지다. 과도한 의존과 의사 결정 과정에 대한 맹신, 인공지능에 대한 무조건적인 신뢰, 기술적 지식의 부재를 주의해야 한다.

인공지능은 사용하기에 따라 매우 좋은 효과를 가져올 수 있는 훌륭한 도구다. 그러나 모든 문제에 대해 답을 제공하지는 못한다. 인공지능의 모든 응답이 항상 정확한 것은 아니기 때문에 인간의 직감과 판단에 의한 결정이 함께 적용되어야 하는 경우가 있다. 특히 과거의 패턴과 미래의 패턴이 동일한 경우 인공지능을 적절하게 사용하면 좋은 효과를 기대할 수 있지만, 현실 실무 환경에서는 적절하지 않을 수 있다. 패턴이 동일하게 나오지 않을 만한 상황에 과거의 패턴으로 학습한 인공지능을 적용하면 결과물이 좋지 않을 것이기 때문이다. 그렇기 때문에 과도하게 인공지능에 의존해서는 안 된다.

또한 기존의 의사 결정 과정을 맹신하지 않아야 한다. 자신이 살아오면서 쌓은 경험과 직관에 따라 내린 의사 결정을 매우 맹신하는 사람들이 있다. 물론 내가 겪은 일이 매우 타당하고 객관적일 수 있다. 하지만 이는 매우 일부분이고 순간적일 수도 있다는 점을 염두에 두어야 한다. 때로는 직감이 빛을 발하는 때가 있지만, 일반적인 경우 객관적인 분석에 따라 의사 결정을 내리는 것이 더 좋다. 그러면서 인간의 편향과 감정적인 요소를 배제하고 합리적인 의사 결정을 내릴 수 있게 된다. 물론 조급한 결정을 피하기 위해서 충분한 시간을 투자하는 것이 필요하다.

그러려면 역설적이게도 인공지능에 대한 무조건적인 신뢰를 버려야 한다. 인공지능은 그 자체로 모든 문제를 해결할 수 없다. 인공지능의 한계를 인식하고 적절한 투입을 결정해야 한다. 인공지능을 적용해서 효과적으로 효능을 볼 수 있을 때를 알아야 한다는 말이다. 인공지능은 만능이 아니다. 인공지능이 해결할 수 없는 문제도 존재한다. 바로 철학, 도덕과 윤리의 문제다. 인공지능을 사용하다 보면 직면하는 윤리 문제에 대한 답은 철학과 도덕이 내놓을 수밖에 없다. 단적인 예로 자율 주행차가 드라이브 중 문제를 일으키고 보행자를 치기 직전이라고 하자. 보행자를 치고 가면 운전석에 위치한 차주는 80% 확률로 안전하지만 보행자는 90% 확률로 죽는다. 반대로 보행자를 피하기 위해 가로수를 들이받으면 보행자는 90% 확률로 안전하지만 차주는 사고로 인해 죽을 가능성이 80%다. 이때 자동차를 운전하는 자율 주행 인공지능은 어떤 선택을 하는 것이 가장 좋을지 결론을 내릴 수 없다. 이렇듯 모든 결정을 인공지능에 일임할 수는 없다.

마지막으로 무지에서 벗어나 최소한의 기술적 지식은 갖춰야 한다. 인공지능을 사용하는 데 기술 지식이 필요할 때가 있다. 예를 들어 인공지능이 언제, 어떤 문제를 야기할 수 있는지 깊게 이해하기 위해서는 기술적 지식이 필요하다. 인공지능은 데이터를 기반으로 하기 때문에 정확하고 신뢰성 있는 데이터를 사용해야 하고, 데이터가 잘못되거나 부적절하면 인공지능의 결과도 부정확해질 수 있다는 것을 이해하려면 약간의 기술적 지식이 필요하다. 또한 인공지능을 잘 사용하기 위해서도 지식이 필요하다. 예를 들어 파인 튜닝을 필요로 하는 경우 기술적 지식이 필요할 것이다. 그러므로 이 분야의 최신 기술 동향을 파악하고 학습해야 한다. 그러면 인공지능 모델을 더욱 효과적으로 사용할 수 있다.

무언가를 잘 사용하기 위해서는 무언가를 사용하지 않을 줄 알아야 한다. 그러므로 인공지능이라는 도구를 잘 사용하기 위해서는 인공지능을 사용하지 않을 때 가지고 있던 것들 중 인공지능 사용에 해가 되는 것을 버리거나 비중을 줄여야 한다. 인공지능을 잘 활용하는 것은 앞으로의 사회를 살아가는 데 매우 큰 힘이 될 수 있으므로 노력해보자.

>_ 커리어 변화

카멜레온은 주변 환경에 맞추어 몸의 색을 변화시킨다. 이를 통해 포식자의 공격을 피하기도 하고, 반대로 들키지 않고 먹잇감을 잡을 수 있는 무기가 되기도 한다. 인간도 변화에 맞추어 진화해야 한다. 동물과 달리 사회의 변화에 적응해야 한다. 인간은 사회적인 동물이라고들 하는데, 이는 사회에 적응한다는 뜻일 것이다. 그러므로 사회라는 주변 환경에 맞추어 빠르게 적응할 수 있는 인간이 생존에 유리하다.

세상은 급변하고 있다. 하루가 멀다 하고 인공지능 서비스들이 쏟아지고 있다. 바야흐로 인공지능 시대가 열린 것이다. 세상이 인공지능으로 떠들썩하다고 해서 비전문가가 인공지능 개발자들이나 연구자처럼 인공지능 개발에 뛰어드는 것은 어폐가 있다. 변화는 한 가지 방향으로만 일어나지 않으므로 자신에게 맞는 변화의 전략을 선택할 수 있다. 도메인 지식에 대한 전문성만큼은 뒤지지 않는다면 자신의 전문성을 살려서 경쟁력을 키우면 된다.

인공지능을 개발 및 연구하는 것과 적용 및 활용하는 것은 서로 다른 영역이므로 인공지능을 잘 적용하고 활용할 수 있는 역량을 갖추는 것이 중요하다. 여기에 도메인 전문성을 결합해서 커리어를 변화시켜야 한다. 예를 들어 마케터가 인공지능 지식을 공부하여 아웃바운드 마케팅에 인공지능을 사용할 수 있다. 도메인 지식의 전문성을 버리지 않고 인공지능에 대한 적용과 활용에 대한 전문성을 추가로 쌓으면 도메인에서 인공지능을 잘 활용할 수 있는 스마트한 도메인 전문가가 될 것이다. 그러면 많은 기회를 얻을 수 있다.

특히 인공지능이 엑셀과 같은 도구로 삶에 깊숙이 자리 잡으면 인공지능을 잘 활용하는 사람에 대한 수요가 증가할 것이다. 인공지능을 많이 받아들이지 않았던 분야일수록 그런 인력에 대한 수요는 급증할 것이다. 문제는 워낙 변화가 빠르다 보니 공급이 더디다는 점이다. 그러면 수요와 공급의 법칙에 따라 인공지능을 활용하는 사람의 연봉이 높아진다. 기회는 준비된 자만의 것이므로 항상 준비하고 있어야 한다.

인공지능을 산업에 비유한다면 데이터는 각종 제품의 생산에 사용되는 석유나 전기와 같은 에너지원이라고 할 수 있다. 그리고 인공지능은 제품을 만들어낼 수 있는 공정에 비유할 수 있고, 인공지능 서비스들은 공정을 거쳐 생산된 생산품이다. 그런데 에너지원이 고갈되는 현상이 발생할 수 있다.

최근 공개된 데이터의 크기에 대한 논문*에 의하면 2026년 이전에 고품질의 언어 데이터가 고갈될 것으로 추정하고 있다.

데이터의 생성 추이와 사용 추이를 종합적으로 고려(추세 포함)하여 미래의 데이터가 존재하는 양(적재, 재고량)과 실제 사용할 수 있는 추정량을 살펴볼 때, 어느 시점을 넘어가게 되면 둘이 수렴한다. 즉, 인공지능 학습에 더 많은 데이터를 사용할 수 있음에도 불구하고 실제 존재하는 데이터의 양이 이를 뒷받침하지 못하는 것이다. 쉽게 말해 10GB의 데이터를 사용할 수 있지만 존재하는 데이터가 5GB인 셈이다.

논문에서는 구체적으로 저품질의 언어 데이터는 2030~2050년 사이, 고품질의 언어 데이터는 2026년 이후, 이미지는 2030~2060년 사이에 실제 사용할 수 있는 데이터가 소진될 것으로 추정하고 있다. 이를 추정한 방법은 과거의 데이터 크기 성장률을 추정하고, 미래에 사용할 것으로 예측되는 컴퓨팅에 최적화된 데이터 크기를 추정한 다음 둘을 종합적으로 고려하여 내린 결론이다. 물론 논문은 주장일 뿐이기 때문에 분석이 맞을 수도 있고, 틀릴 수도 있다.

만약 틀리다면 인공지능의 크기에 의존하는 지금의 추세가 꽤 오랫동안 이어질 수 있다. 하지만 맞다면 이제 데이터 크기를 키울 수 없기 때문에 인공지능의 크기를 계속해서 키우기는 어려울 것이다. 그렇게 되면 인공지능의 크기를 계속 키우기 위해 데이터를 생성하는 합성 데이터 생성 연구가 활발해질 수 있다. 혹은 인공지능의 크기는 키우지 않고 양질의 데이터를 수집하거나

---

*   Villalobos, Pablo, et al. 〈Will we run out of data? An analysis of the limits of scaling datasets in Machine Learning〉. arXiv preprint arXiv:2211.04325, 2022

효율적이고 효과적인 알고리즘을 설계하기 위한 방향으로 발전할 것이다.

여기서 인공지능 비전공자는 또 다른 기회를 포착할 수 있다. 당장 효율적이고 효과적인 알고리즘 설계에 기여하는 것은 어렵지만, 합성 데이터 연구만을 깊게 연구해서 도메인 지식과 결합하여 새로운 데이터를 생성하는 도메인 데이터 합성(생성) 커리어를 만들어갈 수도 있고, 양질의 데이터를 수집할 수 있도록 데이터 수집 분야를 공부해서 도메인 데이터 수집 전문가로서 새로운 커리어를 쌓을 수도 있다. 이처럼 기회는 도처에 있기 때문에 잘 준비하고 있다가 기회가 왔을 때 잡으면 된다. 그러므로 항상 관심을 가지고 지켜보면서 커리어를 탐색하고 기회를 포착해야 한다.

많은 사람들이 일자리를 걱정한다. 필자도 인공지능이 발전하면 지금의 일자리 중 많은 부분이 없어지고 사람이 하는 일의 많은 영역을 대체할 수 있다고 생각한다. 하지만 대체할 수 있는 업무가 있고 그렇지 않은 업무가 있기 때문에 모든 일자리가 영향을 받지는 않을 것이다. 기업을 경영하는 경영자의 입장에서는 사람보다 인공지능이 비용 대비 효용성이 좋을 때 대체할 것이다. 사람의 연봉이 2,000만 원이고 동일한 업무를 수행하기 위한 인공지능의 도입 비용과 유지비가 연간 2,100만 원인데 성능이 사람보다 월등히 좋지 않다면 사람을 고용할 것이다. 하지만 사람의 연봉이 1억 원인데 동일한 업무를 수행하기 위한 인공지능의 도입 비용과 유지비가 연간 5,000만 원이라면 인공지능을 도입할 것이다. 그렇기 때문에 일자리의 대체는 효율성의 측면에서 바라보아야 한다.

그런 측면에서 볼 때 필자는 고소득층이 더 위험하다고 생각한다. 대개 생산직이나 건설업계 일용직 등이 대체될 거라고 여기지만, 비용 대비 효용성의 측면에서 따져볼 때 몸을 많이 사용하는 일은 인공지능의 발전만으로는 대체하기 어렵다. 하드웨어도 함께 해결되어야 하기 때문이다. 예를 들어 건설업계 일용직 한 명을 대체하기 위해서는 로봇과 로봇의 두뇌가 되는 인공지능을 함께 도입해야 한다. 물론 로봇 한 대가 사람 한 명보다 뛰어나서 3명의 업무 분량을 해결할 수 있다고 하자. 그럴 때 사람의 연봉이 3,000만 원이라고 가정해보면 로봇의 도입과 유지 비용은 연간 9,000만 원 이하여야 본전이다. 하지만 로봇은 생각보다 비싸서 비용이 꽤 들어간다. 그리고 건설업계 일용직은 작업반장의 지시를 받아 다양한 업무를 수행한다. 간단한 한 가지 업무만 하는 것이 아니기 때문에 범용 인공지능에 가까운 인공지능이 탑재되어야 한다. 이러한 인공지능을 개발하는 데만도 비용이 많이 든다. 물론 이는 모두 가정이지만 가능성은 높다.

고임금 노동자 한 명의 연봉이 1억 원이라고 가정하자. 고임금 노동자 2명의 일을 대체할 수 있는 인공지능 서비스를 만들었는데 도입과 유지 비용이 2억 원 이하라면 이득일 것이다. 몸을 움직이지 않고 타인과의 접점이 적은, 반복적인 일이 많은 고임금 노동자는 대체되거나 업무의 일부분을 인공지능에 빼앗길 것이다. 예를 들어 의사는 질병을 진단하고 수술도 하고 재활도 도와주는 등 수많은 일을 하지만, 진단의 영역은 인공지능을 도입하여 보조로 사용하면 10명이 하던 진단 업무를 7명이 수행할 수 있다. 그렇게 되면 3명의 의사는 수술과 재활로 돌려 업무를 경감할 수 있다. 만약 업무 경감이 아니라 비용 절감이 목적이라면 진단하던 3명을 인공지능으로 대체할 수 있으므로 해고할 수도 있다.

저임금 노동자와 고임금 노동자 각기 3명을 대체할 수 있다고 할 때 저임금 노동자는 9,000만 원을 절약하지만 고임금 노동자는 3억 원을 절약하는 셈이다. 즉, 저임금 노동자가 인공지능으로 일자리를 잃으려면 로봇 1대당 수많은 사람을 대량 해고할 만큼의 성능이어야 대체가 가능하다. 반대로 고임금 노동자가 인공지능으로 인해 일자리를 잃으려면 로봇(인공지능) 1대 비용이 저렴하지 않아도 소수만 해고해도 대체가 가능하다.

고임금 노동자는 항상 창의적이고 어려운 일을 할 것이라는 고정관념이 있다. 그러나 그렇지 않은 경우가 많다. 그리고 인공지능은 데이터로 복잡한 분석을 빠른 시간에 하는 데 능하다. 그러므로 비용 효율적인 측면에서 몸으로 일하거나 사람을 상대하는 일은 대체가 느리게 일어나지만, 고임금 노동자 중 반복적인 일을 하는 경우는 대체가 빠르게 일어날 것이다.

>_ 미래의 인공지능 사회

구글, 마이크로소프트, 오픈AI, 엔비디아NVIDIA, 아마존 등 이름만 들으면 아는 수많은 기업에서 인공지능 서비스를 제공하고 있다. 앞으로 인공지능 서비스의 미래는 어떻게 될까?

왜 비전공자에게 인공지능의 미래가 중요할까? 인공지능 개발사들이 인공지능 서비스를 어떻게 만들어내는지는 비전문가가 어떤 서비스를 사용하느냐와 직결된다. 그렇기 때문에 인공지능 서비스가 미래에는 어떤 식으로 발전할 것인지 알면 어떻게 사용해야겠다는 아이디어가 떠오를 것이다. 그런 관점에서 미래에는 인공지능 서비스가 어떻게 될지 살펴보고 비전문가가 어떻게 바라보아야 할지 설명하려 한다.

인공지능 서비스들이 쏟아지는 와중에 눈에 띄게 독보적인 기업은 3곳이다. ChatGPT를 만든 오픈AI, 오픈AI와 밀접한 협력 관계를 가지고 있는 것으로 보이는 마이크로소프트, 인공지능으로 유명한 기술 기업인 구글이다. 각 회사의 행보는 약간씩 다르지만 한 가지 공통적인 움직임이 있다. 6장의 '구슬도 꿰어야 보배, 비즈니스 적용처'에서 설명했듯이 비즈니스 적용을 위한 움직임을 보인다는 것이다.

오픈AI는 ChatGPT나 DALL-E2와 같은 인공지능 혹은 인공지능 서비스는 보유하고 있지만, 구글이나 마이크로소프트처럼 외부에 공개된 수많은 고객을 확보한 서비스(예를 들어 엣지, 구글 드라이브, 지메일 등)는 없다. 그래서 그런지 마이크로소프트를 비즈니스 파트너로 선택한 것으로 보이며, 마이크로소프트의 수많은 서비스에 탑재되어 출시(빙챗, 빙 이미지 크리에이터 등)하고 있다. 집필 기준으로 마이크로소프트는 마이크로소프트 365 코파일럿을 공개하여 자사 서비스 전반에 적용할 예정이다. 워드, 파워포인트, 엑셀, 아웃룩, 팀즈 등의 서비스뿐 아니라 최근 윈도우 11에도 탑재하겠다고 '마이크로소프트 빌드 2023'에서 밝힌 바 있다. 그렇게 되면 마이크로소프트의 업무 도구를 사용하는 많은 사람들의 업무 생산성은 높아질 것이다. 이와 유사하게 구글 또한 자사 서비스(구글 드라이브, 지메일 등)에 바드를 결합하여 출시할 예정이다.

이러한 일련의 흐름을 볼 때 인공지능을 다양한 서비스와 결합하여 비즈니스 성과를 보려고 하는 것은 틀림없다. 이는 비즈니스 적용처가 있어야 한다는 말과 일맥상통한다. 개발사의 입장에서 볼 때 비즈니스 적용처는 자사의 서비스가 되고, 이러한 흐름상 다양한 생산성 도구에 인공지능이 탑재되어 인공지능으로 많은 작업을 대체하게 될 날이 머지 않았다.

결국 인공지능의 성능으로만 결판이 나는 것은 아니고, 기존 가입자와 충성유저를 얼마만큼 보유했는지도 판을 가르게 될 것이다. 그러면 사용자들은 기존의 서비스를 지금보다 더 손쉽고 효율적으로 사용할 수 있게 된다. 기존의 서비스들을 업무에 활용하고 있었다면 이전보다 더 빠르고 효율적으로 업무를 수행하게 된다. 예를 들어 많은 사람들로부터 자료를 받아서 이를 정리하고 엑셀에 취합하는 업무를 한다고 하자. 이때 자료의 취합과 정리에 엑셀을 사용하는 것만으로도, 여러 가지 자료의 취합과 정리를 엑셀에 탑재된 인공지능을 활용해서 더 효율적으로 수행하여 근무 시간을 단축시킬 수 있다.

기존의 서비스들을 더 손쉽고 효율적으로 사용할 수 있다는 것은 여러 의미가 있다. 개발사들은 인공지능을 자사 서비스에 접목시키면서 사용자의 확보 및 확장을 위해 가이드라인 배포와 활용 사례에 대한 세미나를 주기적으로 열 것이다. 인공지능을 언제, 어떻게 활용해야 하는지 아는 것이 중요한 만큼, 인공지능을 쉽게 사용할 수 있도록 개발사가 직접 가이드해주고 사용자는 이를 따라가면서 쉽고 효율적으로 인공지능을 삶에 적용할 수 있다.

하지만 중요한 점은 인공지능이 지금보다 삶에 더 잘 녹아들 것이며, 우리는 이를 피할 수 없다는 것이다. 사실 피할 필요도 없다. 방직기가 나오면서 일자리를 잃은 수공업자들처럼 공포에 떨 수 있지만, 방직기를 잘 활용해서 부와 명예를 축적한 사람처럼 인공지능이라는 도구를 활용해서 원하는 바를 얻으면 된다. 물론 법률과 규범, 도덕의 범위 내에서 수행해야 하므로 법과 규제의 정비가 필요하고 정비를 위한 인력도 필요해질 것이다. 우리에게는 수많은 새로운 기회가 생기는 것과 같다.

변화를 두려워하지 말고 받아들이자. 변화는 발전할 기회를 제공해주고 기존의 로드맵이 아닌 나만의 로드맵을 그릴 수 있는 기회를 준다. 지금 당장 초거대 생성형 인공지능을 사용해보자. 그리고 두근거리는 마음으로 다가올 미래 사회에서 나만의 로드맵을 그려보자. 미래는 준비된 자의 것이다.

찾아보기